임금(賃金)에 대해 궁금한 점!

시원하게 풀어 줍니다!

편저 : 대한법률콘텐츠연구회

임금을 받지 못해 고통을 받고 계신분
법적인 절차를 잘 몰라 혜택을 받지 못하고 계신 분,
이들에게 조언을 하고자 하는 실무자를 위한 책

 법문북스

머 리 말

산업사회가 급속하게 발전하면서 각종 산업체에 근무하는 근로자의 수가 2천만 명에 달하고 있습니다. 이에 따라 지급되는 임금도 기하급수적인 액수가 되었습니다. 「근로기준법」에서 "임금"이란 사용자가 근로의 대가로 근로자에게 임금, 봉급, 그 밖에 어떠한 명칭으로든지 지급하는 일체의 금품을 말한다"라고 임금에 대하여 정의하고 있습니다.

오늘날 임금 즉, 급여는 주로 '월 급여' 방식에 따르지만 언제부터인가 급여 방식에 변화가 일어나서 '연봉'를 채택하는 회사가 늘고 있습니다. 그런데 옛날 우리나라에도 연봉제 비슷한 품삯 제도가 있었습니다. '새경'이며, '새경'은 원래 '사경(私耕)'이 변한 말로, 머슴이 고용주에게 한 해 동안 일을 해준 대가를 말합니다. 새경은 현금으로 계산하는 경우도 있었지만 통상 곡물로 계산하였습니다.

「근로기준법」제3장에 별도로 임금에 대한 명시적 규정을 두었는데, 이 법은 복잡하게 수없이 많은 개정을 거쳤습니다. 1986년에는 근로자 임금의 최저수준을 국가가 법적으로 보장함으로써 저임금근로자의 생활 안정을 도모하여 노동력의 원활한 재생산과 질적 향상을 기하고 국민경제의 건전한 발전에 이바지하려고 「최저임금법」을 제정하였습니다.

그리고 1998년에는 경제위기와 산업구조조정으로 중소기업과 한계기업의 도산이 급증하여 지급이 불가능한 체불임금이 대량 발생하고 있어 근로기준법상의 임금채권 우선변제만으로는 근로자의 임금채권보장의 실효성을 기할 수 없게 됨에 따라, 임금채권보장제도를 도입하여 근로자의 임금체불에 다한 불안감을 해소하고 근로자의 기본적인 생활안정을 도모하려고 「임금채권보장법」도 제정하였습니다.

　　이 책에서는 이와 같이 대대적으로 개정된 근로기준법과 새로이 보완하고 제정된 최저임금법, 임금채권보장법에 따라 제1편에서 임금에 대한 구체적인 내용을, 제2편에서는 임금에 대한 상담사례를 문답식으로 쉽게 풀이하여 체계적으로 정리하였으며, 제3편에서는 임금에 대한 최근 대법원판례를 정리하였고, 부록에는 관련법령을 수록하였습니다.

　　이러한 자료들은 법제처의 현행 법령정보, 대한법률구조공단에 나타난 상담사례와 대법원의 종합법령정보 등을 참고하였으며, 이를 알기 쉽게 종합적으로 정리하고 분석하여 일목요연하게 편집하였습니다.

　　이 책이 임금을 받지 못하여 고통받고 계신 분들과 또 법적인 절차를 잘 몰라서 혜택을 제대로 받지 못하고 계신 분이나 또 이들에게 조언을 하고자 하는 실무자에게 큰 도움이 되리라 믿으며, 열악한 출판시장임에도 불구하고 흔쾌히 출간에 응해 주신 법문북스 김현호 대표에게 감사를 드립니다.

편저자

차 례

PART 2. 최저임금에 대한 상담 ·························· 143

PART 5. 임금채권에 대한 상담 ····························· 169

PART 6. 임금 우선변제권에 대한 상담 ·················· 184

제3편
임금에 대한 최근 대법원판례 ·················· 225

제1편
임금(賃金)

제1장
임금의 산정

§1. 임금의 산정

1. 임금이란?

　"임금"이란 사용자가 근로의 대가로 근로자에게 임금, 봉급, 그 밖에 어떤 명칭으로든지 지급하는 모든 금품을 말합니다.

1-1. '사용자가 근로자에게' 지급할 것

① 임금은 사용자가 근로자에게 지급하는 것이어야 합니다. 근로자는 종속적인 관계에서 사용자에게 근로를 제공하고 임금을 지급 받습니다(「근로기준법」 제2조제1항제5호 및 대법원 2022. 4. 14. 선고 2021두33715 판결 참조).

② 사용자가 근로자에게 지급한 임금이 아니라고 본 사례

　○ 카지노 영업장의 고객이 자의(自意)에 의하여 직접 카지노 영업직 사원들에게 지급한 봉사료를 근로자들이 자율적으로 분배한 경우, 위 분배금은 「근로기준법」이 정한 임금의 범위에 포함되지 않습니다(대법원 1999. 1. 26. 선고 98다46198 판결).

　○ 학교의 학부형이 조직한 육성회에서 매달 근로자에게 금원을 지급한 일이 있다 할지라도 위 육성회는 사용자의 지배하에 있는 단체라고 볼 수 없으므로 여기서 지급하는 것은 사용자가 지급하는 노동의 대가인 임금이 아닙니다(대법원 1973. 11. 27. 선고 73다498 판결).

　○ 의료보험료 중 사용자 부담분은 근로자가 근로의 대상으로서 사용자로부터 지급받는 임금에 해당한다고 볼 수 없습니다(대법원 1994. 7. 29. 선고 92다30801 판결).

1-2. '근로의 대가'로 지급할 것

① 임금은 근로자의 근로의 대가로 지급되는 것이어야 하며, 어떤 금품이 근로의 대상으로 지급된 것이냐를 판단함에 있어서는 금품지급의무의 발생이 근로제공과 직접적으로 관련되거나 그것과 밀접하게 관련된 것으로 볼 수 있어야 합니다(『근로기준법』 제2조제1항 제5호 및 대법원 2019. 8. 22. 선고 2016다48785 전원합의체판결 참조).

② 따라서 사용자가 지급하는 금품이 ㉠ 근로의 대상이 아닌 의례적·호의적 의미에서 지급되는 것이거나(대법원 1973. 3. 27. 선고 72다2425 판결 참조), ㉡ 근로자가 특수한 근로 조건이나 환경에서 직무를 수행하게 됨으로 말미암아 추가로 소요되는 비용을 변상하기 위하여 지급되는 이른바 실비변상적 급여는 근로의 대상으로 지급되는 것으로 볼 수 없기 때문에 임금에 해당하지 않습니다(대법원 1997. 10. 24. 선고 96다33037 판결).

③ 근로의 대가를 부정한 사례(임금이 아닌 것)

○ 사용자가 선택적 복지제도를 시행하면서 직원 전용 온라인 쇼핑사이트에서 물품을 구매하는 방식 등으로 사용할 수 있는 복지포인트를 단체협약, 취업규칙 등에 근거해 근로자들에게 계속적·정기적으로 배정한 경우라고 하더라도, 이러한 복지포인트는 근로기준법에서 말하는 임금에 해당하지 않습니다(대법원 2019. 8. 22. 선고 2016다48785 전원합의체판결).

○ 사용자가 재직운전자 전원을 운전자 공제회에 가입시키고 대납한 운전자 공제회 공제료는 운전자들의 복리 후생을 위하여 은혜적으로 지급하거나 실비 변상적 명목으로 지출한 것이어서 소정근로의 대가로 볼 수 없으므로 임금에 해당하지 않습니다(대법원 2015. 6. 24. 선고 2012다118655 판결).

④ 근로의 대가로 본 사례(임금에 해당하는 것)

○ 가족수당이 일정한 요건에 해당하는 근로자에게 일률적으로 지급되어 왔다면, 이는 임의적, 은혜적인 급여가 아니라 근로에 대한 대가의 성질을 가지는 것으로서 임금에 해당하고, 차량유지비의 경우 그것이 차량 보유를 조건으로 지급되었거나 직원들 개인 소유의 차량을 업무용으로 사용하는 데 필요한 비용을 보조하기 위해 지급된 것이라면 실비변상적인 것으로서 근로의 대상으로 지급된 것으로 볼 수 없으나 전 직원에 대하여 또는 일정한 직급을 기준으로 일률적으로 지급되었다면 근로의 대상으로 지급된 것으로 볼 수 있습니다(대법원 2002. 5. 31. 선고 2000다18127 판결).

○ 대학교수의 연구수당 및 학생지도수당이 어떤 실적에 따른 실비변상의 것이 아니고 위 대학교원에게 일반적으로 일정액을 정기적 계속적으로 지급한 것이었다면 근로의 대가인 급여로 봄이 상당합니다(대법원 1977. 9. 28. 선고 77다300 판결).

○ 노사협의에 따라 실제 경비로 사용되는지 불문하고 근로를 제공한 운전직 근로자 모두에게 담뱃값, 장갑대, 음료수대, 청소비, 기타 승무 시 소요되는 경비 명목으로 지급한 경우, 실제 경비로 사용되지 않았다는 이유로 일비를 지급하지 않거나 감액하였다고 볼 만한 자료도 없는 점에 비추어 일비가 운전직 근로자의 근로제공과 관련하여 근로의 대상으로 지급된 것으로 봄이 타당하며, 당일 출근하는 운전직 근로자들은 일률적으로 일비를 지급받았고, 근무일수에 따라 지급액이 달라지기는 하지만 근무일에 소정근로를 제공하기만 하면 일비를 지급받는 것이 확정되어 있었으므로, 일비는 소정근로의 대가로 정기적, 일률적, 고정적으로 지급한 임금에 해당합니다(대법원 2019. 4. 23. 선고 2014다27807 판결).

1-3. 임금, 봉급 등 명칭 불문

① 임금은 근로자에게 계속적·정기적으로 지급되고 그 지급에 관하여 단체협약, 취업규칙 등에 의하여 사용자에게 지급의무가 지워져 있다면, 그 명칭 여하를 불문하고 모두 임금에 포함됩니다(『근로기준법』 제2조제1항제5호 및 대법원 1999. 9. 3. 선고 98다34393 판결 참조).

② 임금에 해당하는지 여부에 대한 사례(판례) 정리

○ 상여금

• 상여금이 계속적·정기적으로 지급되고 그 지급액이 확정되어 있다면 이는 근로의 대가로 지급되는 임금의 성질을 가지나, 그 지급사유의 발생이 불확정이고 일시적으로 지급되는 것은 임금이라고 볼 수 없으며, 또한 그 상여금이 퇴직금 산정의 기초가 되는 평균임금에 산입될 수 있는지의 여부는 특별한 사정이 없는 한 퇴직 당시를 기준으로 판단해야 합니다(대법원 2006. 5. 26. 선고 2003다54322 판결).

○ 성과급

• 공공기관 경영평가성과급이 계속적·정기적으로 지급되고 지급대상, 지급조건 등이 확정되어 있어 사용자에게 지급의무가 있다면, 이는 근로의 대가로 지급되는 임금의 성질을 가지므로 평균임금 산정의 기초가 되는 임금에 포함됩니다(대법원 2018. 12. 13. 선고 2018다231536 판결).

• 회사가 근로자들에게 지급한 성과금은 경영실적이나 무쟁의 달성 여부에 따라 그 지급 여부나 지급 금액이 달라지는 경영성과의 일부 분배로 볼 수 있을 뿐, 근로의 대상으로서의 임금이라 할 수 없으므로, 퇴직금 산정의 기초가 되는 평균임금에 포함되지 않습니다(대법원 2006. 2. 23 선고 2005다54029 판결)

○ 해외파견근로자 특별수당

• 국외 주재직원으로 근무하는 동안 지급받은 급여 가운데 동등한

직급호봉의 국내직원에게 지급되는 급여를 초과하는 부분은 근로의 대상으로 지급받는 것이 아니라 실비변상적인 것이거나 해외근무라는 특수한 근무조건에 따라 국외 주재직원으로 근무하는 동안 임시로 지급받은 것으로 임금에서 제외됩니다(*대법원 1990. 11. 9. 선고 90다카4683 판결*).

2. '임금'은 근로계약서의 근로조건에 반드시 명시

2-1. 임금의 근로조건 명시

사용자는 근로계약을 체결할 때 근로자에게 임금에 관한 사항을 명시해야 합니다. 근로계약을 체결 후 임금에 관한 사항을 변경하려는 경우에도 또한 같습니다(*「근로기준법」, 제17조제1항*).

2-2. 임금 구성항목·계산방법·지급방법이 명시된 서면의 교부

사용자는 임금과 관련한 임금의 구성항목·계산방법·지급방법이 명시된 서면(전자문서를 포함함)을 근로자에게 교부해야 합니다. 다만, 취업규칙, 단체협약 법령에 의하여 변경되는 등 「근로기준법 시행령」 제8조의2에서 정하는 사유로 인하여 변경되는 경우에는 근로자의 요구가 있으면 그 근로자에게 교부해야 합니다(*「근로기준법」, 제17조제2항*).

■ 봉사료(팁)도 임금에 해당하나요?

> Q. 서비스업에 종사하고 있는 근로자입니다. 간혹 영업장에서 손님한테 봉사료(팁)를 받는 경우가 있는데요, 봉사료(팁)도 임금에 해당하나요?
>
> A. "임금"이란 사용자가 근로의 대가로 근로자에게 임금, 봉급, 그 밖에 어떤 명칭으로든지 지급하는 모든 금품을 말합니다.

따라서 손님에게서 받은 봉사료(팁)는 근로자가 사용자로부터 지급받은 금품이 아니기 때문에 임금에 해당하지 않습니다.

◇ '사용자가 근로자에게' 지급할 것

① 임금은 사용자가 근로자에게 지급하는 것이어야 합니다. 근로자는 종속적인 관계에서 사용자에게 근로를 제공하고 임금을 지급받습니다.

② 따라서, 카지노 영업장의 고객이 자의에 의하여 직접 카지노 영업직 사원들에게 지급한 봉사료(팁)를 근로자들이 자율적으로 분배한 경우, 위 분배금은 「근로기준법」이 정한 임금의 범위에 포함되지 않습니다.

◇ '근로의 대가'로 지급할 것

① 임금은 근로자의 근로의 대가로 지급되는 것이어야 하며, 어떤 금품이 근로의 대상으로 지급된 것이냐를 판단함에 있어서는 금품지급의무의 발생이 근로제공과 직접적으로 관련되거나 그것과 밀접하게 관련된 것으로 볼 수 있어야 합니다.

② 따라서 사용자가 지급하는 금품이 ① 근로의 대상이 아닌 의례적·호의적 의미에서 지급되는 것이거나, ② 근로자가 특수한 근로 조건이나 환경에서 직무를 수행하게 됨으로 말미암아 추가로 소요되는 비용을 변상하기 위하여 지급되는 이른바 실비변상적 급여는 근로의 대상으로 지급되는 것으로 볼 수 없기 때문에 임금에 해당하지 않습니다.

◇ 임금, 봉급 등 명칭 불문

임금은 근로자에게 계속적·정기적으로 지급되고 그 지급에 관하여 단체협약, 취업규칙 등에 의하여 사용자에게 지급의무가 지워져 있다면, 그 명칭 여하를 불문하고 모두 임금에 포함됩니다.

§2. 급여 등의 산정기준이 되는 임금

1. 평균임금

"평균임금"이란 일정 기간에 지급된 임금의 평균금액을 말하며, 퇴직금이나 휴업수당 등을 산정하는 기준이 됩니다.

1-1. "평균임금"이란?

"평균임금"이란 이를 산정해야 할 사유가 발생한 날 이전 3개월 동안에 그 근로자에게 지급된 임금의 총액을 그 기간의 총일수로 나눈 금액을 말합니다(「근로기준법」 제2조제1항제6호 본문).

1-2. 평균임금이 적용되는 급여 및 수당 등

평균임금은 다음의 수당 또는 급여 등을 산정하는데 기준이 됩니다.

- 퇴직금(「근로자퇴직급여 보장법」 제8조제1항)
- 휴업수당(「근로기준법」 제46조)
- 연차유급휴가수당(「근로기준법」 제60조제5항)
- 재해보상금(「근로기준법」 제79조부터 제85조까지)
- 감급(減給)제재의 제한(「근로기준법」 제95조)
- 구직급여(「고용보험법」 제45조)
- 산업재해보상 보험급여(「산업재해보상보험법」 제36조, 제52조 등)

1-3. 평균임금은 산정사유 발생일 이전 3개월간의 총임금을 그 기간의 총일수로 나눠 산정합니다.

1-3-1. 평균임금 산정 방법

① 평균임금은 이를 산정해야 할 사유가 발생한 날 이전 3개월 동안에 그 근로자에게 지급된 임금의 총액을 그 기간의 총일수로 나누어 계산합니다(『근로기준법』 제2조제1항제6호 본문).

$$\text{평균임금} \quad = \quad \frac{\text{사유 발생일 이전 3개월간의 임금 총액}}{\text{사유 발생일 이전 3개월간의 총일수}}$$

② 평균임금을 산정할 때 사유가 발생한 날 이전 3개월간의 기산에 있어서 사유가 발생한 날인 당일(초일)은 총일수에 산입하지 않습니다(대법원 1996. 7. 9. 선고 96누5469 판결).

■ 산정기간이 1년인 상여금의 평균임금 산입 방법

> Q. 산정기간이 1년인 상여금의 경우에는 평균임금 산정을 할 때 어떻게 기간을 산입해야 하나요?
>
> A. 상여금의 경우 단체협약, 취업규칙 등에 미리 지급조건이 명시되어 있거나 관례로서 계속 지급되어온 사실이 인정되면 평균임금 산정 사유발생일 전 3개월간에 지급되었는지 여부와 관계없이 사유발생일 전 12개월 중에 지급받은 전액을 12개월로 나누어 3개월분을 평균임금의 산정범위에 산입시키면 됩니다.

1-3-2. 평균임금의 계산에서 제외되는 기간과 임금

① 평균임금 산정기간 중에 다음의 어느 하나에 해당하는 기간이 있는 경우에는 그 기간과 그 기간 중에 지급된 임금은 평균임금

산정기준이 되는 기간과 임금의 총액에서 각각 뺍니다(「근로기준법 시행령」 제2조제1항).

- 근로계약을 체결하고 수습 중에 있는 근로자가 수습을 시작한 날부터 3개월 이내의 기간
- 사용자의 귀책사유로 휴업한 기간(「근로기준법」 제46조)
- 출산전후휴가 및 유산·사산 휴가 기간(「근로기준법」 제74조)
- 업무상 부상 또는 질병으로 요양하기 위해 휴업한 기간(「근로기준법」 제78조)
- 육아휴직 기간(「남녀고용평등과 일·가정 양립 지원에 관한 법률」 제19조)
- 쟁의행위기간(「노동조합 및 노동관계조정법」 제2조제6호)
- 병역, 예비군 또는 민방위 의무를 이행하기 위하여 휴직하거나 근로하지 못한 기간. 다만, 그 기간 중 임금을 지급받은 경우에는 제외하지 않음
- 업무 외 부상이나 질병, 그 밖의 사유로 사용자의 승인을 받아 휴업한 기간

② 「근로기준법」 및 「근로기준법 시행령」 등이 정한 원칙에 따라 평균임금을 산정하였다고 하더라도, 근로자의 퇴직을 즈음한 일정 기간 특수하고 우연한 사정으로 인하여 임금액 변동이 있었고, 그 때문에 위와 같이 산정된 평균임금이 근로자의 전체 근로기간, 임금액이 변동된 일정 기간의 장단, 임금액 변동의 정도 등을 비롯한 제반 사정을 종합적으로 평가해 볼 때 통상의 경우보다 현저하게 적거나 많게 산정된 것으로 인정되는 예외적인 경우라면, 이를 기초로 퇴직금을 산출하는 것은 근로자의 통상적인 생활임금을 기준으로 퇴직금을 산출하고자 하는 근로기준법의 정신에 비추어 허용될 수 없는 것이므로, 근로자의 통상적인 생활임금을 사실대로 반영할 수 있는 합리적이고 타당한 다른 방법으로 평균

임금을 따로 산정해야 합니다*(대법원 2020. 6. 25. 선고 2018다292418 판결)*.

1-3-3. 특별한 경우의 평균임금 산정 방법

위의 산정 방법으로 평균임금을 산정할 수 없는 경우에는 다음의 기준에 따라 평균임금을 산정합니다「근로기준법 시행령」제4조 및 「평균임금산정 특례 고시」*(고용노동부고시 제2015-77호, 2015. 10. 14. 발령·시행)*.

① 평균임금의 계산에서 제외되는 기간이 3개월 이상인 경우

- 평균임금의 계산에서 제외되는 기간이 3개월 이상인 경우에는 제외되는 기간의 최초일을 평균임금의 산정사유가 발생한 날로 보아 평균임금 산정*(「평균임금산정 특례 고시」제1조제1항)*

② 근로제공의 초일에 평균임금 산정사유가 발생한 경우

- 근로제공의 첫 날(수습기간 종료 후 첫 날을 포함)에 평균임금 산정사유가 발생한 경우에는 그 근로자에게 지급하기로 한 임금의 1일 평균액으로 평균임금 추산(推算)*(「평균임금산정 특례 고시」제2조)*

③ 임금이 근로자 2명 이상 일괄하여 지급되는 경우

- 근로자 2인 이상을 1개조로 하여 임금을 일괄하여 지급하는 경우에 개별 근로자에 대한 배분방법에 대하여 미리 정하지 않은 경우에는 근로자의 경력, 생산실적, 실근로일수, 기술·기능, 책임, 배분에 관한 관행 등을 감안하여 근로자 1명당 임금액을 추정하여 그 금액으로 평균임금 추산*(「평균임금산정 특례 고시」제3조)*

④ 임금총액의 일부가 명확하지 않은 경우

- 평균임금의 산정기간 중에 지급된 임금의 일부를 확인할 수 없는 기간이 포함된 경우에는 그 기간을 제외한 잔여기간에 지급된 임금의 총액을 잔여기간의 총일수로 나눈 금액을 평균임금으로 봄*(「평균임금산정 특례 고시」제4조)*

⑤ 임금총액의 전부가 명확하지 않은 경우 등

- 위의 ①부터 ④까지에 따라 평균임금을 산정할 수 없는 경우에는

지방노동관서장이 다음의 사항을 감안하여 적정하다고 결정한 금액을 해당 근로자의 평균임금으로 봄(「평균임금산정 특례 고시」, 제5조)

1. 해당 사업장 소재 지역의 임금수준 및 물가사정에 관한 사항

2. 해당 근로자에 대한 소득세법령상 기재된 소득자별근로소득원천징수부, 「국민연금법」·「국민건강보험법」·「고용보험법」상 신고된 보수월액·소득월액·월평균임금 등에 관한 사항

3. 해당 사업장 소재 지역의 업종과 규모가 동일하거나 유사한 사업장에서 해당 근로자와 동일한 직종에 종사한 근로자의 임금에 관한 사항

4. 해당 사업장의 근로제공기간 중에 받은 금품에 대해 본인 또는 그 가족 등이 보유하고 있는 기록(이 경우 사업주가 인정하는 경우에 한함) 등 증빙서류에 관한 사항

5. 고용노동부장관이 조사·발간하는 "고용형태별근로실태조사 보고서" 및 "사업체노동력조사보고서" 등 고용노동통계에 관한 사항

1-3-4. 평균임금의 최저한도

평균임금 산정 방법에 따라 산출된 금액이 그 근로자의 통상임금보다 적으면 그 통상임금액을 평균임금으로 합니다(「근로기준법」, 제2조제2항).

1-4. 휴업보상금, 장해보상금 등을 산정할 때 적용할 평균임금은 같은 직종 근로자의 임금변동에 따라 조정합니다.

1-4-1. 평균임금의 조정

① 휴업보상금(「근로기준법」, 제79조), 장해보상금(「근로기준법」, 제80조) 및 유족보상금(「근로기준법」, 제82조), 장례비(「근로기준법」, 제83조), 일시보상금(「근로기준법」, 제84조) 등을 산정할 때 적용할 평균임금은 그 근로자가 소속한 사업 또는 사업장에서 같은 직종의 근로자에게 지급된 통상임금의 1명당 1개월 평균액(이하 "평균액"이라 함)이 그 부상

또는 질병이 발생한 달에 지급된 평균액보다 100분의 5 이상 변동된 경우에는 그 변동비율에 따라 인상되거나 인하된 금액으로 하되, 그 변동 사유가 발생한 달의 다음 달부터 적용합니다(「근로기준법 시행령」 제5조제1항 본문).

② 다만, 제2회 이후의 평균임금을 조정하는 때에는 직전 회의 변동 사유가 발생한 달의 평균액을 산정기준으로 합니다(「근로기준법 시행령」 제5조제1항 단서).

③ 「산업재해보상보험법」이 적용되는 사업 또는 사업장의 근로자가 업무상 부상을 당하거나 질병에 걸린 경우에는 「근로기준법」에 따른 재해보상(「근로기준법」 제79조부터 제84조까지)이 아닌 「산업재해보상보험법」 제36조제1항에 따른 보험급여를 지급받습니다.

1-4-2. 사업 또는 사업장이 폐지된 경우

평균임금을 조정하는 경우 그 근로자가 소속한 사업 또는 사업장이 폐지된 때에는 그 근로자가 업무상 부상 또는 질병이 발생한 당시에 그 사업 또는 사업장과 같은 종류, 같은 규모의 사업 또는 사업장을 기준으로 합니다(「근로기준법 시행령」 제5조제2항).

1-4-3. 같은 직종의 근로자가 없는 경우

위에 따라 평균임금을 조정하는 경우 그 근로자의 직종과 같은 직종의 근로자가 없는 때에는 그 직종과 유사한 직종의 근로자를 기준으로 합니다(「근로기준법 시행령」 제5조제3항).

1-4-4. 업무상 상병자에게 지급할 퇴직금 산정

업무상 부상을 당하거나 질병에 걸린 근로자에게 지급할 규제「근로자퇴직급여 보장법」 제8조에 따른 퇴직금을 산정할 때 적용할 평균임금은 위의 기준에 따라 조정된 평균임금으로 합니다(「근로기준법 시행령」 제5조제4항).

■ 퇴직금을 계산할 때 평균임금으로 산정한다고 하는데, 평균임금은 어떻게 산정하는 건가요?

Q. 10년 동안 다닌 회사에서 퇴직을 하게 되었습니다. 퇴직금을 계산할 때 평균임금으로 산정한다고 하는데, 평균임금은 어떻게 산정하는 건가요?

A. 평균임금은 이를 산정해야 할 사유가 발생한 날 이전 3개월 동안에 그 근로자에게 지급된 임금의 총액을 그 기간의 총일수로 나누어 계산합니다.

① 평균임금의 개념 및 산정방법

　"평균임금"이란 이를 산정해야 할 사유가 발생한 날 이전 3개월 동안에 그 근로자에게 지급된 임금의 총액을 그 기간의 총일수로 나눈 금액을 말합니다. 평균임금은 퇴직금, 휴업수당 등을 산정하는데 기준이 됩니다.

$$\text{평균임금} = \frac{\text{사유 발생일 이전 3개월간의 임금 총액}}{\text{사유 발생일 이전 3개월간의 총일수}}$$

② 평균임금의 계산에서 제외되는 기간과 임금

　평균임금 산정기간 중에 다음의 어느 하나에 해당하는 기간이 있는 경우에는 그 기간과 그 기간 중에 지급된 임금은 평균임금 산정기준이 되는 기간과 임금의 총액에서 각각 뺍니다.

○ 근로계약을 체결하고 수습 중에 있는 근로자가 수습을 시작한 날부터 3개월 이내의 기간
○ 사용자의 귀책사유로 휴업한 기간
○ 출산전후휴가 및 유산·사산 휴가 기간
○ 업무상 부상 또는 질병으로 요양하기 위해 휴업한 기간
○ 육아휴직 기간
○ 쟁의행위기간

○ 병역, 예비군, 민방위 의무를 이행하기 위하여 휴직하거나 근로 하지 못한 기간. 다만, 그 기간 중 임금을 지급받은 경우에는 제외하지 않음

○ 업무 외 부상이나 질병, 그 밖의 사유로 사용자의 승인을 받아 휴업한 기간

2. 통상임금

"통상임금"이란 근로의 대가로 정기적·일률적으로 지급하기로 정한 시급 등의 금품을 말하며, 해고예고수당 등을 산정하는 기준이 됩니다.

2-1. "통상임금"이란?

① "통상임금"이란 근로자에게 정기적이고 일률적으로 소정(所定)근로 또는 총 근로에 대하여 지급하기로 정한 시간급 금액, 일급 금액, 주급 금액, 월급 금액 또는 도급 금액을 말합니다(「근로기준법 시행령」 제6조제1항).

② 어떠한 임금이 통상임금에 속하는지 여부는 그 임금이 소정근로 의 대가로 근로자에게 지급되는 금품으로서 정기적·일률적·고정 적으로 지급되는 것인지를 기준으로 객관적인 성질에 따라 판단 해야 하고, 임금의 명칭이나 지급주기의 장단 등 형식적 기준에 의해 정하는 것이 아닙니다. 여기서 소정근로의 대가라 함은 근 로자가 소정근로시간에 통상적으로 제공하기로 정한 근로에 관하 여 사용자와 근로자가 지급하기로 약정한 금품을 말하며, 근로자 가 소정근로시간을 초과하여 근로를 제공하거나 근로계약에서 제 공하기로 정한 근로 외의 근로를 특별히 제공함으로써 사용자로 부터 추가로 지급받는 임금이나 소정근로시간의 근로와는 관련

없이 지급받는 임금은 소정근로의 대가라 할 수 없으므로 통상임금에 속하지 않습니다(대법원 2013. 12. 18. 선고 2012다89399 판결).

2-2. 통상임금이 적용되는 급여 및 수당 등

통상임금은 다음의 수당 또는 급여 등을 산정하는데 기준이 됩니다.
- 해고예고수당(「근로기준법」 제26조)
- 연장·야간·휴일근로수당(「근로기준법」 제56조)
- 연차유급휴가수당(「근로기준법」 제60조제5항)
- 육아휴직급여(「근로기준법」 제70조)
- 출산전후휴가급여(「고용보험법」 제76조)

■ 출산전후휴가 급여산정의 기준이 되는 통상임금

Q. 임신한 근로자의 요청으로 근로시간이 단축된 경우, 출산전후휴가 급여의 기준이 되는 통상임금은 근로시간 단축 전 통상임금을 기준으로 해야 하나요? 아니면 근로시간이 단축된 시점, 즉 출산전후휴가 신청 당시의 통상임금을 기준으로 해야 하나요?

A. 「고용보험법」 제76조제1항에 따라 '출산전후휴가 급여 등은 출산전후휴가 기간에 대하여 「근로기준법」의 통상임금(휴가를 시작한 날을 기준으로 산정함)에 해당하는 금액을 지급한다'고 규정하고 있는바, 출산전후휴가 급여산정의 기준이 되는 통상임금은 휴가를 시작한 날을 기준으로 산정하면 될 것입니다.

2-3. 통상임금 판단 기준

어떠한 임금이 통상임금에 속하는지 여부는 그 임금이 소정근로의 대가로 근로자에게 지급되는 금품으로서 정기적·일률적·고정적으로 지급되는 것인지를 기준으로 객관적인 성질에 따라 판단하여야 하고, 임금의 명칭이나 지급주기의 장단 등 형식적 기준에 의해 정해지는 것이 아닙니다(*대법원 전원합의체 2013. 12. 18. 선고 2012다89399*).

2-4. 통상임금의 산정 방법

① 통상임금을 시간급 금액으로 산정할 경우에는 다음의 방법에 따라 산정된 금액으로 합니다(*「근로기준법 시행령」 제6조제2항*).

   1. 시간급 금액으로 정한 임금은 그 금액

   2. 일급 금액으로 정한 임금은 그 금액을 1일의 소정근로시간 수로 나눈 금액

   3. 주급 금액으로 정한 임금은 그 금액을 1주의 통상임금 산정 기준시간 수(1주의 소정근로시간과 소정근로시간 외에 유급으로 처리되는 시간을 합산한 시간)로 나눈 금액

   4. 월급 금액으로 정한 임금은 그 금액을 월의 통상임금 산정 기준시간 수(주의 통상임금 산정 기준시간 수에 1년 동안의 평균 주의 수를 곱한 시간을 12로 나눈 시간)로 나눈 금액

   5. 일·주·월 외의 일정한 기간으로 정한 임금은 위 2.부터 4.까지에 준하여 산정된 금액

   6. 도급 금액으로 정한 임금은 그 임금 산정 기간에서 도급제에 따라 계산된 임금의 총액을 해당 임금 산정 기간(임금 마감일이 있는 경우에는 임금 마감 기간)의 총 근로시간 수로 나눈 금액

   7. 근로자가 받는 임금이 위의 1.부터 6.까지에서 정한 둘 이상의 임금으로 되어 있는 경우에는 1.부터 6.까지에 따라 각각 산정된 금액을 합산한 금액

② 통상임금을 일급 금액으로 산정할 때에는 위의 산정 방법에 따라 산정된 시간급 통상임금에 1일의 소정근로시간 수를 곱하여 계산합니다(*「근로기준법 시행령」 제6조제3항*).

■ 통상임금이란 무엇이고 어떻게 산정하는 건가요?

Q. 회사로부터 퇴직금을 받으려고 하는데요, 퇴직금을 산정할 때 기준이 되는 3개월치 평균임금이 통상임금보다 적어서 통상임금을 기준으로 퇴직금을 주겠다고 합니다. 통상임금이란 무엇이고 어떻게 산정하는 건가요?

A. "통상임금"이란 근로자에게 정기적이고 일률적으로 소정(所定) 근로 또는 총 근로에 대해 지급하기로 정한 시간급 금액, 일급 금액, 주급 금액, 월급 금액 또는 도급 금액을 말합니다.

◇ "통상임금"이란?

① "통상임금"이란 근로자에게 정기적이고 일률적으로 소정(所定)근로 또는 총 근로에 대하여 지급하기로 정한 시간급 금액, 일급 금액, 주급 금액, 월급 금액 또는 도급 금액을 말합니다.

② 평균임금 산정 방법에 따라 산출된 금액이 그 근로자의 통상임금보다 적으면 그 통상임금액을 평균임금으로 합니다.

◇ 통상임금 판단 기준

어떠한 임금이 통상임금에 속하는지 여부는 그 임금이 소정근로의 대가로 근로자에게 지급되는 금품으로서 정기적·일률적·고정적으로 지급되는 것인지를 기준으로 객관적인 성질에 따라 판단하여야 하고, 임금의 명칭이나 지급주기의 장단 등 형식적 기준에 의해 정해지는 것이 아닙니다(대법원 전원합의체 2013. 12. 18. 선고 2012다89399)

◇ 통상임금 산정 방법

① 통상임금을 시간급 금액으로 산정할 경우 다음의 방법에 따라 산정된 금액으로 합니다.
   1. 시간급 금액으로 정한 임금은 그 금액
   2. 일급 금액으로 정한 임금은 그 금액을 1일의 소정 근로 시간 수로 나눈 금액

3. 주급 금액으로 정한 임금은 그 금액을 1주의 통상임금 산정 기준 시간 수(1주의 소정근로시간과 소정근로시간 외에 유급으로 처리되는 시간을 합산한 시간)로 나눈 금액

4. 월급 금액으로 정한 임금은 그 금액을 월의 통상임금 산정기준 시간 수(주의 통상임금 산정기준 시간 수에 1년 동안의 평균 주의 수를 곱한 시간을 12로 나눈 시간)로 나눈 금액

5. 일·주·월 외의 일정한 기간으로 정한 임금은 위 2.부터 4.까지에 준하여 산정된 금액

6. 도급 금액으로 정한 임금은 그 임금 산정 기간에서 도급제에 따라 계산된 임금의 총액을 해당 임금 산정 기간 (임금 마감일이 있는 경우에는 임금 마감 기간)의 총 근로 시간 수로 나눈 금액

7. 근로자가 받는 임금이 위 1.부터 6.까지에서 정한 둘이상의 임금으로 되어 있는 경우에는 1.부터 6.까지에 따라 각각 산정된 금액을 합산한 금액

② 통상임금을 일급 금액으로 산정할 때에는 위의 산정 방법에 따라 산정된 시간급 통상임금에 1일의 소정근로시간 수를 곱하여 산정합니다.

3. 최저임금

"최저임금"이란 근로자의 생활안정과 노동력의 질적 향상을 위해 국가가 정한 최저수준의 임금을 말합니다.

3-1. 최저임금"이란?

"최저임금"이란 근로자가 받는 임금의 최저수준을 보장하여 근로자의 생활안정과 노동력의 질적 향상을 도모하려는 것으로, 「최저임금법」에서 이를 규정하고 있습니다.

3-1-1. 「최저임금법」의 적용 범위

① 「최저임금법」은 근로자를 사용하는 모든 사업 또는 사업장(이하 "사업"이라 함)에 적용합니다. 다만, 동거하는 친족만을 사용하는 사업과 가사(家事) 사용인에게는 적용하지 않습니다(『최저임금법』 제3조제1항).

② 또한, 「최저임금법」은 「선원법」의 적용을 받는 선원과 선원을 사용하는 선박의 소유자에게는 적용하지 않습니다(『최저임금법』 제3조제2항).

3-2. 최저임금액은 매년 최저임금위원회의 심의를 거쳐 고용노동부장관이 정해 고시하며, 사용자는 이를 근로자에게 널리 알려야 합니다.

3-2-1. 최저임금액의 결정 방법

고용노동부장관은 다음의 위원으로 구성된 최저임금위원회에 심의를 요청하고 위원회가 심의해 의결한 최저임금안에 따라 최저임금을 결정해야 합니다(『최저임금법』 제8조제1항 후단 및 제14조제1항).
- 근로자위원: 근로자를 대표하는 위원 9명
- 사용자위원: 사용자를 대표하는 위원 9명
- 공익위원: 공익을 대표하는 위원 9명

3-2-2. 최저임금의 결정 기준과 사업 종류별 구분

① 최저임금은 근로자의 생계비, 유사 근로자의 임금, 노동생산성 및 소득분배율 등을 고려하여 정합니다. 이 경우 사업의 종류별로 구분하여 정할 수 있습니다(『최저임금법』 제4조제1항).

② 다만, 사업의 종류별 구분은 최저임금위원회의 심의를 거쳐 고용노동부장관이 정하는데, 2023년 1월 1일부터 2023년 12월 31일까지 적용되는 「2023년 적용 최저임금 고시」(고용노동부고시 제

*2022-67호, 2022. 8. 5. 발령, 2023. 1. 1. 시행)*은 사업의 종류별 구분 없이 모든 사업장에 대해 최저임금을 시간급으로 정하고 있습니다.

3-2-3. 최저임금의 고시 및 사용자의 주지의무

① 고용노동부장관은 최저임금을 결정한 때에는 지체 없이 그 내용을 고시해야 하며, 고시된 최저임금은 다음 연도 1월 1일부터 효력이 발생합니다. 다만, 고용노동부장관은 사업의 종류별로 임금교섭시기 등을 고려해 필요하다고 인정하면 효력발생 시기를 따로 정할 수 있습니다(*「최저임금법」, 제10조제1항 및 제2항*).

② 최저임금의 적용을 받는 사용자는 ㉠ 적용을 받는 근로자의 최저임금액, ㉡ 최저임금에 산입하지 않는 임금, ㉢ 해당 사업에서 최저임금 적용을 제외할 근로자의 범위, ㉣ 최저임금의 효력발생 연월일을 그 사업의 근로자가 쉽게 볼 수 있는 장소에 게시하거나 그 외의 적당한 방법으로 최저임금 효력발생일 전날(12월 31일)까지 근로자에게 널리 알려야 합니다(*「최저임금법」, 제11조 및 「최저임금법 시행령」, 제11조*).

③ 근로자에게 위의 방법으로 최저임금의 내용을 널리 알리지 않은 사용자에게는 100만원 이하의 과태료가 부과됩니다(*「최저임금법」, 제31조제1항제1호*).

3-2-4. 2024년 최저임금액

2024년 1월 1일부터 2024년 12월 31일까지: 시간급 9,860원 (*「2024년 적용 최저임금 고시」*)

※ 수습 근로자 및 도급제 등의 최저임금 특례

• 수습 근로자의 최저임금액: 1년 이상의 기간을 정하여 근로계약을 체결하고 수습 중에 있는 근로자로서 수습을 시작한 날부터 3개월 이내인 사람에 대해서는 시간급 최저임금액에서 100분의 10을 뺀 금액을 최저임금액으로 합니다. 다만, 단순노무업무로 고용노동부

장관이 정하여 고시한 직종에 종사하는 근로자는 제외합니다(「최저임금법」 제5조제2항 및 「최저임금법 시행령」 제3조).

※ 단순노무업무 직종에 종사하는 근로자는 「최저임금법 제5조에 따른 단순노무직종 근로자 지정 고시」(고용노동부고시 제2018-23호, 2018. 3. 19. 발령, 2018. 3. 20. 시행)에서 확인할 수 있습니다.

- 도급제 등의 최저임금액: 임금이 도급제나 그 밖에 이와 비슷한 형태로 정해진 경우에 근로시간을 파악하기 어렵거나 그 밖에 「최저임금법」 제5조제1항에 따라 최저임금액을 정하는 것이 적합하지 않다고 인정되면 해당 근로자의 생산고(生産高) 또는 업적의 일정 단위에 따라 최저임금액을 정합니다(「최저임금법」 제5조제3항 및 「최저임금법 시행령」 제4조).

■ 최저임금 월 환산액

Q. 2024년 최저임금액이 시간급으로 9,860원 인데요, 1주 소정근로시간 40시간, 유급주휴 8시간인 경우에 최저임금을 월 기준으로 환산하면 얼마인가요?

A. 최저임금 월 환산액은 고시된 시간급 최저임금액에 1개월의 최저임금 적용기준 시간 수를 곱하여 산정합니다. 따라서 1개월의 최저임금 적용기준 시간수를 계산하면 다음과 같습니다.

[(주당 소정근로시간 40시간 + 유급주휴 8시간) × 365 ÷ 7]÷12월 = 약 209시간

따라서 1개월의 최저임금 적용기준 시간 수(209시간)에 2024년 시간급 최저임금 9,860원을 곱하면 2,060,740원이 됩니다.

3-3. 사용자는 최저임금액 이상을 근로자에게 지급해야 하며, 근로계약 중 최저임금액에 미치지 못하는 금액을 임금으로 정한 부분은 무효가 됩니다.

3-3-1. 최저임금 지급의무

① 사용자는 최저임금의 적용을 받는 근로자에게 최저임금액 이상의 임금을 지급해야 하며, 「근로기준법」에 따른 최저임금을 이유로 종전의 임금수준을 낮춰서는 안 됩니다(「최저임금법」 제6조제1항 및 제2항).

② 현재 지급받고 있는 임금이 최저임금액 이상인지 여부는 고용노동부 홈페이지의 〈최저임금 모의계산기〉에서 계산해 볼 수 있습니다.

③ 이를 위반하여 최저임금을 이유로 종전의 임금을 낮춘 자는 3년 이하의 징역 또는 2천만원 이하의 벌금에 처해집니다. 이 경우 징역과 벌금은 병과(倂科)할 수 있습니다(「최저임금법」 제28조제1항).

3-3-2. 최저임금 미달 근로계약의 효력

최저임금의 적용을 받는 근로자와 사용자 사이의 근로계약 중 최저임금액에 미치지 못하는 금액을 임금으로 정한 부분은 무효로 하며, 이 경우 무효로 된 부분은 「최저임금법」으로 정한 최저임금액과 동일한 임금을 지급하기로 한 것으로 봅니다(「최저임금법」 제6조제3항).

3-3-3. 최저임금에 산입하지 않는 임금의 범위

최저임금 적용을 위한 임금의 범위에는 매월 1회 이상 정기적으로 지급하는 임금을 산입(算入)합니다. 다만, 다음의 어느 하나에 해당하는 임금은 산입하지 않습니다(「최저임금법」 제6조제4항 및 「최저임금법 시행규칙」 제2조).

산입 제외 임금	구체적 범위
소정근로시간 또는 소정의 근로일에 대하여 지급하는 임금 외의 임금	• 연장근로 또는 휴일근로에 대한 임금 및 연장·야간 또는 휴일 근로에 대한 가산임금 • 연차 유급휴가의 미사용수당 • 유급으로 처리되는 휴일(『근로기준법』 제55조제1항에 따른 유급휴일은 제외함)에 대한 임금 • 그 밖에 명칭에 관계없이 위에 준하는 것으로 인정되는 임금
상여금, 그 밖에 이에 준하는 것으로서 다음 임금의 월 지급액 중 해당 연도 시간급 최저임금액을 기준으로 산정된 월 환산액의 일정 비율(2022년의 경우 10%)에 해당하는 부분	• 1개월을 초과하는 기간에 걸친 해당 사유에 따라 산정하는 상여금, 장려가급(奬勵加給), 능률수당 또는 근속 수당 • 1개월을 초과하는 기간의 출근성적에 따라 지급하는 정근수당
식비, 숙박비, 교통비 등 근로자의 생활 보조 또는 복리후생을 위한 성질의 임금으로서 다음 어느 하나에 해당하는 것	• 통화 이외의 것으로 지급하는 임금 • 통화로 지급하는 임금의 월 지급액 중 해당 연도 시간급 최저임금액을 기준으로 산정된 월 환산액의 일정비율(2022년의 경우 2%)에 해당하는 부분

3-3-4. 최저임금이 적용되지 않는 예외

다만, 위의 최저임금의 지급의무(『최저임금법』 제6조제1항)와 근로계약의 변경(『최저임금법』 제6조제3항)은 다음 어느 하나에 해당하는 사유로 근로하지 않은 시간 또는 일에 대해 사용자가 임금을 지급할 것을 강제하는 것은 아닙니다(『최저임금법』 제6조제6항).

- 근로자가 자기의 사정으로 소정근로시간 또는 소정의 근로일의 근로를 하지 않은 경우

- 사용자가 정당한 이유로 근로자에게 소정근로시간 또는 소정의 근로일의 근로를 시키지 않은 경우

3-4. 사용자가 고용노동부장관으로부터 최저임금 적용 제외 인가를 받으면, 최저임금보다 적은 임금을 근로자에게 지급할 수 있습니다.

3-4-1. 최저임금 적용 제외의 인가

정신 또는 신체의 장애가 업무 수행에 직접적으로 현저한 지장을 주는 것이 명백하다고 인정되는 사람으로서 사용자가 고용노동부장관의 인가를 받은 사람에 대하여는 최저임금의 효력규정(규제「최저임금법」 제6조)을 적용하지 않습니다(「최저임금법」 제7조 및 「최저임금법 시행령」 제6조).

3-4-2. 인가기준

최저임금 적용 제외 인가기준은 다음과 같습니다(「최저임금법 시행규칙」 제3조제1항 및 별표 3).

○ 대상
근로자의 정신 또는 신체의 장애가 해당 근로자를 종사시키고자 하는 업무의 수행에 직접적으로 현저한 지장을 주는 것이 명백하다고 인정되는 사람

○ 인가기준

• 정신 또는 신체 장애인으로서 담당하는 업무를 수행하는 경우에 그 정신 또는 신체의 장애로 같거나 유사한 직종에서 최저임금을 받는 다른 근로자 중 가장 낮은 근로능력자의 평균작업능력에도 미치지 못하는 사람(작업능력은 「장애인고용촉진 및 직업재활법」 제43조에 따른 한국장애인고용촉진공단의 의견을 들어 판단)을 말함

• 인가기간은 1년을 초과할 수 없음

3-4-3. 인가신청 및 인가서 교부

① 최저임금 적용 제외의 인가를 받으려는 사용자는 관할 지방고용
노동관서의 장에게 『정신·신체 장애로 인한 최저임금 적용 제외
인가신청서』에 다음 서류를 첨부하여 제출해야 합니다(『최저임금법
시행규칙』 제3조제2항 및 별지 제1호서식).

- 신청일이 속하는 달의 직전 달의 사업장 전체 근로자 임금 대장
사본 1부
- 정신장애인이나 신체장애인임을 증명할 수 있는 서류 사본 1부
- 친권자 의견서 사본 1부(지적장애, 정신장애 또는 자폐성장애 등
으로 인한 신청의 경우만 해당함)

② 지방고용노동관서의 장은 인가 신청에 대하여 인가를 할 때에는
『정신·신체 장애로 인한 최저임금 적용 제외 인가서』를 발급해
야 합니다. 이 경우 최저임금 적용이 제외되는 근로자에 대하여
유사 직종에 근무하는 근로자의 임금수준에 상응하는 임금을 지
급할 것을 사용자에게 권고할 수 있습니다(『최저임금법 시행규칙』 제3조제
3항 및 별지 제2호서식).

■ 최저임금법 시행규칙 [별지 제1호서식]

[ ]정신 [ ]신체   **장애로 인한 최저임금 적용 제외 인가신청서**

※[ ]에는 해당하는 곳에 √표시를 합니다.   (앞쪽)

접수번호		접수일		처리기간 21일
신청인	상호(법인명)		전화번호	
	성명(대표자)		생년월일	
	주소(사업장 소재지)			
	사업의 종류			
장애인 근로자	성명		생년월일 (남/여)	
	주소			
신청내용	장애의 상태			
	장애인근로자의 취급업무			
	장애인근로자의 작업능력			
	같거나 유사한 직종의 평균작업능력			
	지급하려는 시간 당 임금액			
	같거나 유사한 직종의 시간 당 임금액			
	최저임금 적용 제외가 필요한 사유			

「최저임금법 시행령」 제6조 및 「최저임금법 시행규칙」 제3조제2항에 따라 위와 같이 최저임금 적용 제외의 인가를 신청합니다.

년   월   일

신청인   (서명 또는 인)

○○지방고용노동청(지청)장 귀하

첨부서류	1. 신청일이 속하는 달의 직전 달의 사업장 전체 근로자 임금대장 사본 1부 2. 정신장애인이나 신체장애인임을 증명할 수 있는 서류 사본 1부 3. 친권자 의견서 사본 1부(지적장애, 정신장애 또는 자폐성장애 등으로 인한 신청의 경우만 해당합니다)	수수료 없음

210mm×297mm(백상지 80g/㎡)

작성방법 및 유의사항

1. 신청 대상 장애인 근로자가 복수인 경우에는 대상자별로 신청서를 제출하고, 신청 대상 장애인 근로자가 「근로기준법」상 근로자로 볼 수 없거나 취급업무가 장애와 직접적인 관련이 없고 실제 수행하지 않는 작업으로 신청한 경우에는 신청서는 반려됩니다.

2. 신청 대상 장애인근로자의 취급업무는 구체적으로 전부 적습니다.
   예)쇼핑백제작 : ①쇼핑백 상단부분을 안쪽으로 접어 넣음 ②쇼핑백 안쪽으로 간지를 넣음 ③ 쇼핑백 하단을 팔각형 모양이 되게 접음
   부품 조립 : ①탁자위에 부품1과 부품2 놓기 ②부품1을 부품2에 정해진 위치에 고정하고 돌리기 ③부품1과 부품2를 박스에 넣기

3. 신청 대상 장애인근로자의 작업능력은 같거나 유사한 직종의 평균작업능력과 비교하여 취급 업무 전부에 대하여 적습니다.
   예) 장애인근로자 작업능력 쇼핑백 제작 100개, 부품조립 70개 같거나 유사한 직종의 평균 작업능력 쇼핑백 제작 150개, 부품조립 100개

4. 같거나 유사한 직종의 평균작업능력은 신청 대상 장애인 근로자와 동일 또는 유사한 직종의 최저임금을 받는 근로자 중 임금이 가장 낮은 근로자의 평균작업능력을 의미하며, 해당되는 근로자가 2인 이상일 경우에는 그 중 가장 최근 입사한 근로자로 선정하여야 합니다. 다만, 현장조사 과정에서 보다 적합한 근로자가 있는 것으로 확인될 경우 변경될 수 있습니다.

5. 작업능력은 신청 대상 장애인 근로자의 업무에 대하여 일정 시간 동안 수행한 작업량으로 측정하고, 신청 대상 장애인 근로자의 작업능력은 백분율 값으로 표시합니다.(같거나 유사한 직종의 최저임금을 받는 근로자와 작업능력이 같을 때의 백분율 값은 100입니다) 다만, 백분율 값으로 표시가 불가능한 경우에는 같거나 유사한 직종의 최저임금을 받는 근로자와 신청 대상 장애인 근로자를 비교하여 우수, 보통, 미흡, 매우미흡으로 적습니다.

처리절차

※ 이 신청서는 아래와 같이 처리됩니다.

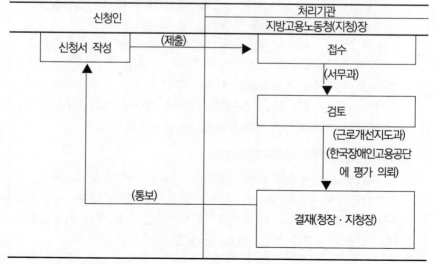

■ 사용자가 최저임금보다 적은 임금을 근로자에게 지급할 경우에 어떤 처벌을 받게 되나요?

Q. 작은 음식점에서 서빙 아르바이트를 하고 있습니다. 사용자로부터 매달 받는 급여를 계산해 보니 최저임금에 미달하는 것 같은데요, 사용자가 최저임금보다 적은 임금을 근로자에게 지급할 경우에 어떤 처벌을 받게 되나요?

A. 사용자가 근로자에게 최저임금액 이상의 임금을 지급하지 않거나 최저임금을 이유로 근로자가 종전에 받던 임금을 낮춘 경우 3년 이하의 징역 또는 2천만원 이하의 벌금에 처해집니다. 또한 최저임금액 미만의 임금을 받기로 한 계약은 무효가 되고, 그 무효로 된 부분은 최저임금액과 동일한 임금을 지급하기로 한 것으로 봅니다.

◇ 최저임금 지급의무

① 사용자는 최저임금의 적용을 받는 근로자에게 최저임금액 이상의 임금을 지급해야 하며, 「근로기준법」에 따른 최저임금을 이유로 종전의 임금수준을 낮춰서는 안 됩니다.

※ 현재 지급받고 있는 임금이 최저임금액 이상인지 여부는 고용노동부 홈페이지의 〈최저임금 모의계산기〉에서 계산해 볼 수 있습니다.

② 이를 위반하여 최저임금을 이유로 종전의 임금을 낮춘 자는 3년 이하의 징역 또는 2천만원 이하의 벌금에 처해집니다. 이 경우 징역과 벌금은 병과(倂科)할 수 있습니다.

◇ 최저임금 미달 근로계약의 효력

최저임금의 적용을 받는 근로자와 사용자 사이의 근로계약 중 최저임금액에 미치지 못하는 금액을 임금으로 정한 부분은 무효로 하며, 이 경우 무효로 된 부분은 「최저임금법」으로 정한 최저임금액과 동일한 임금을 지급하기로 한 것으로 봅니다.

제2장
임금의 지급

§1. 임금의 보호 등

1. 임금의 보호 및 압류금지

근로자 임금을 보호하기 위해 사용자는 근로자와 위약 예정을 하거나, 전차금 등과 임금을 상계하지 못하며, 강제 저금을 하지 못합니다.

1-1. 위약 예정의 금지

① 사용자는 근로자와 근로계약 불이행에 대한 위약금 또는 손해배상액을 예정하는 계약을 체결하지 못합니다(「근로기준법」 제20조). 사용자가 이를 위반할 경우에는 500만원 이하의 벌금에 처해집니다(「근로기준법」 제114조제1호).

② 이는 근로자의 근로계약 불이행을 이유로 사용자에게 어떤 손해가 어느 정도 발생하였는지를 묻지 않고 바로 일정 금액을 배상하도록 하는 약정을 미리 함으로써, 근로자의 의사에 반하는 계속 근로를 강제하는 것을 방지하기 위한 것입니다(대법원 2004. 4. 28. 선고 2001다53875 판결 참조).

③ 따라서, 근로자가 일정기간 동안 근무하기로 하면서 이를 위반할 경우 소정 금원을 사용자에게 지급하기로 약정하는 경우, 그 약정의 취지가 약정한 근무기간 이전에 퇴직하면 그로 인하여 사용자에게 어떤 손해가 어느 정도 발생하였는지 묻지 않고 바로 소정 금액을 사용자에게 지급하기로 하는 것이라면 이는 명백히 위 조항에 반하는 것이어서 효력을 인정할 수 없습니다(대법원 2008. 10. 23. 선고 2006다37274 판결).

④ 다만, 판례는 "그 약정이 사용자가 근로자의 교육훈련 또는 연수를 위한 비용을 우선 지출하고 근로자는 실제 지출된 비용의 전부 또는 일부를 상환하는 의무를 부담하기로 하되 장차 일정 기

간 동안 근무하는 경우에는 그 상환의무를 면제해 주기로 하는 취지인 경우에는, 그러한 약정의 필요성이 인정된다"고 보았습니다(*대법원 2008. 10. 23. 선고 2006다37274 판결*).

1-2. 전차금(前借金) 등과의 상계 금지

① 사용자는 전차금(前借金)이나 그 밖에 근로할 것을 조건으로 하는 전대(前貸)채권과 임금을 상계하지 못합니다(*「근로기준법」 제21조*).

② "전차금"이란 근로계약을 체결하기 전이나, 그 당시에 또는 그 후에 사용자가 차입하여 장래의 임금으로 변제할 것을 약정하는 금전을 말하며, "근로할 것을 조건으로 하는 전대채권"이란 전차금 외에 전차금에 추가해서 근로자 또는 그 친권자 등에게 지급되는 금전으로서 전차금과 동일한 목적을 가지는 채권을 말합니다.

③ 사용자가 전차금에 고율의 이자를 붙여 언제까지나 완제(完濟)할 수 없는 상태로 만들어 실질임금을 저하시키고 사용자로부터 벗어날 수 없는 인신구속의 결과를 초래할 우려가 있으므로 「근로기준법」은 이를 금지하고 있습니다.

④ 사용자가 이를 위반할 경우에는 500만원 이하의 벌금에 처해집니다(*「근로기준법」 제114조제1호*).

1-3. 강제 저금의 금지

① 사용자는 근로계약에 덧붙여 강제 저축 또는 저축금의 관리를 규정하는 계약을 체결하지 못합니다(*「근로기준법」 제22조제1항*).

② 사용자가 이를 위반할 경우에는 2년 이하의 징역 또는 2천만원 이하의 벌금에 처해집니다(*「근로기준법」 제110조제1호*).

③ 다만, 사용자가 근로자의 위탁으로 저축을 관리하는 경우에는 다음의 사항을 지켜야 합니다(*「근로기준법」 제22조제2항*).

- 저축의 종류·기간 및 금융기관을 근로자가 결정하고, 근로자 본인의 이름으로 저축할 것
- 근로자가 저축증서 등 관련 자료의 열람 또는 반환을 요구 할 때에는 즉시 이에 따를 것

2. 근로자의 임금(급여채권)은 일정액 이상 압류하지 못합니다.

2-1. 급여채권의 압류금지

급료·연금·봉급·상여금·퇴직연금, 그 밖에 이와 비슷한 성질을 가진 급여채권의 2분의 1에 해당하는 금액은 압류하지 못합니다(『민사집행법』 제246조제1항제4호 본문).

2-2. 압류금지 최저금액

급여채권의 2분의 1에 해당하는 금액이 월 185만원에 미치지 못하는 경우에는 185만원을 압류금지 금액으로 합니다(『민사집행법』 제246조제1항제4호 단서 및 『민사집행법 시행령』 제3조).

2-3. 압류금지 최고금액

① 급여채권의 2분의 1에 해당하는 금액이 월 300만원을 초과하는 경우에는 다음의 금액을 압류금지 금액으로 합니다(『민사집행법』 제246조제1항제4호 단서 및 『민사집행법 시행령』 제4조).

$$월\ 300만원\ +\ \left(\frac{월\ 급여채권액의\ 1/2\ -\ 월\ 300만원}{2}\right)$$

② 급여액 별 압류가능금액 및 압류금지금액 예시(단위:백만원)

급여액	100	185	250	300	370	400
압류가능금액	0	0	65	115	185	200
채무자교부액	100	185	185	185	185	200
급여액	500	600	700	450	525	1000
압류가능금액	250	300	375	450	525	600
채무자교부액	250	300	325	350	375	400

§2. 임금의 지급방법

1. 임금지급 4대 원칙

　사용자는 근로자에게 임금을 지급할 때에는 통화로, 직접, 전액을, 정기적으로 지급하는 것이 원칙입니다.

1-1. 통화지급의 원칙

① 사용자가 근로자에게 임금을 지급할 때에는 통화(通貨)로 지급해야 합니다(『근로기준법』 제43조제1항 본문 참조).

② 통화 지급의 원칙은 국내에서 강제 통용력이 있는 화폐(『한국은행법』 제48조)로 지급하는 것을 말하는 것이며, 은행에 의해 그 지급이 보증되는 보증수표로 임금을 지급해도 통화 지급의 원칙에 위배되지 않습니다.

③ 다만, 법령 또는 단체협약에 특별한 규정이 있는 경우에는 통화 이외의 것으로 지급할 수 있습니다(『근로기준법』 제43조제1항 단서).

※ 선원에 대한 통화지급 원칙 예외

　• 선박소유자는 승무 중인 선원이 청구하면 위 통화 지급의 원칙에도 불구하고 선장에게 임금의 일부를 상륙하는 기항지(寄港地)에서 통용되는 통화로 직접 선원에게 지급하게 해야 한다고 규정하여 그 예외를 인정하고 있습니다(『선원법』 제52조제4항 참조).

1-2. 직접지급의 원칙

① 사용자가 근로자에게 임금을 지급할 때에는 직접 근로자에게 지급해야 합니다. 이에 따라 미성년자는 독자적으로 임금을 청구할 수 있습니다(『근로기준법』 제43조제1항 본문 및 제68조).

② 근로자의 임금채권은 그 양도를 금지하는 법률의 규정이 없으므로 이를 양도할 수 있으나, 근로자가 그 임금채권을 양도한 경우라 할지라도 그 임금의 지급에 관하여는 같은 원칙이 적용되어 사용자는 직접 근로자에게 임금을 지급하지 아니하면 안되는 것이고 그 결과 비록 양수인이라고 할지라도 스스로 사용자에 대하여 임금의 지급을 청구할 수 없습니다(대법원 1988. 12. 13. 선고 87다카 2803 전원합의체판결).

※ 선원에 대한 직접지급 원칙의 예외
  • 선박소유자는 직접지급의 원칙에도 불구하고 선원이 청구하거나 법령이나 단체협약에 특별한 규정이 있는 경우에는 임금의 전부 또는 일부를 그가 지정하는 가족이나 그 밖의 사람에게 통화로 지급하거나 금융회사 등에 예금하는 등의 방법으로 지급해야 합니다(「선원법」 제52조제3항 참조).

1-3. 전액지급의 원칙

① 사용자가 근로자에게 임금을 지급할 때에는 그 전액을 지급해야 합니다(「근로기준법」 제43조제1항 본문 참조).

② 다만, 법령 또는 단체협약에 특별한 규정이 있는 경우에는 임금의 일부를 공제하고 지급할 수 있습니다(「근로기준법」 제43조제1항 단서).

③ 이에 따라 근로소득세(「소득세법」 제127조제1항제4호), 보험료 등(「국민건강보험법」 제77조제3항, 「국민연금법」 제90조제1항)의 경우 법령에 따라 임금에서 공제할 수 있습니다.

1-4. 정기지급의 원칙

① 임금은 매월 1회 이상 일정한 날짜를 정하여 지급해야 합니다(「근로기준법」 제43조제2항 본문).

② 다만, 다음의 어느 하나에 해당하는 임금에 대해서는 그렇지 않습니다(『근로기준법』, 제43조제2항 단서 및 『근로기준법 시행령』, 제23조).

- 1개월을 초과하는 기간의 출근 성적에 따라 지급하는 정근수당
- 1개월을 초과하는 일정 기간을 계속하여 근무한 경우에 지급되는 근속수당
- 1개월을 초과하는 기간에 걸친 사유에 따라 산정되는 장려금, 능률수당 또는 상여금
- 그 밖에 부정기적으로 지급되는 모든 수당

■ 이번 달 임금을 다음달에 지급하면 정기일 지급원칙에 위반되나요?

Q. 건설현장에서 매월 1일부터 말일까지 근로한 일수에 대한 임금을 다음달 25일에 지급할 경우에 정기일 지급 원칙에 위반되나요?

A. 『근로기준법』 제43조제2항에 따른 정기지급의 원칙은 임금지급기일의 간격이 지나치게 길고 지급일이 일정하지 않음으로써 야기되는 근로자의 생활불안을 방지하려는 규정이므로 매월 1일부터 말일까지 임금을 계산하여 다음달 25일에 지급하는 것은 임금 산정기간과 임금지급일의 간격이 길어 합리적이지 못하고 법 취지에도 맞지 않다고 사료됩니다.

1-5. 위반 시 벌칙(반의사불벌죄)

① 임금을 통화(通貨)로 직접 근로자에게 그 전액을 지급하지 않거나 매월 1회 이상 일정한 날짜를 정하여 지급하지 않은 자는 3년 이하의 징역 또는 3천만원 이하의 벌금에 처해집니다(『근로기준법』, 제109조제1항).

② 이 경우 피해자의 명시적인 의사와 다르게 공소를 제기할 수 없습니다(『근로기준법』 제109조제2항).

2. 비상(非常)시에는 근로자가 청구하면 지급기일 전이라도 임금을 지급해야 합니다.

2-1. 임금의 비상시 지급

사용자는 근로자나 그의 수입으로 생계를 유지하는 자가 다음의 어느 하나에 해당하게 되는 경우의 비용에 충당하기 위해 임금 지급을 청구하면 지급기일 전이라도 이미 제공한 근로에 대한 임금을 지급해야 합니다(『근로기준법』 제45조 및 『근로기준법 시행령』 제25조).

- 출산하거나 질병에 걸리거나 재해를 당한 경우
- 혼인 또는 사망한 경우
- 부득이한 사유로 1주 이상 귀향하게 되는 경우

2-2. 위반 시 벌칙

이를 위반하여 비상시 임금을 지급하지 않은 사용자는 1천만원 이하의 벌금에 처해집니다(『근로기준법』 제113조).

■ 회사가 사정이 어렵다며 이번 달 월급 중 일부를 상품권으로 지급하겠다고 하는데, 가능한 건가요?

Q. 소규모 식품제조 공장에서 일을 하고 있는 근로자입니다. 회사가 사정이 어렵다며 이번 달 월급 중 일부를 상품권으로 지급하겠다고 하는데, 가능한 건가요?

A. 사용자가 근로자에게 임금을 지급할 때에는 통화(通貨)로 지급

해야 하고, 법령 또는 단체협약에 특별한 규정이 있는 경우에는 통화 이외의 것으로 지급할 수 있습니다. 「근로기준법」에 따른 임금의 통화지급 원칙을 위반하면 3년 이하의 징역 또는 3천만원 이하의 벌금에 처해집니다.

◇ 임금지급의 4대 원칙

① 사용자는 근로자에게 임금을 지급할 때에는 통화로, 직접, 전액을, 정기적으로 지급해야 하는 것이 원칙입니다.

○ 통화지급의 원칙: 사용자가 근로자에게 임금을 지급할 때에는 통화(通貨)로 지급해야 합니다.

○ 직접지급의 원칙: 사용자가 근로자에게 임금을 지급할 때에는 직접 근로자에게 지급해야 합니다. 이에 따라 미성년자는 독자적으로 임금을 청구할 수 있습니다.

○ 전액지급의 원칙: 사용자가 근로자에게 임금을 지급할 때에는 그 전액을 지급해야 합니다.

○ 정기지급의 원칙: 임금은 매월 1회 이상 일정한 날짜를 정하여 지급해야 합니다.

② 다만, 법령 또는 단체협약에 특별한 규정이 있는 경우에는 임금의 일부를 공제하거나 통화 이외의 것으로 지급할 수 있습니다.

◇ 위반 시 벌칙(반의사불벌죄)

① 임금을 통화(通貨)로 직접 근로자에게 그 전액을 지급하지 않거나 매월 1회 이상 일정한 날짜를 정하여 지급하지 않은 자는 3년 이하의 징역 또는 3천만원 이하의 벌금에 처해집니다.

② 이 경우 피해자의 명시적인 의사와 다르게 공소를 제기할 수 없습니다.

§3. 근로자 사망·퇴직시 금품청산

1. 사용자는 근로자가 사망하거나 퇴직할 경우에 임금, 보상금 등의 금품을 청산해 줘야 합니다.

1-1. 사망·퇴직 근로자에 대한 금품청산 의무

① 사용자는 근로자가 사망 또는 퇴직한 경우에는 그 지급 사유가 발생한 때부터 14일 이내에 임금, 보상금, 그 밖에 모든 금품을 지급해야 합니다(「근로기준법」 제36조 본문).

② 이는 근로관계 종료시 당연히 발생하는 금품지급·반환의무를 기일내 이행하도록 법으로 강제함으로써 근로자의 근로관계 종료에 따른 근로자의 생활안정을 도모하려는 것을 목적으로 합니다.

■ 임금, 퇴직금 지급시 공제 가능여부

Q. 근로자가 퇴직하려고 할 때, 회사에 끼친 손실이나 손해를 근로자에게 지급해야 하는 임금이나 퇴직금에서 공제하고 줄 수 있나요?

A. 사용자는 근로자가 퇴직한 경우에는 그 지급 사유가 발생한 때부터 14일 이내에 임금, 보상금, 그 밖에 모든 금품을 지급해야 합니다. 근로자가 업무와 관련하여 회사에 손실을 입혔다 할지라도 임금, 퇴직금 등에서 공제할 수 없으며, 별도의 손해배상청구소송을 통하여 해결해야 합니다.

1-2. 금품청산 대상

금품청산을 해줘야 하는 대상은 임금, 보상금, 그 밖에 모든 금품입니다(「근로기준법」 제36조 본문 참조).

구분	내 용
임금	• 사용자가 근로의 대가로 근로자에게 임금, 봉급, 그 밖에 어떠한 명칭으로든지 지급하는 모든 금품(「근로기준법」 제2조제1항제5호)
보상금	• 요양보상, 휴업보상, 장해보상, 유족보상, 장의비, 일시보상, 분할보상 등의 재해보상금(「근로기준법」 제78조부터 제85조까지)
그 밖의 모든 금품	• 목표당설 성과급(고용노동부 • 근로소득액의 연말정산환급금(대법원 2011. 5. 26. 선고 2009도2357 판결)

1-3. 특별한 사정시 지급기일 연장

특별한 사정이 있는 경우에는 당사자 사이의 합의에 따라 기일을 연장할 수 있습니다(「근로기준법」 제36조 단서).

1-4. 위반 시 벌칙(반의사불벌죄)

① 금품청산의무를 위반한 사용자는 3년 이하의 징역 또는 3천만원 이하의 벌금에 처해집니다(「근로기준법」 제109조제1항).

② 다만, 이 경우 피해자의 명시적인 의사와 다르게 공소를 제기할 수 없습니다(「근로기준법」 제109조제2항).

2. 사용자가 14일 이내에 금품청산을 해주지 않은 경우 지연 이자를 지급해야 합니다.

2-1. 20%의 지연이자 지급

　사용자는 금품청산에 따라 지급해야 하는 임금 및 퇴직급여제도에 따른 근로자에게 지급되는 일시금의 전부 또는 일부를 그 지급 사유가 발생한 날부터 14일 이내(특별한 사정이 있는 경우에는 당사자 사이의 합의에 의해 연장 가능)에 지급하지 않은 경우, 그 다음 날부터 지급하는 날까지의 지연 일수에 대해 연 100분의 20의 지연이자를 지급해야 합니다(『근로기준법』 제37조제1항 및 『근로기준법 시행령』 제17조).

2-2. 지연이자 지급제외 사유

　사용자가 다음의 사유에 따라 임금 지급을 지연하는 경우, 그 사유가 존속하는 기간에 대하여는 지연이자를 지급하지 않아도 됩니다 (『근로기준법』 제37조제2항 및 『근로기준법 시행령』 제18조).

1. 사용자가 천재·사변으로 임금 지급을 지연하는 경우
2. 다음의 어느 하나에 해당하는 경우
- 회생절차개시의 결정이 있는 경우
- 파산선고의 결정이 있는 경우
- 고용노동부장관이 「임금채권보장법 시행령」 제5조의 도산 등사실 인정의 요건·절차에 따라 미지급 임금등을 지급할 능력이 없다고 인정하는 경우
3. 「채무자 회생 및 파산에 관한 법률」, 「국가재정법」, 「지방 자치법」 등 법령상의 제약에 따라 임금 및 퇴직금을 지급할 자금을 확보하기 어려운 경우

4. 지급이 지연되고 있는 임금 및 퇴직금의 전부 또는 일부의 존부(存否)를 법원이나 노동위원회에서 다투는 것이 적절하다고 인정되는 경우
5. 그 밖에 위 1.부터 4.까지에 준하는 사유가 있는 경우

■ 임금과 퇴직금에 대한 이자도 받을 수 있나요?

Q. 회사에서 퇴직한 후 3개월이 지났는데, 마지막 달 임금과 퇴직금을 아직까지 지급하지 않고 있습니다. 이런 경우에 임금과 퇴직금에 대한 이자도 받을 수 있나요?

A. 사용자는 근로자가 퇴직한 경우에는 그 지급 사유가 발생한 때부터 14일 이내에 임금, 보상금, 그 밖에 모든 금품을 지급해야 하고, 특별한 사정이 있을 경우에는 당사자 사이의 합의에 의하여 기일을 연장할 수 있습니다. 이를 위반할 경우 근로자는 지연 일수에 대해 연 20%의 지연이자를 받을 수 있습니다.

◇ 사망·퇴직 근로자에 대한 금품청산 의무
① 사용자는 근로자가 사망 또는 퇴직한 경우에는 그 지급 사유가 발생한 때부터 14일 이내에 임금, 보상금, 그 밖에 모든 금품을 지급해야 합니다. 다만, 특별한 사정이 있을 경우에는 당사자 사이의 합의에 의하여 기일을 연장할 수 있습니다.
② 금품청산의무를 위반한 자는 3년 이하의 징역 또는 3천만원 이하의 벌금에 처해집니다.

◇ 지연이자의 지급
사용자는 금품청산에 따라 지급해야 하는 임금 및 퇴직급여제도에 따라 근로자에게 지급되는 일시금의 전부 또는 일부를 그 지급 사유가 발생한 날부터 14일 이내(특별한 사정이 있는 경우에는 당사자 사이의 합의에 의해 연장 가능)에 지급하지 않은 경우, 그 다음 날부터 지급하는 날까지의 지연 일수에 대해 연 20%의 지연이자를 지급해야 합니다.

◇ 지연이자 지급제외 사유

다만, 사용자가 다음의 사유에 따라 임금 지급을 지연하는 경우, 그 사유가 존속하는 기간에 대하여는 지연이자를 지급하지 않아도 됩니다.

1. 사용자가 천재·사변으로 임금 지급을 지연하는 경우
2. 사용자가 회생절차개시의 결정이나 파산선고의 결정이 있는 경우, 고용노동부장관이 「임금채권보장법 시행령」 제5조의 도산등사실인정의 요건·절차에 따라 미지급 임금 등을 지급할 능력이 없다고 인정하는 경우
3. 「채무자 회생 및 파산에 관한 법률」, 「국가재정법」, 「지방자치법」 등 법령상의 제약에 따라 임금 및 퇴직금을 지급할 자금을 확보하기 어려운 경우
4. 지급이 지연되고 있는 임금 및 퇴직금의 전부 또는 일부의 존부(存否)를 법원이나 노동위원회에서 다투는 것이 적절하다고 인정되는 경우
5. 그 밖에 위 1.부터 4.까지에 준하는 사유가 있는 경우

§4. 도급사업 등에서의 임금지급

1. 사용자는 도급 근로자의 임금을 보장해야 하며, 도급사업의 경우에는 하수급인과 직상수급인이 연대하여 임금을 지급해야 합니다.

1-1. 도급 근로자의 임금보장

① 사용자는 도급이나 그 밖에 이에 준하는 제도로 사용하는 근로자에게 근로시간에 따라 일정액의 임금을 보장해야 합니다(『근로기준법』 제47조).

② 이를 위반하여 일정액의 임금을 보장하지 않은 사용자는 500만원 이하의 벌금에 처해집니다(『근로기준법』 제114조제1호).

1-2. 도급사업에서의 임금지급 연대책임

① 사업이 한 차례 이상의 도급에 따라 행하여지는 경우에 하수급인(下受給人)(도급이 한 차례에 걸쳐 행하여진 경우에는 수급인을 말함)이 직상(直上) 수급인(도급이 한 차례에 걸쳐 행하여진 경우에는 도급인을 말함)의 귀책사유로 근로자에게 임금을 지급하지 못한 경우에는 그 직상 수급인은 그 하수급인과 연대하여 책임을 집니다(『근로기준법』 제44조제1항 본문).

② 다만, 직상 수급인의 귀책사유가 그 상위 수급인의 귀책사유에 의하여 발생한 경우에는 그 상위 수급인도 연대하여 책임을 집니다(『근로기준법』 제44조제1항 단서).

③ 이 경우 직상 수급인의 귀책사유의 범위는 다음과 같습니다(제『근로기준법』 제44조제2항 및 『근로기준법 시행령』 제24조).

- 정당한 사유 없이 도급계약에서 정한 도급 금액 지급일에 도급 금액을 지급하지 않은 경우

- 정당한 사유 없이 도급계약에서 정한 원자재 공급을 늦게 하거나 공급을 하지 않은 경우
- 정당한 사유 없이 도급계약의 조건을 이행하지 않아 하수급인이 도급사업을 정상적으로 수행하지 못한 경우

1-3. 위반 시 벌칙(반의사불벌죄)

① 도급사업에 대한 임금지급 연대책임에 관한 사항을 위반한 자는 3년 이하의 징역 또는 3천만원 이하의 벌금에 처해집니다(『근로기준법』 제109조제1항).

② 이 경우 피해자의 명시적인 의사와 다르게 공소를 제기할 수 없습니다(『근로기준법』 제109조제2항).

2. 건설 사업이 2차례 이상 공사도급으로 이루어진 경우, 하수급인과 직상수급인이 연대해 임금을 지급해야 합니다.

2-1. 공사도급에서의 임금 지급 연대책임

① 건설업에서 사업이 2차례 이상 공사도급(『건설산업기본법』 제2조제11호)으로 이루어진 경우에 건설사업자(『건설산업기본법』 제2조제7호)가 아닌 하수급인이 그가 사용한 근로자에게 임금(해당 건설공사에서 발생한 임금으로 한정함)을 지급하지 못한 경우에는 그 직상 수급인은 하수급인과 연대하여 하수급인이 사용한 근로자의 임금을 지급할 책임을 집니다(『근로기준법』 제44조의2제1항).

② 이 경우, 직상 수급인이 건설사업자가 아닌 때에는 그 상위 수급인 중에서 최하위의 건설사업자를 직상 수급인으로 봅니다(『근로기준법』 제44조의2제2항).

■ 건설업 공사도급의 발주처도 직상수급인에 해당하는지 여부

Q. 「근로기준법」 제44조의2에서 발주처도 직상수급인이 될 수 있나요? 그리고 발주처에서 원수급인으로 도급된 것도 「근로기준법」 제44조의2에서의 "2차례 이상"에 포함되는지 궁금합니다.

A. 「근로기준법」 제44조의2에서 "발주자"는 「건설산업기본법」 제2조제10호에 따라 건설공사를 건설사업자에게 도급하는 자를 의미하는 것으로, 「건설산업기본법」 제44조의2를 적용하기 위해서는 발주자로부터 2차례 이상의 공사도급이 이루어져야 하므로 발주자는 직상수급인이 될 수 없습니다. 또한, 발주자에서 원수급인에게의 도급은 1차례의 도급으로서, 이 경우 2차례 이상 공사도급이 이루어진 경우에 해당하지 않습니다. 또한 「근로기준법」 제44조의2는 직상수급인의 귀책사유와 상관없이 건설업자가 아닌 자에게 하도급이 이루어진 경우에 임금 지급 연대책임을 규정하고 있습니다.

2-2. 공사도급 직상 수급인의 직접 지급 특례

① 공사도급이 이루어진 경우로서 다음의 어느 하나에 해당하는 때에는 직상 수급인은 하수급인에게 지급해야 하는 하도급 대금 채무의 부담 범위에서 그 하수급인이 사용한 근로자가 청구하면 하수급인이 지급해야 하는 임금(해당 건설공사에서 발생한 임금으로 한정함)에 해당하는 금액을 근로자에게 직접 지급해야 합니다(「근로기준법」 제44조의3제1항).

1. 직상 수급인이 하수급인을 대신하여 하수급인이 사용한 근로자에게 지급해야 하는 임금을 직접 지급할 수 있다는 뜻과 그 지급 방법 및 절차에 관하여 직상 수급인과 하수급인이 합의한 경우

2. 확정된 지급명령(「민사집행법」 제56조제3호), 하수급인의 근로자에게 하수급인에 대하여 임금채권이 있음을 증명하는 집행증서(「민사집행법」 제56조제3호), 확정된 이행권고결정 (「소액사건심판법」 제5조의7), 그 밖에 이에 준하는 집행권원이 있는 경우

3. 하수급인이 그가 사용한 근로자에 대하여 지급해야 할 임금채무가 있음을 직상 수급인에게 알려주고, 직상 수급인이 파산 등의 사유로 하수급인이 임금을 지급할 수 없는 명백한 사유가 있다고 인정하는 경우

② 「건설산업기본법」 제2조제10호에 따른 발주자의 수급인(이하 "원수급인"이라 함)으로부터 공사도급이 2차례 이상 이루어진 경우로서 하수급인(도급받은 하수급인으로부터 재하도급 받은 하수급인을 포함, 이하 같음)이 사용한 근로자에게 그 하수급인에 대한 다음의 집행권원이 있는 경우에는 근로자는 하수급인이 지급해야 하는 임금(해당 건설공사에서 발생한 임금으로 한정)에 해당하는 금액을 원수급인에게 직접 지급할 것을 요구할 수 있습니다(「근로기준법」 제44조의3제2항 전단).

- 확정된 지급명령(「민사집행법」 제56조제3호)

- 하수급인의 근로자에게 하수급인에 대해 임금채권이 있음을 증명하는 「민사집행법」 제56조제4호에 따른 집행증서

- 확정된 이행권고결정(「소액사건심판법」 제5조의7)

- 그 밖에 이에 준하는 집행권원

③ 원수급인은 근로자가 자신에 대해 「민법」 제404조에 따른 채권자대위권을 행사할 수 있는 금액의 범위에서 이에 따라야 합니다(「근로기준법」 제44조의3제2항 후단).

④ 직상 수급인 또는 원수급인이 하수급인이 사용한 근로자에게 임금에 해당하는 금액을 지급한 경우에는 하수급인에 대한 하도급 대금 채무는 그 범위에서 소멸한 것으로 봅니다(「근로기준법」 제44조의3제3항).

2-3. 위반 시 벌칙(반의사불벌죄)

① 건설 사업에서의 임금 지급 연대책임(규제「근로기준법」 제44조의2)에 관한 사항을 위반한 자는 3년 이하의 징역 또는 3천만원 이하의 벌금에 처해집니다(「근로기준법」 제109조제1항).

② 이 경우 피해자의 명시적인 의사와 다르게 공소를 제기할 수 없습니다(「근로기준법」 제109조제2항).

§5. 임금대장 작성 및 임금명세서 교부

1. 사용자는 임금대장을 작성해야 합니다.

1-1. 임금대장 작성의무

사용자는 각 사업장별로 임금대장을 작성하고 임금과 가족수당 계산의 기초가 되는 사항, 임금액 등의 기재사항을 임금을 지급할 때마다 적어야 합니다(『근로기준법』 제48조제1항).

1-2. 임금대장 기재사항

사용자는 임금대장에 다음의 사항을 근로자 개인별로 적어야 합니다(『근로기준법』 제48조제1항 및 『근로기준법 시행령』 제27조제1항).

- 성명
- 생년월일, 사원번호 등 근로자를 특정할 수 있는 정보
- 고용 연월일
- 종사하는 업무
- 임금 및 가족수당의 계산기초가 되는 사항
- 근로일수
- 근로시간수
- 연장근로, 야간근로 또는 휴일근로를 시킨 경우에는 그 시간수
- 기본급, 수당, 그 밖의 임금의 내역별 금액(통화 외의 것으로 지급된 임금이 있는 경우에는 그 품명 및 수량과 평가총액)
- 법령 또는 단체협약에 따라 임금의 일부를 공제한 경우에는 그 금액

1-3. 사용기간 30일 미만 일용근로자에 대한 예외

사용기간이 30일 미만인 일용근로자에 대해서는 위의 기재사항 중 ① 생년월일, 사원번호 등 근로자를 특정할 수 있는 정보, ② 임금 및 가족수당의 계산기초가 되는 사항에 관한 사항을 적지 않을 수 있습니다(「근로기준법 시행령」 제27조제2항).

1-4. 4명 이하, 농림·수산·축산 사업 등 종사자에 대한 예외

다음의 어느 하나에 해당하는 근로자에 대해서는 위의 기재사항 중 ① 근로시간수, ② 연장근로, 야간근로 또는 휴일근로를 시킨 경우에는 그 시간수에 관한 사항을 적지 않을 수 있습니다(제「근로기준법」 제63조, 「근로기준법 시행령」 제27조제3항 및 제34조).

- 상시 4명 이하의 근로자를 사용하는 사업 또는 사업장의 근로자
- 토지의 경작·개간, 식물의 식재(植栽)·재배·채취 사업, 그 밖의 농림 사업
- 동물의 사육, 수산 동식물의 채취·포획·양식 사업, 그 밖의 축산, 양잠, 수산 사업
- 감시(監視) 또는 단속적(斷續的)으로 근로에 종사하는 사람으로서 사용자가 고용노동부장관의 승인을 받은 사람
- 사업의 종류에 관계없이 관리·감독 업무 또는 기밀을 취급하는 업무에 종사하는 근로자

1-5. 위반 시 벌칙

임금대장을 작성하지 않은 사용자에게는 500만원 이하의 과태료가 부과됩니다(「근로기준법」 제116조제2항제2호).

2. 사용자는 근로자에게 임금명세서를 교부해야 합니다.

2-1. 임금명세서 교부 의무

사용자는 임금을 지급하는 때에는 근로자에게 임금의 구성항목·계산방법, 법령 또는 단체협약에 따라 임금의 일부를 공제한 경우의 내역 등을 적은 임금명세서를 서면(전자문서를 포함함)으로 교부해야 합니다(제「근로기준법」 제48조제2항).

2-2. 임금명세서 기재사항

사용자는 임금명세서에 다음의 사항을 적어야 합니다(「근로기준법」 제48조제2항 및 「근로기준법 시행령」 제27조의2).

① 근로자의 성명, 생년월일, 사원번호 등 근로자를 특정할 수 있는 정보[근로자를 특정할 수 있다면 성명만을 기재하는 것도 가능합니다. 다만, 동명이인(同名異人)이 있을 수 있으므로 성명 외에도 생년월일, 사원번호, 부서 등을 기재하여 근로자를 특정하는 것이 바람직하나, 근로자를 특정하는 정보에 관한 근로기준법 시행령 규정은 예시적 규정이므로 사업장에서 자율적으로 기재사항을 정할 수 있습니다].

② 임금지급일 「근로기준법」 제43조제2항에 의거 사용자는 근로자에게 임금을 매월 1회 이상 일정한 날짜를 정하여 지급해야 합니다(정기불 원칙). 임금지급일은 특별히 정한 바가 없다면 정기지급일을 말하며, 불가피하게 정기지급일에 임금을 지급하지 못하더라도 임금총액 등에 대하여 노사간 다툼이 발생하지 않도록 가급적 정기지급일에 임금명세서를 교부하는 것이 바람직합니다].

③ 임금 총액(근로소득세 등 공제 이전 임금총액을 기재해야 하며,

근로소득세, 사회보험료 근로자부담분 등을 공제한 경우에는 공제 후 실지급액을 함께 기재하는 것이 바람직합니다).

④ 기본급, 각종 수당(연장·야간·휴일근로수당, 가족수당, 식대, 직책수당 등), 상여금, 성과금, 그 밖의 임금의 구성항목별 금액(통화 이외의 것으로 지급된 임금이 있는 경우에는 그 품명 및 수량과 평가총액을 말합니다. 그러나 그 가치 평가가 어렵거나 평가총액을 기재하는 것이 불필요한 경우에는 평가총액을 기재하지 않을 수 있습니다).

근로자별로 지급되는 임금항목이 다를 경우 근로자별로 해당 임금항목만 기재할 수 있습니다. 예컨대, 특정 자격증 소지자에게 자격수당을 지급하는 사업장의 경우 해당 근로자의 임금명세서에만 기재하면 됩니다.

⑤ 임금의 구성항목별 금액이 출근일수·시간 등에 따라 달라지는 경우에는 임금의 구성항목별 금액의 계산방법(연장근로, 야간근로 또는 휴일근로의 경우에는 그 시간 수를 포함)

연장 및 휴일근로의 경우 소정근로시간을 넘어 추가적인 근로에 해당하므로 통상임금의 1.5배를 지급해야 하나, 소정근로시간에 해당하는 야간근로의 경우에는 통상임금의 50%를 가산하여 임금을 지급합니다. 다만, 상시 근로자 5인 미만 사업장의 경우에는 「근로기준법」 제56조(연장·야간·휴일근로에 따른 가산임금)가 적용되지 않고, 농수축산업 및 감시·단속적 근로자에게는 근로시간 관련 규정이 적용되지 않음에 유의해야 합니다(『근로기준법』 제163조).

⑥ 법령 또는 단체협약에 따라 임금의 일부를 공제한 경우에는 임금의 공제 항목별 금액과 총액 등 공제내역(근로소득세, 사회보험료 근로자부담분, 노동조합 조합비 등)

근로소득세 세율, 사회보험의 보험요율에 대해서는 관련 법률에서 규정하고 있으므로 그 계산방법을 기재하지 않더라도 무방합니다.

2-3. 임금명세서의 교부방식

서면 또는 「전자문서 및 전자거래기본법」 제2조제1호에 따른 전자문서(이하 "전자문서"라 함)로 교부하여야 하며, 「근로기준법」 제48조제2항에서 임금명세서의 형식을 별도로 규정하고 있지 않으므로, 근로기준법령상 기재사항을 적은 문서(전자문서 포함)라면 임금명세서에 해당합니다(반드시 특별한 서식으로 교부해야 하는 것은 아님).

2-4. 전자문서로 작성·교부된 임금명세서의 효력

서면으로 작성된 것 외에도 전자문서법에 따라 전자적 형태로 되어 있는 임금명세서도 문서로서의 효력이 있습니다.

※ 관련판례

'서면'이란 일정한 내용을 적은 문서를 의미하고 이메일 등 전자문서와는 구별되지만, ①전자문서 및 전자거래 기본법 제3조는 "이 법은 다른 법률에 특별한 규정이 있는 경우를 제외하고 모든 전자문서 및 전자거래에 적용한다"고 규정하고 있고, 같은 법 제4조 제1항은 "전자문서는 다른 법률에 특별한 규정이 있는 경우를 제외하고는 전자적 형태로 되어 있다는 이유로 문서로서의 효력이 부인되지 아니한다"고 규정하고 있는 점, ②출력이 즉시 가능한 상태의 전자문서는 사실상 종이 형태의 서면과 다를 바 없고 저장과 보관에서 지속성이나 정확성이 더 보장될 수도 있는 점, ③이메일(e-mail)의 형식과 작성 경위 등에 비추어 사용자의 해고 의사를 명확하게 확인할 수 있고, 이메일에 해고사유와 해고시기에 관한 내용이 구체적으로 기재되어 있으며, 해고에 적절히 대응하는데 아무런 지장이 없는 등 서면에 의한 해고통지의 역할과 기능을 충분히 수행하고 있다면, 단지 이메일 등 전자문서에 의한 통지라는 이유만으로 서면에 의한 통지가 아니라고 볼 것은 아닌 점 등을 고려하면, 근로자가 이메일을 수신하는 등으로 내용을 알고 있는 이상, 이메일에

의한 해고통지도 해고사유 등을 서면 통지하도록 규정한 근로기준법 제27조의 입법 취지를 해치지 아니하는 범위 내에서 구체적 사안에 따라 서면에 의한 해고통지로서 유효하다고 보아야 할 경우가 있다(*대법원 2015.9.10. 선고, 2015두41401 판결*).

2-5. 임금명세서 교부

① 근로자가 확인 가능할 것

교부 방식에 대해 근로자의 동의가 필요한 것은 아니지만, 근로자가 확인할 수 있는 방법으로 임금명세서를 교부해야 합니다.

* 예) PC에 접속하기 어려운 현장직 근로자에게 사내 인트라넷을 통해 임금명세서를 올리고 열람시간을 제한한 경우에는 바람직하지 않을 것입니다.

② 전자문서에 의한 임금명세서 교부 여부 판단

○ 사내 전산망에 임금명세서를 올리는 경우, 근로자가 개별적으로 부여받은 아이디로 로그인하여 자유롭게 열람하고 출력할 수 있는 경우에 교부한 것으로 봅니다. 이 경우 사내전산망의 정보처리시스템에 임금명세서가 '입력된 때'에 교부한 것으로 볼 수 있습니다. 다만, 사내전산망으로 임금명세서를 교부한다는 사실을 사전에 안내할 필요가 있습니다.

○ 이메일, 문자메시지, 카카오톡 등 메신저로 임금명세서를 발송한 경우 일반적으로 '발송된 때'를 임금명세서를 교부한 것으로 볼 수 있습니다.

○ 임금명세서 교부 여부에 대한 분쟁을 예방하기 위해 사전에 근로자에게 임금명세서를 수신받을 이메일주소, 휴대전화번호 등을 확인받는 것이 필요합니다. 다만, 반송처리되거나, 문자메시지가 수신되지 않는 경우가 있을 수 있으므로 이메일 등이 도달했는지 확인이 필요합니다.

2-6. 임금명세서 교부 시기

① 사용자는 근로자에게 임금을 지급하는 때에 임금명세서를 주어야 합니다. '임금을 지급하는 때'란 재직자를 기준으로 「근로기준법」 제43조제2항에 따른 정기 지급일을 의미하며, 1개월 미만 근로계약을 체결한 경우(일용근로자의 경우)에는 근로계 약서에서 정한 임금지급일을 말합니다.

② 정기지급일 이전에 퇴직한 근로자에 대해서는 「근로기준법」 제36조에 따라 사유발생일로부터 14일 이내(당사자간 합의로 기일 연장 가능)에 금품을 청산하여야 하므로, 금품을 청산할 때 관련 내역을 작성하여 교부하는 것이 바람직합니다.

2-7. 위반 시 벌칙

① 근로자에게 임금명세서를 교부하지 않은 사용자에게는 500만원 이하의 과태료가 부과됩니다(「근로기준법」 제116조제2항제2호).

② 「근로기준법 시행령」 별표 7에 위반행위 및 횟수에 따른 과태료 부과기준을 두고 있습니다.

과태료의 부과기준(제60조 관련)

1. 일반기준

   가. 위반행위의 횟수에 따른 과태료의 가중된 부과기준은 최근 1년간 같은 위반행위로 과태료 부과처분을 받은 경우에 적용한다. 이 경우 기간의 계산은 위반행위에 대하여 과태료 부과처분을 받은 날과 그 처분 후 다시 같은 위반행위를 하여 적발된 날을 기준으로 한다.

   나. 가목에 따라 가중된 부과처분을 하는 경우 가중처분의 적용 차수는 그 위반행위 전 부과처분 차수(가목에 따른 기간 내에 과태료 부과처분이 둘 이상 있었던 경우에는 높은 차수를 말

한다)의 다음 차수로 한다.

다. 부과권자는 다음의 어느 하나에 해당하는 경우에는 제2호에 따른 과태료의 2분의 1 범위에서 그 금액을 줄여 부과할 수 있다. 다만, 과태료를 체납하고 있는 위반행위자의 경우에는 그렇지 않다.

1) 위반행위자의 사소한 부주의나 오류로 발생한 것으로 인정되는 경우

2) 위반행위자가 법 위반상태를 시정하거나 해소하기 위해 노력한 것이 인정되는 경우

3) 위반행위자가 자연재해, 화재 등으로 재산에 현저한 손실이 발생하거나 사업 여건의 악화로 사업이 중대한 위기에 처하는 등의 사정이 있는 경우

4) 그 밖에 위반행위의 정도, 위반행위의 동기와 그 결과 등을 고려하여 줄일 필요가 있다고 인정되는 경우

2. 개별기준

위반행위	근거 법조문	과태료 금액(단위·만원)		
		1차 위반	2차 위반	3차 이상 위반
사. 법 제48조제2항에 따른 임금명세서 교부의무를 위반한 경우	법 제116조 제2항제2호			
1) 임금명세서를 교부하지 않은 경우		30	50	100
2) 임금명세서에 기재사항을 적지 않거나, 사실과 다르게 적어 교부한 경우		20	30	50

■ 임금명세서 작성 프로그램의 활용

Q. 「근로기준법」이 개정되어서 2021년 11월 19일부터 근로자에게 임금명세서를 반드시 교부해야 한다고 들었습니다. 그런데, 어떻게 작성해서 줘야 하는지 막막하기만 하네요. 혹시 작성하는데 도움이 될만한 사이트는 없나요?

A. 임금명세서 교부에 대한 사용자의 인사노무관리의 부담을 완화하기 위해 손쉽게 전자적 형태의 임금명세서를 작성할 수 있도록, 고용노동부 홈페이지를 통해 '임금명세서 작성 프로그램'을 무료로 보급하고 있습니다. PC 홈페이지에서 '개별작성' 기능을 활용하여 근로자 1명의 임금명세서를 작성 하거나, 임금명세서 프로그램을 PC에 내려받아서 다수 근로자의 임금명세서를 한번에 작성할 수 있습니다. 모바일 홈페이지를 통해서도 간단한 형태의 임금명세서 작성이 가능합니다

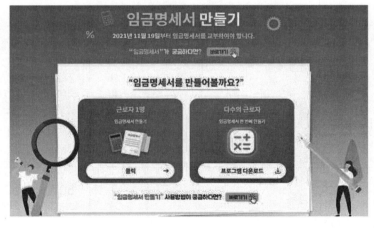

■ 임금명세서에는 어떤 내용을 기재해야 하나요?

Q. 「근로기준법」이 개정되어서 오늘부터 근로자에게 임금명세서를 교부해야 한다는데, 어떤 내용을 적어서 줘야 하는 건지 막막하기만 하네요. 임금명세서에는 어떤 내용을 기재해야 하나요?

A. 사용자는 근로자에게 임금을 지급하는 때에는 근로자의 성명, 생년월일, 사원번호 등 근로자를 특정할 수 있는 정보, 임금지급일, 임금 총액, 기본급, 각종 수당, 상여금, 성과금, 그 밖의 임금의 구성항목별 금액, 임금의 구성항목별 계산방법, 임금의 공제 항목별 금액과 총액 등 공제내역 등을 적은 임금명세서를 교부해야 합니다.

◇ 임금명세서 교부 의무

　　사용자는 임금을 지급하는 때에는 근로자에게 임금의 구성항목·계산방법, 법령 또는 단체협약에 따라 임금의 일부를 공제한 경우의 내역 등을 적은 임금명세서를 서면(전자문서를 포함함)으로 교부해야 합니다.

◇ 임금명세서 기재사항

① 사용자는 임금명세서에 다음의 사항을 적어야 합니다.

· 근로자의 성명, 생년월일, 사원번호 등 근로자를 특정할 수 있는 정보
· 임금지급일
· 임금 총액
· 기본급, 각종 수당, 상여금, 성과금, 그 밖의 임금의 구성항목별 금액(통화 이외의 것으로 지급된 임금이 있는 경우에는 그 품명 및 수량과 평가총액을 말함)
· 임금의 구성항목별 금액이 출근일수·시간 등에 따라 달라지는

경우에는 임금의 구성항목별 금액의 계산방법(연장근로, 야간근
로 또는 휴일근로의 경우에는 그 시간 수를 포함)

· 법령 또는 단체협약에 따라 임금의 일부를 공제한 경우에는 임
금의 공제 항목별 금액과 총액 등 공제내역

② 임금명세서 교부에 대한 사용자의 인사노무관리의 부담을 완화
하기 위해 손쉽게 전자적 형태의 임금명세서를 작성할 수 있도
록, 고용노동부 홈페이지를 통해 임금명세서 작성 프로그램을
무료로 보급하고 있습니다.

■ 임금명세서에 사원번호나 생년월일을 반드시 작성해야 하나요?

Q. 임금명세서에 사원번호나 생년월일을 반드시 작성해야 하나요?

A. 임금명세서에 '성명, 생년월일, 사원번호 등 근로자를 특정할
수 있는 정보'를 기재하도록 규정되어 있습니다.

'성명'만으로 근로자를 특정할 수 있다면, 생년월일과 사원
번호 등을 중복하여 기재할 필요는 없습니다.

■ 모든 임금 구성항목에 대해 계산방법을 작성해야 하나요?

Q. 모든 임금 구성항목에 대해 계산방법을 작성해야 하나요?

A. 고정으로 지급되는 기본급이나 정액으로 지급되는 수당 등에 대해
서는 계산방법을 별도로 작성하지 않아도 됩니다. 시급·일급제이
거나 연장근로수당과 같이 '근로일수나 총 근로시간 수 등에 따라
임금의 구성항목별 금액이 달라지는 경우'에 한하여 계산방법을 작
성하면 됩니다. 다만, 이 경우 계산방법에 근로일수, 총 근로시간
수, 연장·야간 휴일 근로시간 수 등을 포함하여 기재해야 합니다.

■ 가족수당의 경우 계산방법을 작성해야 하나요?

Q. 가족수당의 경우 계산방법을 작성해야 하나요?

A. 가족수당이 배우자 유무, 자녀 수 등에 따라 금액이 달리 지급된다면, 계산방법을 기재하는 것이 바람직합니다. 다만, 취업규칙이나 근로계약서에 가족수당에 대한 지급요건이 명확하게 규정되어 있는 경우에는 임금명세서에 이를 기재하지 않더라도 무방합니다.

■ 4대 보험료, 근로소득세 등도 계산방법을 기재해야 하나요?

Q. 4대 보험료, 근로소득세 등도 계산방법을 기재해야 하나요?

A. 공제내역의 계산방법은 별도로 기재하지 않아도 됩니다. 「근로기준법」 제43조제1항에 따라 임금의 일부를 공제한 경우 '공제항목별 금액과 총액 등 내역'만 작성하면 됩니다.

* 제43조(임금 지급) ① 임금은 통화(通貨)로 직접 근로자에게 그 전액을 지급하여야한다. 다만, 법령 또는 단체협약에 특별한 규정이 있는 경우에는 임금의 일부를 공제하거나 통화 이외의 것으로 지급할 수 있다.

■ 사내 동호회비를 임금에서 공제하는데, 가입 동호회가 여러 개인 경우 '동호회비'로 한번에 묶어 기재해도 되나요?

Q. 사내 동호회비를 임금에서 공제하는데, 가입 동호회가 여러 개인 경우 '동호회비'로 한번에 묶어 기재해도 되나요?

A. 임금의 일부를 공제한 경우에는 근로자가 그 공제내역을 알 수 있도록 임금명세서에 공제된 항목별로 각각 기재해야 합니다.

■ **취업규칙이나 근로계약서에 임금의 계산방법이 나와 있는데, 매월 임금명세서에 계산방법을 반드시 기재해야 하나요?**

> Q. 취업규칙이나 근로계약서에 임금의 계산방법이 나와 있는데, 매월 임금명세서에 계산방법을 반드시 기재해야 하나요?
>
> A. 임금명세서 교부는 근로자가 임금을 지급받을 때에, 임금의 세부 내역 등 임금에 관한 정보를 명확히 알 수 있게 하려는데 그 취지가 있습니다. 따라서 취업규칙에 임금의 결정·계산·지급방법이 기재되어 있다 할지라도 임금명세서에 임금의 구성항목별 계산방법을 작성하는 것이 바람직합니다. 다만, 취업규칙이나 근로계약서에 특정 임금항목에 대한 지급요건이 규정되어 있는 경우에는 임금명세서에 이를 기재하지 않더라도 무방합니다(연장·야간·휴일근로는 제외).

§6. 임금의 시효 소멸

1. 임금은 3년간 행사하지 않으면 시효로 소멸합니다.

1-1. 임금채권의 시효

① 「근로기준법」에 따른 임금채권은 3년간 행사하지 않으면 시효로 소멸합니다(「근로기준법」 제49조).

② '퇴직금'을 받을 권리도 임금과 마찬가지로 3년간 행사하지 않으면 시효로 인하여 소멸합니다(「근로자퇴직급여 보장법」 제10조).

1-2. 임금채권의 기산일

① 임금채권의 소멸시효는 권리를 행사할 수 있는 때로부터 진행합니다(「민법」 제166조제1항).

② '월차휴가근로수당'의 기산점
「근로기준법」 제47조 소정의 월차유급휴가권을 취득한 근로자가 그 휴가권이 발생한 때부터 1년 이내에 그 월차휴가를 사용하지 않은 채 근로한 대가로 발생하는 월차휴가근로수당의 지급청구권도 그 성질이 임금이므로, 이에 대하여는 「근로기준법」 제49조에 따라 3년의 소멸시효가 적용되고, 그 기산점은 월차유급휴가권을 취득한 날부터 1년의 경과로 그 휴가 불실시가 확정된 다음날이 됩니다(대법원 1995. 12. 21. 선고 94다26721 전원합의체판결).

■ 임금채권의 소멸시효 기산점 산정 방법

Q. 근로자가 2001. 1.1. 에 입사하여 2009. 12. 31.까지 근무하다 퇴사하였습니다. 근로자는 월 임금 100만원을 받는 조건으로 입사했으나, 근무기간 동안의 9년분 임금 전액을 받지 못했습니다.

(질의 1) 위와 같이 사업주가 근로자에게 9년분 임금 전액을 지급하지 아니하여 「근로기준법」 제36조(금품청산) 위반 혐의로 처벌할 경우 임금채권 소멸시효의 기산점 산정방법은 어떻게 되나요?

(질의 2) 임금채권 시효 3년이 만료되었으나, 공소시효 5년이 만료 되기 전 사건이 제기된 경우 「근로기준법」 제36조로 처벌이 가능한가요?

A. (질의 1)에 대하여: 임금채권의 소멸시효는 「근로기준법」 제49조에 3년으로 규정되어 있는 바, 이는 그 기간 내에 근로자가 임금채권을 행사하지 않으면 그 권리를 잃는다는 것을 의미합니다. 아울러, 소멸시효의 기산점에 대해서는 「근로기준법」에 규정하고 있지 않으므로 「민법」 제166조에 의해야 할 것인 바, 임금은 임금정기지급일이 기산일이 됨에 따라 귀 지청 질의내용만으로 볼 때 임금정기지급일로부터 각각 소멸시효의 완성여부를 산정하는 것이 타당합니다.

(질의 2)에 대하여: 「민법」에 따른 소멸시효가 완성된 것과는 별개로 「형사소송법」에 따른 공소시효가 만료되지 않았다면 규제「근로기준법」 제36조로 처벌할 수 있습니다.

2. 일정한 사유가 있는 경우에는 임금의 소멸시효가 중단

2-1. 소멸시효 중단사유

임금채권의 소멸시효는 다음의 사유로 인하여 중단됩니다(『민법』 제
168조).

① 청구

○ 청구에는 재판상 청구(『민법』 제170조), 파산절차참가(『민법』 제171조),
지급명령(『민법』 제172조), 화해를 위한 소환(『민법』 제173조), 임의출석
(『민법』 제173조) 및 최고(『민법』 제174조)가 있습니다.

※ 최고는 6개월 내에 재판상의 청구, 파산절차참가, 화해를 위한 소환, 임
의출석, 압류 또는 가압류, 가처분을 하지 않으면 시효중단의 효력이 없
습니다(『민법』 제174조).

② 압류 또는 가압류, 가처분

○ 압류, 가압류 및 가처분은 권리자의 청구에 의해 또는 법률의
규정에 따르지 아니함으로 인하여 취소된 때에는 시효중단의
효력이 없습니다(『민법』 제175조).

○ 압류, 가압류 및 가처분은 시효의 이익을 받은 자에 대해 하지
않은 때에는 이를 그에게 통지한 후가 아니면 시효중단의 효력
이 없습니다(『민법』 제176조).

③ 승인

○ 시효중단의 효력이 있는 승인에는 상대방의 권리에 관한 처분
의 능력이나 권한을 요하지 않습니다(『민법』 제177조).

2-2. 소멸시효 중단 후의 시효진행

① 시효가 중단된 때에는 중단까지에 경과한 시효기간은 이를 산입

하지 않고 중단사유가 종료한 때부터 새로이 진행합니다(『민법』, 제
178조제1항).

② 재판상의 청구로 인하여 중단한 시효는 재판이 확정된 때부터
새로이 진행합니다(『민법』, 제178조제2항).

제3장
임금의 지급보장

§1. 휴업수당의 보장

1. 휴업수당의 지급

"휴업수당"이란 사용자의 귀책사유로 휴업하는 경우에 사용자가 근로자에게 지급해야 하는 수당을 말합니다.

1-1. "휴업수당"이란?

"휴업수당"이란 사용자의 귀책사유로 인해 휴업을 하는 경우에 사용자가 휴업기간 동안 그 근로자에게 평균임금의 100분의 70 이상 지급하는 수당을 말합니다(「근로기준법」, 제46조제1항 본문).

1-2. 사용자의 귀책사유가 있을 것

① 사용자의 귀책사유는 「민법」에 따른 귀책사유와 달리 고의·과실 또는 이와 동등시 되는 사유를 요건으로 하지 않으며, 불가항력적이 아닌 경우로서 사용자의 세력범위 내에서 발생한 경영장애로 인해 근로자로부터 근로의 제공을 받을 수 없게 된 경우까지를 포함합니다.

② 사용자 귀책사유로 인한 휴업기간 중 쟁의행위에 참가한 경우
근로자가 노동조합의 조합원으로서 쟁의행위에 참가한 경우에는 사용자에 대하여 근로의 제공을 거부하는 것으로써 근로를 제공할 의사가 있는 것으로 볼 수 없으므로 쟁의행위 기간은 「근로기준법」 제46조에서 규정한 사용자의 귀책사유로 인한 휴업기간으로 볼 수 없습니다.

1-3. 휴업을 할 것

① "휴업"이란 사용자와 근로자 사이에 근로계약관계는 존재하면서 사업의 전부 또는 일부에 대하여 사용자의 책임 있는 사유로 인해 사용자가 근로자로부터 근로의 제공을 받을 수 없게 된 경우를 말합니다.

② 휴업은 개개의 근로자가 근로계약에 따라 근로를 제공할 의사가 있음에도 불구하고 그 의사에 반하여 취업이 거부되거나 또는 불가능하게 된 경우도 포함합니다(대법원 1991. 6. 28. 선고 90다카 25277 판결).

③ 사용자의 귀책사유로 근로자들을 '대기발령' 한 경우, 휴업에 해당하는지 여부

'휴업'에는 개개의 근로자가 근로계약에 따라 근로를 제공할 의사가 있는데도 그 의사에 반하여 취업이 거부되거나 불가능하게 된 경우도 포함되므로, 이는 '휴직'을 포함하는 광의의 개념인데, 「근로기준법」 제23조제1항에서 정하는 '휴직'은 어떤 근로자를 그 직무에 종사하게 하는 것이 불가능하거나 적당하지 아니한 사유가 발생한 때에 그 근로자의 지위를 그대로 두면서 일정한 기간 그 직무에 종사하는 것을 금지시키는 사용자의 처분을 말하는 것이고, '대기발령'은 근로자가 현재의 직위 또는 직무를 장래에 계속 담당하게 되면 업무상 장애 등이 예상되는 경우에 이를 예방하기 위하여 일시적으로 당해 근로자에게 직위를 부여하지 아니함으로써 직무에 종사하지 못하도록 하는 잠정적인 조치를 의미하므로, 대기발령은 「근로기준법」 제23조제1항에서 정한 '휴직'에 해당한다고 볼 수 있습니다. 따라서 사용자가 자신의 귀책사유에 해당하는 경영상의 필요에 따라 개별 근로자들에 대하여 대기발령을 하였다면 이는 「근로기준법」 제46조제1항에서 정한 휴업을 실시한

경우에 해당하므로 사용자는 그 근로자들에게 휴업수당을 지급할 의무가 있다고 할 것입니다*(대법원 2013. 10. 11. 선고 2012다12870 판결).*

2. 휴업수당은 평균임금의 70%가 지급되며, 사용자에게 부득이한 사유가 있으면 감액지급 됩니다.

2-1. 휴업수당의 지급

① 사용자는 근로자에게 평균임금의 100분의 70 이상의 수당을 지급해야 합니다*(「근로기준법」 제46조제1항 본문).*

② 다만, 평균임금의 100분의 70에 해당하는 금액이 통상임금을 초과하는 경우에는 통상임금을 휴업수당으로 지급할 수 있습니다 *(「근로기준법」 제46조제1항 단서).*

■ 해고 후 다른 직장에서 근무한 경우 중간수입 공제

Q. 사용자의 귀책사유로 해고되었다가 복직되기 전 다른 직장에서 근무한 경우 중간수입공제는 얼마만큼 되나요?

A. 판례는 사용자의 귀책사유로 인하여 해고된 근로자는 그 기간 중에 노무를 제공하지 못하였더라도 「민법」 제538조제1항 본문에 따라 사용자에게 그 기간 동안의 임금을 청구할 수 있고, 이 경우에 근로자가 자기의 채무를 면함으로써 얻은 이익이 있을 때에는 「민법」 제538조제2항에 따라 이를 사용자에게 상환할 의무가 있지만, 근로자가 해고기간 중에 다른 직장에 종사하여 얻은 수입은 근로제공의 의무를 면함으로써 얻은 이익(중간수입)이라고 할 것이므로 사용자는 근로자에게 해고기간 중의 임금을 지급하는 경우 중간수입을 공제할 수 있다고 판시하고 있습니다*(대법원 1991.12.13. 선고 90다18999 판결).*

또한, 판례는 위와 같이 해고기간 중 근로자가 다른 직장에서 근무하여 얻은 수입(중간수입)이 있어서 그 중간수입을 공제해야 하는 경우에도 휴업수당(평균임금의 100분의 70 또는 평균임금의 100분의 70에 해당하는 금액이 통상임금을 초과하는 경우에는 통상임금, 이하 같음)에 해당하는 금액을 초과하는 금액만을 중간수입공제의 대상으로 할 수 있다고 판시하고 있습니다(대법원 1991.12.13. 선고 90다18999 판결).

2-2. 임금 일부를 지급받은 경우 휴업수당 산출 방법

① 사용자의 귀책사유로 휴업한 기간 중에 근로자가 임금의 일부를 지급받은 경우에 사용자는 평균임금에서 그 지급받은 임금을 뺀 금액을 계산하여 그 금액의 100분의 70 이상에 해당하는 수당을 그 근로자에게 지급해야 합니다(「근로기준법 시행령」 제26조 본문).

② 다만, 평균임금의 100분의 70에 해당하는 금액이 통상임금을 초과하여 통상임금을 휴업수당으로 지급하는 경우에는 통상임금에서 휴업한 기간 중에 지급받은 임금을 뺀 금액을 지급해야 합니다(「근로기준법 시행령」 제26조 단서).

2-3. 기준 미달의 휴업수당 지급이 가능한 경우

① 부득이한 사유로 사업을 계속하는 것이 불가능하여 노동위원회의 승인을 받은 경우에는 100분의 70에 못 미치는 휴업수당을 지급할 수 있습니다(「근로기준법」 제46조제2항).

② 사용자는 기준에 못 미치는 휴업수당을 지급하기 위해 승인을 받으려면 『기준 미달의 휴업수당 지급 승인 신청서』를 관할 지방노동위원회에 제출해야 합니다(「근로기준법 시행규칙」 제8조 및 「근로기준법 시행규칙」 별지 제4호서식).

■ 근로기준법 시행규칙 [별지 제4호서식]

기준 미달의 휴업수당 지급 승인 신청서

※ 뒤쪽의 작성방법을 읽고 작성하여 주시기 바랍니다.   (앞쪽)

접수번호	접수일	처리기간　　30일

신청인	①사업장명	②사업의 종류
	③대표자성명	④생년월일
	⑤근로자수	⑥전화번호
	⑦소재지	
승인 신청 내용	⑧근로자수 　　　　　명 (남　　　　　명, 여　　　　　명)	
	⑨휴업기간	
	⑩지급하려는 휴업수당	

⑪ 기준에 못 미치는 휴업수당을 지급하려는 구체적인 이유

「근로기준법」 제46조제2항과 같은 법 시행규칙 제8조에 따라 위와 같이 기준에 못 미치는 휴업수당 지급의 승인을 신청합니다.

　　　　　　　　　　　　　　　　　　　　　　　　　　　년　　　　월　　　　일

　　　　　　　　　　　　신청인　　　　　　　　　　(서명 또는 인)
　　　　　　　　　　　　대리인　　　　　　　　　　(서명 또는 인)

○○지방노동위원회 위원장귀하

첨부서류	없음	수수료 없음

210mm×297mm[일반용지 70g/㎡(재활용품)]

작성방법

⑨ 휴업기간"란에는 휴업의 시작일과 종료일 및 총 휴업일수를 적되, 내용이 많을 경우
   에는 별지에 적습니다.

⑩ 지급하려는 휴업수당"란에는 평균임금의 00% 또는 통산임금의 00% 등으로 적습니다.

⑪ 기준에 못 미치는 휴업수당을 지급하려는 구체적 사유"란에는 휴업의 사유 및 사업
   을 계속하는 것이 불가능한 부득이한 사유 등을 적되, 내용이 많을 경우에는 별지
   로 작성하여 첨부하시기 바랍니다.

처 리 절 차

※ 이 신청서는 아래와 같이 처리됩니다.

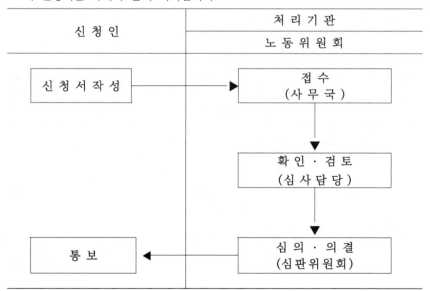

2-4. 위반 시 벌칙(반의사불벌죄)

① 이를 위반하여 휴업수당을 지급하지 않은 사용자는 3년 이하의 징역 또는 3천만원 이하의 벌금에 처해집니다(「근로기준법」, 제109조제1항).

② 이를 위반한 자에 대하여는 피해자의 명시적인 의사와 다르게 공소를 제기할 수 없습니다(「근로기준법」, 제109조제2항).

■ **회사가 3개월 동안 휴업을 한다고 하는데요, 이런 경우에 회사로부터 임금을 받을 수 있나요?**

Q. 경기가 좋지 않아서 회사 매출이 반토막 났다고 합니다. 이로 인해서 회사가 3개월 동안 휴업을 한다고 하는데요, 이런 경우에 회사로부터 임금을 받을 수 있나요?

A. 사용자의 귀책사유로 인해 휴업을 하는 경우에 사용자가 휴업기간 동안 그 근로자에게 평균임금의 100분의 70에 해당하는 휴업수당을 지급해야 합니다.

◇ "휴업수당"이란?

　"휴업수당"이란 사용자의 귀책사유로 인해 휴업을 하는 경우에 사용자가 휴업기간 동안 그 근로자에게 평균임금의 100분의 70 이상 지급하는 수당을 말합니다.

◇ 사용자의 귀책사유가 있을 것

　사용자의 귀책사유는 「민법」에 따른 귀책사유와 달리 고의·과실 또는 이와 동등시 되는 사유를 요건으로 하지 않으며, 불가항력적이 아닌 경우로서 사용자의 세력범위 내에서 발생한 경영장애로 인해 근로자로부터 근로의 제공을 받을 수 없게 된 경우까지를 포함합니다.

◇ 휴업을 할 것

　"휴업"이란 사용자와 근로자 사이에 근로계약관계는 존재하면서 사업의 전부 또는 일부에 대하여 사용자의 책임 있는 사유로 인해 사용자가 근로자로부터 근로를 제공받을 수 없게 된 경우를 말하며, 개개의 근로자가 근로계약에 따라 근로를 제공할 의사가 있음에도 불구하고 그 의사에 반하여 취업이 거부되거나 또는 불가능하게 된 경우도 포함합니다.

◇ 위반시 벌칙

　이를 위반해 휴업수당을 지급하지 않은 사용자는 3년 이하의 징역 또는 3천만원 이하의 벌금에 처해집니다.

§2. 임금채권 우선변제 방법

1. 임금채권은 조세·공과금 및 일반채권에 우선하여 변제

1-1. 임금채권의 우선변제

① 임금, 재해보상금, 그 밖에 근로 관계로 인한 채권은 사용자의 총재산에 대하여 질권(質權)·저당권 또는 「동산·채권 등의 담보에 관한 법률」에 따른 담보권에 따라 담보된 채권 외에는 조세·공과금 및 다른 채권에 우선하여 변제됩니다(「근로기준법」 제38조제1항 본문).

② 다만, 질권·저당권 또는 「동산·채권 등의 담보에 관한 법률」에 따른 담보권에 우선하는 조세·공과금에 대하여는 우선변제 되지 않습니다(「근로기준법」 제38조제1항 단서).

1-2. 임금채권의 최우선변제

① 위에도 불구하고 다음의 어느 하나에 해당하는 채권은 사용자의 총재산에 대하여 질권·저당권 또는 「동산·채권 등의 담보에 관한 법률」에 따른 담보권에 따라 담보된 채권, 조세·공과금 및 다른 채권에 우선하여 변제됩니다(「근로기준법」 제38조제2항).

- 최종 3개월분의 임금
- 재해보상금

② 또한, 최종 3년간의 퇴직급여등(퇴직금, 확정급여형퇴직연금제도의 급여 등 「근로자퇴직급여 보장법」 제12조제1항에 따른 퇴직급여등을 말함)은 사용자의 총재산에 대하여 질권 또는 저당권에 의하여 담보된 채권, 조세·공과금 및 다른 채권에 우선하여 변제됩니다(「근로자퇴직급여 보장법」 제12조제2항).

③ 임금채권의 우선변제 순위 정리

「근로기준법」 제38조 및 「근로자퇴직급여 보장법」 제12조제2항에 따르면 임금채권의 순위는 다음과 같습니다.

- 1순위: 최종 3개월분의 임금, 재해보상금, 최종 3년간의 퇴직급여등
- 2순위: 질권·저당권 등 담보권에 우선하는 조세·공과금
- 3순위: 질권·저당권 등 담보권에 따라 담보된 채권
- 4순위: 위의 ①을 제외한 임금, 재해보상금, 그 밖에 근로 관계로 인한 채권
- 5순위: 조세·공과금, 일반채권

■ 휴업수당이 최종 3개월분의 임금에 포함되는지요?

Q. 휴업수당이 임금채권의 최우선변제에 관한 「근로기준법」 제38조제2항의 '최종 3개월분의 임금'에 해당하나요? 아니면 임금채권의 우선변제에 관한 「근로기준법」 제38조제1항의 '그 밖의 근로관계로 인한 채권'에는 해당하나요?

A. 「근로기준법」 제38조제2항에서 정한 '최종 3개월분의 임금'이란 「근로기준법」 제2조의 임금의 정의규정에 따라 사용자가 근로의 대가로 근로자에게 지급하는 임금, 봉급 등의 일체의 금품을 말합니다. 따라서 휴업수당의 경우 사용자의 귀책사유로 근로자가 근로를 할 수 없는 경우에 근로자의 생활보장을 목적으로 지급하는 금품이므로 '최종 3개월분의 임금'에 포함된다고 볼 수는 없다고 사료됩니다.

그러나 「근로기준법」 제38조제1항 '그 밖에 근로관계로 인한 채권'이란 근로자와 사용자 사이의 채권적인 성격을 갖는 금전적 청구권을 포함하는 것으로 볼 수 있는 바, 휴업수당의 경우 「근로기준법」 제38조제1항에서 정한 우선변제 대상에 해당하는 것으로 사료됩니다.

2. 임금채권을 우선변제 받으려면, 배당요구

2-1. 임금채권자의 배당요구

① 집행력 있는 정본을 가진 채권자, 경매개시결정이 등기된 뒤에 가압류를 한 채권자, 「민법」·「상법」, 그 밖의 법률에 따라 우선 변제청구권이 있는 채권자는 배당요구를 할 수 있습니다(「민사집행법」 제88조제1항).

② 이 경우, 우선변제청구권을 갖는 임금채권자는 강제집행절차나 임의경매절차에서 배당요구의 종기까지 적법하게 배당요구를 해야만 우선배당을 받을 수 있습니다(대법원 2015. 8. 19. 선고 2015다204762 판결 참조).

③ 위 「민사집행법」 제88조제1항에 따른 배당요구 채권자는 적법한 배당요구를 하지 않은 경우에는 실체법상 우선변제청구권이 있는 채권자라 하더라도 배당을 받을 수 없으므로 그 후 배당을 받은 후순위자를 상대로 부당이득반환청구를 할 수 없습니다(대법원 1997. 2. 25. 선고 96다10263 판결 참조).

2-2. 임금경매절차에서의 권리 주장 가능

근로자의 최종 3월분 임금에 대한 우선특권은 이른바 법정담보물권에 해당하는 것으로서 사용자의 총재산에 대하여 질권 또는 저당권에 의하여 담보된 채권보다 우선하여 변제받을 수 있는 권리이므로 사용자 소유의 부동산에 설정된 근저당권의 실행으로 진행되는 임의경매절차에서도 그 권리를 주장하여 저당권의 피담보채권보다 우선하여 변제를 받을 수 있고, 반드시 강제경매의 경우나 또는 강제경매신청을 하여 임의경매절차에 기록첨부가 된 경우에 한해서만 우선변제를 받을 수 있는 것이 아닙니다(대법원 1990. 7. 10. 선고 89다카 13155 판결).

2-3. 근로자의 임금채권 우선변제권에 기한 배당요구시 첨부할 소명자료

근로자가 집행법원에 임금채권 및 퇴직금채권의 우선변제권에 기한 배당요구를 하는 경우에는 판결 이유 중에 배당요구 채권이 우선변제권 있는 임금채권이라는 판단이 있는 법원의 확정판결이나 고용노동부 지방고용노동관서에서 발급한 체불 임금등·사업주 확인서 중 하나와 다음의 서면 중 하나를 소명자료로 첨부해야 합니다[『근로자의 임금채권에 대한 배당시 유의사항(재민97-11)』(재판예규 제1652호, 2017. 5. 1. 개정, 2017. 5. 26. 시행) 제1호].

1. 사용자가 교부한 국민연금보험료 원천공제계산서 또는 기여금 공제내역을 알 수 있는 급여명세서 등(『국민연금법』, 제90조제2항 참조)

2. 원천징수의무자인 사업자로부터 교부받은 근로소득에 대한 원천징수영수증(『소득세법』, 제143조 참조)

3. 국민건강보험공단이 발급한 국민연금보험료 납부사실 확인서(『국민연금법』, 제88조 참조)

4. 국민건강보험공단이 발급한 국민건강보험료납부사실 확인서(『국민건강보험법』, 제69조 참조)

5. 고용노동부 지방고용노동관서가 발급한 고용보험피보험자격취득 확인통지서(『고용보험법』, 제17조 참조)

6. 위 1.부터 5.까지의 서면을 제출할 수 없는 부득이한 사정이 있는 때에는 사용자가 작성한 근로자명부(『근로기준법』, 제41조 참조) 또는 임금대장(『근로기준법』, 제48조 참조)의 사본(다만, 이 경우에는 사용자가 사업자등록을 하지 않는 등의 사유로 위 1.부터 5.까지의 서면을 발급받을 수 없다는 사실을 소명하는 자료도 함께 제출해야 함)

§3. 임금채권 보장제도

1. 임금채권보장을 위한 대지급금

'임금채권보장제도'란 퇴직한 근로자 및 재직근로자가 받지 못한 임금등을 국가가 사업주를 대신하여 지급(대지급금)하는 제도를 말합니다.

1-1. "임금채권보장제도"란?

"임금채권보장제도"란 ① 사업주가 아래의 1.부터 5.까지의 어느 하나에 해당하는 경우에 퇴직한 근로자 및 ② 사업주가 아래의 4. 및 5.에 해당하는 경우에 사업주와 근로계약이 종료되지 않은 근로자(이하 "재직근로자"라 함)가 지급받지 못한 임금·퇴직금·휴업수당 및 출산전후휴가기간 중 급여(이하 "임금등"이라 함)의 지급을 청구하면 제3자의 변제에 관한 「민법」 제469조에도 불구하고 그 근로자의 미지급 임금등을 고용노동부장관이 사업주를 대신하여 지급하는 제도를 말합니다(「임금채권보장법」 제7조제1항 및 제7조의2제1항 참고).

1. 회생절차개시 결정 : 회생절차개시의 결정이 있는 경우

2. 파산선고 결정 : 파산선고의 결정이 있는 경우

3. 도산등사실인정 : 고용노동부장관이 「임금채권보장법 시행령」 제5조에서 정한 도산등사실인정의 요건과 절차에 따라 미지급 임금·퇴직금·휴업수당을 지급할 능력이 없다고 인정하는 경우

4. 미지급 임금등을 지급하라는 판결등 : 사업주가 근로자에게 미지급 임금 등을 지급하라는 종국판결(「민사집행법」 제24조), 확정된 지급명령(「민사집행법」 제56조제3호), 소송상화해, 청구의 인낙(認諾) 등 확정판결과 같은 효력을 가지는 것(「민사집행법」 제56조제5호), 조정(「민사조정법」 제28조), 조정을 갈음하는 결정(「민사집행법」 제30조), 이행권고결

정 (「소액사건심판법」 제5조의7제1항) 등이 있는 경우

5. 체불 임금등·사업주 확인서 발급: 고용노동부장관이 근로자에게 체불임금등과 체불사업주 등을 증명하는 서류(이하 "체불 임금등·사업주 확인서"라 함)를 발급하여 사업주의 미지급임금등이 확인된 경우

1-2. "대지급금"이란?

"대지급금"이란 위의 기준에 따라 고용노동부장관이 사업주를 대신해 지급하는 체불 임금등을 말하며, 대지급금의 종류는 다음과 같습니다(「임금채권보장법」 제7조제2항 및 「임금채권보장법 시행령」 제6조제1항).

구분	내 용
도산대지급금	• 퇴직한 근로자에게 지급하는 대지급금 중 위의 1.부터 3. 까지에 따른 대지급금
간이대지급금	• 퇴직한 근로자에게 지급하는 대지급금 중 위의 4. 및 5. 에 따른 대지급금 • 재직근로자에게 지급하는 대지급금

1-3. 「임금채권보장법」의 적용범위

「임금채권보장법」은 근로자를 사용하는 모든 사업 또는 사업장(이하 "사업"이라 함)에 적용합니다. 다만, 다음의 어느 하나에 해당하는 사업에 대해서는 적용하지 않습니다(「임금채권보장법」 제3조, 「산업재해보상보험법」 제6조 및 「산업재해보상보험법 시행령」 제2조제1항).

- 국가와 지방자치단체가 직접 수행하는 사업
- 「공무원 재해보상법」 또는 「군인 재해보상법」에 따라 재해보상이 되는 사업(다만, 순직유족급여 또는 위험직무순직유족급여는 제외)
- 「선원법」, 「어선원 및 어선 재해보상보험법」 또는 「사립학교교직원 연금법」에 따라 재해보상이 되는 사업

- 가구내 고용활동
- 농업, 임업(벌목업은 제외함), 어업 및 수렵업 중 법인이 아닌 자의 사업으로서 상시근로자 수가 5명 미만인 사업

2. 대지급금을 지급받으려면 지급대상 근로자와 사업주는 일정기준을 충족해야 합니다.

2-1. 지급대상 근로자

도산대지급금 및 간이대지급금은 다음의 근로자에게 지급합니다 『임금채권보장법』 제7조제4항, 『임금채권보장법 시행령』 제7조 및 『체불 임금등 대지급금 지급대상이 되는 재직 근로자의 임금액 기준』(고용노동부고시 제2021-84호, 2021. 10. 14. 발령·시행) 제1호).

① 도산대지급금

○ 도산대지급금은 다음의 구분에 따른 날의 1년 전이 되는 날 이후부터 3년 이내에 해당 사업에서 퇴직한 근로자에게 지급

- 위의 1. 회생절차개시의 결정 또는 2. 파산선고의 결정이 있는 경우에는 그 신청일

- 『채무자 회생 및 파산에 관한 법률』에 따른 회생절차개시 신청 후 법원이 직권으로 파산선고를 한 경우에는 그 신청일 또는 선고일

- 위의 3. 도산등사실인정이 있는 경우에는 그 도산등사실인정 신청일(신청기간의 말일이 공휴일이어서 공휴일 다음 날 신청한 경우에는 그 신청기간의 말일을 말하며, 도산등사실인정의 기초가 된 하나의 사실관계에 대해 둘 이상의 신청이 있는 경우에는 최초의 신청일을 말함)

② 간이대지급금

○ 위 4.에 따른 대지급금: 사업에서 퇴직한 날의 다음 날부터 2

년 이내에 위 4.에 해당하는 판결, 명령, 조정 또는 결정 등 (이하 "판결등"이라 함)에 관한 소송 등(이하 "소송등"이라 함) 을 제기한 근로자

○ 위 5.에 따른 대지급금: 사업에서 퇴직한 날의 다음 날부터 1년 이내에 임금등의 체불을 이유로 해당 사업주에 대한 진정·청원·탄 원·고소 또는 고발 등(이하 "진정등"이라 한다)을 제기한 근로자

○ 재직근로자에게 지급하는 대지급금: 다음의 기준을 모두 충족 한 재직 근로자에게 지급

- 소송등 또는 진정등을 제기한 당시 해당 사업주와의 근로 계약 이 종료되지 않은 근로자(근로계약기간 1개월 미만 일용근로자 제외)일 것

- 「임금채권보장법」 제7조의2제2항에서 정한 기간 동안 근로계약 에서 정한 통상임금의 평균 금액이 최저임금(시급)의 110% 미 만일 것

- 다음의 구분에 따른 기간 이내에 사업주에 대한 소송등이나 진 정등을 제기했을 것

  · 사업주가 위 4.에 해당하는 경우: 소송등을 제기한 날 이전 맨 나 중의 임금등 체불이 발생한 날의 다음 날부터 2년 이내

  · 사업주가 위 5.에 해당하는 경우: 진정등을 제기한 날 이전 맨 나 중의 임금등 체불이 발생한 날의 다음 날부터 1년 이내

2-2. 사업주의 기준

퇴직한 근로자 및 재직근로자가 대지급금을 지급받으려면 사업주 는 다음의 기준을 충족해야 합니다(「임금채권보장법」 제7조제4항 및 「임금채권보장 법 시행령」 제8조).

① 도산대지급금

○ 근로자가 도산대지급금을 받을 수 있는 사업주는 「임금채권보

장법」제3조에 따라 「임금채권보장법」의 적용 대상이 되어 6 개월 이상 해당 사업을 한 후에 위 1.부터 3.까지의 어느 하나에 해당하는 사유가 발생한 사업주로 합니다.

② 간이대지급금

○ 위 4.에 따른 대지급금: 다음의 기준을 모두 충족한 사업주에게 고용되었던 퇴직 근로자로 한정하여 지급합니다.

- 「임금채권보장법」제3조에 따라 「임금채권보장법」의 적용 대상이 되어 해당 근로자가 퇴직한 날까지 6개월 이상 해당 사업을 했을 것

- 해당 근로자에게 임금등을 지급하지 못하여 판결등을 받았을 것

○ 위 5.에 따른 대지급금: 다음의 기준을 모두 충족한 사업주에게 고용되었던 퇴직 근로자로 한정하여 지급합니다.

- 「임금채권보장법」제3조에 따라 「임금채권보장법」의 적용 대상이 되어 해당 근로자가 퇴직한 날까지 6개월 이상 해당 사업을 했을 것

- 고용노동부장관으로부터 발급받은 체불 임금등·사업주 확인서로 미지급 임금등이 확인되었을 것

○ 재직근로자에게 지급하는 대지급금: 다음의 기준을 모두 충족한 사업주에게 고용된 재직 근로자로 한정하여 지급합니다.

- 「임금채권보장법」제3조에 따라 「임금채권보장법」의 적용 대상이 되어 해당 근로자가 소송등이나 진정등을 제기한 날 이전 맨 나중의 임금등 체불이 발생한 날까지 6개월 이상 해당 사업을 했을 것

- 해당 근로자에게 임금등을 지급하지 못하여 판결등을 받았거나 고용노동부장관으로부터 발급받은 체불임금등·사업주확인서로 미지급 임금등이 확인되었을 것

※ 건설업 공사도급의 하수급인(이하 "건설사업자가 아닌 하수급인"이라 함)

인 사업주가 해당 근로자의 퇴직일(재직 근로자의 경우에는 소송등이나 진정등을 제기한 날 이전 맨 나중의 임금등 체불이 발생한 날을 말함)까지 6개월 이상 해당 사업을 하지 않은 경우에는 건설사업자가 아닌 하수급인의 직상(直上) 수급인(직상 수급인이 건설사업자가 아닌 경우에는 그 상위 수급인 중에서 최하위의 건설사업자를 말함)이 해당 근로자의 퇴직일까지 6개월 이상 해당 사업을 한 경우로 합니다(「임금채권보장법 시행령」 제8조제5항).

3. 대지급금에는 일정한 지급범위와 상한액이 있습니다.

3-1. 퇴직한 근로자에게 지급되는 대지급금의 범위

고용노동부장관이 사업주를 대신하여 지급하는 체불 임금등 대지급금의 범위는 다음과 같습니다(「임금채권보장법」 제7조제2항 본문).

- 최종 3개월분의 임금 및 최종 3년간의 퇴직급여등
- 휴업수당(최종 3개월분으로 한정함)
- 출산전후휴가기간 중 급여(최종 3개월분으로 한정함)

3-2. 재직근로자에게 지급되는 대지급금의 범위

① 재직근로자에게 고용노동부장관이 지급하는 대지급금의 범위는 다음과 같습니다(「임금채권보장법」 제7조의2제2항).

- 재직 근로자가 체불 임금에 대하여 판결등을 위한 소송등을 제기하거나 해당 사업주에 대하여 진정·청원·탄원·고소 또는 고발 등을 제기한 날을 기준으로 맨 나중의 임금 체불이 발생한 날부터 소급하여 3개월 동안에 지급되어야 할 임금 중 지급받지 못한 임금
- 위의 기간 동안에 지급되어야 할 휴업수당 중 지급받지 못한 휴업수당
- 위의 기간 동안에 지급되어야 할 출산전후휴가기간 중 급여에서

지급받지 못한 급여

② 재직근로자에 대한 대지급금은 해당 근로자가 하나의 사업에 근로하는 동안 1회만 지급받습니다(「임금채권보장법」 제7조의2제4항).

3-3. 대지급금 상한액

고용노동부장관이 정하는 대지급금의 상한액은 다음과 같습니다 [「임금채권보장법」 제7조제1항, 제7조의2제1항, 「임금채권보장법 시행령」 제6조제3항 및 「체불 임금등 대지급금 상한액 고시」(고용노동부고시 제2021-81호, 2021. 10. 14. 발령·시행)].

〈도산대지급금의 상한액〉

(단위:만원)

항목 \ 퇴직당시연령	30세 미만	30세 이상 40세 미만	40세 이상 50세 미만	50세 이상 60세 미만	60세 이상
임금	220	310	350	330	230
퇴직급여등	220	310	350	330	230
휴업수당	154	217	245	231	161
출산전후휴가 기간 등 급여	310				

※ 비고: 임금, 출산전후휴가기간 중 급여, 휴업수당은 1월분, 퇴직급여등은 1년분 기준임

〈간이대지급금의 상한액〉

(단위:만원)

항목	상한액
임금, 출산전후휴가기간 중 급여, 휴업수당	700
퇴직급여 등	700

※ 총 상한액은 1,000만원
※ 퇴직급여등은 법 제7조제1항제4호·제5호에 따른 퇴직 근로자에 대한 대지급금여 한하여 적용됨

■ 대지급금으로 임금과 퇴직금만 받을 수 있는 건가요?

Q. 회사가 자금난으로 임금을 6개월 동안 지급하지 못해서 퇴직한 경우에 대지급금을 받을 수 있다고 하던데요, 대지급금으로 임금과 퇴직금만 받을 수 있는 건가요? 제가 받을 수 있는 대지급금의 범위가 궁금합니다.

A. 근로자는 일정 기간의 임금, 퇴직금 뿐만 아니라, 휴업수당과 출산전후휴가기간 중 급여 또한사업주를 대신해 고용노동부장관으로부터 지급받을 수 있습니다.

　◇ "대지급금"이란?

　　"대지급금"이란 사업주가 ① 회생절차개시 결정, ② 파산선고 결정, ③ 도산등사실인정, ④ 미지급 임금등을 지급하라는 판결등, ⑤ 체불 임금등·사업주 확인서 발급 등을 받은 경우에 고용노동부장관이 사업주를 대신해 퇴직근로자(①부터 ⑤까지의 경우) 및 재직근로자(④, ⑤의 경우만 해당)에게 지급하는 체불 임금등을 말합니다.

　◇ 대지급금의 지급범위

① 고용노동부장관이 사업주를 대신하여 퇴직한 근로자에게 지급하는 체불 임금등 대지급금의 범위는 다음과 같습니다.

　1. 최종 3개월분의 임금 및 최종 3년간의 퇴직급여등

　2. 휴업수당(최종 3개월분으로 한정함)

　3. 출산전후휴가기간 중 급여(최종 3개월분으로 한정함)

② 반면, 재직근로자인 경우 고용노동부장관이 지급하는 대지급금의 범위는 다음과 같습니다.

　1. 재직 근로자가 체불 임금에 대하여 판결등을 위한 소송 등을 제기하거나 해당 사업주에 대하여 진정·청원·탄원·고소 또는 고발 등을 제기한 날을 기준으로 맨 나중의 임금 체불이 발생한 날부터 소급해 3개월 동안에 지급되어야 할 임금 중 지급받지 못한 임금

　2. 위의 기간 동안에 지급되어야 할 휴업수당 중 지급받지 못

한 휴업수당

3. 위의 기간 동안에 지급되어야 할 출산전후휴가기간 중 급여
에서 지급받지 못한 급여

4. 대지급금의 청구 및 지급

4-1. 대지급금 지급청구

① 도산대지급금을 지급받으려는 사람은 회생절차개시의 결정 또는
파산선고의 결정 또는 도산등사실인정이 있은 날부터 2년 이내
에 도산대지급금 지급청구서를 퇴직 당시의 사업장을 관할하는
지방고용노동청장 또는 지청장(이하 "관할지방고용노동관서의
장"이라 함)을 거쳐 근로복지공단(이하 "공단"이라 함)에 제출해
서 대지급금의 지급을 청구해야 합니다(「임금채권보장법」 제7조제8항, 제「임
금채권보장법 시행령」 제9조제1항, 「임금채권보장법 시행규칙」 제5조제1항 및 별지 제3호서
식).

도산대지급금 지급청구서

※ 뒤쪽의 작성방법을 읽고 작성하시기 바랍니다(굵은 선 안의 사항은 청구인이 작성하지 않습니다).　　　(앞쪽)

①접수번호	②접수일	처리기간　7일

③접수 지방고용노동관서

지방고용노동청(지청)

청구인	④성명		⑤ 주민등록번호
	⑥주소 (휴대전화번호:　　　　　　전자우편주소:　　　　　　　　)		
	⑦대지급금 지급 결정 시 희망하는 통지 방법 [ ]문자메시지　[ ]우편		
	⑧대지급금(*) 　　　　　　　원	⑨대지급금 구분(*) [ ]임금 [ ]휴업수당 [ ]출산전후휴가기간 중 급여 [ ]퇴직급여등	

입금 의뢰	⑩입금은행	
	⑪예금주	
	⑫계좌번호	일반계좌　　　　　[　] 압류방지 전용계좌 [　]
	* 압류방지 전용계좌로 입금받기를 희망하는 경우에는 압류방지 전용계좌를 기재(뒤쪽 작성방법 참고)	

대상 사업주	사업장명	대표자 성명
	소재지	
	⑬산업재해보상보험 가입 여부(*) [ ]가입　　　　[ ]미가입	⑭확인통지서 대장번호(*)

「임금채권보장법」 제7조, 같은 법 시행령 제9조 및 같은 법 시행규칙 제5조제1항에 따라 위와 같이 도산 대지급금의 지급을 청구합니다.

년　　　월　　　일

청구인　　　　　　　　　　　　　(서명 또는 인)
대리인　　　　　　　　　　　　　(서명 또는 인)

근로복지공단 ○○지역본부(지사)장 귀하

첨부서류	없 음						수수료 없 음

처 리	선람		결 재	담당	차장	부장	본부장(지사장)
	조회확인						
	입력확인						

공지사항

1. 이 민원의 처리 결과에 대한 만족도 조사 및 관련 제도 개선에 필요한 의견조사를 위해 귀하의 휴대전화번호로 전화조사를 할 수 있습니다.
2. 거짓이나 그 밖의 부정한 방법으로 대지급금을 지급받은 경우 「임금채권보장법」 제14조에 따라 그 대지급금의 전부 또는 일부를 환수하고, 거짓이나 그 밖의 부정한 방법으로 지급받은 대지급금의 5배 이하의 금액을 추가로 징수할 수 있으며, 같은 법 제28조제1항에 따라 3년 이하의 징역 또는 3천만원 이하의 벌금형을 받을 수 있습니다.

작성방법

⑩~⑫란에는 청구인이 소지하고 있는 본인의 예금계좌 중에서 대지급금의 입금을 희망하는 예금계좌에 관한 사항을 적습니다. 만약 대지급금을 압류방지 전용계좌(「임금채권보장법」 제11조제1항 본문에 따른 대지급 금수급계좌)로 입금받기를 희망하는 경우에는 청구인 본인 명의의 대지급금수급계좌에 관한 사항을 적습니다. 만약 대지급금 지급 청구 시 대지급금수급계좌가 없는 경우에는 ⑫계좌번호란에 계좌번호는 기재하지 않고 "압류방지 전용계좌"에만 표시한 다음, 담당 금융기관에서 대지급금수급계좌를 발급받은 뒤 해당 계좌 의 통장사본을 관할 근로복지공단 지역본부 또는 지사로 송부하면 대지급금을 압류방지 전용계좌로 받을 수 있습니다.

※ 도산대지급금 지급청구서는 해당 사업주에 대하여 파산선고등이 있거나 도산등사실인정이 있는 날부터 2년 이내에 별지 제4호서식의 대지급금 등 확인신청서와 함께 지방고용노동청(지청)에 제출해야 합니다.

처리절차

이 청구서는 아래와 같이 처리됩니다.

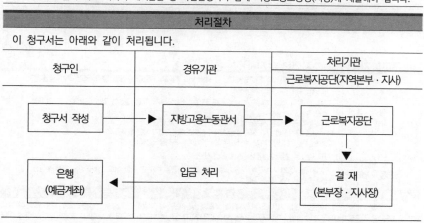

210mm×297mm[백상지(80g/㎡) 또는 중질지(80g/㎡)]

■ 임금채권보장법 시행규칙 [별지 제3호의2서식] 〈개정 2021. 10. 14.〉
간이대지급금 지급청구서

※ 뒤쪽의 작성방법을 읽고 작성하시기 바랍니다. (앞쪽)

접수번호		접수일		처리기간 14일

청구인	성명		주민등록번호		
	주소 (휴대전화번호:		전자우편주소:		)
	①근무기간		년 월 일 ~ 년 월 일		
	②청구 구분	[ ]퇴직자 대지급금 청구		[ ]재직자 대지급금 청구	
		[ ]판결등에 따른 청구		[ ]체불 임금등·사업주 확인서에 따른 청구	
	③지급받지 못한 임금등의 총 확정금액				원
	④지급받지 못한 임금등의 총 확정금액에 대하여 대지급금 지급 청구일까지 사업주나 퇴직연금사업자 등으로부터 지급 받은 금액(사업주 지급금, 퇴직연금, 외국인 근로자의 출국만기보험·신탁 및 보증보험 등의 금액) 원				
	가. 지급 청구일까지 지급받지 못했으나, 향후 퇴직연금사업자로부터 지급받을 퇴직연금이 있습니까? [ ]예 [ ]아니오				
	나. 지급 청구일까지 지급받지 못했으나, 향후 외국인 근로자의 출국만기보험·신탁 및 보증보험으로 지급받을 보험 금이 있습니까? [ ]예 [ ]아니오				
	⑤청구일 현재까지 지급받지 못한 임금등의 금액				
	가. 최종 3개월분(재직자의 경우 소송등 또는 진정등 제기일 기준 마지막 3개월분)의 임금·휴업수당·출산전후휴가 기간 중 급여: 원				
	나. 최종 3년간의 퇴직급여등(퇴직자인 경우): 원				
	⑥지급받아야 할 대지급금 원		⑦대지급금 지급(일부지급 제외) 결정 시 희망하는 통지 방법 [ ]문자메시지 [ ]우편		
⑧입금 의뢰	입금은행	예금주	계좌번호	일반계좌 [ ] 압류방지 전용계좌 [ ]	
	* 압류방지 전용계좌로 입금받기를 희망하는 경우에는 압류방지 전용계좌를 발급받아 기재				
⑨대상 사업주	사업장명		대표자 성명		
	소재지				

「임금채권보장법」 제7조, 제7조의2, 같은 법 시행령 제9조 및 같은 법 시행규칙 제5조제2항에 따라 위와 같
이 대지급금의 지급을 청구합니다.

년   월   일
청구인   (서명 또는 인)
대리인   (서명 또는 인)

근로복지공단 ○○지역본부(지사)장 귀하

첨부 서류	판결등에 따른 청구	1. 「임금채권보장법」 제7조제1항제4호 각 목의 어느 하나에 해당하는 판결, 명령, 조정 또는 결정 등 이 있는 경우 그 정본 또는 사본 2. 다음 각 목의 어느 하나에 해당하는 종국판결, 소송상 화해 또는 결정이 있는 경우에는 그 확정증 명원 정본 또는 사본 가. 「임금채권보장법」 제7조제1항제4호가목에 따른 종국판결 나. 「임금채권보장법」 제7조제1항제4호다목에 따른 확정판결과 같은 효력을 가지는 것 중 소송상 화해 다. 「임금채권보장법」 제7조제1항제4호마목에 따른 조정을 갈음하는 결정 3. 체불 임금등·사업주 확인서 원본 또는 사본	수수료 없음
	체불 임금등·사업주확인 서에 따른 청구	「임금채권보장법 시행규칙」 제9조의2에 따라 대지급금 청구를 위한 용도로 발급받은 체불 임금등 ·사업주 확인서 원본 또는 사본	

자료제공 요청 동의

본인은 귀 기관이 「임금채권보장법」 제23조제1항제6호·제8조 및 제9호에 해당하는 자료를 「법률구조법」 제8조에 따른 대
한법률구조공단, 「근로자퇴직급여 보장법」 제26조에 따른 퇴직연금사업자 및 「보험업법」에 따른 보험회사로부터 제공받아 간이대
지급금 지급 등의 처리 업무에 이용하는 것에 동의합니다.

* 동의하지 않는 경우에는 청구인이 직접 관련 자료를 간이대지급금 지급청구서 접수기관에 제출해야 합니다.

청구인   (서명 또는 인)

96 제1편 임금(賃金)

공지사항

1. 이 민원의 처리 결과에 대한 만족도 및 관련 제도 개선에 필요한 의견조사를 위해 귀하의 전화번호 또는 휴대전화번호로 전화조사를 할 수 있습니다.

2. 거짓이나 그 밖의 부정한 방법으로 대지급금을 지급받은 경우 「임금채권보장법」 제14조에 따라 그 대지급금의 전부 또는 일부를 환수하고, 거짓이나 그 밖의 부정한 방법으로 지급받은 대지급금의 5배 이하의 금액을 추가로 징수할 수 있으며, 같은 법 제28조제1항에 따라 3년 이하의 징역 또는 3천만원 이하의 벌금형을 받을 수 있습니다.

3. 체불 임금등·사업주 확인서에 따라 대지급금이 지급된 경우, 근로복지공단은 「임금채권보장법」 제8조제1항에 따라 대지급금 지급액의 한도에서 청구인의 임금등 청구권을 대위하여 해당 사업주에 대해 민사소송 등을 제기할 수 있으며, 민사소송 등의 과정에서 필요한 경우 청구인에게 협조를 요청할 수 있습니다. 만약 청구인이 대지급금 지급과정에서 주장했던 임금등 체불액이 민사소송 등에서 인정되지 않을 경우, 「임금채권보장법」 제14조제2항제2호에 따라 대지급금의 전부 또는 일부를 환수할 수도 있습니다.

작성방법

1. ①"근무기간"란에는 간이대지급금의 지급대상이 되는 임금등 체불 사업주에게 고용되어 근무한 기간을 적습니다.

2. ②"청구 구분"란 중 "퇴직자 대지급금 청구"란은 「임금채권보장법」 제7조제1항제4호 또는 제5호에 따라 퇴직한 근로자에 대한 간이대지급금을 청구하는 경우에 표시하고, "재직자 대지급금 청구"란은 같은 법 제7조의2제1항에 따라 재직 중인 근로자에 대한 간이대지급금을 청구하는 경우에 표시합니다.

3. ②"청구 구분"란 중 "판결등에 따른 청구"란은 「임금채권보장법」 제7조제1항제4호(같은 법 제7조의2제1항에서 제7조제1항제4호에 해당하는 경우를 포함)에 따라 확정 판결등으로 간이대지급금 지급을 청구하는 경우에 표시하고, 체불 임금등·사업주 확인서에 따른 청구"란은 「임금채권보장법」 제7조제1항제5호(같은 법 제7조의2제1항에서 제7조제1항제5호에 해당하는 경우를 포함)에 따라 체불 임금등·사업주 확인서로 간이대지급금 지급을 청구하는 경우에 표시합니다.

4. ③"지급받지 못한 임금등의 총 확정금액"란에는 "판결등에 따른 청구"의 경우에는 법원에서 판결등을 통해 인정되어 확정된 체불 임금등의 금액을 적고, "체불 임금등·사업주 확인서에 따른 청구"의 경우에는 체불 임금등·사업주 확인서에서 인정된 체불 임금등의 금액을 적습니다.

5. ④"지급받지 못한 임금등의 총 확정금액에 대하여 대지급금 지급 청구일까지 사업주 등으로부터 지급받은 금액"은 법원에서 확정한 체불 임금등 중 지급청구서 제출일 현재까지 사업주나 퇴직연금사업자 등으로부터 지급받은 임금등이나 퇴직연금 등의 금액을 말합니다.

6. ⑤란의 가. "최종 3개월분(재직자의 경우 소송등 또는 진정등 제기일 기준 마지막 3개월분)의 임금·휴업수당·출산전후휴가기간 중 급여"는 간이대지급금 지급청구서 제출일 현재 기준, 사업주로부터 지급받지 못한 전체 체불 임금등 중 퇴직일부터 최종 3개월(재직자의 경우 소송등 또는 진정등의 제기일을 기준으로 맨 나중의 임금 체불이 발생한 날부터 소급하여 3개월)에 해당하는 임금·휴업수당·출산전후휴가기간 중 급여를 말합니다.

7. ⑤란의 나. "최종 3년간의 퇴직급여등(퇴직자인 경우)"은 "퇴직자 대지급금 청구"란에 표시한 근로자에 한하여, 간이대지급금 지급청구서 제출일 현재 기준, 사업주로부터 지급받지 못한 전체 체불 임금등 중 퇴직일부터 최종 3년간에 해당하는 퇴직급여등을 말합니다.

8. ⑥"지급받아야 할 대지급금"란은 ⑤란의 "가" 와 "나"의 합계 금액을 말합니다. 다만, 합계 금액이 고용노동부장관이 고시한 대지급금의 상한액을 초과하는 경우에는 그 상한액이 지급받게 될 대지급금의 금액이 됩니다.

9. ⑦"대지급금 지급 결정 시 희망하는 통지 방법"란은 대지급금을 지급하기로 결정한 경우 청구인이 통지받기를 원하는 방법을 표시합니다(일부지급 또는 부지급 시에는 우편으로 통지합니다).

10. ⑧"입금의뢰"란에는 청구인이 소지하고 있는 본인의 예금계좌 중에서 간이대지급금의 입금을 희망하는 예금계좌에 관한 사항을 적습니다. 만약 간이대지급금을 압류방지 전용계좌(「임금채권보장법」 제11조제1항 본문에 따른 대지급금수급계좌)로 입금받기를 희망하는 경우에는 담당하는 금융기관에서 청구인 본인 명의의 대지급금수급계좌를 발급받은 뒤 그 계좌에 대한 사항을 적습니다.

11. ⑨"대상사업주"란에는 청구인이 근로를 제공하고 임금등을 지급받지 못한 사업장의 명칭, 대표자 성명, 소재지를 적습니다.

※ 간이대지급금 지급청구서는 판결등에 따라 청구하는 경우에는 해당 사업주에 대하여 「임금채권보장법」 제7조제1항제4호 각 목의 어느 하나에 해당하는 판결등을 받은 날부터 1년 이내에, 체불 임금등·사업주 확인서를 통해 청구하는 경우에는 체불 임금등·사업주 확인서가 최초로 발급된 날부터 6개월 이내에 근로복지공단 관할 지역본부 또는 지사에 제출해야 합니다.

처리절차

이 청구서는 아래와 같이 처리됩니다.

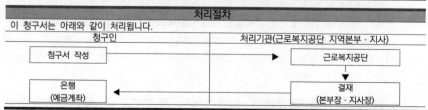

청구인	처리기관(근로복지공단 지역본부 · 지사)
청구서 작성 →	근로복지공단
은행 (예금계좌) ←	결재 (본부장 · 지사장)

210mm×297mm[백상지(80g/㎡) 또는 중질지(80g/㎡)]

② 간이대지급금을 지급받으려는 사람은 간이대지급금 지급청구서에 다음 구분에 따른 서류를 첨부해서 공단에 제출해야 합니다 *(규제「임금채권보장법」 제7조제8항, 제7조의2제7항, 규제「임금채권보장법 시행령」 제9조, 「임금채권보장법 시행규칙」 제5조제2항 및 별지 제3호의2서식).*

구분	청구 기간 및 첨부 서류
미지급 임금등을 지급하라는 판결등이 있는 경우의 대지급금(「임금채권보장법」 제7조제1항제4호)	• 판결등이 있는 날부터 1년 이내에 다음의 서류를 첨부 – 판결등이 있는 경우 그 정본 또는 사본 – 종국판결, 확정판결과 같은 효력을 가지는 것 중 소송상 화해 또는 조정을 갈음하는 결정이 있는 경우에는 그 확정증명원 정본 또는 사본
체불 임금등·사업주 확인서를 발급하여 사업주의 미지급임금 등이 확인된 경우의 대지급금(「임금채권보장법」 제7조제1항제5호)	• 체불임금등·사업주확인서가 최초로 발급된 날부터 6개월 이내에 대지급금 청구를 위한 용도로 발급받은 체불 임금등·사업주 확인서의 원본 또는 사본을 첨부

4-2. 공인노무사의 대지급금 청구서 작성 지원 등

① 사업장 규모 등 다음의 요건을 모두 갖춘 사업장에서 퇴직한 근로자가 대지급금을 청구하는 경우 「공인노무사법」 제5조에 따라 등록한 공인노무사 중에서 관할지방고용노동관서의 장이 고용노동부장관이 정하는 절차에 따라 대지급금 관련업무를 지원하도록 위촉한 공인노무사로부터 대지급금 청구서 작성, 사실확인 등에 관한 지원을 받을 수 있습니다 *「임금채권보장법」 제7조제5항, 「임금채권보장법 시행규칙」 제8조의2, 제8조의3제1항 및 「체불 임금등 대지급금 관련업무 지원대상이 되는 퇴직한 근로자의 퇴직 전 월평균보수액」(고용노동부고시 제2023-20호, 2023. 5. 25. 발령, 2023. 7. 1. 시행) 제1호].*

○ 다음 모두에 해당하는 사업장에서 퇴직했거나 도산등사실인정

을 신청했을 것(『임금채권보장법 시행령』, 제5조제1항제2호 및 제3호)

구 분	요 건
사업이 폐지되었거나 다음의 어느 하나의 사유로 사업이 폐지되는 과정에 있을 것	• 그 사업의 생산 또는 영업활동이 중단 된 상태에서 주된 업무시설이 압류 또는 가압류되거나 채무 변제를 위하여 양도 된 경우(『민사집행법』에 따른 경매가 진행 중인 경우를 포함함) • 그 사업에 대한 인가·허가·등록 등이 취소되거나 말소된 경우 • 그 사업의 주된 생산 또는 영업활동이 1개월 이상 중단된 경우
임금 등을 지급할 능력이 없거나 다음의 어느 하나의 사유로 임금등의 지급이 현저히 곤란할 것	• 도산등사실인정일 현재 1개월 이상 사업주의 소재를 알 수 없는 경우 • 사업주의 재산을 환가(換價)하거나 회수하는 데 도산등사실인정 신청일부터 3개월 이상 걸릴 것으로 인정되는 경우 • 사업주(상시근로자수가 10명 미만인 사업의 사업주로 한정함)가 도산등사실인정을 신청한 근로자에게 금품 청산 기일이 지난 날부터 3개월 이내에 임금등을 지급하지 못한 경우

○ 퇴직한 사업장의 상시근로자수가 30명 미만일 것(『임금채권보장법 시행령』, 별표 1에 따라 산정)

○ 퇴직 전 월평균보수가 350만원 이하일 것

② 위 지원을 받으려는 퇴직한 근로자는 『대지급금 관련업무 공인노무사 지원신청서』에 신청인의 퇴직 전 월평균보수를 확인할 수 있는 자료로서 다음의 어느 하나에 해당하는 서류를 첨부하여 관할지방노동관서의 장에게 제출해야 하며, 지원을 신청한 퇴직한 근로자는 공인노무사 중에서 대지급금 관련업무를 대리할 사람을 지정하거나 관할지방노동관서의 장에게 그 지정을 요청할 수 있습니다(『임금채권보장법 시행규칙』, 제8조의3제2항 본문, 제3항 및 별지 제6호의2서식).

1. 소득금액증명
2. 고용보험 및 산업재해보상보험의 보험료 개인별 부과고지 산출
   내역서
3. 국민연금 산정용 가입내역 확인서
4. 국민건강보험공단 직장가입자 보험료 조회자료

③ 다만, 행정정보 공동이용을 통하여 위 1.~3.의 어느 하나에 해
당하는 정보를 확인할 수 있는 경우에는 그 확인으로 첨부서류
를 갈음할 수 있습니다(「임금채권보장법 시행규칙」 제8조의3제2항 단서).

5. 대지급금 청구를 받은 공단은 특별한 사유가 없으면 일정 기간 이내에 대지급금을 지급해야 합니다.

5-1. 도산대지급금의 지급

도산대지급금 지급청구서를 송부받은 공단은 특별한 사유가 없으
면 도산대지급금 지급청구서를 받은 날부터 7일 이내에 청구인에게
지급할 도산대지급금을 지급해야 합니다(「임금채권보장법 시행령」 제9조제2항 및
「임금채권보장법 시행규칙」 제8조제1항).

5-2. 간이대지급금의 지급

간이대지급금 지급청구서를 제출받은 공단은 특별한 사유가 없으
면 그 지급청구서를 제출받은 날부터 14일 이내에 다음의 사항을
확인하여 간이대지급금의 지급 여부를 결정하고 청구인에게 지급할
간이대지급금을 지급해야 합니다(「임금채권보장법 시행령」 제9조제2항 및 「임금채권
보장법 시행규칙」 제8조제2항).

- 청구인이 대지급금 지급대상인 퇴직 근로자 또는 재직 근로자 기
  준을 충족하는지 여부

- 청구인이 청구기간 이내에 간이대지급금 지급청구서를 공단에 제출하였는지 여부
- 퇴직한 근로자 및 재직 근로자에 대한 대지급금의 범위(『임금채권보장법』 제7조제2항제1호부터 제3호까지 또는 제7조의2제2항제1호부터 제3호까지)에 해당하는 임금등 중 미지급액
- 지급받아야 할 간이대지급금의 금액
- 해당 사업주가 사업주 기준에 해당하는지 여부

5-3. 수급권의 보호

① 대지급금을 지급받을 권리는 양도 또는 압류하거나 담보로 제공할 수 없습니다(『임금채권보장법』 제11조의2제1항).

② 대지급금을 받을 권리가 있는 사람이 부상 또는 질병으로 대지급금을 수령할 수 없는 경우에는 그 가족에게 수령을 위임할 수 있으며, 수령을 위임받은 사람이 대지급금을 지급받으려면 그 위임 사실 및 가족관계를 증명할 수 있는 서류를 제출해야 합니다(『임금채권보장법』 제11조의2제2항 및 『임금채권보장법 시행령』 제18조의2).

③ 미성년자인 근로자는 독자적으로 대지급금의 지급을 청구할 수 있습니다(『임금채권보장법』 제11조의2제3항).

6. 사업주는 체불 임금 지급에 필요한 비용을 융자받을 수 있으며, 근로자는 생계비를 융자받을 수 있습니다.

6-1. 사업주의 체불 임금 지급 비용 융자

고용노동부장관은 사업주가 일시적인 경영상 어려움 등 『임금채권보장법 시행규칙』 제8조의5에서 정하는 사유로 근로자에게 임금등을 지급하지 못한 경우에 사업주의 신청에 따라 체불 임금등을

지급하는 데 필요한 비용을 융자할 수 있습니다(『임금채권보장법』 제7조의3 제1항).

6-2. 근로자에 대한 생계비 융자

고용노동부장관은 사업주로부터 임금등을 지급받지 못한 근로자 (퇴직한 근로자를 포함함)의 생활안정을 위하여 근로자의 신청에 따라 생계비에 필요한 비용을 융자할 수 있습니다(『임금채권보장법』 제7조의3 제2항).

6-3. 융자금액의 직접 지급

융자금액은 고용노동부장관이 해당 근로자에게 직접 지급해야 합니다(『임금채권보장법』 제7조의3제3항).

7. 대지급금등의 부당이득 환수

7-1. 대지급금 및 융자금의 미지급 또는 환수(還收)

① 고용노동부장관은 거짓 그 밖의 부정한 방법으로 대지급금 또는 융자금을 받으려 하거나 이미 받은 사람, 그 밖에 잘못 지급된 대지급금 또는 융자금을 이미 받은 사람에 대해서는 다음의 구 분에 따라 지급신청한 금액의 지급 또는 융자하지 않거나 지급 받은 금액을 환수해야 합니다(『임금채권보장법』 제14조제1항·제2항 및 『임금채 권보장법 시행령』 제20조제1항).

- 대지급금 또는 융자금 지급요건을 충족하고 있지 않은 경우 : 신 청금액 또는 지급금액의 전부

- 대지급금 또는 융자금 지급요건을 충족하고 있는 경우 : 신청금 액 또는 지급금액의 일부(거짓이나 그 밖의 부정한 방법으로 받 으려 했거나 이미 받은 대지급금 또는 융자금이나 잘못 지급된

대지급금 또는 융자금에 상당하는 금액을 말함)

② 고용노동부장관은 위에 따라 받은 대지급금 또는 융자금의 환수 (아래의 추가 징수를 포함함)를 결정했을 때에는 납부의무가 있는 사람에게 대지급금 또는 융자금의 환수 및 부당이득 추가 징수 통지서로 그 금액의 납부를 통지해야 합니다(『임금채권보장법 시행령』 제20조제2항, 『임금채권보장법 시행규칙』 제11조제1항 및 별지 제10호서식).

③ 위에 따른 환수를 통지받은 사람은 그 통지를 받은 날부터 30일 이내에 통지된 금액을 납부해야 합니다(『임금채권보장법 시행령』 제20조제3항).

7-2. 대지급금 5배 이하의 금액 추가징수

대지급금을 환수하는 경우 다음의 기준에 따라 거짓이나 그 밖의 부정한 방법으로 지급받은 대지급금의 5배 이하의 금액을 추가하여 징수할 수 있습니다. 다만, 부정행위를 자신해 신고한 사람에 대해서는 추가 징수를 면제할 수 있습니다(『임금채권보장법』 제14조제3항 및 『임금채권보장법 시행규칙』 제11조제2항).

추가 징수액	징수 사유
① 다음의 어느 하나에 해당하는 경우에는 거짓이나 그 밖의 부정한 방법으로 지급받은 대지급금의 5배	• 청구인이 대지급금 지급 청구 대상기간 동안 체불된 사실이 없음에도 불구하고 사업주(사업 경영 담당자와 그 밖에 사업주를 위하여 행위하는 자를 포함함)와 청구인이 공모하여 체불된 사실이 있는 것처럼 속여서 대지급금을 지급받은 경우 • 거짓이나 그 밖의 부정한 방법으로 대지급금이 지급된 사실(이하 "부정수급사실"이라 함)의 적발일 이전 5년 동안 거짓이나 그 밖의 부정한 방법으로 대지급금을 청구한 횟수가 2회 이상인 경우
② 다음의 어느 하나에 해당하는 경우에는 거짓이나 그 밖의 부정한 방법으로 지급받은 대지급	• 사업주와 청구인이 공모하여 실제 체불된 임금 등의 금액보다 더 큰 금액이 체불된 것처럼 속이거나 체불 임금등이 변제되었음에도 그 사실을 숨기고 대지급금을 지급받은 경우

금의 3배	• 부정수급사실의 적발일 이전 5년 동안 거짓이나 그 밖의 부정한 방법으로 대지급금을 청구한 횟수가 1회인 경우
③ 위의 ① 및 ② 외에 거짓이나 그 밖의 부정한 방법으로 대지급금을 지급받은 경우에는 거짓이나 그 밖의 부정한 방법으로 지급받은 대지급금의 2배	

※ 하나의 부정수급사실이 위 ①부터 ③까지 중 둘 이상에 해당하는 경우에는 그 중 큰 금액으로 합니다(『임금채권보장법 시행규칙』 제11조제3항).

7-3. 연대책임

대지급금의 지급 또는 융자가 거짓의 보고·진술·증명·서류제출 등 위계(僞計)의 방법에 의한 것이면 그 행위를 한 자는 대지급금 또는 융자금을 받은 자와 연대하여 책임을 집니다(『임금채권보장법』 제14조제4항).

7-4. 위반 시 벌칙

① 다음의 어느 하나에 해당하는 자는 3년 이하의 징역 또는 3천만 원 이하의 벌금에 처해집니다(『임금채권보장법』 제28조제1항제1호 및 제2호).

- 거짓이나 그 밖의 부정한 방법으로 대지급금 또는 융자를 받은 자

- 거짓이나 그 밖의 부정한 방법으로 다른 사람으로 하여금 대지급금 또는 융자를 받게 한 자

② 다음의 어느 하나에 해당하는 자는 2년 이하의 징역 또는 2천만 원 이하의 벌금에 처해집니다(『임금채권보장법』 제28조제2항).

- 부당하게 대지급금 또는 융자를 받기 위해서 거짓의 보고·증명 또는 서류제출을 한 자

- 다른 사람으로 하여금 부당하게 대지급금 또는 융자를 받게 하기 위해 거짓의 보고·증명 또는 서류제출을 한 자

§4. 임금체불 해결방법

1. 지방고용노동관서 진정 또는 고소

1-1. "임금체불"이란?

　"임금체불"이란 근로의 대가로 지급되는 임금, 보상금, 그 밖의 일체의 금품을 근로자 동의 없이 주지 않는 것으로 규제「근로기준법」제36조의 금품청산 의무나 「근로기준법」제43조의 임금지급 의무를 위반한 것을 의미합니다(「근로기준법」 제43조의2제1항 참조).

1-2. 관할 지방고용노동관서에 진정 또는 고소

　임금등을 지급받지 못한 근로자는 체불임금을 받을 수 있도록 해달라고 지방고용노동관서나 근로감독관에게 진정하거나 사용자를 「근로기준법」 위반으로 처벌해 달라고 고소할 수 있습니다(「근로기준법」 제104조제1항, 제106조, 「근로기준법 시행령」 제59조제13호, 「근로감독관집무규정」(고용노동부훈령 제465호, 2023. 7. 24. 발령, 2023. 8. 1. 시행) 제33조 및 제34조 참조).

1-3. 신청방법

　고용노동부 홈페이지의 『민원마당』에서 온라인으로 임금체불 진정을 제기하거나, 사업장 소재지 관할 지방고용노동관서 고객지원실을 방문하여 사전 상담 후 진정 또는 고소할 수 있습니다.

1-4. 처리절차

① 진정사건을 처리하도록 지정받은 근로감독관은 신고내용에 대해서 조사해야 하며, 신고 내용의 조사를 위해 필요한 경우 당사자 그 밖의 참고인에게 출석을 요구할 수 있습니다(「근로감독관집무규정」 제37조제1항 및 제2항).

② 진정사건은 접수한 날로부터 25일 이내에 처리해야 하며, 그 처리기간의 범위(25일)에서 1회에 한하여 처리기간을 연장할 수 있습니다(「근로감독관집무규정」 제42조제1항 및 제3항).

③ 감독관이 신고인의 진술을 듣기 위해 2회 이상 출석을 요구하였음에도 응하지 아니한 경우 신고인의 신고의사가 없는 것으로 보아 내사 종결 처리됩니다(「근로감독관집무규정」 제40조제5항제1호).

④ 근로감독관은 범죄를 인지하거나 고소·고발을 접수하였을 때에는 「특별사법경찰관리에 대한 검사의 수사지휘 및 특별사법경찰관리의 수사준칙에 관한 규칙」이 정하는 바에 따라 범인과 범죄사실을 수사하고 그에 관한 증거를 수집해야 합니다(「근로감독관집무규정」 제46조제1항).

⑤ 고소·고발·범죄인지사건은 접수 또는 범죄인지일로부터 2개월 이내에 수사를 완료하여 검찰에 송치해야 합니다(「근로감독관집무규정」 제42조제1항).

〈진정·고소 처리절차〉

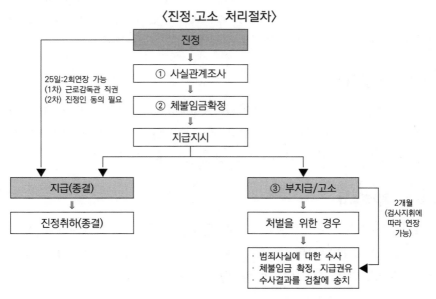

2. 체불사업주의 명단은 공개

2-1. 체불사업주 명단 공개

고용노동부장관은 임금등을 지급하지 않은 사업주(법인인 경우에는 그 대표자를 포함함 이하 "체불사업주"라 함)가 명단 공개 기준일 이전 3년 이내 임금등을 체불하여 2회 이상 유죄가 확정된 자로서 명단 공개 기준일 이전 1년 이내 임금등의 체불총액이 3천만원 이상인 경우에는 그 인적사항 등을 공개할 수 있습니다(『근로기준법』 제43조의2제1항 본문).

2-2. 소명기회의 부여

고용노동부장관은 명단 공개를 할 경우에 체불사업주에게 3개월 이상의 기간을 정하여 소명 기회를 주어야 합니다(『근로기준법』 제43조의2 제2항).

2-3. 명단공개 내용, 기간 등

① 고용노동부장관은 체불사업주 명단을 공개할 때 다음의 내용을 공개합니다(『근로기준법』 제43조의2제4항 및 『근로기준법 시행령』 제23조의3제1항).

- 체불사업주의 성명·나이·상호·주소(체불사업주가 법인인 경우에는 그 대표자의 성명·나이·주소 및 법인의 명칭·주소를 말함)

- 명단 공개 기준일 이전 3년간의 임금등 체불액

② 명단공개는 관보에 싣거나 인터넷 홈페이지, 관할 지방고용노동관서 게시판 또는 그 밖에 열람이 가능한 공공장소에 3년간 게시합니다(『근로기준법 시행령』 제23조의3제2항).

■ 체불사업주 명단은 어디에서 확인할 수 있나요?

Q. 취업하려고 준비하고 있는 회사가 임금을 자주 체불한다는 얘기를 들었습니다. 이 회사가 체불사업주에 해당하는지 어디에서 확인할 수 있을까요?

A. 체불사업주 명단은 고용노동부 홈페이지의 〈정보공개→체불사업주 명단공개〉에서 손쉽게 확인할 수 있습니다. 취업하려고 준비하고 있는 회사가 임금체불을 하고 있는 회사인지 취업전에 미리 확인하는 것이 좋습니다.

〈고용노동부 홈페이지의 체불사업주 명단공개〉

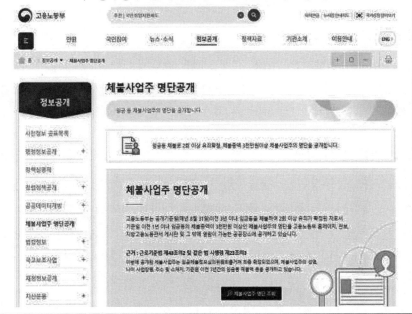

■ 6개월치 임금을 몇 달이 지나도 주질 않고 있는데요, 해결할 수 있는 방법이 없을까요?

Q. 아르바이트를 한 회사로부터 6개월치 임금을 지급받지 못하고 있습니다. 회사로 연락을 하면 계속 준다고만 할 뿐 몇 달이 지나도 주질 않고 있는데요, 해결할 수 있는 방법이 없을까요?

A. 임금등을 지급받지 못한 임금체불 상태의 근로자는 사업장을 관할하는 지방고용노동관서에 밀린 임금등을 지급받게 해달라는 진정(陳情)이나 사용자를 「근로기준법」 위반으로 처벌해 달라는 고소를 할 수 있습니다. 이 밖에도 민사소송으로 체불임금을 받을 수도 있으며, 대한법률구조공단의 법률구조를 받아 민사절차를 진행할 수 있습니다.

◇ "임금체불"이란?

"임금체불"이란 근로의 대가로 지급되는 임금, 보상금, 그 밖의 일체의 금품을 근로자 동의 없이 주지 않는 것으로 「근로기준법」 제36조의 금품청산 의무나 「근로기준법」 제43조의 임금지급 의무를 위반한 것을 의미합니다.

◇ 관할 지방고용노동관서에 진정 또는 고소

임금등을 지급받지 못한 근로자는 체불임금을 받을 수 있도록 해달라고 지방고용노동관서나 근로감독관에게 진정하거나 사용자를 「근로기준법」 위반으로 처벌해 달라고 고소할 수 있습니다.

◇ 민사절차를 통한 해결

임금등을 지급받지 못한 근로자는 사용자의 재산을 가압류하거나 민사소송을 제기하는 등 민사절차를 통해 임금체불을 해결할 수 있습니다.

◇ 대한법률구조공단을 통한 법률구조

임금 및 퇴직금 체불 당시 최종 3월분의 월평균 임금이 400

만원 미만인 임금 및 퇴직금 체불로 인한 피해근로자(국내 거주 외국인 포함)는 무료법률상담 등 대한법률구조공단의 법률구조를 받을 수 있습니다.

3. 민사절차를 통한 해결

3-1. 사용자재산 가압류

① "가압류"란 금전채권이나 금전으로 환산할 수 있는 채권에 관하여 장래 그 집행을 보전하려는 목적으로 미리 채무자의 재산을 압류하여 채무자가 처분하지 못하도록 하는 제도입니다(출처: 대법원 전자민원센터-절차안내-신청-가압류).

② 사업주의 재산이 있어야 강제집행을 통해 체불임금을 받을 수 있으므로 사전에 사업주의 재산을 파악하여 가압류를 하는 것이 중요합니다(출처: 고용노동부 민원마당 홈페이지-민원정보-민원제도안내-체불임금해결방법).

3-2. 소액사건재판

① "소액사건재판"이란 민사사건 중 '소송목적의 값'이 3,000만원 이하인 사건인 경우 다른 민사사건에 대한 소송보다 간편하게 소를 제기하고 소송을 수행할 수 있는 제도를 말합니다(『소액사건심판법』 제2조제1항 및 『소액사건심판규칙』 제1조의2 참조).

② 따라서, 체불임금이 3,000만원 이하인 경우에는 소액사건재판 절차를 통해 보다 간편하게 소송을 수행할 수 있습니다.

3-3. 민사소송의 제기

① "민사소송"이란 사인간(私人間)의 생활관계에 관한 이해의 충돌·분쟁을 국가의 재판권에 의하여 법률적으로 해결·조정하기 위한 일련의 법적 절차를 말합니다.

② 민사소송은 ㉠ 소의 제기 → ㉡ 소장의 송달(送達) → ㉢답변서의 제출 → ㉣ 변론 및 증거조사 → ㉤ 판결선고 순서에 따라 진행됩니다(「민사소송법」, 제174조, 제205조, 제256조 및 제281조 참조).

〈민사소송절차〉

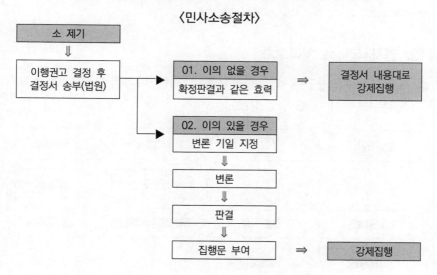

3-4. 강제집행

"강제집행"이란 확정판결이나 공정증서 등 집행권원(執行權原)을 가지고 채권자가 국가권력에 대하여 그 집행을 신청하고, 국가는 채무자의 의사에 반하여 실력으로 그 청구권을 실현시켜주는 절차를 말합니다.

4. 대한법률구조공단에서 임금체불에 관한 무료법률상담 등

4-1. 법률구조 대상

임금 및 퇴직금 체불 당시 최종 3개월분의 월평균 임금이 400만 원 미만인 임금 및 퇴직금 체불로 인한 피해근로자(국내 거주 외국인 포함)는 대한법률구조공단의 법률구조를 받을 수 있습니다[『법률구조법』제33조의3, 『법률구조법 시행규칙』제7조 및 『법률구조사건 처리규칙』(대한법률구조공단규칙 제419호, 2022. 2. 18. 발령·시행) 제5조제2항제1호].

4-2. 민사사건 등 처리절차

① 대한법률구조공단에서의 법률구조 절차는 다음과 같습니다(출처: 법률구조공단 홈페이지 참조).

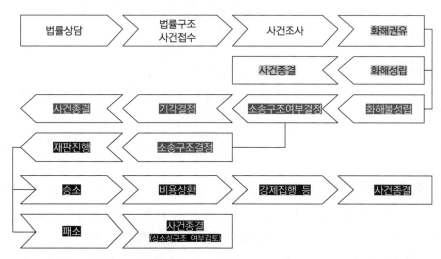

② 법률구조 신청절차 및 제출서류에 관한 자세한 사항은 〈대한법률구조공단 홈페이지→ 법률구조 → 법률구조안내〉에서 확인할 수 있습니다.

제2편
임금에 대한 분야별 상담사례

※ 이 사례는 대한법률구조공단의 상담사례 및 고용노동부의 자주하는 질문을 분야별로 분류하여 수록하였으며, 상담사례에 대한 답변은 법령이나 판례 등의 변경으로 내용이 바뀔 수 있으므로 구체적인 사안에 대해서는 반드시 대한법률구조공단 상담(전화상담은 국번없이 ☎132) 등을 통해 다시 한 번 확인하시기 바랍니다.

PART 1. 임금에 대한 일반적인 상담

■ **근로기준법상 임금 및 퇴직금지급의무를 지는 사용자 및 근로자에 해당하는지 여부의 판단 기준은?**

Q. 근로기준법상 임금 및 퇴직금지급의무를 지는 사용자 및 근로자에 해당하는지 여부의 판단 기준은?

A. 실질적인 근로관계에 있지 않다면 근로기준법 기타 다른 법률 등에 의하여 사용자로 취급되는 경우가 있다고 하여 근로기준법상의 임금 및 퇴직금지급의무까지 진다고 할 수 없다는 것이 우리 대법원의 입장입니다(대법원 2007. 3. 30. 선고 2004다8333 판결 등 참조).

■ **명절 등에 정기적으로 지급하는 상여금 등의 임금에 해당하나요?**

Q. 명절과 연초, 연말에 정기적으로 지급받는 상여금이 근로기준법의 적용을 받는 임금에 해당하나요?

A. 대법원 2005. 9. 9. 선고 2004다41217 판결에 따르면 상여금이 계속적·정기적으로 지급되고 그 지급액이 확정되어 있다면 이는 근로의 대가로 지급되는 임금의 성질을 가지나 그 지급사유의 발생이 불확정이고 일시적으로 지급되는 것은 임금이라고 볼 수 없다고 판시하고 있습니다.

따라서 명절과 연초, 연말에 계속적·정기적으로 지급되고 임금의 50%로 그 지급액이 확정되어 있다면 근로의 대가로 지급되는 임금의 성질을 가지므로 임금으로 볼 수 있습니다.

■ **아파트관리업자와 근로계약한 자가 입주자대표회의에 대한 임금을 청구할 수 있는지요?**

Q. 甲은 乙아파트관리업자와 근로계약을 체결하고 丙아파트의 경비업무를 담당하고 있는데, 乙이 부도를 내고 도피하였습니다. 이 경

우 甲이 丙아파트입주자대표회의에 임금을 청구할 수 있는지요?

A. 사용자의 정의에 관하여 「근로기준법」 제2조 제1항 제2호는 "사용자란 사업주 또는 사업경영담당자, 그 밖에 근로자에 관한 사항에 대하여 사업주를 위하여 행위하는 자를 말한다."라고 규정하고 있습니다.

그런데 위 사안에서와 같이 아파트관리업자와 근로계약을 체결한 관리사무소 직원에 대하여 아파트입주자대표회의가 「근로기준법」상 사용자로 될 수 있는지에 관하여 판례는 "아파트입주자대표회의와 사이에 위수탁관리계약을 체결한 아파트관리업자의 대리인인 관리소장이 관리사무소에서 근무하게 된 직원들과 근로계약을 체결하였다면, 그 직원들은 아파트관리업자의 피용인이라고 할 것이므로, 아파트관리업자와 위수탁관리계약을 체결하였을 뿐인 아파트입주자대표회의가 직원들에 대하여 임금지급의무가 있는 사용자로 인정되기 위하여는 그 직원들이 관리사무소장을 상대방으로 하여 체결한 근로계약이 형식적이고 명목적인 것에 지나지 않고, 직원들이 사실상 입주자대표회의와 종속적인 관계에서 그에게 근로를 제공하며, 입주자대표회의는 그 대가로 임금을 지급하는 사정 등이 존재하여 관리사무소 직원들과 입주자대표회의와 사이에 적어도 묵시적인 근로계약관계가 성립되어 있다고 평가되어야 하고, 아파트입주자대표회의가 아파트관리업자와 체결한 위수탁관리계약상의 지위에 기한 감독권의 범위를 넘어 일부 직원의 채용과 승진에 관여하거나 관리사무소 업무의 수행상태를 감독하기도 하고, 또 관리사무소 직원들의 근로조건인 임금, 복지비 등의 지급수준을 독자적으로 결정하여 오기는 하였으나, 관리업자 혹은 그를 대리한 관리사무소장이 근로계약 당사자로서 갖는 관리사무소 직원들에 대한 임면, 징계, 배치 등 인사권과 업무지휘명령권이 모두 배제 내지 형해화(形骸化)되어 그 직원들과 체결한 근로계약이 형식적인 것에 지나지 않는다고 할 수 없고, 또 입주자 대표회의가 관리사무소 직원들의 업무내용을 정하고 그 업무수행과정에 있어 구체적·개별적인 지휘·감독을 행하고 있다고 볼 수도 없는 경우, 입주자대표회의가 그 관리사무소 직원들과 근로계약관계에 있는 사용자라고 볼 수 없다."라고 한 바 있습니다(대법원 1999. 7. 12.자 99마628 결정).

따라서 위 사안의 경우에도 위 판례의 취지와 같이 乙의 관리사무소 직원들에 대한 임면·징계·배치 등 인사권과 업무지휘명령권이 모두 배제 내지 형해화(形骸化)되어 그 직원들과 체결한 근로계약이 형식적인 것에 지나지 않고, 실질적으로 丙아파트입주자대표회의가 그러한 인사권과 업무지휘명령권을 행사하는 경우가 아니라면 甲이 丙아파트입주자대표회의에 대하여 사용자로서 임금을 지급하여야 한다고 주장할 수 없을 것으로 보입니다.

■ 퇴직 후 소급 적용된 임금인상의 효력이 퇴직자에게도 미치는지요?

Q. 저희 남편은 15년 전부터 甲회사에 재직하던 중 개인사정으로 금년 6월 20일 퇴직하였습니다. 그런데 남편의 퇴직금 수령 후 8월경 임금인상 등에 관한 단체협약이 성립되어 같은 해 4월부터 임금을 소급 인상하기로 결정되었습니다. 이 경우 저희 남편에게도 그 효력이 있는지요?

A. 회사가 근로자에 대한 임금을 소급하여 인상하는 결정을 하기 전에 이미 퇴직한 근로자에게는 단체협약이나 보수규정에 특별한 규정이 있거나 사용자와 노동조합 또는 사용자와 퇴직근로자간의 특약이 없는 한, 새로이 체결된 단체협약이나 개정된 보수규정의 효력이 미치지 않는 것이므로 소급인상된 임금을 청구할 수 없을 것입니다.

반대로 근로자의 퇴직후 회사의 경영악화로 소급하여 임금을 인하하기로 노사간에 합의를 하였다고 하더라도 퇴직한 근로자는 이미 지급받은 임금을 소급하여 반환할 필요가 없는 것이며, 이는 퇴직근로자는 퇴직일자를 기준으로 근로계약관계에서 발생했던 모든 금품청산 등의 권리와 의무를 이행하게 되는 것이고, 근로계약관계는 퇴직과 동시에 종료하게 되는 것이므로 그 이후의 변경된 계약이 소급적용되는 것은 아니기 때문입니다.

이와 관련하여 판례는 "단체협약은 노동조합이 사용자 또는 사용자단체와 근로조건 기타 노사관계에서 발생하는 사항에 관하여 체결하는 협정으로서, 노동조합이 사용자 측과 기존의 임금, 근로시간, 퇴직금 등 근로조건을 결정하는 기준에 관하여 소급적으로 동의하거나 이를 승인하는 내용의 단체협약을 체결한 경우에 그 동의나 승인의 효력은 단체협약이 시행된 이후에 그 사업체에 종사하며 그 협약의 적용을 받게 될 노동조합원이나 근로자들에 대해서만 생기고, 단체협약 체결 이전에 이미 퇴직한 근로자에게는 위와 같은 효력이 생길 여지가 없고, 근로조건이 근로자에게 유리하게 변경된 경우라 하더라도 다를 바 없으며, 중재재정은 단체협약과 동일한 효력을 갖는 것으로 위와 같은 법리가 그대로 적용된다."라고 하였습니다(*대법원 2000.6.9. 선고 98다13747 판결, 2002.4.23. 선고 2000다50701 판결, 2002. 5. 31. 선고 2000다18127 판결*).

또한, "인사관리규정과 같은 취업규칙은 이를 개정, 시행하고 있는 당시에 근무하고 있는 근로자에게만 적용되는 것이고, 그 취업규칙시행 당시에 이미 퇴직한 직원에게까지 소급하여 적용되는 것은 아니다."라고 하였습니다(*대법원 1991. 4. 9. 선고 90다16245 판결*).

따라서 위 사안의 경우 4월부터 6월 20일까지의 임금인상분과 인상분에 대한 퇴직금청구는 할 수 없을 것으로 보입니다.

■ 정규직 전환과 임금청구권

Q. 기간제법 근로자로 근무하다가 고용간주 규정에 의해서 정식으로 근로계약서를 작성하고 근로자가 되었습니다. 그런데 회사와 회사 노조가 단체협약을 체결하면서 고용간주 규정에 의하여 정규직으로 전환되는 근로자에 대한 근로조건(특히, 임금)에 대하여 정하였는데, 단체협약에 따른 내용이 지금 근로계약에 따라 적용되는 근로조건보다 불리합니다. 이 경우 저는 근로계약에 따른 임금을 계속 청구할 수 있는가요?

A. 협약자치의 자유가 인정된다고 하더라도 신청인은 이미 단체협약 체결 전에 정식 근로자가 되엇기 때문에 단체협약의 내용이 신청인에게 소급적으로 적용될 일은 없습니다. 따라서 신청인은 근로계약에 따른 임금을 계속 청구할 수 있습니다.

■ 실제 사업주와 명의상 사업주가 다른 경우 임금청구

Q. 식당에서 일을 한 사람입니다. 일을 하고 돈을 받지 못하여 임금을 청구하려고 체불임금 및 사업주 확인서를 발급받았더니 명의상 사업주와 실제 사업주가 있습니다. 이 경우 누구를 상대로 체불임금을 청구해야 하나요? 둘 모두에게 청구해도 괜찮은가요?

A. 근로기준법상 사용자는 근로자의 근로에 대하여 실질적으로 지휘, 감독을 행사한 자입니다. 즉, 형식이 아닌 실질에 따라 정해지는 것이므로 사업주는 비록 A라는 사람의 명의로 되어있다고 하더라도 실제로 근로자의 임금이나 근로시간과 같은 근로조건을 정한 사람은 B이고 B가 업무에 대한 상당한 지휘 감독을 행사하였다면 B가 사업주가 되는 것입니다.

따라서 명의상 사업주가 아닌 실제 사업주만을 상대로 임금을 청구할 수 있습니다.

■ 임금의 시효

Q. 5년 전 퇴사한 회사에서 아직까지 밀린 월급과 퇴직금을 받지 못하였는데, 지금이라도 청구하면 받을 수 있나요?

A. 임금채권(퇴직금 포함)은 3년간 행사하지 않은 때에는 시효로 소멸합니다.

사례의 경우에는 임금·퇴직급여 채권의 소멸시효가 완성되었으므로, 사용자는 근로자가 임금·퇴직급여의 지급을 청구한 경우 이를 지급하지 않아도 됩니다.

◇ 임금·퇴직금 채권의 시효 및 기산점

① 임금 채권은 정기지급일의 다음 날부터 3년간 행사하지 않으면 시효로 소멸합니다.

② 퇴직금 채권은 퇴직한 날의 다음 날부터 3년간 행사하지 않으면 시효로 인하여 소멸합니다.

◇ 임금·퇴직금 채권의 시효 중단

임금·퇴직금 채권의 소멸시효를 중단시키는 방법으로 재판상청구, 파산절차참가, 지급명령의 신청, 화해를 위한 소환, 임의출석, 압류·가압류·가처분이 있고, 채무자가 채무를 승인하는 경우에도 소멸시효는 중단됩니다.

◇ 임금·퇴직금 채권의 시효 중단 효과

임금·퇴직금 채권의 소멸시효 중단사유가 없어진 경우에는 그 때부터 다시 3년간 소멸시효가 진행합니다.

■ 임금의 비상시 지급

Q. 아내가 출산을 하여 병원비가 급하게 필요합니다. 회사에 이번 달에 근무한 날 만큼의 임금을 미리 청구할 수 없나요?

A. 근로자는 출산, 질병, 재해 등 비상(非常)한 경우의 비용에 충당하기 위하여 임금의 지급기일 전이라도 사용자에게 임금 지급을

청구할 수 있습니다.

사용자는 근로자의 임금의 비상시 지급 요구에 응해야 하며, 이를 위반하면 1천만원 이하의 벌금에 처해집니다.

◇ 임금의 비상시(非常時) 지급 대상

사용자는 근로자나 그의 수입으로 생계를 유지하는 자가 다음의 어느 하나에 해당하게 되는 경우의 비용에 충당하기 위해 임금 지급을 청구하면 지급기일 전이라도 이미 제공한 근로에 대한 임금을 지급해야 합니다.

① 출산하거나 질병에 걸리거나 재해를 당한 경우
② 혼인 또는 사망한 경우
③ 부득이한 사유로 1주일 이상 귀향하게 되는 경우

■ 은행이 임금을 압류할 수 있는 금액은 얼마인가요?

Q. 은행에서 신용대출을 받았는데, 갚지 못해서 급여에 압류가 들어 왔습니다. 은행이 압류할 수 있는 금액은 얼마인가요?

A. ◇ 월급이 185만원 이하인 경우

근로자의 월급이 185만원 이하인 경우 은행은 근로자가 받는 월급을 압류할 수 없습니다.

◇ 월급이 185만원 초과 370만원 미만인 경우

근로자가 받는 월급이 185만원 초과 370만원 미만인 경우 월급 -185만원이 압류금지 금액이 됩니다.

※ 예를 들어 근로자의 월급이 300만원인 경우 은행은 월급 300만원에서 압류금 지금액 185만원을 뺀 나머지 115만원에 대해서만 압류할 수 있습니다.

◇ 월급이 370만원 이상 600만원 이하인 경우

근로자가 받는 월급이 370만원 이상 600만원 이하인 경우 월급 의 2분의 1이 압류금지 금액이 됩니다.

※ 예를 들어 근로자의 월급이 500만원인 경우 은행은 월급 500만원에서 압류금

지급액 250만원을 뺀 나머지 250만원에 대해서만 압류할 수 있습니다.

◇ 월급이 600만원 초과인 경우

월급이 600만원 초과인 경우 [월 300 + (월급의 1/2 - 월 300만원) x 1/2]의 계산식으로 계산한 금액이 압류금지 금액이 됩니다.

※ 예를 들어 근로자의 월급이 800만원인 경우 은행은 월급 800만원에서 압류금지채권 350만원[300만원 + (400 - 300) x 1/2]을 뺀 나머지 450만원에 대해서만 압류할 수 있습니다.

■ 회생절차가 개시된 회사에 대한 임금 등 청구 가능 여부

Q. 저는 종업원수 80명인 甲회사에서 11년간 근무하고 퇴직하였으나, 최종 3개월분 임금과 퇴직금을 받지 못하고 있던 중 甲회사의 경영상태가 갑자기 악화되었습니다. 이에 甲회사는 법원에 회생절차개시의 신청을 하였는데 이 경우 체불임금 및 퇴직금을 받을 수 있는지요?

A. 「근로기준법」 제38조 제1항 및 「근로자퇴직급여 보장법」제11조 제1항은 "임금·재해보상금·퇴직금 그 밖의 근로관계로 인한 채권은 사용자의 총재산에 대하여 질권 또는 저당권에 의하여 담보된 채권을 제외하고는 조세·공과금 및 다른 채권에 우선하여 변제되어야 한다. 다만, 질권 또는 저당권에 우선하는 조세·공과금에 대하여는 그러하지 아니하다."라고 규정하고 있고, 「근로기준법」 제38조 제2항 및 「근로자퇴직급여 보장법」 제11조 제2항은 근로자의 최종 3월분의 임금과 재해보상금 및 최종 3년간의 퇴직금은 사용자의 총재산에 대하여 질권 또는 저당권에 의하여 담보된 채권, 조세·공과금 및 다른 채권에 우선하여 변제되어야 한다고 규정하고 있습니다.

한편, 「채무자회생 및 파산에 관한 법률」(통합도산법이라고도 칭함)에 의하면 채무자가 회생절차개시의 신청을 한 경우 법원은 이해관계인의 신청에 의하거나 직권으로 채무자의 재산에 대한 보전처분, 강제집행, 소송절차 등의 중지나 포괄적 금지 등을 명할 수 있습니다(같은 법 제43조 ~ 제45조).

그러나 귀하의 경우와 같은 근로자의 임금, 퇴직금 및 재해보상금은 회생채권이 아닌 공익채권으로 규정하고 있으며 공익채권은 회생채권과 회생담보권에 우선하여 변제를 받을 수 있고, 채무자의 회생절차개시결정으로 회생절차에 들어간 경우에도 회생계획의 구속을 받지 않기 때문에 언제든지 채무자로부터 변제를 받을 수 있도록 하고 있습니다(같은 법 제179조 제1항 제10호, 제180조 제1항, 제2항).

따라서 귀하의 경우에도 회생절차개시결정과 관계없이 채무자의 영업시설 등에 대하여 강제집행을 신청할 수 있다 하겠습니다.

다만, 법원은 채무자의 재산에 대하여 강제집행 또는 가압류가 있는 경우 그 강제집행 또는 가압류가 회생에 현저하게 지장을 초래하고 채무자에게 환가하기 쉬운 다른 재산이 있는 때 또는 채무자의 재산이 공익채권의 총액을 변제하기에 부족한 것이 명백하게 된 때에는 그 강제집행 또는 가압류의 중지나 취소를 명할 수 있도록 공익채권자의 권리행사를 제한할 수 있는 규정을 두고 있음을 유의하여야 할 것입니다(같은 법 제180조 제3항).

■ 동절기 단축 근무 시 초과근무의 할증임금 지급 여부

Q. 제가 근무하는 회사는 동절기에 토요일을 제외한 평일의 근무시간을 7시간으로 단축하여 근무하도록 하고 있습니다. 회사에서는 이러한 동절기의 초과근무에 대하여 '단축된 시간만큼은 가산되는 초과근무수당을 받을 수 없다.'고 하는데 이것이 사실인지요?

A. 「근로기준법」 제50조는 "1주간의 근로시간은 휴게시간을 제하고 40시간을 초과할 수 없다. 1일의 근로시간은 휴게시간을 제하고 8시간을 초과할 수 없다."라고 규정하고 있습니다. 또한, 같은 법

제56조는 "사용자는 연장근로와 야간근로 또는 휴일근로에 대하여는 통상임금의 100분의 50 이상을 가산하여 지급하여야 한다."라고 규정하고 있습니다.

그러므로 동절기 단축근무 시에는 위 법정근로시간 이내의 초과근무가 있을 수 있으며, 그러한 경우에 그 초과근무에 대하여 위와 같은 가산금을 지급하여야 하느냐가 문제됩니다.

이에 관하여 판례는 "토요일의 4시간을 초과한 근무시간이나 평일의 7시간을 초과한 근무시간 부분이 포함되어 있다 하여도, 그 초과근로시간 중 단축된 1시간을 합산한 범위 내의 초과근로시간으로서 1일 8시간, 1주 44시간을 초과하지 않는 부분은 근로기준법 제42조(현행 근로기준법 제50조)에 정한 법정 기준근로시간 범위 내의 근로시간이므로, 이 부분의 근로는 이른바 법내 초과근로로서 할증임금이 지급되는 근로기준법 제46조(현행 근로기준법 제56조)에 정한 시간외근로에는 해당하지 아니하고, 따라서 운영규정 등에서 법내 초과근로에 대하여도 근로기준법 제46조(현행 근로기준법 제56조)의 할증임금을 지급하도록 규정한 것으로 인정되지 않는 이상, 이 부분 근로에 대하여는 근로기준법 제46조(현행 근로기준법 제56조)의 할증임금을 지급할 필요가 없다."라고 하였습니다(대법원 1998. 6. 26. 선고 97다14200 판결).

따라서 동절기 단축근무 시 법정근로시간내의 초과근로에 대하여는 가산된 할증임금을 청구할 수 없을 것으로 보입니다.

■ 예비군 훈련기간 중 부상 시 사용자의 임금지급문제

Q. 회사직원이 동원예비군훈련 소집기간 중 부상당하여 국가의료시설에서 입원치료를 받은 경우, 사업주가 당해 치료기간에 대하여「근로기준법」에 의한 임금지급 또는 휴업보상을 하여야 하는지? 또한 사업주가 이를 원인으로 한 근무태만으로 근로자를 해고시킬 수도 있는지요?

A. 사용자는 근로자가 근로시간 중에 선거권 기타 공민권의 행사 또는 공의 직무를 집행하기 위하여 필요한 시간을 청구하는 경우에는 이를 거부하지 못하며, 타인을 사용하는 자는 그가 고용하는 자가 예비군 대원으로 동원되거나 훈련을 받는 때에는 그 기간을 휴무로 하거나 그 동원이나 훈련을 이유로 불이익한 처우를 하여서는 아니 된다고 법에 규정하고 있으므로 정상적으로 임금을 지급하여야 할 것입니다(근로기준법 제10조, 향토예비군설치법 제10조).

그러나 위 사안의 경우와 같이 국가의료시설에서의 입원치료가 위 규정의 '동원이나 훈련'에 포함된다고 보기는 어렵고, 또한 사업주에 대한 근로제공이 없으므로 당해 회사의 취업규칙, 단체협약 기타 근로계약상 특별한 약정이 없는 한 근로의 대가인 임금을 지급받을 수 없는 것이며, 또한 「근로기준법」제79조 규정에 의한 휴업보상은 사업주를 위한 업무수행 중의 부상을 요건으로 하고 있으므로, 국가의 필요에 따라 국가적 업무를 수행하는 예비군동원훈련의 경우에는 휴업보상의 대상이 될 수 없을 것입니다.

다만, 근로자는 별도로 「국가유공자 등 예우 및 지원에 관한 법률」기타 관계법령에 의한 보상요건에 해당하면 그에 따라 국가로부터 보상을 받을 수 있습니다.

그리고 당해 사업주에 대한 직무태만의 여부는 예비군동원훈련이라는 법령상의 의무수행 중 부상당하여 입원치료를 위하여 근로를 제공하지 못한 것은 정당한 사유가 있는 경우라 할 것이므로, 이는 당해 사업주에 대한 근무태만이라고 할 수 없으며 사용자가 이를 이유로 해고하는 경우에는 부당해고가 될 것으로 보입니다.

■ 퇴직금을 매월 임금에 포함시켜 지급하기로 한 약정의 효력

Q. 저는 근로자로서 사용자와 입사초기부터 매월 지급하는 월급과

함께 퇴직금을 미리 받기로 하는 약정을 하였는데 위 약정이 무효인지 여부가 궁금합니다.

A. 이러한 약정에 대하여 우리 대법원은 다음과 같이 판시하였습니다.

"사용자와 근로자가 매월 지급하는 월급이나 매일 지급하는 일당과 함께 퇴직금으로 일정한 금원을 미리 지급하기로 약정(이하 '퇴직금 분할 약정'이라 한다)하였다면, 그 약정은 구 근로기준법*(2005. 1. 27. 법률 제7379호로 개정되기 전의 것)*제34조 제3항 전문 소정의 퇴직금 중간정산으로 인정되는 경우가 아닌 한 최종퇴직시 발생하는 퇴직금청구권을 근로자가 사전에 포기하는 것으로서 강행법규인 같은 법 제34조에 위배되어 무효이고, 그 결과 퇴직금 분할 약정에 따라 사용자가 근로자에게 퇴직금 명목의 금원을 지급하였다 하더라도 퇴직금 지급으로서의 효력이 없다*(대법원 2010. 5. 20. 선고 2007다90760 전원합의체 판결).*"

따라서 월급과 함께 퇴직금을 미리 지급받기로 하는 약정은 근로기준법 소정의 퇴직금 중간정산으로 인정되는 경우가 아닌 한 무효라고 보아야 할 것입니다.

■ **퇴직금을 매월 임금에 포함시켜 지급한 경우의 근로자의 부당이득반환의무 성립 여부**

Q. 저는 입사한 때에 사용자와 매월 지급하는 월급과 함께 퇴직금을 미리 받기로 하는 약정을 하고 이를 수령하였습니다. 그런데 이러한 약정이 무효라고 합니다. 그렇다면 제가 미리 지급받은 퇴직금을 사용자에게 반환하여야 하는지 알고 싶습니다.

A. 사용자와 근로자가 매월 지급하는 월급이나 매일 지급하는 일당과 함께 퇴직금으로 일정한 금원을 미리 지급하기로 하는 퇴직금 분할약정을 하였다면, 그 약정은 근로기준법 소정의 퇴직금 중간정산으로 인정되는 경우가 아닌 한 최종 퇴직 시 발생하는 퇴직

금청구권을 근로자가 사전에 포기하는 것으로서 무효입니다*(대법원 2010. 5. 20. 선고 2007다90760 전원합의체 판결)*.

그런데 근로관계의 계속 중에 퇴직금 분할약정에 의하여 월급이나 일당과는 별도로 실질적으로 퇴직금을 미리 지급한 경우 이는 어디까지나 위 약정이 유효함을 전제로 한 것이라고 보아야 합니다. 그런데 그러한 약정에 따른 퇴직금의 지급이 위와 같은 이유로 효력이 없다면, 사용자는 본래 퇴직금 명목에 해당하는 금원을 지급할 의무가 있었다고 볼 수 없습니다. 따라서 위 약정에 의하여 이미 지급한 퇴직금 명목의 금원은 근로기준법 소정의 '근로의 대가로 지급하는 임금'에 해당한다고 할 수 없습니다. 그렇다면 근로자는 수령한 퇴직금 명목의 금원을 부당이득으로 사용자에게 반환하여야 한다고 보는 것이 공평의 견지에서 합당하다는 것이 판례의 입장입니다*(대법원 2010.05.20 선고 2007다90760 전원합의체 판결)*.

■ **사업주 부담의 의료보험료가 임금에 해당하는지요?**

Q. 회사에서 사업주가 근로자에 대해 부담하는 의료보험료가 임금에 해당합니까?

A. 사업주 부담의 의료보험료는 임금이라고 볼 수 없습니다.

판례는 의료보험료 중 구 의료보험법*(1994.1.7. 법률 제4728호로 전문개정되기 전의 것)*제51조의 규정 등에 의한 사용자의 부담부분은 근로자가 근로의 대상으로서 사용자로부터 지급받는 임금에 해당한다고 볼 수는 없다고 판시하고 있습니다*(대법원 1994.7.29. 선고 92다30801 판결)*.

■ **사납금을 공제한 금원의 임금 해당여부**

Q. 운송회사의 운전사들이 운송수입금 중 사납금을 공제한 잔액을 운전사 개인의 수입으로 하여 온 경우, 그 사납금 초과 수입금이

임금에 해당하는지요?

A. 초과 수입금의 경우 사납금을 제외한 금액은 운전사의 개인수입으로 자유로운 처분이 가능하다면 퇴직금 산저의 기초가 되는 평균임금에 해당하게 됩니다.

운송회사가 그 소속 운전사들에게 매월 실제 근로일수에 따른 일정액을 지급하는 이외에 그 근로형태의 특수성과 계산의 편의 등을 고려하여 하루의 운송수입금 중 회사에 납입하는 일정액의 사납금을 공제한 잔액을 그 운전사 개인의 수입으로 하여 자유로운 처분에 맡겨 왔다면 위와 같은 운전사 개인의 수입으로 되는 부분 또한 그 성격으로 보아 근로의 대가인 임금에 해당한다 할 것이므로, 사납금 초과 수입금은 특별한 사정이 없는 한 퇴직금 산정의 기초가 되는 평균임금에 포함된다(대법원 2007. 7. 12. 선고 2005다25113 판결).

■ 복리후생비용이 임금에 해당하는지 여부

Q. 저는 버스회사의 운전기사로 일하다가 최근에 임금을 받지 못하고 퇴직한 사람입니다. 저처럼 임금을 받지 못하고 퇴직한 동료들과 같이 버스회사를 상대로 임금청구소송을 제기하려고 하는데 버스회사가 저희한테 지급해줬던 식비와 대납해주었던 운전자공제회 공제료도 임금에 해당하여 이를 청구할 수 있는지가 궁금합니다.

A. 식비와 운전자공제회 공제료는 근로자의 복지를 위하여 지급되는 복리후생적 급여인 경우 근로의 대가로 지급되는 것이 아니기 때문에 임금에 해당한다고 보기 어렵습니다. 판례도 "버스회사인 사용자가 운전자들에게 지급한 1일 1,500원의 식권 3장은 단체협약에서 정한 복리후생비용의 명목으로 지급된 것으로 실비 변상적 성격을 가져 소정근로의 대가로 볼 수 없다. 또한 회사가 재직운전자 전원을 운전자공제회에 가입시키고 대납한 운전자공제회 공제료는 복리후생을 위하여 은혜적으로 지급하거나 실비변

상적 명목으로 지출한 것이어서 소정근로의 대가로 볼 수 없다." 라고 판시한바 있습니다(대판 2015. 6. 24, 2012다118655). 이러한 판례의 태도에 의할때 식비와 공제료를 청구하기는 어려울 것입니다. 다만, 최근 법원은 "피고가 구내식당이 없는 곳에서 일하는 영업직 근로자들에게 월 11만 원의 중식대를 지급한 사실이 인정된다. 위 인정 사실에 의하면, 중식대는 소정근로의 대가인 고정적인 임금이라고 할 것이고, 구내식당에서 현물로 식사를 제공받지 못하는 근로자들에게 그에 상응하는 중식대가 지급된다는 이유만으로 중식대가 실비변상적 금품이라거나 중식대의 지급의무가 근로자들의 소정근로의 제공 이외에 추가적인 조건의 충족을 요구한다거나 그 충족 여부에 따라 지급액이 달라지는 것이라고 볼수 없다. 따라서 중식대는 근로의 대가로서 실제 근무성적과 관련 없이 정기적, 일률적으로 지급된 것으로 통상임금에 해당한다(서울중앙지방법원 2017. 8. 31. 선고 2011가합105381, 105398, 105404, 105411 판결)"고 판시하기도 한바, 구체적인 사안의 내용에 따라 임금에 해당하는지 여부를 구체적으로 판단하여야 할 것입니다.

■ 스톡옵션의 임금성

Q. 처음 회사에서 저를 스카웃할 때 회사는 저에게 주식매수선택권, 소위 스톡옵션을 부여해줬습니다. 그런데 회사를 퇴직하려는 지금에 와서 회사측은 저의 스톡옵션 행사를 거부하고 있습니다. 스톡옵션 이외에 임금도 일부 주지 않은 것이 있는데 체불임금과 스톡옵션을 함께 임금청구소송으로 청구할 수 있을까요?

A. 임금은 근로의 대가로 지급되는 보수이며 임금성이 인정되기 위해서는 1) 근로자에게 계속적, 정기적으로 지급되어야 하고, 2) 근로제공과 관련하여 사용자에게 지급의무가 있어야 하고, 3) 그 지급의무의 발생이 근로제공과 직접적으로 또는 그것과 밀접하게 관련된 것이어야 합니다(대판 2003. 2. 11, 2002다50828). 그런데 스톡옵

션은 회사가 직원에게 자사의 주식을 액면가 또는 시세보다 훨씬 낮은 가격으로 매입할 수 있는 권리를 부여한 뒤 일정 기간이 지나면 임의로 처분할 수 있는 권한을 부여하는 제도인바, 그 주식을 매각함으로써 얻는 이익은 그 이익을 취득한 시기나 얻게 될 이익이 모두 근로자의 판단에 맡겨져 있습니다. 따라서 스톡옵션은 대법원 판례에서 요구하는 임금의 요건을 충족하지 않으므로 임금에 해당하지 않습니다.

■ 포괄임금제에 의한 임금 속에 주휴수당, 연차수당이 포함될 수 있는지요?

Q. 제가 다니는 A회사는 포괄임금제를 취하고 있는 회사입니다. 그런데 최근 회사로부터 앞으로는 연차유급휴가수당도 사전에 임금에 포괄산정하여 지급하겠다는 통보를 받았습니다. 그런데 이렇게 연차수당을 포괄임금에 산정하여 지급한다면 사실상 근로자의 연차휴가권을 박탈하는 것이 아닌가요?

A. 주휴수당이나 연차휴가수당이 근로기준법에서 정한 기간을 근로하였을 때 비로소 발생하는 것이라 할지라도 당사자 사이에 그러한 소정기간의 근로를 전제로 하여 주휴수당이나 연차휴가수당을 일당임금이나 매월 일정액에 포함해 지급하는 것이 불가능한 것은 아닙니다. 포괄임금제란 각종 수당의 지급방법에 관한 것으로 근로자의 연차유급휴가권의 행사 여부와는 관계가 없으므로 포괄임금제가 근로자의 연차유급휴가권을 박탈한 것이라고는 할 수 없습니다(대판 1998. 3. 24, 96다24699). 따라서 A회사가 연차유급휴가수당을 사전에 임금에 포괄산정하더라도 이를 근로자의 휴가사용을 부인하는 근거로 사용하지 않는 한, 이와 같은 약정을 무효라고 할 수 없습니다.

■ 영업양도와 임금 지급 의무

Q. A는 사용자 甲과 고용계약을 체결하여 근무중인데, 甲과 乙이 합의를 통해 甲이 사용하던 상호명 등을 乙이 그대로 양수하여 같은 장소에서 영업하기로 합의하였는바, 이 때 甲과 A의 고용계약의 효력도 乙에게 승계되는 것이어서 乙이 A에게 임금을 지급할 의무가 있는지요?

A. 고용주의 영업양도 사이에 귀하의 근로계약이 승계되었는지 여부에 따라 주장할 수 있는 내용이 달라질 것으로 보입니다. "영업양도"가 인정되기 위해서는 당사자 사이에 영업양도에 관한 합의가 있거나 영업상의 물적, 인적 조직이 그 동일성을 유지하면서 양도인으로부터 양수인에게 일체로서 포괄적으로 이전되어야 하고(대법원 1991. 8. 9.선고, 91다15225 판결, 1994.11.18.선고 93다18938 판결 등 참조), 그렇지 않고 乙는 단순히 사업장만을 양수한 것이고 甲의 이전 영업과는 별개로 자신이 새로 영업을 시작한 것이라고 한다면 이는 영업양도가 아닌 것이 됩니다. 만약 甲과 약국장2와의 계약이 甲의 영업을 포괄적으로 乙에게 넘기는 영업양도라면, 귀하와 甲과의 사이에 체결된 근로계약도 乙에게 승계됩니다. 만약 甲과 乙의 계약이 영업 전체를 양도한 것일 경우, 귀하와 甲 사이의 근로계약은 甲의 영업의 내용 중 하나로, 영업양도와 함께 귀하의 근로계약은 乙에게 승계되는바, 乙은 임금을 지급할 의무가 있다고 볼 것입니다.

■ 남녀간의 임금 평등 문제

Q. A회사에 근무하고 있는 남자 甲과 여자 乙이 동일 직급에서 동일한 영업을 하고 있음에도 乙의 임금이 甲에 비해 현저히 적은 경우, 이것이 불법행위를 구성하여 A회사에게 손해배상책임이 인정되는지요?

A. 관련하여 남녀고용평등과 일·가정 양립 지원에 관한 법률 제8조 제1항에서는 사업주는 동일한 사업 내의 동일 가치 노동에 대하여는 동일한 임금을 지급하여야 한다고 규정하고 있는바, 이에 관하여 판례는 "'동일가치의 노동'이란 당해 사업장 내의 서로 비교되는 남녀 간의 노동이 동일하거나 실질적으로 거의 같은 성질의 노동 또는 그 직무가 다소 다르더라도 객관적인 직무평가 등에 의하여 본질적으로 동일한 가치가 있다고 인정되는 노동에 해당하는 것을 말한다"고 판시하였습니다*(대법원 2013. 3. 14. 선고 2010 다101011 판결)*. 이 때 임금에 있어 남녀 차이가 있는 것이 불법행위에 해당하는지에 관하여, 위 같은 판례에서는 "사업주가 동일한 사업 내에서 근무하는 남녀근로자가 제공하는 노동이 동일한 가치임에도 합리적인 이유 없이 여성근로자에 대하여 남성근로자보다 적은 임금을 지급할 경우 이는 구 남녀고용평등법 제8조를 위반하는 행위로서 불법행위를 구성하고, 사업주는 임금차별을 받은 여성근로자에게 그러한 차별이 없었더라면 받았을 적정한 임금과 실제 받은 임금의 차액 상당 손해를 배상할 책임이 있다"고 판시한 바 있습니다. 이에 따라 乙은 甲과의 비교 하여 甲에 비해 적은 임금 차액을 손해배상액으로 청구할 수 있을 것으로 보입니다.

■ 선원의 임금을 지급받기 위해 선박우선특권을 실행하는 방법

Q. 저는 甲소유 선박(50톤, 목선, 채낚기 어선)의 선원으로서 어획고에 따른 비율로 임금을 받기로 하고 1년간 성실히 일하였으나, 위 근로기간 동안 발생한 임금을 지급받지 못하였습니다. 저는 부득이 소송을 통하여 체불임금을 변제받고자 하는데 현재 甲의 유일한 재산은 위 선박 하나뿐입니다. 선원의 경우에는 재판을 하지 않고도 경매신청을 할 수 있다고 하는데 사실인지요?

A. 「상법」 제777조에 의하면 선원 기타의 선박사용인의 고용계약으

로 인한 채권을 가진 자는 선박, 그 속구(屬具), 그 채권이 생긴 항해의 운임, 그 선박과 운임에 부수한 채권에 대하여 다른 채권자보다 자기채권의 우선변제를 받을 권리가 있고, 이 경우에는 그 성질에 반하지 아니하는 한 「민법」의 저당권에 관한 규정을 준용한다고 하며, 또한 「상법」 제785조에서 선박채권자의 우선특권은 그 선박소유권의 이전으로 인하여 영향을 받지 아니한다고 규정하고 있습니다.

판례도 "상법 제861조(현행상법 제777조) 소정의 선박우선특권을 가진 선박채권자는 선박을 양수한 사람에게 채무의 변제를 청구할 수 없고 다만 선박우선특권의 추급성에 의하여 선박이 우선특권의 목적물이 될 뿐이다."라고 하였으며(대법원 1974. 12. 10. 선고 74다176 판결), 또한 "선박우선특권 있는 채권자는 선박소유자의 변동에 관계없이 그 선박에 대하여 채무명의 없이도 경매청구권을 행사할 수 있으므로 채권자는 채권을 보전하기 위하여 그 선박에 대한 가압류를 하여둘 필요가 없다."라고 하였습니다(대법원 1976. 6. 24.자 76마195 결정, 1982. 7. 13. 선고 80다2318 판결, 1988. 11. 22. 선고 87다카1671 판결).

또한 선박우선특권을 가진 자가 채무명의 없이 운임채권을 압류할 수 있는지에 관하여도 "민사소송법 제733조 제1항(현행 민사집행법 제273조 제1항)은 채권 기타 재산권을 목적으로 하는 담보권의 실행에 있어서는 채무명의가 없더라도 그 담보권의 존재를 증명하는 서류만 제출하면 집행을 허용하도록 규정하고 있고, 운임채권을 그 대상으로 하는 선박우선특권도 위 조항 소정의 담보권에 해당한다고 해석함이 상당하므로 이와 같은 경우에는 선박우선특권을 가진 자는 위 조항에 근거하여 채무명의 없이도 운임채권을 압류할 수 있다."라고 하였습니다(대법원 1994. 6. 28.자 93마1474 결정).

따라서 귀하는 선박의 선원으로 근무하고 임금을 받지 못하였으므로 귀하의 위 임금채권은 「상법」제777조 제1항 제2호의 '선원 기타의 선박사용인의 고용계약으로 인한 채권'에 해당되므로 선박우선특권 있는 채권이라고 보아야 할 것이고, 위 선박은 등기된 선박으로 보이므로*(선박등기법 제2조)*, 관할법원에 경매신청을 하여 위 선박의 매각대금에서 귀하의 임금을 우선변제받을 수 있을 것입니다. 다만, 선박채권자의 우선특권은 그 채권이 생긴 날로부터 1년 내에 실행하지 아니하면 소멸합니다 *(상법 제786조)*

참고로 선박우선특권의 목적이 되는 선박의 의미에 관하여 하급심 판례는 "선박우선특권의 목적이 되는 선박이라 함은 상법 제740조에 정해진 상행위 기타 영리를 목적으로 항해에 사용하는 선박을 일컫는 것이고, 원양어선은 상행위선은 아닐지라도 상행위 이외의 기타 영리선에 포함되므로 선박우선특권의 목적이 되는 선박에 해당된다."라고 하였습니다*(부산지방법원 1984. 5. 25. 선고 83가합3923 판결)*.

■ **사용자의 직장폐쇄가 정당성을 상실하는 경우, 사용자가 그 기간 동안의 임금에 대해 지불의무를 면하는지요?**

Q. 甲 주식회사가 노동조합의 쟁의행위가 불법파업에 해당한다는 이유로 조합원 전원에 대하여 직장폐쇄를 실시하자, 노동조합이 직장폐쇄가 이루어진 다음 날부터 甲 회사에 여러 차례 근로복귀 의사를 표명하는 서면을 보내고, 乙 등을 포함한 조합원 일부의 근로제공 확약서를 발송하였으며, 그 후 지방노동위원회에 쟁의행위 철회신고를 제출하여 지방고용노동청이 甲 회사에 '직장폐쇄의 지속 여부에 대한 재검토 및 성실한 교섭을 촉구'하는 서면을 발송하였고, 甲 회사가 같은 날 위 서면을 확인하였는데, 그로부터 22일 후 직장폐쇄가 종료되자, 乙 등이 甲 회사를 상대로 직장폐쇄기간 동안 미지급 임금의 지급을 구하였다면, 乙 등의 이러한

청구가 인정될 수 있는지요?

A. 이에 대하여 대법원 판례(대법원 2017. 4. 7. 선고 2013다101425 판결)는 "근로자의 쟁의행위 등 구체적인 사정에 비추어 직장폐쇄의 개시 자체는 정당하더라도 어느 시점 이후에 근로자가 쟁의행위를 중단하고 진정으로 업무에 복귀할 의사를 표시하였음에도 사용자가 직장폐쇄를 계속 유지함으로써 근로자의 쟁의행위에 대한 방어적인 목적에서 벗어나 공격적 직장폐쇄로 성격이 변질되었다고 볼 수 있는 경우에는 그 이후의 직장폐쇄는 정당성을 상실하게 되므로, 사용자는 그 기간 동안의 임금에 대해서는 지불의무를 면할 수 없다. 그리고 노동조합이 쟁의행위를 하기 위해서는 투표를 거쳐 조합원 과반수의 찬성을 얻어야 하고(노동조합 및 노동관계조정법 제41조 제1항) 사용자의 직장폐쇄는 노동조합의 쟁의행위에 대한 방어수단으로 인정되는 것이므로, 근로자가 업무에 복귀하겠다는 의사 역시 일부 근로자들이 개별적·부분적으로 밝히는 것만으로는 부족하다. 복귀 의사는 반드시 조합원들의 찬반투표를 거쳐 결정되어야 하는 것은 아니지만 사용자가 경영의 예측가능성과 안정을 이룰 수 있는 정도로 집단적·객관적으로 표시되어야 한다." "갑 주식회사가 노동조합의 쟁의행위가 불법파업에 해당한다는 이유로 조합원 전원에 대하여 직장폐쇄를 실시하자, 노동조합이 직장폐쇄가 이루어진 다음 날부터 갑 회사에 여러 차례 근로복귀 의사를 표명하는 서면을 보내고, 을 등을 포함한 조합원 일부의 근로제공 확약서를 발송하였으며, 그 후 지방노동위원회에 쟁의행위 철회신고를 제출하여 지방고용노동청이 갑 회사에 '직장폐쇄의 지속 여부에 대한 재검토 및 성실한 교섭을 촉구'하는 서면을 발송하였고, 갑 회사가 같은 날 위 서면을 확인하였는데, 그로부터 22일 후 직장폐쇄가 종료되자, 을 등이 갑 회사를 상대로 직장폐쇄 기간 동안 미지급 임금의 지급을 구한 사안에서, 갑 회사가 지방고용노동청으로부터 '직장폐쇄의 지속 여부에 대한

재검토 및 성실한 교섭을 촉구'하는 서면을 받은 시점에는 노동 조합이 쟁의행위 철회신고서를 제출한 사실 및 을 등을 포함한 조합원들의 근로복귀 의사의 진정성을 확인하였다고 보이므로, 갑 회사가 그로부터 22일간 직장폐쇄를 계속 유지한 것은 쟁의 행위에 대한 방어수단으로서 상당성이 있다고 할 수 없어 위법한 직장폐쇄에 해당한다는 이유로 그 기간 동안 갑 회사의 을 등에 대한 임금지불의무를 인정한 원심판단을 수긍"한다고 판시한 바 있으므로, 乙 등의 미지급 임금 청구는 인정될 수 있다 할 것입 니다.

■ 포괄임금제에 관한 약정이 성립하였는지 판단하는 기준 및 묵시적 합 의에 의한 포괄임금약정이 성립하였다고 인정하기 위한 요건

Q. 근로계약서에 근로시간과 일당만이 기재되어 있고 수당 등을 포 함한다는 취지의 기재는 전혀 없으며, '본 계약서에 명시되지 않 은 사항은 근로기준법 등 관계법규에 따른다.'고 기재되어 있고, 근로형태와 업무의 성질상 그 근로관계가 근로시간이 불규칙하거 나 감시·단속적이거나 또는 교대제·격일제 등의 형태여서 실제 근 로시간의 산출이 어렵거나 당연히 연장·야간·휴일근로가 예상되는 경우에 해당하지 않는다면, 포괄임금제 계약이 체결된 것으로 볼 수 없는지요?

A. 이에 대하여 대법원 판례(대법원 2016. 10. 13. 선고 2016도1060 판결)는 "기본임금을 미리 산정하지 아니한 채 제 수당을 합한 금액을 월 급여액이나 일당임금으로 정하거나 매월 일정액을 제 수당으로 지급하는 내용의 포괄임금제에 관한 약정이 성립하였는지는 근로 시간, 근로형태와 업무의 성질, 임금 산정의 단위, 단체협약과 취 업규칙의 내용, 동종 사업장의 실태 등 여러 사정을 전체적·종합 적으로 고려하여 구체적으로 판단하여야 한다. 이때 단체협약이 나 취업규칙 및 근로계약서에 포괄임금이라는 취지를 명시하지

않았음에도 묵시적 합의에 의한 포괄임금약정이 성립하였다고 인정하기 위해서는, 근로형태의 특수성으로 인하여 실제 근로시간을 정확하게 산정하는 것이 곤란하거나 일정한 연장·야간·휴일근로가 예상되는 경우 등 실질적인 필요성이 인정될 뿐 아니라, 근로시간, 정하여진 임금의 형태나 수준 등 제반 사정에 비추어 사용자와 근로자 사이에 정액의 월급여액이나 일당임금 외에 추가로 어떠한 수당도 지급하지 않기로 하거나 특정한 수당을 지급하지 않기로 하는 합의가 있었다고 객관적으로 인정되는 경우이어야 한다."라고 판시하면서, 질의하신 사안과 같은 경우 포괄임금제 계약이 체결되었다고 보기 어렵다고 한 바 있습니다.

■ 수습기간 중 임금

Q. 저는 회사에 입사한지 얼마 안됐습니다. 다른게 아니라 혹시 수습기간중에 받지 못한 급여의 10%를 다음달 월급이나 다른 월급날에 지불해 주는건가요 아니면 그냥 10%는 받지 못하는 돈인가요? 그리고 근로계약서를 작성하지 않고 수습기간을 적용하는건 가능한 것인가요?

A. 법적으로 1년 이상 근로계약 시 3개월의 수습기간을 둘 수 있는데요. 수습기간 동안에는 임금의 90%까지 지급할 수 있습니다. 1년 이상 계약된 게 아니라면 이는 적용되지 않으며 최저시급 9,860원 이상을 받아야 합니다.

■ 인건비가 포함된 손익계산서 상의 공사수익을 기준으로 임금총액을 산정하여 산업재해보험료를 부과한 처분의 정당성

Q. 근로복지공단이 판매비와 관리비에 해당하는 '인건비'가 포함된 甲 주식회사의 손익계산서상 공사수익을 기준으로 한 총공사금액에 노동부장관이 고시한 노무비율을 곱하여 임금총액을 산정하여 이에 대해 산업재해보험료를 부과하였습니다. 직원의 인건비에 대

해 산업재해보험료를 다시 부과하는 경우 산업재해보험료가 중복적으로 부과된 것 아닌가요?

A. 근로복지공단이 판매비와 관리비에 해당하는 '인건비'가 포함된 甲 주식회사의 손익계산서상 공사수익을 기준으로 한 총공사금액에 노동부장관이 고시한 노무비율을 곱하여 임금총액을 산정하여 이에 대해 산업재해보험료를 부과하였습니다. 직원의 인건비에 대해 산업재해보험료를 다시 부과하는 경우 산업재해보험료가 중복적으로 부과된 것 아닌가요?

위와 같은 사례에서 대법원 판례는 "회계원리상 손익계산서는 이익산출과정을 나타내기 위하여 수익과 그것을 창출하기 위하여 소요된 비용을 서로 대응하는 관계로 표시한 것에 불과하므로, '판매비와 관리비'에 해당하는 (본사 인건비)'급여'가 공사수익과 분양수익 등으로 구성되는 '매출액'에 당연히 포함되어 있다고 단정할 수는 없고, 따라서 매출액에 노무비율을 곱하여 임금총액을 산정한 다음 이에 대하여 부과한 산재보험료와 본사 직원의 인건비에 대하여 별도로 부과한 산재보험료가 중복되었다고 할 수 없다."고 판시하였습니다*(대법원 2011. 6. 24. 선고 2008두20222판결 참조).*

따라서 위 판례에 따르면 사례에서 산업재해보험료는 중복적으로 부과된 것이 아니므로 정당하다고 할 것입니다.

■ 단체교섭과 임금

Q. 저희들은 甲회사에 고용된 근로자로서 전국금속노동조합 乙지회 조합원입니다. 甲회사가 경비절감을 위해 경비업무를 외주를 맡기기로 하여, 이에 반대하는 파업을 하였습니다. 그러자 甲회사는 乙지회 조합원이 공장에 출입하지 못하도록 막았습니다. 시간이 지나 乙지회는 파업을 그만두고 업무복귀를 전제로 甲회사에 단체교섭을 지속적으로 요청하였으나, 甲회사는 끝까지 乙지회 조합원

들이 공장에 출입하지 못하도록 하였습니다. 이런 경우에 乙지회 조합원들은 甲회사에 임금을 청구할 수 있나요?

A. 甲회사가 乙지회 조합원들이 공장에 출입하지 못하도록 한 행위는 '노동조합 및 노동관계조정법' 제46조에서 규정하는 직장폐쇄에 해당합니다. 직장폐쇄는 노동조합법상 인정되는 사용자의 쟁의행위로, 노동조합의 쟁의행위에 대한 방어수단으로서 상당성이 있어야만 그 정당성이 인정된다는 것이 대법원의 입장입니다. 그리고 정당한 직장폐쇄기간 동안에는 사용자가 근로자에 대한 임금지불의무를 면한다고도 합니다.

반면에 직장폐쇄가 방어적 목적을 벗어나서 정당한 쟁의행위로 평가받지 못하는 경우에는 사용자는 직장폐쇄기간 동안의 근로자들에 대한 임금지불의무를 면할 수 없다고 하고 있으며, 특히 대법원 2015. 5. 24. 선고 2012다85335 판결에 따르면 "근로자의 쟁의행위 등 구체적인 사정에 비추어 직장폐쇄의 개시 자체는 정당하지만, 어느 시점 이후에 근로자가 쟁의행위를 중단하고 진정으로 업무에 복귀할 의사를 표시하였음에도 사용자가 직장폐쇄를 계속 유지하면서 (중략) 공격적 직장폐쇄의 성격으로 변질된 경우에는 그 이후의 직장폐쇄는 정당성을 상실하고, 이에 따라 사용자는 그 기간 동안의 임금지불의무를 면할 수 없다."고 하고 있습니다.

그렇다면, 甲회사는 처음 직장폐쇄 개시 시점부터 乙지회의 파업종료시점까지 이루어진 甲 회사의 직장폐쇄행위는 정당한 쟁의행위로서 甲회사는 임금지불의무를 면하지만, 乙지회가 파업을 종료하고 단체교섭을 지속적으로 요청한 시점부터 계속된 직장폐쇄행위는 정당성을 상실하였다고 할 것이므로 甲회사는 임금지불의무를 부담하게 됩니다. 따라서 乙지회 조합원들은 甲회사를 상대로 단체교섭을 지속적으로 요청한 시점 이후부터는 임금을 청구할 수 있다고 할 것입니다.

■ 사용자의 직장폐쇄가 정당한 쟁의행위로 인정되는 경우, 사용자가 직장폐쇄 기간 동안 대상 근로자에 대한 임금지불의무를 면하는지요?

Q. 甲은 회사를 운영하는 사용자로서 직장폐쇄를 정당하게 행하였습니다. 이 기간동안 회사 근로자들에게 임금을 지급해야 하나요?

A. 노동조합 및 노동관계조정법 제46조 에서 규정하는 사용자의 직장폐쇄가 사용자와 근로자의 교섭태도와 교섭과정, 근로자의 쟁의행위의 목적과 방법 및 그로 인하여 사용자가 받는 타격의 정도 등 구체적인 사정에 비추어 근로자의 쟁의행위에 대한 방어수단으로서 상당성이 있으면 사용자의 정당한 쟁의행위로 인정될 수 있고, 그 경우 사용자는 직장폐쇄기간 동안 대상 근로자에 대한 임금지불의무를 면한다는 것이 대법원의 견해입니다.(대법원 2017. 4. 7. 선고 2013다101425 판결) 따라서 甲의 경우, 직장폐쇄가 정당하게 평가받는다면, 근로자들에게 해당 기간 동안 임금을 지급해야 할 의무는 없습니다.

■ 태업과 임금삭감

Q. 甲노동조합은 사용자의 부당노동행위를 이유로 태업을 하였습니다. 그런데 사용자는 이를 이유로 근로자들에게 임금을 전혀 지급하지 않고 있습니다. 근로자들은 태업을 행한 일자에 해당하는 만큼 임금을 지급받을 수 있나요?

A. 무노동무임금 원칙은 근로계약의 본질로부터 당연히 도출되는 것으로서, 쟁의행위 기간 중에는 해당 부분의 임금청구권이 발생하지 않는 것이 원칙입니다. 근로를 불완전하게 제공하는 형태의 쟁의행위인 태업(怠業)도 근로제공이 일부 정지되는 것이라고 할 수 있으므로, 여기에도 이러한 무노동 무임금 원칙이 적용된다고 봄이 타당합니다(대법원 2013. 11. 28. 선고 2011다39946 판결).

그런데 이때 임금삭감의 범위는 근로계약 등에 의하여 평상시행할 노무 중 거부 업무의 비중 등 '노무를 제공하지 않은 비율'에 따라 결정됩니다. 그리고 노무를 제공하지 않은 비율에 대해서는 근무내용, 작업형태 등을 종합적으로 고려하여 개별적 구체적으로 산정하여야 합니다. 결국 근로의 일부를 제공하였다면 근로를 제공한 비율만큼의 임금은 지급받을 수 있습니다.

■ 직장폐쇄와 임금지급의무

Q. 근로자 甲이 소속된 노동조합은 임금협상이 결렬되자 준법투쟁에 돌입하였습니다. 이에 사용자는 3일이 경과한 후 직장폐쇄를 단행하였습니다. 甲은 직장폐쇄기간 동안에 임금을 지급받을 수 있나요?

A. 직장폐쇄는 사용자가 근로자측의 쟁위행위에 대항하여 근로자의 노무수령을 거부하는 행위로 노사관계에서 실질적인 대등을 확보하기 위해 사용자에게 인정되는 행위입니다. 직장폐쇄는 쟁위행위로 노사간에 힘의 균형이 깨지고 오히려 사용자측이 현저히 불리한 압력을 받는 경우에 사용자측이 그 압력을 저지하고 힘의 균형을 회복하기 위한 대항·방어 수단으로 사용할 때 정당성이 인정되며*(대법원 2000. 5. 26. 선고 98다34331 판결)*, 시기적으로 노동자의 쟁위행위가 개시된 이후에만 가능합니다*(노동조합 및 노동관계조정법 제46조)*. 또한 노사간의 교섭태도, 경과, 근로자측 쟁의행위의 태양, 그로 인하여 사용자측이 받는 타격의 정도 등에 관한 구체적 사정에 비추어 형평의 견지에서 근로자측의 쟁의행위에 대한 대항·방위 수단으로서 상당성이 인정되는 경우에 한하여 정당한 쟁의행위로 평가받을 수 있습니다*(대법원 2007. 3. 29. 선고 2006도9307 판결)*.

직장폐쇄가 정당한 경우 그 대상 근로자에 대하여는 임금지급의무가 없으나, 정당하지 않은 때에는 임금지급의무를 면할 수 없습니다. 사안과 유사한 사례에서 대법원은 "준법투쟁 3일만에 전격적으로 단행한 직장폐쇄는, 근로자측의 쟁의행위에 의해 노사간에 힘의 균형이 깨지고 오히려 사용자측에게 현저히 불리한 압력이 가해지는 상황에서 회사를 보호하기 위하여 수동적, 방어적인 수단으로서 부득이하게 개시된 것이라고 보기 어려우므로, 결국 피고의 직장폐쇄는 정당성을 결여하였다 할 것이고, 따라서 피고로서는 원고들에 대한 직장폐쇄 기간 동안의 임금지급 의무를 면할 수 없다"고 판단하였습니다*(대법원 2000. 5. 26. 선고 98다34331 판결).*

PART 2. 최저임금에 대한 상담

■ 최저임금제도란 무엇이며, 최저임금액은 어떻게 결정되는지요?

Q. 최저임금제도란 무엇이며, 최저임금액은 어떻게 결정되는지요?

A. 최저임금제도란 국가가 임금액의 최저한도를 정하여 사용자에게 이를 준수하도록 강제하는 제도를 말합니다. 그러므로 최저임금액이 결정·고시되면 사용자는 근로자와 합의하여 최저임금액보다 낮은 임금을 지급하기로 약정하더라도 그것은 당연히 무효가 되며, 고용노동부장관이 고시한 최저임금액 이상을 지급하여야 합니다(*최저임금법 제6조*).

최저임금제도의 적용대상은 근로자를 사용하는 모든 사업 또는 사업장에 적용되며, 상용근로자 뿐만 아니라 임시근로자나 일용근로자, 시간제근로자 등 모든 근로자에게 적용됩니다. 다만, 동거의 친족만을 사용하는 사업과 가사사용인에 대하여는 적용하지 아니하고, 선원법의 적용을 받는 선원 및 선원을 사용하는 선박의 소유자에 대하여는 이를 적용하지 아니합니다(*같은 법 제3조*).

그리고 수습사용 중에 있는 자로서 수습사용한 날부터 3월 이내인 근로자는 시간급 최저임금액의 90%를 지급할 수 있고, 사용자가 고용노동부장관의 인가를 받은 감시 또는 단속적으로 근로에 종사하는 자(*수위, 경비원, 자가용운전기사 등*)는 시간급 최저임금액의 80%를 지급할 수 있습니다(*같은 법 제5조 제2항, 같은 법 시행령 제3조*).

그러나 같은 법 시행령 제6조는 사용자는 고용노동부장관의 인가를 받아 '근로자의 정신 또는 신체의 장애가 당해 근로자를 종사시키고자 하는 업무의 수행에 직접적으로 현저한 지장을 주는 것이 명백하다고 인정되는 자'에 대하여는 최저임금의 적용을 제외할 수 있도록 규정하고 있습니다.

고용노동부장관은 매년 3월 31일까지 근로자위원, 사용자위원,

공익위원 등으로 구성된 최저임금심의위원회에 최저임금에 관한 심의를 요청하여야 하고, 동 위원회에서는 근로자의 생계비, 유사근로자의 임금, 노동생산성 및 소득분배율 등을 고려하여 최저임금안을 심의하며, 심의위원회로부터 최저임금안을 제출받은 때에는 지체없이 사업의 종류별 최저임금안 및 적용사업의 범위를 고시하여야 하며, 매년 8월 5일까지 최저임금을 결정하여야 합니다*(같은 법 제4조, 제5조, 제8조, 제9조, 같은 법 시행령 제7조)*.

참고로 고용노동부에서 고시한 2024년 1월 1일부터 2024년 12월 31일 까지 적용되는 최저임금액을 보면 시간급은 9,860원으로 정하고 있습니다.

■ 수습근로자에게도 최저임금이 적용되는지요?

Q. 저는 甲회사에서 2년의 근로계약을 하고, 우선 6개월간 수습기간을 거치게 되었습니다. 회사에서는 저는 수습직원이므로, 그 기간 동안 최저임금의 적용을 받지 않는다고 합니다. 이것이 맞나요?

A. 수습사용 중에 있는 자로서 수습사용한 날부터 3개월 이내인 자 (1년 미만의 기간을 정하여 근로계약을 체결한 근로자는 제외)에 대하여는 시간급 최저임금액에서 100분의 10을 뺀 금액을 그 근로자의 시간급 최저임금액으로 합니다*(최저임금법 제5조 제2항, 동 시행령 제3조)*. 다만, 수습기간이라고 하더라도, 이러한 최저임금의 감액적용 기간은 최대 3개월을 초과할 수 없습니다. 따라서 사안의 경우에는 3개월 동안은 최저임금이 감액되어 적용이 되며, 나머지 3개월 동안은 본래의 최저임금의 적용을 받습니다.

■ 최저임금의 산정

Q. 레스토랑에서 아르바이트를 하고 있는데, 최저임금보다 적게 받고 있는지는 어떻게 확인할 수 있나요

A. 레스토랑에서 받는 급여가 일급인 경우 그 금액을 1일의 소정

근로 시간 수로 나눈 금액, 주급인 경우 그 금액을 1주의 소정 근로 시간 수로 나눈 금액, 월급인 경우 그 금액을 1개월의 소정 근로 시간 수로 나눈 금액을 고용노동부장관이 고시한 최저임금과 비교하면 됩니다.

◇ 최저임금의 적용을 위한 임금의 환산

근로자에 대한 임금을 다음의 구분에 따라 시간에 대한 임금으로 환산합니다.

① 일(日) 단위로 정해진 임금: 그 금액을 1일의 소정 근로 시간 수(일에 따라 소정 근로 시간 수가 다른 경우에는 1주간의 1일 평균 소정 근로 시간 수)로 나눈 금액

② 주(週) 단위로 정해진 임금: 그 금액을 1주의 소정 근로 시간 수(주에 따라 소정 근로 시간 수가 다른 경우에는 4주간의 1주 평균 소정 근로 시간 수)로 나눈 금액

③ 월(月) 단위로 정해진 임금: 그 금액을 1개월의 소정 근로 시간 수(월에 따라 소정 근로 시간 수가 다른 경우에는 1년간의 1개월 평균 소정 근로 시간 수)로 나눈 금액

④ 시간·일·주 또는 월 외의 일정 기간을 단위로 정해진 임금: ①, ② 및 ③에 준하여 산정한 금액

◇ 최저임금의 적용

최저임금의 적용 방법은 최저임금의 적용을 위한 임금에 산입하는 임금의 총액을 최저임금액과 같은 기준으로 환산하여 비교합니다.

○ 월 평균 소정 근로 시간은

① 1년간의 매월 소정 근로 시간수를 모두 합하여 12로 나누거나

② [(주당 소정 근로 시간수 + 유급 주휴시간) × 52주 + 1일 소정 근로 시간]을 12로 나누어 계산합니다.

※ 예를 들어, 소정 근로 시간이 주당 40시간이고, 월 1백88만1천원을 받는 근로자의 임금을 시간단위로 환산하여 계산하면, 해당 근로자의 1개월 평균 소정 근로 시간은 209시간[{(40시간 + 유급주휴시간 8시간) × 52주 + 8시간} ÷ 12]이고, 시간당 임금은 9,000원(1,881,000원 ÷ 209시간)이므로, 해당 근로자는 2024년 기준 최저임금인 9,860원 미만을 받고 있는 것입니다.

■ 최저임금에 미달한 임금을 받은 근로자의 퇴직금 산정 기준

Q. 저는 택시운전사로 근무하다가 최근에 퇴직했습니다. 그런데 제가 최저임금보다 적은 임금을 받아왔음을 알게 되었습니다. 이때 퇴직금은 어떤 기준으로 산정하여야 하는지 궁금합니다.

A. 이에 대하여 우리 대법원은 근로자가 최저임금법에서 정한 최저임금에 미달하는 임금을 받아왔던 경우에는 퇴직일 이전 3개월 동안 위 근로자에게 실제로 지급된 임금뿐만 아니라 위 조항에 따라 당연히 지급되어야 할 임금 중 지급되지 아니한 금액이 포함된 평균임금을 기초로 산정한 퇴직금을 지급할 의무가 있다는 취지로 판시하였습니다(대법원 2014. 10. 27. 선고 2012다70388 판결).

따라서 퇴직일 이전 3개월 동안 지급된 실제임금이 아닌 최저임금법에 따른 최저임금을 기초로 산정된 평균임금을 기초로 산정한 퇴직금을 지급받을 수 있다고 보아야 할 것입니다.

■ 최저임금을 위반한 근로계약의 효력

Q. 근로자 甲은 사용자 乙과 근로계약을 체결하였는데 계약상 甲이 받기로 한 임금이 공연하게 알려진 최저임금보다 적습니다. 이 경우 근로계약이 유효한가요? 甲이 대처할 수 있는 방법은 무엇인가요?

A. 최저임금법 제6조 제3항에 따라 최저임금의 적용을 받는 근로자와 사용자 사이의 근로계약 중 최저임금액에 미치지 못하는 금액을 임금으로 정한 부분은 무효로 하며, 이 경우 무효로 된 부분은 「최저임금법」으로 정한 최저임금액과 동일한 임금을 지급하기로 한 것으로 됩니다. 따라서 甲은 실제로 받은 임금이 최저임금액보다 적다면 실제로 받은 임금과 최저임금액의 차액만큼의 금액을 乙에게 청구할 수 있습니다. 또한 지방노동관서에 최저임금을 위반한 사업주를 신고할 수 있습니다.

■ 최저임금 상승으로 인한 차액 청구

Q. 비정규직 근로자입니다. 계약 기간 2년, 월135만원으로 근로계약을 맺었는데 올해 최저임금이 상승되면서 135만원이 최저월급에 약간 못미치는 것을 알았습니다. 이런 경우에 사업주와 근로자가 맺은 계약이 우선되는지, 아니면 근로기준법이 우선되는지 궁금합니다.

A. 근로기준법의 기준보다 계약서의 근로조건이 근로자에게 유리하다면 후자를 기준으로 효력이 발휘되며, 반대인 경우에는 근로기준법 등 노동관계 법령에 따른 기준에는 부합하는 임금을 지급받을 수 있습니다. 최저임금에 못 미친다면 최저임금법이 적용되어 차액분을 요구할 수 있습니다.

PART 3. 평균임금·통상임금에 대한 상담

■ 평균임금 산정의 기초가 되는 임금의 범위

Q. 어떤 금품이 근로의 대상으로 지급된 것인지를 판단할 것인지 여부

A. 평균임금 산정의 기초가 되는 임금총액에는 사용자가 근로의 대상으로 근로자에게 지급하는 일체의 금품으로서, 근로자에게 계속적·정기적으로 지급되고 그에 관하여 단체협약, 취업규칙 등에 의하여 사용자에게 지급의무가 지워져 있으면 명칭 여하를 불문하고 모두 포함됩니다. 한편 어떤 금품이 근로의 대상으로 지급된 것인지를 판단할 때에는 금품지급의무의 발생이 근로제공과 직접적으로 관련되거나 그것과 밀접하게 관련된 것으로 볼 수 있어야 하고, 이러한 관련 없이 지급의무의 발생이 개별 근로자의 특수하고 우연한 사정에 의하여 좌우되는 경우에는 금품의 지급이 단체협약·취업규칙·근로계약 등이나 사용자의 방침 등에 의하여 이루어진 것이라 하더라도 그러한 금품은 근로의 대상으로 지급된 것으로 볼 수 없다는 것이 우리 대법원의 입장입니다(대법원 2011. 7. 14. 선고 2011다23149 판결).

■ 통상임금

Q. 외국계 기업에 6년째 근무 중이며, 현재 육아휴직 중입니다. 2016년 1월 매 년 지급받던 VP(variable payment)를 받지 못하였습니다. VP는 국내기업의 상여금과 비슷한 명목으로 그 해 연봉의 대략 10%의 해당되는 금액이며 매 년 1월에 지급되었습니다. 입사 이래로 매 년 지급되었고 삭감된 적이 없었습니다. 연봉 계산시 기본급과 VP는 합하여 연봉인상률이 계산되었습니다. 퇴직한 동료에게 물어보니 VP는 퇴직금 정산에도 포함되었다고 합니다.

2015년 말 팀장과의 갈등이 있었고 그를 이유로 2016년 VP를 받지 못하였는데, VP가 통상임금에 해당이 되는지 알고 싶습니다. 통상임금이라면 회사의 자의대로 지급하지 않은 것이 불법인 것은 아닌지 만약 불법이라면 임금체불로 신고가 가능한지 알고 싶습니다. 임금체불로 신고하려면 어떤 증거로 제출하는 것이 유리할지 안내 부탁드립니다.

참고로 근로계약서 상에는 VP에 대한 언급이 없고, 취업규칙상에는 경영성과급에 대한 언급만 있습니다.

A. 통상임금이란 당사자 사이에 소정근로의 대가로서 정기적, 일률적, 고정적으로 지급받는 금원을 말합니다. 따라서 업적 성과 등 추가적인 조건이 충족되어야 지급되는 상여금은 원칙적으로는 임금에 해당하지 않으나, 상여금이라도 정기적으로 지급되는 금원이라면 임금에 해당할 수 있습니다.

귀하의 경우, VP가 매년 정기적인 시기에 지급받는 것이고, 업적 등 다른 성과를 요구하지 않는 것으로 보여, 통상임금에 해당한다고 생각됩니다. 또한 연봉인상률이나 퇴직금 정산에도 함께 산정된다면 통상임금에 해당할 수 있어 보입니다.

만약 통상임금에 해당한다면, 회사가 자의대로 지급하지 않는 것은 불법이므로, 임금체불사건에 해당하는 것으로 보입니다.

■ 각종 수당을 포함한 기본연봉을 매월 분할지급할 때의 통상임금

Q. 저는 甲회사에서 임금에 대하여 월급제에서 연봉제로 변경하였습니다. 이 연봉에는 현재의 직급 및 호봉에 해당하는 기본급, 상여금, 가계지원비 등의 수당이 연간으로 산정되어 포함되어 있으며, 이 금액을 매월 나눠서 받습니다. 이 때 저의 이 연봉을 통상임금으로 볼 수 있나요?

A. '어떤 금품이 통상임금에 포함되는지에 대하여는 그 명칭만으로

판단하여서는 아니되며, 통상임금의 의의, 근로계약·취업규칙·단체협약 등의 내용, 직종·근무형태, 지급관행 등을 종합적으로 고려하여 판단하여야 할 것입니다. 사안의 경우, 임금체계를 연봉제로 변경하면서 현 직급 및 호봉에 해당하는 기본급, 상여금, 가계지원비, 효도휴가비, 장기근속수당, 시간외근로수당 등 연간 산정된 총액의 합으로 되어 있으며 매월 급여지급일에 위 기본연봉급의 12분의 1을 지급하는 것으로 보입니다. 위와 같이 연봉제로 임금체계를 변경하여 기본급에 각종수당을 포함하여 기본연봉으로 통합하고 기본연봉의 12분의 1을 매월 분할하여 지급할 경우에는 매월 지급되는 기본연봉을 통상임금으로 보아야 할 것입니다. 다만, 기본연봉 안에 연장근로시간에 대한 임금까지 포함되어 있는 경우에는 이를 통상임금의 범주에서 제외하여야 할 것입니다.

■ 실적이 좋은 해에 나오는 김장보너스는 통상임금인가요?

Q. 저는 甲회사에서 일하고 있습니다. 요즘 통상임금에 관하여 이런 저런 이야기가 많은데요, 저희 회사에서는 실적이 좋은 해에는 김장보너스를 임직원들에게 주곤 하였습니다. 이러한 김장보너스는 통상임금에 해당하나요?

A. 근로기준법이 연장·야간·휴일 근로에 대한 가산임금, 해고예고수당, 연차휴가수당 등의 산정 기준 및 평균임금의 최저한으로 규정하고 있는 통상임금은 근로자가 소정근로시간에 통상적으로 제공하는 근로인 소정근로(도급근로자의 경우에는 총 근로)의 대가로 지급하기로 약정한 금품으로서 정기적·일률적·고정적으로 지급되는 임금을 말합니다. 1개월을 초과하는 기간마다 지급되는 임금도 그것이 정기적·일률적·고정적으로 지급되는 것이면 통상임금에 포함될 수 있습니다(대법원 2013.12.18. 선고 2012다94643 전원합의체 판결). 따라서 그 동안 甲회사의 직원들이 김장보너스를 정기적·일률적·

고정적으로 받아왔다면 그 김장보너스는 통상임금에 해당하지만, 그렇지 않은 경우에는 통상임금에 해당하지 않습니다. 사안의 경우에는 김장보너스가 정기적·일률적·고정적으로 지급되었던 것이 아닌 것으로 보이므로, 甲회사의 김장보너스는 통상임금이 아닙니다.

■ 평균임금에 특별상여금이 포함될 수 있는지요?

Q. 저희 회사에서는 매년 특별상여금을 지급하고 있습니다. 이는 특히 공로가 있다고 인정하는 직원에 대하여 대표이사가 특별상여금을 지급할 수 있다고 규정하고 있는 취업규칙에 의한 것인데, 그 금액은 대표이사에 의하여 임의적으로 결정되고 있습니다. 이를 평균임금에 포함시켜 퇴직금을 계산할 수 있을까요?

A. 귀하가 근무하고 있는 회사에서의 특별상여금은 계속적·정기적으로 지급되지 않고 있고, 지급기준과 시기 등에 관하여 단체협약이나 취업규칙 또는 관례상으로도 확정된 금품이 아니므로 평균임금에 포함되지 않는다고 볼 수 있습니다.

평균임금에 포함되기 위해서는 먼저 회사에서 지급한 금품이 근로기준법상의 임금에 해당해야 합니다. 현행법의 규정에 의한 임금이란 사용자가 근로의 대상으로 근로자에게 임금, 봉급 기타 어떠한 명칭으로든지 지급하는 일체의 금품이라고 규정하고 있습니다(근로기준법 제2조).

또한 대법원은 임금에 대하여 "평균임금 산정의 기초가 되는 임금 총액에는 사용자가 근로의 대상(對償)으로 근로자에게 지급하는 금품으로서, 근로자에게 계속적·정기적으로 지급되고 단체협약, 취업규칙, 급여규정, 근로계약, 노동관행 등에 의하여 사용자에게 그 지급의무가 지워져 있는 것은 그 명칭 여하를 불문하고 모두 포함된다"라고 판시한 바 있습니다(대법원 2001. 10. 23. 선고 2001다53950 판결).

이를 좀 더 자세히 살펴보면 임금은 구체적으로 사용자인 회사가 노동력을 제공한 노동자에게 근로의 대가로 지급하는 일체의 금품으로 노동자에게 계속적·정기적으로 지급되고, 그 지급에 관하여 단체협약이나 취업규칙 등에 의하여 회사에 지급의무가 부여되어 있는 것을 말합니다.

그런데 귀하의 질문에 의하면, 귀하가 근무하고 있는 회사의 취업규칙의 특별상여금은 대표이사가 특히 공로가 있다고 인정하는 직원에 대하여 지급할 수 있다고만 규정되어 있을 뿐이고 구체적으로 지급기준, 지급액수, 지급시기 등에 관하여 아무런 규정이 없다고 볼 수 있습니다. 또한 지급액도 일정하지 않으므로 금액이 확정된 것 또한 아닙니다.

만약 귀하의 회사에서 특별상여금 지급을 비록 1회에 한하여 약정하기로 하였더라도 이후 근로자들에게 정기적·계속적·일률적으로 이것이 지급되어 왔다면 이는 근로계약이나 노동관행 등에 의하여 사용자에게 그 지급의무가 지워져 있는 것으로서 평균임금 산정의 기초가 되는 임금에 해당한다고 볼 수 있지만, 귀하의 회사에는 위의 사항들이 특정되어 있지 않으므로, 특별상여금을 평균임금에 포함할 수 없습니다.

■ 해외근무수당의 평균임금산입여부

Q. 근로자가 회사에서 10년간 국내근무를 한 후 해외지사에서 높은 수준의 해외 근무수당을 받으면서 3년간 근무를 하다가 퇴직한 경우, 이와 같이 임금의 초과되는 부분도 퇴직금을 계산할 때의 임금총액에 포함되나요?

A. 이러한 경우 초과되는 부분은 평균임금의 기초가 되는 임금총액에 포함되지 않습니다.

판례에 의하면, 임금의 의의나 평균임금제도의 근본취지에 비추어 볼 때, 근로자가 국외주재직원으로 근무하는 동안 지급받은 급여 가운데 동등한 직급호봉의 국내직원에게 지급되는 급여를 초과하는 부분은, 근로의 대상으로 지급 받은 것이 아니라 실비변상적인 것이거나 해외근무라는 특수한 근무조건에 따라 국외주재직원으로 근무하는 동안 임시로 지급받은 임금이라고 보아야 할 것이므로, 이는 평균임금 산정의 기초가 되는 임금의 총액에 산입하지 아니하여도 된다고 보고 있습니다*(대법원 1990.11.9. 선고 90다카4683 판결).*

■ **급여중 평균임금 비포함 합의의 유효성**

Q. 평균임금에 포함될 수 있는 급여를 퇴직금 산정의 기초로 하지 아니하기로 하는 노사간 합의에 따라 산정한 퇴직금액이 근로기준법이 보장한 하한에 미달하는 경우, 위 합의의 효력은 어떻게 되는지요?

A. 퇴직금의 기초가 되는 평균임금에 포함되는 급여를 퇴직금 산정의 기초로 하지 아니하는 별도 합의를 적용하더라도 근로기준법이 정한 하한에 미달하지 않는 이상 유효하나, 합의에 의해 산정된 퇴직금이 근로기준법이 정한 하한에 미달하는 금액은 강행규정 위반으로 무효에 해당하게 됩니다.

퇴직금 급여에 관한 근로기준법의 규정은 사용자가 퇴직하는 근로자에게 지급하여야 할 퇴직금액의 하한을 규정한 것이므로, 노사간에 급여의 성질상 근로기준법이 정하는 평균임금에 포함될 수 있는 급여를 퇴직금 산정의 기초로 하지 아니하기로 하는 별도의 합의가 있는 경우에 그 합의에 따라 산정한 퇴직금액이 근로기준법이 보장한 하한을 상회하는 금액이라면 그 합의가 구 근로기준법*(2005. 1. 27. 법률 제7379호로 개정되기 전의 것)* 제34조에 위반되어 무효라고 할 수는 없다. 그러나 만약 그 합의에 따라 산정한 퇴직금액이 근로기준법이 보장한 하한에 미달하는 금액이라면, 그 합의는 구 근로기준법 제34조에 위반되어 무효이다(대법원 2007. 7. 12. 선고 2005다25113 판결).

■ 사납금을 초과하는 수입금이 평균임금에 포함되는지요?

Q. 운송회사에서 일하는 甲은 누구보다 성실히 일하여 매달 회사측에서 요구하는 사납금을 훨씬 초과하는 수입을 올렸습니다. 甲은 나이가 들어 더 이상 장시간 운전을 하기 어려움을 느끼고 운송회사를 퇴직하면서 퇴직금을 신청하였습니다. 그런데 운송회사측은 사납금 초과 수입금은 운전사의 개인적인 수입이지 평균임금이 아니므로 퇴직금 산정에서 고려해 줄 수 없다고 이야기합니다. 운송회사 측의 이야기대로 사납금을 초과하는 수입금은 퇴직금 산정에서 고려될 수 없는 건가요?

A. 판례는 운송회사의 사납금 초과 수입금에 대하여 "운송회사가 그 소속 운전사들에게 매월 실제 근로일수에 따른 일정액을 지급하는 이외에 그 근로형태의 특수성과 계산의 편의 등을 고려하여 하루의 운송수입금 중 회사에 납입하는 일정액의 사납금을 공제한 잔액을 그 운전사 개인의 수입으로 하여 자유로운 처분에 맡겨 왔다면 위와 같은 운전사 개인의 수입으로 되는 부분 또한 그 성격으로 보아 근로의 대가인 임금에 해당한다할 것이므로, 사납금 초과 수입금은 특별한 사정이 없는 한 퇴직금 산정의 기초가 되는 평균임금에 포함된다."라고 판시한바 있습니다(대판 2007. 7. 12, 2005다25113). 이러한 판례의 태도에 의한다면 사납금을 초과하는 수입금 역시 甲의 퇴직금 산정에 고려되어야 할 것입니다.

■ 위법한 쟁의행위기간이 평균임금계산에 있어서 산정되는 기간인지요?

Q. 甲은 A회사에 10년을 근무한 근로자로 최근 회사를 퇴직하면서 퇴직금을 신청하려고 합니다. 다만 甲은 작년에 직장 동료들과 함께 회사 사무실을 불법점거하고 기물을 파손하는 방법으로 임금을

올려달라는 시위를 하였습니다. 제가 볼 때 甲의 이러한 시위는 불법적인 걸로 보이는데 이러한 불법시위기간도 퇴직금 지급을 위한 평균임금계산에 있어서 고려해 주어야 하는 것인가요?

A. 근로자의 정당한 권리행사 또는 근로자에게 책임을 돌리기에 적절하지 않은 사유로 근로자가 평균임금 산정에서 불이익을 입지 않도록 특별히 배려한 구 근로기준법 시행령 제2조 제1항의 취지 및 성격을 고려할 때, 그 제6호 '노동조합 및 노동관계조정법 제2조 제6호의 규정에 의한 쟁의행위 기간'이란 헌법과 노동조합 및 노동관계조정법에 의하여 보장되는 적접한 쟁의행위로서의 주체, 목적, 절차, 수단과 방법에 관한 요건을 충족한 쟁의행위 기간만을 의미합니다(대판 2009. 5. 28, 2006다17287). 따라서 사안과 같이 甲이 위법한 쟁의행위를 하였다면 그 기간은 평균임금계산에 있어서 산정되는 기간이 아닙니다.

■ 근로자가 구속되어 3개월 이상 휴직하였다가 퇴직한 경우 평균임금 산정방법

Q. 저는 작은 회사를 하나 운영하는 사람입니다. 그런데 최근 저희 회사에서 퇴직한 근로자가 한명 있어 퇴직금을 지급하려고 하는데 문제가 발생했습니다. 사실 이 근로자는 퇴직하기 전에 상해죄를 저질러 징역 6개월을 선고받고 최근에야 형기를 마친 사람입니다. 형기 중에는 휴직으로 처리하였습니다. 그런데 퇴직금을 지급하기 위해서는 퇴직 전 3개월 간 지급된 임금을 기초로 평균임금을 산정하여야 할 것인데 이 근로자의 경우 퇴직 전 3개월 임금과 구속 전 3개월 임금이 현저하게 차이가 납니다. 이 경우 어떻게 산정하여야 하나요?

A. 퇴직금 산정의 기초인 평균임금이 특별한 사유로 인하여 통상의 경우보다 현저하게 적거나 많을 경우에는 구 근로기준법 시행령 제5조에 의하여 고용노동부장관이 정하는 바에 따라 평균임금을

산정하여야 할 것인데, 아직까지 그 기준이나 방법 등을 정한 바가 없으므로, 평균임금의 기본원리와 퇴직금 제도의 취지에 비추어 근로자의 통상의 생활임금을 사실대로 반영하는 방법으로 그 평균임금을 산정하여야 한다는 것이 판례의 태도입니다(대판 1999, 11, 12, 98다49357). 위 판례는 근로자가 구속되어 3개월 이상 휴직하였다가 퇴직한 경우에 관하여 퇴직 전 3개월 간 지급된 임금을 기초로 산정한 평균임금이 통상의 경우보다 현저하게 적은 경우에는 휴직 전 3개월 간의 임금을 기준으로 평균임금을 산정하여야 한다는 입장을 취하였습니다. 따라서 판례에 의할 때 퇴직 전 3개월 간의 임금이 구속 전 3개월 간의 임금보다 현저하게 적다면 구속 전 3개월 간의 임금을 기초로 평균임금을 산정하여야 할 것입니다.

■ 가족수당이 통상임금에 포함되는지 여부

Q. 제가 다니는 회사는 부양가족이 있는 경우에는 가족수당을 지급해주고 있습니다. 저 역시 부양가족이 있어 가족수당을 받고 있는 상황입니다. 그런데 최근 회사로부터 받은 연차유급휴가수당에는 가족수당이 전혀 고려되어 있지 않은 것 같습니다. 원래부터 가족수당은 연차유급휴가수당 계산에 고려되지 않는 건가요?

A. 일반적으로 연차유급휴가수당은 근로기준법 제60조 제5항에 따라 통상임금을 기초로 계산됩니다. 따라서 연차유급휴가수당에 가족수당이 고려되려면 가족수당이 통상임금에 해당하여야 합니다. 그런데 법원은 "근로기준법 시행령 제6조 제1항은 통상임금의 정의에 관하여 [근로자에게 정기적, 일률적으로 소정근로 또는 총근로에 대하여 지급하기로 정하여진 시간급금액, 일급금액, 주급금액, 월급금액 또는 도급금액]이라고 규정하고 있습니다. 따라서 근로자 전원에게 일률적으로 지급되는 것이 아니라 부양가족이 있는 경우에만 지급되는 가족수당은 통상임금에 포함되지 않는 수당이라 보

아야 하고 판례 역시 이를 통상임금에 포함시키지 않고 있습니다 *(대판 2003. 4. 22, 2003다10650).*"라고 판시한 바 있습니다. 다만, 가족수당의 경우에도 법원은 "가족수당은 회사에게 그 지급의무가 있는 것이고 일정한 요건에 해당하는 근로자에게 일률적으로 지급되어 왔다면, 이는 임의적·은혜적인 급여가 아니라 근로에 대한 대가의 성질을 가지는 것으로서 임금에 해당한다*(대법원 2005. 9. 9. 선고 2004다41217 판결)*"라고 하기도 하였는바, 가족수당의 경우에도 근로의 대한 대가의 성질을 갖는다면 임금으로 볼 수도 있을 것이므로 사안에 따라 위 기준에 따른 구체적인 검토가 필요할 것입니다.

■ 지급기준일 현재 재직 중인 근로자에게만 지급 되는 하기휴가비가 통상임금에 해당하는지요?

Q. A회사는 노동조합과의 단체협약을 통해 하기휴가비를 지급하기로 약정하였습니다. 그런데 위 단체협약에는 설사 지급기준일 전에 근로를 제공하였다고 하더라도 지급기준일 전에 퇴사한 근로자에 대하여는 하기휴가비를 전혀 지급하지 않도록 규정하고 있습니다. 이러한 경우 하기휴가비를 통상임금으로 볼 수 있을까요?

A. "주식회사가 노동조합과 체결한 단체협약에서 지급기준일 현재 재직 중인 근로자에게만 하기휴가비 및 설, 추석상여금을 지급하도록 규정하고 있는 사안에서, 회사가 지급기준일 전에 퇴사한 근로자에 대하여는 지급기준일 전에 근로를 제공하였다고 하더라도 하기휴가비 등을 전혀 지급하지 않은 점 등에 비추어 위 하기휴가비 등은 단체협약에 의하여 근로자가 소정근로를 했는지와 관계없이 지급기준일에 재직 중인 근로자에게만 지급하기로 정해져 있는 임금으로서, 위와 같은 불확실한 조건이 지급의 자격요건이 되는 것이므로 통상임금의 징표로서 고정성이 결여되었다."고 보는 것이 판례의 태도입니다*(대판 2014. 2. 13, 2011다86287).* 따라서 A회사의 하기휴가비는 통상임금에 해당하지 않습니다.

PART 4. 체불임금에 대한 상담

■ 프리랜서의 임금체불

Q. 저는 甲회사와 프리랜서 계약을 체결하고 甲회사에 매일 출근하여 프로그램 개발업무를 담당하였습니다. 그런데 회사는 제가 제작한 프로그램을 문제 삼으며 2달째 월급을 지급하지 않고 있습니다. 이 경우 월급을 받을 수 있는 방법은 없는지요?

A. 프리랜서라 함은 특정한 일을 도급을 주어 그 사람이 지정한 날짜 내에 그 일을 완성하고 도급비를 받는 사업자를 말합니다. 이런 경우는 보통 약정한 날짜만 지켜주면 되기 때문에 출퇴근에 제약이 없고 계약된 업무를 수행하면 되기 때문에 업무에 대해 사업주로부터 구체적인 관리감독을 받지 아니합니다. 따라서 「근로기준법」의 근로자로 볼 수 없기 때문에 「근로기준법」의 적용을 받지 않으므로 이 경우에는 민사소송을 제기하여 계약상의 채무불이행 책임 등을 물을 수가 있습니다.

다만, 근로자의 범위에 관하여 판례는 "근로기준법상의 근로자는 계약의 형식과는 관계없이 실질에 있어서 근로자가 임금을 목적으로 종속적인 관계에서 사용자에게 근로를 제공하였는지 여부에 따라 판단하여야 하고, 이를 판단함에 있어서는 업무의 내용이 사용자에 의하여 정하여지고 취업규칙·복무규정·인사규정 등의 적용을 받으며 업무수행과정에 있어서도 사용자로부터 구체적이고 직접적인 지휘·감독을 받는지 여부, 비품·원자재·작업도구 등의 소유관계, 보수가 근로자체의 대상적 성격을 가지고 있는지 여부와 기본급이나 고정급이 정하여져 있는지 여부 및 근로소득세의 원천징수 여부 등 보수에 관한 사항, 근로제공관계의 계속성과 사용자에의 전속성의 유무와 정도, 사회보장제도에 관한 법령 등 다른 법령에 의하여 근로자로서의 지위를 인정하는지 여부, 양 당사자의 경제·사회적 조건 등을 종합적으로 고려하여 판단하여야 하고, 반대로 어떤 근로자에 대하여 누가 근로기준법 제28조 제1항*(현행 근로기준법 제34조)*, 제30조 *(현행 근로기준법 제36조)*가 정하는 퇴직금 지급의무를 부담하는 사용자인가를 판단함에 있어서도 계약의 형식이나 관련 법규의 내용에 관계없이 실질적인 근로관계를 기준으로 하여야 하고, 이때에도 위와 같은 여러 요소들을 종합적으로 고려하여야 한다."라고 하였습니다*(대법원 1999. 2. 9. 선고 97다56235 판결, 2001. 4. 13. 선고 2000도4901판결, 2002. 7. 26. 선고 2000다27671 판결).*

따라서 귀하의 경우 위와 같은 종합적인 기준에 의하여 「근로기준법」상의 근로자로 인정된다면 근로자로서 임금청구를 할 수도 있을 것입니다.

■ 노동부에 신고하고도 지급받지 못한 체불임금을 받는 방법

Q. 저는 약 15명의 종업원을 두고 甲이 경영하는 의류회사에서 근무하다가 6개월 전 퇴직하였으나 임금 200만원을 지급받지 못하였습니다. 이에 체불임금을 지급받고자 관할 지방노동사무소에 구조신청을 하여 甲에게 조속히 임금을 지급하라고 독촉하였음에도 甲은 계속 지급하지 않고 있습니다. 관할 지방노동사무소에서는 甲을 고발조치 하였다면서 저에게 체불임금을 받으려면 별도로 민사소송을 제기하라고 하는데 어떻게 하면 되는지요?

A. 「근로기준법」의 적용범위에 관하여 같은 법 제11조는 "①이 법은 상시 5인 이상의 근로자를 사용하는 모든 사업 또는 사업장에 적용한다. 다만, 동거의 친족만을 사용하는 사업 또는 사업장과 가사사용인에 대해서는 적용하지 아니한다. ②상시 4인 이하의 근로자를 사용하는 사업 또는 사업장에 대하여는 대통령령이 정하는 바에 따라 이 법의 일부규정을 적용할 수 있다."라고 규정하고 있으며, 같은 법 시행령 제7조에서는 상시 4인 이하의

근로자를 사용하는 사업 또는 사업장에 적용하는 법규정을 [별표 1]로 정하고 있습니다.

그런데 「근로기준법」이 적용되는 사업 또는 사업장의 사용자는 근로자가 퇴직한 경우에는 당사자간의 합의로 연장하지 않은 한 그 지급사유가 발생한 때로부터 14일 이내에 임금·보상금 기타 일체의 금품을 지급하여야 합니다*(근로기준법 제36조)*.

그리고 노동부는 이러한 「근로기준법」상의 기준이 제대로 지켜지도록 하기 위하여 그 소속기관에 근로감독관을 두어 그 감독업무를 수행하도록 하고 있습니다.

그러나 노동부도 당해 업체가 이를 위반하면 관할지방노동사무소에서 사용자를 검찰에 고발하여 형사처벌을 의뢰할 수는 있으나 민사적인 강제집행까지 해 줄 수는 없는 것입니다. 통상의 경우 근로감독관이 독촉을 하고 또한 검찰에 의한 고발이 있는 경우 당해 업체는 임금을 지불하는 것이 보통이지만 귀하의 경우와 같이 고발조치가 있었음에도 불구하고 체불임금이 지급되지 않고 있는 때에는 부득이 민사소송절차를 따로 밟아야 할 것입니다.

따라서 귀하는 관할 지방노동사무소로부터 체불임금확인원을 발급받아 이를 증거자료로 하여 민사법원에 지급명령신청이나 소액심판절차를 통한 임금청구를 하시기 바랍니다.

■ 외주업무의 임금체불

Q. 업체가 아닌 개인으로부터 간단하게 외주를 받아 일을 했는데, 상대방이 연락이 두절되거나 하여 돈을 받지 못하는 일이 일어났습니다. 카카오톡이나 문자 등 대화내역들도 있는 상황인데 혹시 임금을 받을 수 있는 방법이 있지 않은지 궁금해서 문의했습니다.

A. 근로기준법 제2조 제1항 1.호에 따르면 "근로자"란 직업의 종류

와 관계없이 임금을 목적으로 사업이나 사업장에 근로를 제공하는 자를 말한다."하고 있습니다.

나아가 대법원은 근로기준법상 근로자란 종속적인 관계에서 사업 또는 사업장에 임금을 목적으로 근로를 제공하는 자를 말한다고 하고 있습니다. 그리고 종속적인 관계에서 제공하였는지는 업무에 있어서 상당한 지휘감독을 받아야 한다고 하고 있는바, 신청인이 프리랜서로서 단순히 외주를 받아 일을 하였다면 이는 근로기준법이 적용되는 근로관계라고 하기는 어려울 것 같습니다.

따라서 신청인이 상대방에게 청구할 금원의 성격은 임금이 아니고 일을 완성해주고 그 대가로 돈을 받는 것이라고 할 것입니다. 물론, 근로기준법의 적용을 받지 못하더라도 신청인이 일을 해준 이상 민법편 도급과 관련된 규정에 따라 일의 완성에 따른 대가를 민사소송을 통해 청구할 수 있으며, 메신저 등의 대화기록은 그 증거로 사용하면 될 것입니다.

■ 고용계약을 작성하지 않고 재직하다 퇴직한 경우에 체불임금을 받을 수 없을까요?

Q. 화물차 기사로 45일 가량 재직했었습니다. 고용노동부에 신고하였지만 고용계약서 미작성으로 민사로 해결하라해서 별 도움을 받지 못했습니다. 재직증빙서류와 통장거래내역 지금 없어진 사업장 주소와 그 당시 사장전화번호, 가족이름, 사업자 번호정도입니다. 사장이 사무실 영업하고 사업자는 부인명의로 등록되어 있었습니다. 무슨 방법이 없을까요.

A. 체불된 임금을 청구하기 위해서는 근로자가 ① 근로계약의 체결, ② 근로의 제공, ③ 임금 액수 및 임금 미지급 등을 입증해야 합니다.

일반적으로 위 사항은 고용노동부의 체불임금확인원으로 입증되어, 고용노동부로부터 체불임금확인원을 발급받아 저희 법률구조공단에 소송구조를 신청하여 사건을 처리할 수 있었습니다. 그러나 귀하의 경우, 근로계약서 미작성 등으로 *(근로관계가 아니라 노무도급관계로 본 것이 아닌가 싶습니다)* 체불임금확인원을 발급받지 못한 것으로 보입니다.

따라서 귀하께서 직접 위 ①, ②, ③을 입증해야 하는데, 상대방의 임금 지급내역(계좌이체내역), 사업등록증, 화물운송내역(운송증, 고속도로통행증 등) 등을 통하여 입증하여 임금을 청구하는 소를 제기하면 될 것입니다.

■ 임금체불사건의 접수를 배우자가 해도 되나요?

Q. 노동청에서 체불입금 서류을 제출하여 상담을 받으라고 하셨는데, 제가 부득이하게 방문이 어려워 배우자가 방문해도 무방한지요. 그리고 본인이 아닌 배우자가 방문할 시 서류는 뭐가 필요한지 문의합니다.

A. 고용노동청 확인결과 체불임금 사건 신청 및 체불임금확인서 발급 모두 배우자가 가능하다 합니다. 이를 위해서는 배우자에게 위임장을 작성하여 주시고, 귀하의 신분증, 인감도장 등을 지참하면 됩니다. 위임장 작성은 특별하게 양식이 있는 것이 아니므로, 자유롭게 작성하셔도 됩니다.

또한 노동청 문의 결과, 방문이 어려우시면 인터넷으로도 접수가 가능하다 합니다. 대리인이 방문하시거나 인터넷 접수가 모두 가능하다 하니, 귀하께서 편하신 방법으로 접수하시면 될 것으로 보입니다. 다만 추후 노동청에서 체불임금에 대해 조사가 이루어질 경우, 귀하의 방문이 필요할 수도 있을 것으로 보입니다.

■ 체불임금의 이자 산정

Q. 현재 임금 체불로 4월 월급까지 20만원이 넘는 금액을 못받고 있습니다. 월 300만원 월급이구요. 5월 말로 퇴사를 생각하고 있고 5/1에 사장님께 전달 할 생각입니다. 2014년 10월부터 급여가 계속 밀리고 있는데 원금만 받고 나가긴 억울하여 노동청 문의하니 임금채불은 100% 받을 수 있지만 이자는 민사소송으로 이자 20%를 받을 수 있다고 하던데요.

A. 근로기준법 제37조 *(미지급 임금에 대한 지연이자)* ① 사용자는 제36조에 따라 지급하여야 하는 임금 및 「근로자퇴직급여 보장법」 제2조 제5호에 따른 급여(일시금만 해당된다)의 전부 또는 일부를 그 지급 사유가 발생한 날부터 14일 이내에 지급하지 아니한 경우 그 다음 날부터 지급하는 날까지의 지연 일수에 대하여 연 100분의 40 이내의 범위에서 「은행법」에 따른 은행이 적용하는 연체금리 등 경제 여건을 고려하여 대통령령으로 정하는 이율에 따른 지연이자를 지급하여야 한다.

근로기준법 시행령 제17조(미지급 임금에 대한 지연이자의 이율) 법 제37조제1항에서 "대통령령으로 정하는 이율"이란 연 100분의 20을 말한다.

위 근로기준법과 근로기준법 시행령 규정에 따르면 20%의 지연이자를 청구할 수 있습니다.

■ 체불임금의 지연손해금에 대한 최우선변제 가부

Q. 저는 작년에 甲회사에서 퇴직을 하였으나 체불된 임금과 퇴직금 약 3,000여만원을 지급받지 못하던 중 최근 甲회사의 소유인 A 부동산이 경매개시가 결정되어 배당요구를 하기에 이르렀습니다. 그런데 저는 원금은 물론이고 지연손해금까지 배당요구를 하였습니다. 체불임금 및 퇴직금에 대한 지연손해금에 대해서도 선순위

근저당권자 및 타 채권자보다 우선하여 변제를 받을 수 있는지요?

A. 선순위 채권자보다 우선하여 변제를 받을 수 있는 채권으로는 원본채권에 한정됩니다. 즉, 임금이나 퇴직금에 대한 지연손해금까지 최우선변제를 받을 수는 없습니다.

이러한 임금 등의 채권의 지연손해금도 최우선변제의 대상에 포함되는지에 관하여 판례를 보면, "임금 등 채권의 최우선변제권은 근로자의 생활안정을 위한 사회정책적 고려에서 담보물권자 등의 희생 아래 인정되고 있는 점, 민법 제334조, 제360조 등에 의하면 공시방법이 있는 민법상의 담보물권의 경우에도 우선변제권이 있는 피담보채권에 포함되는 이자 등 부대채권 및 그 범위에 관하여 별도로 규정하고 있음에 반하여, 근로기준법의 규정에는 최우선변제권이 있는 채권으로 원본채권만을 열거하고 있는 점 등에 비추어 볼 때, 임금 등에 대한 지연손해금채권에 대하여는 최우선변제권이 인정되지 않는다고 봄이 상당하다 할 것이다."라고 하였습니다(대법원 2000. 1.28. 선고 99마5143 판결).

따라서 귀하의 경우, 위 법률규정 및 판례에 비추어 근로관계로 인한 채권 중 최종 3월분의 임금, 최종 3년간의 퇴직금 원금에 한하여 선순위 근저당채권보다 최우선변제를 받을 수 있을 뿐이고, 그에 대한 지연손해금은 최우선변제 받지 못할 것으로 보입니다.

■ 소액체당금제도를 활용하기 위한 체불임금청구 소송의 소의 이익

Q. 소액체당금 제도가 시행되기 이전에 체불임금청구 소송을 진행하여 승소판결을 받았는데, 소액체당금 제도 시행 이후 이 제도를 활용하기 위해 다시 한 번 체불임금청구 소송을 진행할 수 있는지요?

A. 관련하여 하급심 판례이지만, 의정부지방법원 2016. 5. 26. 선고 2015나13592 판결례에서는, 이미 승소판결을 받아 집행권원을 확보한 상태라면, 소액체당금 제도를 활용하기 위한 목적이라 하더라도, 해당 청구권에 대해 다시 한 번 소를 제기하는 것은 권리보호의 이익이 없다고 판시하였습니다. 원칙적으로 이미 승소판결을 받은 권리에 대해 다시 한 번 소를 제기하는 경우 이는 권리보호의 자격이 없는 소 제기가 되어 소가 각하되는바, 소액체당금제도를 활용하기 위한 목적으로 소를 제기하는 경우이더라도 이러한 원칙에는 변함이 없는 것으로 보입니다.

■ **파산회사에 대한 체불임금의 지연손해금 청구**

Q. A는 B회사에서 근무하다가 임금을 받지 못하고 퇴사하였는데, 이후 B회사가 파산하였는바, A는 파산한 B회사를 상대로 체불임금 및 이에 대한 지연손해금을 청구할 수 있는지?

A. 채무자회생 및 파산에 관한 법률(이하 '채무자회생법'이라 한다) 제473조 제10호에서는 '채무자의 근로자의 임금·퇴직금 및 재해보상금'을 재단채권이라고 명시함으로써 체불근로자를 일반 파산채권자에 우선하도록 하고, 파산절차에 의하지 않고 변제를 받을 권리를 인정하고 있습니다. 또한 같은 조 제4호에서는 '파산재단에 관하여 파산관재인이 한 행위로 인하여 생긴 청구권'을 재단채권으로 인정하고 있습니다. 이 때 체불임금에 대한 지연손해금도 위의 임금채권에 포함되는지가 문제되는바, 관련하여 판례는 "채무자회생법이 '파산재단에 관하여 파산관재인이 한 행위로 인하여 생긴 청구권'을 재단채권으로 규정하고 있는 취지는 파산관재인이 파산재단의 관리처분권에 기초하여 직무를 행하면서 생긴 상대방의 청구권을 수시로 변제하도록 하여 이해관계인을 보호함으로써 공정하고 원활하게 파산절차를 진행하기 위한 것이므로, '파산재단에 관하여 파산관재인이 한 행위'에는 파산관재인이 직

무를 행하는 과정에서 한 법률행위뿐만 아니라 직무와 관련하여 행한 불법행위가 포함되고, 나아가 파산관재인이 직무와 관련하여 부담하는 채무의 불이행도 포함된다. 그렇다면 파산관재인은 직무상 재단채권인 근로자의 임금·퇴직금 및 재해보상금(이하 '임금 등'이라 한다)을 수시로 변제할 의무가 있다고 할 것이므로, 파산관재인이 파산선고 후에 위와 같은 의무의 이행을 지체하여 생긴 근로자의 손해배상청구권은 채무자회생법 제473조 제4호 소정의 '파산재단에 관하여 파산관재인이 한 행위로 인하여 생긴 청구권'에 해당하여 재단채권이다."고 판시하였습니다(대법원 2014. 11. 20. 선고 2013다64908 판결례). 그렇다면, 파산선고 이후에 생긴 지연손해금은 재단채권인바, A는 B회사의 파산관재인을 상대로 이를 소구할 수 있다고 볼 것입니다.

■ 체불임금과 원천공제세액

Q. A는 B회사를 상대로 퇴직금 청구 소송을 제기했는데, B회사는 4대 보험료 및 소득세 등의 원천징수의무는 회사에게 있으므로 해당 금원이 퇴직금 청구액에서 공제되어야 한다고 항변하는바, B의 항변은 적법한 것인지요?

A. 국세기본법 제21조 제2항 제1호에 의하여 원천징수하는 소득세 등에 대한 징수의무자의 납부의무는 원칙적으로 그 소득금액을 지급하는 때에 성립하고, 이에 대응하는 수급자의 수인의무의 성립시기도 이와 같으므로, 지급자가 소득금액의 지급시기 전에 미리 원천세액을 징수·공제할 수는 없는 것이나(대법원 1988. 10. 24. 선고 86다카2872판결례, 대법원 1992. 5. 26. 선고 91다38075판결례 등 참조), 소득의 지급이 의제되는 등으로 원천징수의무자의 납부의무가 성립한 후 소득금액 지급 전에 원천징수해야 할 소득세 등을 지급자가 실제 납부하였다면, 그와 같이 실제로 납부한 정당한 세액은 지급할 소득금액에서 미리 공제할 수 있습니다(대법원 2014. 10. 27. 선고 2013다

36347 판결). 이에 따라, 퇴직소득금액에서 미리 원천세액을 공제한다는 항변이 유효하기 위한 요건으로, ① 소득세법 제146조 제1항 및 동법 제147조 1항에 따라 수급자에 대한 퇴직소득의 지급이 의제됨으로써 그 소득세 등에 대한 지급자의 원천징수의무가 성립할 것과, ② 나아가 이에 기초하여 지급자가 수급자들의 퇴직소득에 대한 소득세등을 실제 납부까지 하여야 할 것을 요구하고 있습니다. 따라서 위 소득세법 규정에 따라 A에 대한 퇴직소득의 지급이 의제됨으로써 그 소득세 등에 대한 B회사의 원천징수의무가 성립되었다고 하더라도, B회사가 A의 퇴직소득에 대한 소득세 등을 실제로 납부를 하지 않았다면, B회사의 이러한 공제항변은 유효하지 않다고 할 것입니다.

■ 체불임금에 대한 상계 가부

Q. A가 B회사에 대한 체불임금을 청구하였는데, B회사가 A의 불법행위로 인하여 회사에 입힌 손해배상금과 체불임금을 상계한다고 한 경우, 이러한 주장이 타당한 것인지요?

A. 근로기준법 제21조에서는 사용자는 전차금(前借金)이나 그 밖에 근로할 것을 조건으로 하는 전대(前貸)채권과 임금을 상계하지 못한다고 규정하고 있고, 같은 법 제43조 제1항에서는 임금은 통화(通貨)로 직접 근로자에게 그 전액을 지급하여야 한다. 다만, 법령 또는 단체협약에 특별한 규정이 있는 경우에는 임금의 일부를 공제하거나 통화 이외의 것으로 지급할 수 있다고 규정하고 있습니다. 관련하여 판례는 "근로자에 대한 임금은 직접 근로자에게 전액을 지급하여야 하는 것이므로 초과지급된 임금의 반환채권을 제외하고는 사용자가 근로자에 대하여 가지는 대출금이나 불법행위를 원인으로 한 채권으로써 근로자의 임금채권과 상계하지 못한다"고 판시한 바 있습니다(대법원 1999. 7. 13. 선고 99도2168 판결례). 이에 따라 B회사는 A의 체불임금채권과 불법행위에 의한 손해배상채권

을 상계할 수 없다고 볼 것입니다.

■ 체불임금의 쟁위행위 대상성

Q. 근로자 甲은 사용자로부터 체불임금을 지급받지 못하고 있습니다. 노동조합은 사용자의 甲에 대한 임금체불을 이유로 쟁위행위를 할 수 있나요?

A. 노동쟁의의 대상은 임금·근로시간·복지·해고 기타 대우 등 근로조건의 결정에 관한 사항으로서 의무적 교섭사항이 이에 해당됩니다. 체불임금 청산, 해고자 복직, 단체협약 이행, 부당노동행위 구제 등 권리분쟁에 관한 사항은 사법절차를 통하여 해결할 사항이므로 노동쟁의의 대상에 해당되지 않습니다. 이에 관하여 법원 역시 "임금체불과 같은 사유는 근로조건의 결정에 관한 사항이 아니어서 노동조합 및 노동관계조정법에 따른 정당한 쟁의행위의 이유가 될수 없다."고 판단하였습니다(서울고등법원 2002. 10. 4. 선고 2001 누19713 판결, 대법원 심리불속행 기각).

PART 5. 임금채권에 대한 상담

■ 회생채권자목록에 기재된 임금채권에 기한 소송이 가능한가요?

Q. 저는 甲회사에서 일하다가 퇴직을 하였으나, 아직 미지급 임금이 있어 민사소송을 제기하였습니다. 그런데 상대편은 제 임금채권이 회생채권자목록에 기재가 되었고, 이를 기초로 한 회생계획안이 확정되었으므로, 회생절차 외의 절차에서 제 임금채권을 행사할 수 없다고 합니다. 이것이 맞나요?

A. 임금채권은 채무자 회생 및 파산에 관한 법률(이하 '채무자회생법'이라고만 합니다) 제179조 제1항 제10호에서 정한 공익채권에 해당합니다. 한편, 채무자회생법 제255조 제1항에 의하면, 회생채권에 기하여 회생계획에서 인정된 권리에 관한 회생채권자표의 기재는 회생계획인가 결정이 확정된 때에 회생채권자 등에 대하여 확정판결과 동일한 효력이 있으므로, 이 경우 회생채권자가 회생절차에 의하지 않고 이를 소로써 구하는 것은 권리보호의 이익이 없어 부적법한 것은 맞습니다. 그러나 채무자회생법 제255조 제1항에서 말하는 '확정판결과 동일한 효력'이란 기판력이 아닌 확인적 효력을 가지고 회생절차 내부에 있어 불가쟁의 효력이 있다는 의미에 지나지 않는 것이므로, 공익채권을 단순히 회생채권으로 신고하여 회생채권자표 등에 기재된다고 하더라도 공익채권의 성질이 회생채권으로 변경된다고 볼 수 없습니다. 또한, 공익채권자가 자신의 채권을 회생채권으로 신고한 것만 가지고 바로 공익채권자가 자신의 채권을 회생채권으로 취급하는 것에 대하여 명시적으로 동의를 하였다거나 공익채권자로서의 지위를 포기한 것으로 볼 수 없습니다 *(대법원 2004. 8. 20. 선고 2004다3512, 3529 판결 등 참조)*. 따라서 질문자께서는 회생계획안의 확정 여부에 상관없이, 회생절차와는 별도로 소송을 통하여 甲 회사에 대하여 임금채권을 행사할 수 있습니다.

■ 초과지급된 수당의 반환채권으로 임금채권과 상계할 수 있는지요?

Q. 저는 최근 甲회사를 사직하였는데, 甲회사는 산정착오로 초과 지급된 시간외근로수당과 휴일근로수당을 제가 수령할 퇴직금에서 상계하겠다고 합니다. 근로자의 임금은 회사의 채권으로 상계하지 못한다고 들었는데, 위와 같은 경우 상계가 가능한지요?

A. 「근로기준법」 제43조 제1항은 "임금은 통화로 직접 근로자에게 그 금액을 지급하여야 한다. 다만, 법령 또는 단체협약에 특별한 규정이 있는 경우에는 임금의 일부를 공제하거나 또는 통화 이외의 것으로 지급할 수 있다."라고 규정하고 있습니다. 그러므로 근로자의 임금채권을 사용자가 근로자에 대하여 가지는 채권으로 상계하지 못함이 원칙이라 할 것입니다.

그런데 판례는 "임금은 직접 근로자에게 전액을 지급하여야 하는 것이므로 사용자가 근로자에 대하여 가지는 채권으로써 근로자의 임금채권과 상계를 하지 못하는 것이 원칙이지만, 계산의 착오 등으로 임금이 초과 지급되었을 때 그 행사의 시기가 초과 지급된 시기와 임금의 정산, 조정의 실질을 잃지 않을 만큼 합리적으로 밀접되어 있고 금액과 방법이 미리 예고되는 등 근로자의 경제생활의 안정을 해할 염려가 없는 경우나 근로자가 퇴직한 후에 그 재직 중 지급되지 아니한 임금이나 퇴직금을 청구할 경우에는, 사용자가 초과 지급된 임금의 반환청구권을 자동채권으로 하여 상계하는 것은 허용되므로, 근로자가 일정기간 동안의 미지급 시간외수당, 휴일근로수당, 월차휴가수당 등 법정수당을 청구하는 경우에 사용자가 같은 기간 동안 법정수당의 초과 지급부분이 있음을 이유로 상계나 충당을 주장하는 것도 허용된다."라고 하였습니다 *(대법원 1998. 6. 26. 선고 97다14200 판결).*

따라서 위 사안의 경우에도 甲회사가 귀하에게 초과 지급한 수당이 있다면 귀하의 퇴직금 등에서 상계를 주장할 수 있을 것으로 보입니다.

■ 근로자의 동의를 얻어 임금채권에 대하여 상계하기로 한 약정의 효력

Q. 甲회사는 근로자 乙의 요청에 따라 주택자금을 대출해주면서 매월 일정액을 급여에서 공제하기로 하고, 퇴직 시에는 퇴직금에서 공제하기로 약정하였습니다. 그런데 乙이 甲회사에서 퇴직을 하게 되었는데, 乙은 임금채권과는 상계가 금지되어 있음을 주장하며, 乙의 퇴직금을 전액 지급하고 위 대출금 중 미상환잔액은 별도로 청구하라고 하고 있습니다. 이러한 경우에도 甲회사에서 乙에 대한 미상환 대출금잔액을 퇴직금과 상계할 수 없는지요?

A. 「근로기준법」 제21조는 "사용자는 전차금(前借金)이나 그 밖에 근로할 것을 조건으로 하는 전대채권(前貸債權)과 임금을 상계하지 못한다."라고 규정하고 있으며, 같은 법 제43조 제1항은 "임금은 통화로 직접 근로자에게 그 전액을 지급하여야 한다. 다만, 법령 또는 단체협약에 특별한 규정이 있는 경우에는 임금의 일부를 공제하거나 또는 통화 이외의 것으로 지급할 수 있다."라고 규정하고 있습니다.

그런데 사용자가 근로자에 대하여 가지는 대출금이나 불법행위를 원인으로 한 채권으로써 근로자의 임금채권과 상계할 수 있는지에 관하여 판례는 "근로자에 대한 임금은 직접 근로자에게 전액을 지급하여야 하는 것이므로, 초과지급된 임금의 반환채권을 제외하고는 사용자가 근로자에 대하여 가지는 대출금이나 불법행위를 원인으로 한 채권으로써 근로자의 임금채권과 상계하지 못한다."라고 하였으나*(대법원 1999. 7. 13. 선고 99도2168 판결)*, 이후 "근로기준법 제42조*(현행 근로기준법 제43조)* 제1항 본문에서 '임금은 통화로 직접 근로자에게 그 전액을 지급하여야 한다.'라고 규정하여 이른바 임금전액지급의 원칙을 선언한 취지는 사용자가 일방적으로 임금을 공제하는 것을 금지하여 근로자에게 임금 전액을 확실하게 지급받게 함으로써 근로자의 경제생활을 위협하는 일이 없도록 그 보호를 도모하려는데 있으므로, 사용자가 근로자에 대하여 가지는 채권을 가지고 일방적으로 근로자의 임금채권을 상계 하는 것은 금지된다고 할 것이지만, 사용자가 근로자의 동의를 얻어 근로자의 임금채권에 대하여 상계하는 경우에 그 동의가 근로자의 자유로운 의사에 터 잡아 이루어진 것이라고 인정할 만한 합리적인 이유가 객관적으로 존재하는 때에는 근로기준법 제42조*(현행 근로기준법 제43조)* 제1항 본문에 *위반하지 아니한다고 보아야 할 것이고, 다만* 임금전액지급의 원칙에 비추어 볼 때 그 동의가 근로자의 자유로운 의사에 기인한 것이라는 판단은 엄격하고 신중하게 이루어져야 한다고 할 것이다."라고 하였습니다*(대법원 2001. 10. 23. 선고 2001다25184 판결).*

따라서 위 사안에서와 같이 乙의 요청에 의하여 甲회사에서 주택자금을 대출해 준 경우이고, 乙이 위 주택자금의 대출 당시 퇴직 시에는 퇴직금에서 공제하기로 하는 의사를 명백히 표시한 경우라면 甲회사에서는 乙에 대한 대출금잔액채권과 퇴직금채무의 상계를 할 수 있을 것으로 보입니다.

참고로 하급심 판례는, 근로자가 사용자로부터 직접 금전을 대출 받거나 제3자의 사용자에 대한 대출금반환채무를 연대보증하면서 자신의 퇴직금채권과 상계할 것을 동의한 경우, 근로자가 상계 동의한 대상이 퇴직금채권에만 한정되어 있어 이에 따른 상계조치에 의하여 곧바로 그의 생계에 위험이 초래된다고 보기는 어려운 점, 상계의 동의 당시 근로자가 회사의 업무를 총괄하는 전무의 지위에 있었던 점, 자동채권의 발생원인이 근로자가 가계자금으로 직접 대출 받거나, 그가 연대보증 한 채무의 주채무자들 대부분이 그의 처를 비롯한 근친들로 보이는 점 등을 종합 고려하여, 상계 동의의 의사표시가 근로자의 자유로운 의사에 터 잡아 이루어진 것이라고 볼 만한 합리적인 이유가 객관적으로 존재한다고 보아 이에 터 잡은 사용자의 상계처리를 적법하다고 한 사례가 있습니다*(광주고법 2000. 9. 20. 선고 2000나569 판결).*

■ 회사채권으로 자기회사 직원의 임금채권에 압류를 할 수 있는지요?

Q. 저는 甲회사의 경리직원으로 근무하면서 乙직원이 회사로부터 대출받은 300만원을 연체하여 乙의 임금에서 상계하려고 하였으나, 임금채권은 회사의 채권으로 상계할 수 없다고 합니다. 이에 저는 乙의 임금채권을 가압류한 후 판결을 받아 압류 및 전부명령을 받아 보려고 하는데 가능한지요?

A. 「근로기준법」 제43조 제1항은 "임금은 통화로 직접 근로자에게 그 금액을 지급하여야 한다. 다만, 법령 또는 단체협약에 특별한 규정이 있는 경우에는 임금의 일부를 공제하거나 또는 통화 이외의 것으로 지급할 수 있다."라고 규정하고 있고, 또한 같은 법 제21조는 "사용자는 전차금(前借金) 그 밖에 근로할 것을 조건으로 하는 전대채권(前貸債權)과 임금을 상계하지 못한다."라고 규정하고 있습니다. 그러므로 사용자가 자기채권으로 근로자의 임금채권을 압류하는 것이 위 규정에 배치되지 않는지가 문제됩니다.

이에 관하여 판례는 "근로기준법 제36조 제1항*(현행 근로기준법 제43조 제1항)* 본문에 규정된 임금의 전액지급의 원칙에 비추어 사용자가 근로자의 급료나 퇴직금 등 임금채권을 수동채권으로 하여 사용자의 근로자에 대한 다른 채권으로 상계할 수 없지만, 그렇다고 하여 사용자가 근로자에 대한 채무명의 집행을 위하여 근로자의 자신에 대한 임금채권 중 2분의 1 상당액에 관하여 압류 및 전부명령을 받는 것까지 금지하는 취지는 아니라고 볼 것이며, 또한 근로기준법 제25조*(현행 근로기준법 제21조)*는 사용자가 전차금 기타 근로할 것을 조건으로 하는 전대채권과 임금을 서로 상계하지 못한다는 취지를 규정한데 불과하므로, 이를 근거로 하여 위와 같은 사용자의 임금채권에 관한 압류 및 전부명령이 허용되지 않는다고 풀이할 수도 없다."라고 하였습니다(*대법원 1994. 3. 16.자 93마1822, 1823 결정*).

따라서 위 사안의 경우에도 乙의 대출금채무에 관하여 乙의 임금채권과 상계하는 것은 그 유효 여부가 문제될 수 있을 듯하지만, 乙의 임금채권 중 「민사집행법」 제246조 제1항 제4호 및 같은 법 시행령에서 정하고 있는 최저생계비를 제외한 금액에 관하여 가압류 후 판결을 받아 압류 및 전부명령을 받는 것은 허용될 것으로 보입니다.

■ **임금채권의 양수인이 사용자에게 직접 양수금청구를 할 수 있는지요?**

Q. 저는 甲회사의 직원 乙에 대한 채권으로 乙이 甲회사로부터 지급받지 못한 임금 500만원채권을 양도받고자 합니다. 위 임금채권을 양도받아 청구할 경우 문제점은 없는지요?

A. 「근로기준법」 제43조 제1항은 "임금은 통화로 직접 근로자에게 그 금액을 지급하여야 한다. 다만, 법령 또는 단체협약에 특별한 규정이 있는 경우에는 임금의 일부를 공제하거나 또는 통화 이외의 것으로 지급할 수 있다."라고 규정하고 있고, 같은 법 제109조는 위 규정에 위반할 경우 3년 이하의 징역 또는 2천만원 이하의 벌금에 처한다고 규정하고 있습니다.

그리고 판례도 "근로기준법 제36조 제1항(현행 근로기준법 제43조 제1항)에서 임금 직접지급의 원칙을 규정하는 한편, 근로기준법 제109조에서 그에 위반한 자는 처벌을 하도록 하는 규정을 두어 그 이행을 강제하고 있는 취지가 임금이 확실하게 근로자 본인의 수중에 들어가게 하여 그의 자유로운 처분에 맡기고 나아가 근로자의 생활을 보호하고자 하는 데 있는 점에 비추어 보면, 근로자가 그 임금채권을 양도한 경우라 할

지라도 그 임금의 지급에 관하여는 같은 원칙이 적용되어 사용자는 직접 근로자에게 임금을 지급하지 아니하면 아니 되는 것이고, 그 결과 비록 적법·유효한 양수인이라도 스스로 사용자에 대하여 임금의 지급을 청구할 수 없는 것이며, 그러한 법리는 근로자로부터 임금채권을 양도받았거나 그의 추심을 위임받은 자가 사용자의 집행재산에 대하여 배당을 요구하는 경우에도 그대로 적용되는 것이라고 할 것이다."라고 하였습니다*(대법원 1996. 3. 22. 선고 95다2630 판결).*

따라서 귀하의 경우에도 임금채권을 양도받는다 하더라도 이를 甲회사에 대해서 직접 청구할 수 없으므로 임금채권을 양도받아서는 안 될 것으로 보입니다.

■ **제3자에게 처분한 재산이 임금채권의 우선변제청구권의 대상이 될 수 있는지요?**

Q. 근로자는 자신의 임금채권에 관하여 다른 채권자보다 우선변제를 받을 수 있다고 들었습니다. 이때 근로자가 우선변제를 받을 수 있는 사용자의 재산에는 사용자가 제3자에게 처분한 재산도 포함되는 것입니까?

A. 아닙니다. 사용자가 제3자에게 처분한 재산은 우선변제되는 총재산에 포함되지 않습니다.

근로기준법 제38조는 근로자의 최저생활을 보장하고자 하는 목적에서 일반담보물권의 효력을 일부 제한하는데 그 취지가 있습니다. 따라서 근로기준법 제38조의 우선특권은 사용자의 재산에 대하여 강제집행을 하거나 임의경매절차가 개시된 경우에 그 배당절차에서 질권 또는 저당권의 채권보다 우선하여 변제 받을 수 있게 하는데 그칠 뿐입니다.

따라서 이러한 우선변제권은 사용자가 제3자에게 처분한 재산에까지 미칠 수 없습니다.

또한 판례는 같은 취지에서 사용자가 재산을 취득하기 전에 설정된 담보권에 대하여도 임금채권의 우선변제권이 인정되지는 않는다고 보고 있습니다(대법원 1996.2.9. 선고 95다719 판결, 대법원 1994.1.11. 선고 93다30938 판결).

■ 임금채권의 양도와 직접지급원칙

Q. 甲은 오래 전부터 저희 회사에 근로해 오던 근로자입니다. 그런데 최근 乙이라는 사람이 찾아와 甲으로부터 임금채권을 양도받았다면 甲의 월급을 자신에게 지급해 줄 것을 요청하고 있습니다. 甲에게 확인해 본 결과 乙에게 채무가 있어 임금채권을 양도해 주었다는 사실을 알게되었습니다. 제가 알기로는 임금은 근로자에게 직접 지급하는 것이 원칙이라고 하던데 이 경우 乙에게 임금을 지급해 줘도 괜찮은 건가요?

A. 근로기준법 제43조 1항에서는 [임금은 통화로 직접 근로자에게 그 전액을 지급하여야 한다.]라고 규정하고 있는 바 이를 임금 직접지급의 원칙이라 하며 이는 임금채권 양도의 경우에도 마찬가지입니다. 판례 역시 근로자가 임금채권을 제3자에게 양도한 경우에 임금채권의 양도자체는 유효하다고 하더라도 임금지급에 관해서는 직접지급의 원칙이 지배하므로 양수인이 사용자에게 그 지급을 요구하더라도 사용자는 그 임금을 근로자에게 지급하여야 한다고 판시한바 있습니다(대판[전합] 1988. 12. 13, 87다카2803). 따라서 乙에게 임금을 지급해서는 안됩니다.

■ 해고무효확인의 소를 제기한 경우 임금채권의 소멸시효 중단 여부

Q. 저는 과거 A라는 회사에서 근무하다가 2014년 7월경 회사로부터 부당한 이유로 해고당하였습니다. 이에 불만을 품고 해고무효확인의 소를 2016. 8.월에 제기하여 승소하였습니다. 그런데 최근 확

인해 보니 2014년 6월달 임금을 받지 못하였다는 사실을 알게 되었습니다. 임금채권에도 시효라는게 존재한다고 하는데 이제와 서 2014년 6월달 임금을 달라고 청구할 수 있을까요?

A. 근로기준법 제49조는 임금채권의 시효에 관하여 *[이 법에 따른 임금채 권은 3년 간 행사하지 아니하면 시효로 소멸한다]*라고 규정하고 있습니다. 따라 서 임금채권은 그 채권을 행사할 수 있는 날로부터 3년이 경과 하면 시효로 소멸하므로 사안의 경우 2017년 6월경이면 해당 임 금채권이 시효로 소멸하는 것이 원칙입니다. 그러나 이 사안은 시효가 도과하기 전에 해고무효확인의 소를 제기하였는바 해고무 효확인의 소를 제기한 경우 임금채권의 소멸시효가 중단된다고 보는 것이 판례의 태도입니다*(대판 1994. 5. 10, 93다21606)*. 따라서 사 안의 경우 시효가 도과하지 않았으므로 해당 임금을 청구할 수 있습니다.

■ 근로자가 임금채권을 우선변제 받으려면 가압류가 필요한지요?

Q. 저는 상시 근로자 수 35명인 甲운영의 개인회사에서 수년간 근무 한 후 퇴직하였으나 최종 2개월분 임금 및 퇴직금의 합계금 2,000 여만원을 지급받지 못하였습니다. 그런데 최근 그 회사는 경영악화 로 도산하였고 丙은 甲의 유일한 재산인 부동산에 1년 전 설정한 근저당권(채권최고액 1억 5천만원)을 근거로 그 부동산에 대하여 경매를 신청하여 진행 중에 있습니다. 이 경우 저는 임금채권을 우 선변제 받으려면 그 부동산에 가압류를 하여야 하는지요?

A. 「근로기준법」 제37조 제2항 및 「근로자퇴직급여 보장법」제11조 제2항은 근로자의 최종 3월분의 임금과 재해보상금 및 최종 3년 간의 퇴직금은 사용자의 총재산에 대하여 질권 또는 저당권에 의 하여 담보된 채권, 조세·공과금 및 다른 채권에 우선하여 변제되 어야 한다고 규정하고 있습니다.

또한, 「근로자퇴직급여 보장법」 부칙 제9조(2011.7.25 제

10967호)는 임금채권의 우선변제에 대한 경과조치를 두고 있는바, 이를 보면 1997년 12월 24일 이전에 퇴직한 근로자의 경우에는 1989년 3월 29일 이후의 계속근로연수에 대한 퇴직금을 우선변제대상으로 하고, 1997년 12월 24일 이전에 채용되어 그 이후에 퇴직한 근로자의 경우에는 1989년 3월 29일부터 1997년 12월 23일까지의 계속근로연수에 대한 퇴직금과 1997년 12월 24일 이후의 계속근로연수에 대한 최종 3년간의 퇴직금을 합산한 금액을 우선변제의 대상으로 하며, 이와 같이 우선변제의 대상이 되는 퇴직금은 250일분의 평균임금을 초과할 수 없다고 규정하고 있습니다.

한편, 「민사집행법」 제88조 제1항에 의하면 민법·상법 그 밖의 법률에 의하여 우선변제청구권이 있는 채권자는 곧바로 배당요구절차를 밟을 수 있고, 그것은 담보권실행을 위한 경매에 있어서도 준용되고 있으므로(같은 법 제268조), 귀하는 별도로 가압류 등의 조치를 거칠 필요 없이 곧바로 배당요구의 종기까지 배당요구절차를 밟음으로써 권리를 확보할 수 있을 것입니다.

그러나 귀하가 위와 같은 우선변제권을 가지는 것은 甲의 재산에 한정되는 것이므로, 위 부동산의 소유권이 甲에게서 제3자에게로 이전된 경우에는 귀하가 비록 우선변제권을 가지고 있을지라도 그 부동산의 경매절차에서 배당요구를 할 수 없으므로 가압류를 해두는 것이 좋을 듯합니다.

참고로 「근로자의 임금채권에 대한 배당시 유의사항」(2007. 3. 9. 재판예규 제1120호) 제1항은 "근로자가 집행법원에 근로기준법 제37조에 정해진 임금채권 및 근로자퇴직급여보장법 제11조에서 정한 퇴직금채권의 우선변제권에 기한 배당요구를 하는 경우에는, 판결이유 중에 배당요구 채권이 우선변제권 있는 임금채권이라는 판단이 있는 법원의 확정판결이나 노동부 지방사무소에서 발급한 체불임금확인서 중 하나와 다음에서 열거한 서면 중 하나를 소명자료로 첨부하여야 한다.

[가].사용자가 교부한 국민연금보험료원천공제계산서*(국민연금법 제90조 참조)*

[나].원천징수의무자인 사업자로부터 교부받은 근로소득에 대한 원천징수영수증*(소득세법 제143조 참조)*

[다].국민연금관리공단이 발급한 국민연금보험료 납부사실 확인서*(국민연금법 제88조 참조)*

[라].국민건강보험공단이 발급한 국민건강보험료납부사실 확인서 *(국민건강보험법 제62조 참조)*

[마].노동부 고용지원센터가 발급한 고용보험피보험자격취득확인통지서*(고용보험법 제13조 참조)*

[바].위 [가]. 내지 [라].항 기재 서면을 제출할 수 없는 부득이한 사정이 있는 때에는 사용자가 작성한 근로자명부*(근로기준법 제41조 참조)* 또는 임금대장*(근로기준법 제48조 참조)*의 사본(다만, 이 경우에는 사용자가 사업자등록을 하지 아니하는 등의 사유로 위 [가].항 내지 [라].항 기재 서면을 발급받을 수 없다는 사실을 소명하는 자료도 함께 제출하여야 함)"라고 하였음을 유의하여야 할 것입니다.

■ 임금채권 우선변제권의 추급효 인정 여부

Q. 저는 개인사업자 甲에게 고용되어 동료들과 같이 근무하다가 甲이 乙주식회사를 설립하여 乙주식회사가 영업시설과 부동산 등 일체의 물적 시설을 승계하였고, 저를 포함한 동료들도 그대로 그 법인에 근무하여 왔습니다. 그 후 저는 乙주식회사에서 근무하다 퇴사를 하면서 최종 3월분 임금을 지급받지 못하였는데 현재 乙주식회사 소유 부동산에 대해 경매절차가 진행중입니다. 위 부동산에는 甲이 소유할 당시에 근저당권이 설정되어 있었는데 이 경

우 위 경매절차에서 저는 임금채권으로 근저당채권에 우선하여 변제받을 수 있는지요?

A. 임금채권 우선변제권의 추급효와 관련하여 판례는 "근로기준법은 근로자의 최저생활을 보장하고자 하는 공익적 요청에서 일반담보물권의 효력을 일부 제한하고 임금채권의 우선변제권을 규정한 것으로서 그 규정의 취지는 최종 3월분의 임금 등에 관한 채권은 다른 채권과 사용자의 동일재산으로부터 경합하여 동시에 변제받는 경우에 그 성립의 선후나 질권·저당권의 설정여부에 관계없이 우선적으로 변제받을 수 있는 권리가 있음을 밝힌 것일 뿐 나아가 사용자의 특정재산에 대한 배타적 지배권을 본질로 하는 추급효까지 인정한 것은 아니다."라고 하여(대법원 1994. 1. 11. 선고 93다30938 판결), 원칙적으로 추급효를 인정하지 않고 있습니다.

그러나 위 사안과 관련하여 판례는 "개인사업자의 형태로 운영되던 사업을 주식회사 형태로 전환하면서 근저당권의 목적물인 부동산을 포함한 모든 물적 시설을 법인이 승계하고 그에 따라 근로자들의 근로관계도 법인에 단절 없이 승계된 경우와 같이 사업의 인적 조직 및 물적 시설이 그의 동일성을 유지하면서 일체로서 이전되어 개인사업자와 법인 사이에 실질적인 동일성이 인정되는 경우에는 담보된 재산만이 특정 승계된 경우와는 달라서 고용이 승계된 근로자는 물론 법인 전환 후에 신규로 채용된 근로자들도 현 사용자인 회사가 재산을 취득하기 전에 설정된 담보권에 대하여 임금 등의 우선변제권을 가진다."라고 하여 추급효를 인정한 사례가 있습니다(대법원 2004. 5. 27. 선고 2002다65905 판결).

따라서 귀하의 경우 乙주식회사의 경매절차에서 우선배당을 받을 수 있을 것으로 보입니다.

■ 최종3개월분 임금채권 의미

Q. 최종 3개원분의 임금채권의 의미가 무엇인가요?

A. 규정상의 최종 3월분의 임금 채권이란 최종 3개월 사이에 지급 사유가 발생한 임금채권을 의미하는 것이 아니라, 최종 3개월간 근무한 부분의 임금채권을 의미합니다.

■ 징계권 남용을 이유로 한 해고무효소송 및 임금지급청구 가능 여부

Q. 저는 甲운수회사의 자동차정비공으로 동료 10명과 함께 실제 근무시간에 비례한 법정수당을 회사에 요구했으나 거절당하였습니다. 그래서 평소보다 30분 일찍 작업을 중단하고 조기퇴근 하였는데 회사에서는 저희 행위가 징계사유에 해당된다면서 징계위원회를 개최하여 저를 해고하였습니다. 이 경우 저는 甲운수회사를 상대로 해고무효소송과 임금지급청구소송을 제기할 수 있는지요?

A. 「근로기준법」 제23조 제1항은 "사용자는 근로자에 대하여 정당한 이유없이 해고·휴직·정직·전직 그 밖의 징벌을 하지 못하다." 라고 규정하여 근로자에 대한 사용자의 징계처분권에 제한을 두고 있으므로 노사협정이나 단체협약의 규정에 따른 징계처분이라 하여 모두 정당한 것은 아닙니다.

취업규칙이나 상벌규정에 징계사유를 규정하면서 동일한 사유에 대하여 여러 등급의 징계가 가능한 것으로 규정하는 경우에도 징계사유와 징계처분 사이에는 적절한 균형이 있어야 합니다. 따라서 경미한 사유에 대하여 지나치게 가혹한 징계처분을 하는 것은 정당한 이유가 없는 징계권의 남용으로 무효라 할 것입니다.

그리고 사용자의 근로자에 대한 해고처분이 무효이거나 취소된 때에는, 해고기간 동안의 근로관계는 유효하게 존속하는 것으로 되나, 근로자가 근로를 제공하지 못한 것은 부당한 해고를 한 사용자의 귀책사유로 말미암은 것이므로, 근로자는「민법」 제538조 제1항 본문에 의하여 해고기간 중 회사에서 일을 못 하였더라도 계속 근무하였을 경우에 받을 수 있는 임금전부를 청구할 수 있습니다(대법원 2002. 5. 31. 선고 2000다18127 판결).

그러나 해고기간(해고시부터 복직에 이르는 기간) 중 근로자가 다른 직장에서 근무하여 얻은 수입이 있는 경우 이러한 중간 수입은「민법」제538조 제2항에서 말하는 채무를 면함으로써 얻은 이익에 해당한다 할 것이므로, 사용자는 해당 근로자에게 해고기간 중의 임금을 지급함에 있어서 이 금액을 중간수입으로 공제할 수 있습니다.

그런데 판례는 사용자가 해고기간 중의 임금액에서 중간수입을 공제한 금액만을 근로자에게 지급할 수 있다고 하더라도, 근로 자가 지급 받을 수 있는 임금액 중 근로기준법 제46조 소정의 휴업수당(평균임금의 100분의 70이상)의 범위내의 금액은 중 간수입으로 공제할 수 없고, 휴업수당을 초과하는 금액만을 중 간수입으로 공제하여야 한다고 하여 위 공제의 한도를 제한하 고 있습니다(대법원 1996.4.23.선고 94다446 판결).

다만,「민법」제538조 제2항에 따라 사용자에게 상환하여야 할 이익은 근로자가 채무를 면한 것과 상당인과관계에 있는 것에 한한다고 할 것이므로 근로자가 해고기간 중에 노동조합 기금으로 지급받은 금액은 근로자가 노무제공을 면한 것과 상 당인과관계 있는 이익이라 볼 수 없으므로 공제대상이 되지 않습니다(대법원 1991. 5. 14. 선고 91다2656 판결).

따라서 귀하의 경우와 같이 1회 조퇴하였다는 이유로 징계해 고한 것은 무효라 할 것이므로, 귀하는 법원에 해고무효확인 및 임금지급청구소송을 제기할 수 있으며(대법원 1991. 12. 13. 선고 90다18999 판결),「근로기준법」제28조 제1항에 의하여 부당해고를 이유로 하여 관할 노동위원회에 구제를 신청할 수도 있습니다. 또한 위에서 설명한 범위 내의 임금지급청구도 가능하다고 보입니다.

PART 6. 임금 우선변제권에 대한 상담

■ 직상 수급인 소유의 재산을 사용자의 총재산에 포함하여 임금우선변제권을 주장할 수 있는지요?

Q. 甲은 乙에게 고용되었던 근로자였으나 乙로부터 최종 3개월분의 임금을 받지 못하여 근로기준법 제38조에 기한 우선변제권을 행사하려고 합니다. 그런데 확인한 결과 하수급인 乙은 현재 가진 재산이 없어 우선변제권을 행사하더라도 임금을 받지 못할 가능성이 높습니다. 이 경우 甲은 직상 수급인의 재산을 사용자의 총재산에 포함하여 임금우선변제권을 주장할 수 있을까요?

A. 사용자의 총재산이라 함은 근로계약 당사자로서 임금채무를 1차적으로 부담하는 사업주인 사용자의 총재산을 의미합니다. 그러므로 직상 수급인이 근로기준법 제44조에 따라 하수급인의 근로자들에 대하여 하수급인과 연대하여 임금을 지급할 책임을 지게 된다 하더라도 그 직상 수급인을 하수급인의 근로자에 대한 관계에서 임금채권의 우선변제권이 인정되는 사용자에 해당한다고 볼 수 없고, 따라서 근로자는 직상 수급인 소유의 재산을 사용자의 총재산에 포함하여 임금우선변제권을 주장할 수 없습니다*(대판 1997. 12. 12, 95다56798).*

■ 부도 3개월 이전에 퇴직한 자의 최종 3개월분 임금의 우선변제 여부

Q. 저는 甲제조회사에 고용되어 1년간 근무하고 퇴직하였으나 최종 3개월분 임금을 지급받지 못하였습니다. 제가 퇴사하고 3개월이 지나자 甲회사는 도산하였고, 甲회사 명의의 유일한 부동산에는 다수의 근저당권이 설정되어 채권최고금액이 부동산의 시가를 훨씬 초과한 상태입니다. 이 경우 저는 회사가 부도나기 3개월 이전에 퇴사하였으므로 위 3개월분의 임금을 위 근저당채권자보다

우선변제 받을 수 없다고 하는데 사실인지요?

A. 「근로기준법」 제38조 제2항 및 「근로자퇴직급여 보장법」제12조 제2항은 최종 3개월분의 임금과 재해보상금 및 최종 3년간의 퇴직금은 사용자의 총재산에 대하여 질권 또는 저당권에 의하여 담보된 채권, 조세·공과금 및 다른 채권에 우선하여 변제되어야 한다고 규정하고 있습니다.

그런데 다른 담보물권 등에 우선하는 최종 3개월분 임금의 범위에 관하여 판례는 "근로기준법 제30조의2 제2항(현행근로기준법 제38조 제2항)에서 규정한 근로자의 최종 3월분의 임금에 대한 우선특권은 사용자의 총재산에 대하여 일반담보물권의 효력을 일부 제한하고 임금채권을 우선변제받을 수 있는 권리로서, 근로자의 최저생활을 보장하고자 하는 공익적 요청에서 나온 규정이므로(대법원 1996. 2. 23. 선고 95다48650 판결), 그 보호되는 임금채권의 범위는 퇴직의 시기를 묻지 아니하고 사용자로부터 지급받지 못한 최종 3개월분의 임금을 말한다고 할 것이고, 반드시 사용자의 도산 등 사업폐지시로부터 소급하여 3월 내에 퇴직한 근로자의 임금채권에 한정하여 보호하는 취지라고 볼 수 없다."라고 하였습니다(대법원 1997. 11. 14. 선고 97다32178 판결).

따라서 귀하는 甲회사의 도산시로부터 3월 이전에 퇴직하였다고 하더라도 최종 3월분의 임금을 다른 근저당채권자보다 우선변제 받을 수 있다 하겠습니다.

■ 우선변제권 있는 임금채권을 사용자를 대위하여 변제한 자의 지위

Q. 저희 형님 甲이 경영하던 회사가 경영악화로 임금을 체불하자 그 회사의 근로자들이 甲을 「근로기준법」 위반으로 관할 지방노동사무소에 진정하였고 저는 甲에 대한 진정을 취하하는 조건으로 제 소유 주택을 근로자들 임금채권의 담보로 제공하였습니다. 그러나 甲의 재정상태가 계속 악화되자 근로자들이 위 주택을 경매신청하

겠다고 하였고 저는 근로자들의 임금을 모두 변제하여 주었습니다. 그러나 저희 노력에도 불구하고 결국 甲의 부동산이 근저당권자에 의하여 경매신청 되고 말았는데, 이 경우 저는 근로자들의 우선변제권 있는 임금채권의 대위변제자로서 위 부동산경매절차에서 배당요구하여 우선변제를 받을 수 있는지요?

A. 이와 유사한 경우에 판례는 "타인의 채무를 변제하고 채권자를 대위하는 대위변제의 경우 채권자의 채권은 동일성을 유지한 채 법률상 당연히 변제자에게 이전하는 것이고*(민법 제482조 제1항)*, 이러한 법리는 채권이 근로기준법상의 임금채권이라 하더라도 그대로 적용된다 할 것이므로, 근로기준법 제30조의2 제2항*(현행 근로기준법 제38조 제2항)*에 규정된 우선변제권이 있는 임금채권을 변제한 자는 채무자인 사용자에 대한 임금채권자로서 사용자의 총재산에 대한 강제집행절차나 담보권실행을 위한 경매절차가 개시된 경우에 배당요구의 종기까지 배당요구를 하여*(민사집행법 제268조, 제88조)* 그 배당절차에서 저당권의 피담보채권이나 일반채권보다 우선하여 변제받을 수 있는 것이며*(대법원 1996. 2. 23. 선고 94다21160 판결)*, 근로기준법상 우선변제권이 있는 임금채권을 대위변제한 자에게 임금채권은 동일성을 유지한 채 법률상 당연히 이전하는 것이므로, 변제자가 사용자에 대한 담보권실행을 위한 경매절차 등에서 임금채권자로서 배당요구를 하여 저당권부 채권이나 일반채권보다 우선변제받더라도, 이 우선변제권은 임금채권이 그 성질이 변하지 않고 이전된 것인 이상 일신전속적인 권리로서 근로자만이 주장할 수 있는 권리라고 할 수 없고, 또 임금이 근로자에게 이미 지급된 이상 근로기준법 제36조 제1항*(현행 근로기준법 제43조 제1항)* 소정의 직접불의 원칙에 위배된다고도 할 수 없다."라고 하였습니다*(대법원 1996. 2. 23. 선고 94다21160 판결)*.

따라서 귀하의 경우에도 甲의 부동산에 대한 경매절차에서 근로자들의 우선변제권 있는 임금채권의 대위변제자로서 배당요구신청하여 우선변제를 받을 수 있을 것입니다.

■ 직상수급인 재산에 대해 근로자 임금의 우선변제권 인정되는지요?

Q. 甲은 乙로부터 건축공사를 하도급 받아 공사하는 丙에게 고용되어 일하였으나, 乙이 丙에게 공사대금을 지급하지 않음으로 인하여 甲도 丙으로부터 임금을 지급받지 못하고 있습니다. 그러므로 甲은 근로기준법에 의하여 직상수급인 乙에게 임금을 청구하려고 하는데, 이 경우 乙의 총재산에 대하여도 임금채권우선변제를 받을 수 있는지요?

A. 「근로기준법」 제44조 제1항은 "사업이 여러 차례의 도급에 따라 행하여지는 경우에 하수급인이 직상수급인의 귀책사유로 근로자에게 임금을 지급하지 못한 때에는 그 직상수급인은 그 하수급인과 연대하여 책임을 진다."라고 규정하고 있으며, 제2항은 "제1항의 직상 수급인의 귀책사유 범위는 대통령령으로 정한다."라고 규정하고 있고, 같은 법 시행령 제24조는 직상수급인의 귀책사유로서 ①정당한 사유없이 도급계약에 의한 도급금액 지급일에 도급금액을 지급하지 아니한 경우, ②정당한 사유없이 도급계약에 의한 원자재공급을 지연하거나 공급을 하지 아니한 경우, ③정당한 사유없이 도급계약의 조건을 이행하지 아니함으로써 하수급인이 도급사업을 정상적으로 수행하지 못한 경우를 규정하고 있습니다.

그리고 임금채권의 우선변제에 관하여 같은 법 제38조 및 「근로자퇴직급여보장법」 제12조제11조는 근로관계로 인한 채권 중 최종 3개월분의 3월분의 임금, 최종 3년간의 퇴직금(다만, 1997년 12월 24일 이전에 채용된 근로자로서 그 이후에 퇴직하는 근로자는 1989년 3월 29일 이후부터 1997년 12월 24일 이전까지의 계속근로연수에 대한 퇴직금에 1997년 12월 24일 이후의 계속근로연수에 대하여 발생하는 최종 3연간의 퇴직금을 합산한 금액을 우선변제의 대상으로 하며, 우선변제의 대상이 되는 퇴직금은 계속근로기간 1년에 대하여 30일분의 평균임금으로 계산한 금액으로 하되 250일분의 평균임금을 초과할 수 없음), 재해보상금의 채권은 사용자의 총재산에 대하여 질권 또는 저당권에 의하여 담보된 채권, 조세·공과금 및 다른 채권에 우선하여 변제되어야 한다고 규정하고 있습니다.

같은 법 제38조 제1항 및 「근로자퇴직급여 보장법」 제12조 제1항은 "임금·퇴직금·재해보상금 기타 근로관계로 인한 채권은 사용자의 총재산에 대하여 질권 또는 저당권에 의하여 담보된 채권을 제외하고는 조세·공과금 및 다른 채권에 우선하여 변제되어야 하고 다만, 질권 또는 저당권에 우선하는 조세·공과금에 대하여는 그러하지 아니하다."라고 규정하고 있으며, 「근로기준법」 제38조 제2항은 "제1항의 규정에 불구하고 ①최종 3개월분의 임금, ②재해보상금에 해당하는 채권은 사용자의 총재산에 대하여 질권 또는 저당권에 의하여 담보된 채권, 조세·공과금 및 다른 채권에 우선하여 변제되어야 한다."라고 규정하고 있습니다.

그런데 위 규정에서 '사용자의 총재산'의 의미는 근로계약의 당사자로서 임금채무를 1차적으로 부담하는 사업주인 사용자의 총재산을 의미하므로 하수급인이 직상수급인의 귀책사유로 근로자에게 임금을 지급하지 못하여 직상수급인이 하수급인의 근로자들에 대하여 하수급인과 연대책임을 지는 경우, 하수급인의 근로자들이 직상수급인 소유의 재산에 대하여 임금채권 우선변제권을 주장할 수는 없을 것입니다.

판례도 "사업이 수차의 도급에 의하여 행하여지는 경우 하수급인이 직상수급인의 귀책사유로 근로자에게 임금을 지급하지 못하게 됨에 따라 직상수급인이 구 근로기준법 제36조의2 제1항 *(현행 근로기준법 제44조 제1항)*에 의하여 하수급인의 근로자들에 대하여 하수급인과 연대하여 임금을 지급할 책임을 지게 된다 하더라도(도급이 1차에 걸쳐 행하여짐으로써 도급인과 수급인만이 있는 경우에는 도급인이 직상수급인에 해당한다고 할 것임), 직상수급인과 하수급인의 근로자 사이에 묵시적인 근로계약관계의 성립을 인정할 수 있는 특별한 사정이 존재하지 않는 이상, 그 직상수급인은 하수급인의 근로자에 대한 관계에서 근로계약의 당사자로서 임금채무를 1차적으로 부담하는 사업주인 사용자에 해당하지 않는다고 할 것인바, 직상수급인 소유의 재산에 대한 강제집행절차에서 하수급인의 근로자들이 직상수급인 소유의 재산을 사용자의 총재산에 해당한다고 보아 이에 대하여 임금우선변제권을 주장할 수 없다."라고 하였습니다*(대법원 1997. 12. 12. 선고 95다56798 판결, 1999. 2. 5. 선고 97다48388 판결).*

따라서 위 사안에서도 甲은 乙의 재산에 대해서 임금채권의 우선변제권을 주장하지 못할 것으로 보입니다.

■ 최우선변제권 있는 임금채권의 범위와 상여금

Q. 근로자가 퇴직하기 전 최종 3개월의 기간 중에 상여금을 받은 경우, 위 상여금 전액이 최우선변제권 있는 임금채권의 범위에 포함되는지요?

A. 근로기준법 제37조 제2항에서는 근로자의 최종 3월분의 임금 채권, 최종 3년간의 퇴직금 채권, 재해보상금 채권은 사용자의 총재산에 대하여 질권 또는 저당권에 의하여 담보된 채권, 조세, 공과금 및 다른 채권에 우선하여 변제되어야 한다고 규정하고 있는바, 상여금과 관련하여 판례는 "위 규정상의 최종 3월분의 임금 채권이란 최종 3개월 사이에 지급사유가 발생한 임금채권을 의미하는 것이 아니라, 최종 3개월간 근무한 부분의 임금 채권을 말한다 할 것이므로, 원고와 선정자들이 소외 회사로부터 지급받지 못한 상여금 중 근로기준법상의 우선변제권을 주장할 수 있는 부분은 퇴직 전 최종 3개월의 근로에 대한 대가 부분에 한정된

다 할 것"이라고 판시한 바 있습니다(대법원 2002. 3. 29. 선고 2001다 83838 판결례). 그렇다면 상여금 중 최종 3개월의 근로에 대한 대가 부분을 가려내어 최우선변제권의 범위 내에 포함된다고 할 것인 바, 위 사안의 경우 상여금 전액이 최우선변제권 있는 임금채권 에 해당한다고 볼 수는 없을 것입니다.

■ 사업자의 귀책사유에 따른 휴업수당과 임금의 최우선변제권

Q. 사업자의 귀책사유로 인해 사업장이 휴업하였고, 이에 따라 발생 한 휴업수당이 최우선변제권이 인정되는 "최종 3개월분의 임금채 권"에 포함되는지요?

A. 근로기준법 제38조 제1항에서 "임금, 재해보상금, 그 밖에 근로 관계로 인한 채권은 사용자의 총재산에 대하여 질권(質權)·저당권 또는 「동산·채권 등의 담보에 관한 법률」에 따른 담보권에 따라 담보된 채권 외에는 조세·공과금 및 다른 채권에 우선하여 변제 되어야 한다. 다만, 질권·저당권 또는 「동산·채권 등의 담보에 관 한 법률」에 따른 담보권에 우선하는 조세·공과금에 대하여는 그 러하지 아니하다"고 규정하고 있고, 같은 조 제2항에서는 "제1항 에도 불구하고 '최종 3월분의 임금, 재해보상금'은 사용자의 총재 산에 대하여 질권·저당권 또는 「동산·채권 등의 담보에 관한 법 률」에 따른 담보권에 따라 담보된 채권, 조세·공과금 및 다른 채 권에 우선하여 변제되어야 한다"고 규정하고 있습니다. 이 때 하 급심이지만 판례는 "구 근로기준법(2007. 4. 11. 법률 제8372호로 전부 개정 되기 전의 것) 제45조는 사용자의 귀책사유로 인하여 휴업하는 경우 에 근로자의 최저생활을 보장하려는 취지에서 휴업수당을 지급하 도록 한 것이다. 이는 개개의 근로자가 근로계약에 따라 근로를 제공할 의사가 있음에도 불구하고 그 의사에 반하여 근로를 제공 하지 못한 경우에 반대급부인 임금의 일부를 휴업수당이라는 명 목으로 지급하도록 한 것으로 보아야 한다. 그리고 구 근로기준

법이나 현행 근로기준법도 다른 법정수당과는 달리 휴업수당을 제3장 '임금'의 장에서 규정하고 있으므로, 휴업수당은 다른 법정수당과 달리 임금과 동일하게 취급할 필요성이 크다"고 판시하면서*(청주지방법원 2009가합1761 판결)*, 사용자의 귀책사유로 인해 발생한 휴업수당은 최우선변제권이 인정되는 임금채권에 포함된다고 보았습니다.

■ 담보권과 임금채권의 최우선변제권

Q. A회사가 B를 고용하기 전에 A회사의 재산에 저당권을 설정한 경우, 위 저당권에 대해서도 B의 최종 3개월분의 임금채권에 대한 최우선변제권이 인정되는지요?

A. 이에 관하여 판례는 "근로기준법 제38조 제2항은 근로자의 최저생활을 보장하고자 하는 공익적 요청에서 일반 담보물권의 효력을 일부 제한하고 최종 3개월분의 임금과 재해보상금에 해당하는 채권의 우선변제권을 규정한 것이므로, 합리적 이유나 근거 없이 그 적용대상을 축소하거나 제한하는 것은 허용되지 아니한다. 그런데 근로기준법 제38조 제2항은 최종 3개월분의 임금채권은 같은 조 제1항에도 불구하고 사용자의 총재산에 대하여 질권 또는 저당권에 따라 담보된 채권에 우선하여 변제되어야 한다고 규정하고 있을 뿐, 사용자가 그 사용자 지위를 취득하기 전에 설정한 질권 또는 저당권에 따라 담보된 채권에는 우선하여 변제받을 수 없는 것으로 규정하고 있지 아니하므로, 최종 3개월분의 임금 채권은 사용자의 총재산에 대하여 사용자가 그 사용자 지위를 취득하기 전에 설정한 질권 또는 저당권에 따라 담보된 채권에도 우선하여 변제되어야 한다"고 판시한 바 있습니다*(대법원 2011. 12. 8. 선고 2011다68777 판결례 참조)*. 그렇다면 비록 A회사가 B를 고용하기 전에 설정한 저당권이라 하더라도 B의 최종 3개월분의 임금채권에 대한 최우선변제권이 인정된다고 볼 것입니다.

■ 최우선변제권이 인정되는 "최종 3개월분의 임금채권"의 계산방법

Q. 근로기준법 제38조 제2항에서는 최종 3개월분의 임금채권에 최우선변제권을 인정하고 있는데, 이 때 '최종 3개월'의 범위는 월수로 계산하는 것인지, 아니면 일수로 계산하는 것인지요?

A. 기간의 계산에 대하여 민법 제160조 제1항에서는 기간을 주, 월 또는 연으로 정한 때에는 역에 의하여 계산한다고 규정하고 있습니다. 관련하여 판례*(대법원 2002. 3. 29. 선고 2001다83838 판결례)*는 위 규정상의 최종 3월분의 임금 채권이란 최종 3개월 사이에 지급사유가 발생한 임금 채권을 의미하는 것이 아니라, 최종 3개월간 근무한 부분의 임금 채권을 말한다고 판시하였습니다. 또한 하급심 판례*(서울고등법원 97나1596 판결)*에서는 "그 퇴직일로부터 역산하면 최종 3월 내에 포함되는 임금이므로 당연히 근로기준법 제30조의2 규정에 의하여 우선변제청구권이 있는 채권임에도, 위 배당기일에 착오로 퇴직일을 기준으로 3개월을 역산하지 않고, 1995. 8.에 퇴직하여 단순히 월로만 3월을 역산하여 1995. 5.분의 임금은 위 법조항에서 말하는 최종 3개월분의 임금에 포함되지 않는 것으로 오인한 탓으로"라고 하여 최종3개월의 계산을 일수로 계산하는 것이 당연하다는 취지로 판시하고 있습니다. 나아가 근로자의 이익에 비추어 보더라도, 퇴직일로부터 역산하여 일수로 계산하는 것이 보다 합리적이라고 판단됩니다.

■ 최우선변제권 있는 임금채권의 배당요구 필요성

Q. A는 B회사의 근로자였다가 밀린 임금을 지급받지 못하고 퇴사하였는데, 이후 A는 체불임금을 근거로 B회사를 상대로 B회사 소유 부동산을 가압류하였는바, 이후 위 부동산에 경매개시결정등기가 된 경우 A는 배당요구를 하지 않더라도 체불임금 중 최종 3개월분의 임금에 대하여 최우선변제를 받을 수 있는 것인지요?

A. 민사집행법 제148조에서는 부동산 경매 등의 경우 배당을 받을 수 있는 채권자 중의 하나로 '배당요구의 종기까지 배당요구를 한 채권자(제2호)'와 '첫 경매개시결정등기 전에 등기된 가압류채권자(3호)'를 규정하고 있습니다. 위 사안의 경우 A는 경매개시결정등기 이전에 부동산을 가압류하였으므로, 배당요구가 따로 필요하지 않을 것으로 보입니다.

■ 우선변제권 있는 임금채권의 소명 시기

Q. A는 B회사의 근로자였다가 임금 및 퇴직금을 지급받지 못하고 퇴사하였고, 이를 근거로 B회사 소유의 부동산을 가압류하였는데, 이후 위 부동산에 경매가 개시되자, A는 배당요구 종기가 지난 이후 배당표가 확정되기 전에 위 가압류의 청구채권이 우선변제권 있는 임금 및 퇴직금이라는 것을 소명한바, 이 경우 A에게 우선변제권이 인정되는지요?

A. 관련하여 판례는, "근로기준법에 의하여 우선변제청구권을 갖는 임금채권자라고 하더라도 임의경매절차에서 배당요구의 종기까지 배당요구를 하여야만 우선배당을 받을 수 있는 것이 원칙이나, 경매절차개시 전의 부동산 가압류권자는 배당요구를 하지 않았더라도 당연히 배당요구를 한 것과 동일하게 취급하여 설사 그가 별도로 채권계산서를 제출하지 아니하였다 하여도 배당에서 제외하여서는 아니되므로, 민사집행절차의 안정성을 보장하여야 하는 절차법적 요청과 근로자의 임금채권을 보호하여야 하는 실체법적 요청을 형량하여 보면 근로기준법상 우선변제권이 있는 임금채권자가 경매절차개시 전에 경매 목적 부동산을 가압류한 경우에는 배당요구의 종기까지 우선권 있는 임금채권임을 소명하지 않았다고 하더라도 배당표가 확정되기 전까지 그 가압류의 청구채권이 우선변제권 있는 임금채권임을 소명하면 우선배당을 받을 수 있다"고 판시하였습니다(대법원 2004. 7. 22. 선고2002다52312 판결례). 그렇다

면 배당요구 종기가 지났더라도, 배당표 확정 이전에 해당 채권
이 임금 및 퇴직금임을 소명한 A는 우선변제받을 수 있다고 볼
것입니다.

PART 7. 임금채권 배당요구에 대한 상담

■ 임금 등 우선변제채권에 대한 우선배당의 요건

Q. 저는 A회사에 고용되어 일하던 근로자였으나 A회사가 도산하면서 일자리를 잃었습니다. 현재 A회사에는 회사건물이 유일한 재산으로 남아 있어 회사가 도산하면서 받지 못하였던 최종 3개월 분의 임금을 회사건물 경매에서 배당받고자 합니다. 알아보니 최종 3개월 분의 임금은 근로기준법 제38조에 의하여 최우선적으로 보장된다는데 그렇다면 경매절차에서 별도의 배당요구를 하지 않더라도 우선배당받을 수 있는건가요?

A. 최종 3개월분의 임금 등에 관한 채권은 다른 채권과 동시에 사용자의 동일재산에서 경합하여 변제받는 경우에 성립의 선후나 질권이나 저당권의 설정 여부에 관계없이 우선적으로 변제받을 수 있는 권리가 있을 뿐이므로, 근로기준법 등에 따라 우선변제청구권을 갖는 임금채권자라고 하더라도 강제집행절차나 임의경매절차에서 배당요구의 종기까지 적법하게 배당요구를 하여야만 우선배당을 받을 수 있는 것이 원칙입니다(대판 2015. 8. 19, 2015다204762).

따라서 제아무리 최종 3개월분 임금이라하더라도 우선배당을 받기 위해서는 배당요구를 하셔야 합니다. 만약, 배당요구 종기일까지 배당요구를 하지 못한 경우라면 신속히 배당요구 종기 연기신청을 하시는 방법을 검토해 보셔야 할 것으로 보이며, 회사가 도산 상태에 있다면 체당금 신청을 하는 것도 검토해 볼 수 있을 것입니다.

■ 배당요구서에 채권의 원인을 '임금'으로만 기재한 경우 배당요구한 채권에 퇴직금이 포함되는지요?

Q. 甲은 자신이 근무하던 A회사로부터 임금 및 퇴지금을 받지 못하

여 우선변제청구권을 행사하였습니다. 그런데 甲은 배당요구서에 채권의 원인을 '임금'으로만 기재하였을 뿐 '퇴직금'은 적지 않았습니다. 이 경우 퇴직금도 배당요구한 채권에 포함된다고 볼 수 있을까요?

A. 판례는 이러한 경우 "실체법상 우선변제청구권이 있는 채권자가 배당요구의 종기까지 적법한 배당요구를 하지 아니한 경우 배당에서 제외되고, 배당요구서에 채권의 원인을 '임금'으로만 기재하였다가 배당요구 종기 후에 '퇴직금채권'을 추가하여 기재한 채권계산서를 제출한 경우, 배당요구한 채권에 퇴직금이 포함되지 않는다."라고 판시하였습니다*(대판 2008. 12. 24, 2008다65242)*. 따라서 甲이 배당요구한 채권에 퇴직금은 포함되지 않습니다.

■ 근로자의 임금채권과 근로복지공단이 대위하는 채권 사이의 배당순위

Q. 甲은 최종 3개월분의 임금과 최종 3년분의 퇴직금에 대하여 최우선변제권을 행사하면서 그 중 일부를 체당금으로 근로복지공단으로부터 지급받았습니다. 甲은 못 받은 나머지 부분에 대하여 최우선변제권을 행사하고 있는 상황이고 근로복지공단 또한 체당금으로 지급한 금액을 대위하여 배당요구하고 있는 상황입니다. 이 경우 甲과 근로복지공단 사이의 배당순위는 어떻게 되나요.

A. 이 경우 최우선변제권이 있는 근로자의 나머지 임금 등 채권이 공단이 대위하는 채권에 대하여 우선변제권을 갖는다고 보아야 합니다. 이와 달리 양자를 동 순위라고 해석한다면 배당금을 먼저 지급받은 후 공단으로부터 체당금을 지급받는 경우에 비하여 근로자가 수령하는 총금액이 적게되어 버리는 문제가 발생하게 됩니다. 그렇게 된다면 체당금 지급을 통하여 근로자의 생활안정에 이바지하고자 하는 임금채권보장법의 취지 또한 몰각시키게 되어 버릴 것입니다*(대판 2011. 1. 27, 2008다13623)*. 따라서 甲은 근로복지공단에 우선하여 나머지 임금 등 채권을 배당받을 수 있습니다.

■ 회사가 도산한 경우 임금 및 퇴직금 채권의 배당순위

Q. 제가 근무하던 회사가 최근 경영악화로 도산하여 위 회사 소유 부동산에 대한 경매가 진행중입니다. 위 부동산에는 조세체납으로 인한 압류등기, 근저당등기, 가압류등기 등이 복잡하게 되어 있습니다. 이 경우 저를 포함한 근로자들의 임금 및 퇴직금 채권의 배당순위는 어떻게 되는지요?

A. 경매절차의 매각대금을 각 채권자에게 각 채권액의 비율에 따라서 지급하는 절차가 배당절차입니다. 매각대금으로 배당에 참가한 모든 채권자를 만족하게 할 수 없는 때에는 민법·상법·기타 법률에 의한 우선순위에 따라 배당하여야 합니다(민사집행법 제145조 제2항). 여기에서는 조세채권의 확정일 전·후에 설정된 저당권이 있는 경우를 나누어 임금·퇴직금채권의 통상적인 배당순위에 대하여 살펴보겠으며, '조세채권확정일'이라 함은, 압류재산에 대하여 국세와 지방세의 법정기일(국세기본법 제35조 제1항 제3호, 지방세기본법 제99조 제1항 제3호)을 의미합니다.

첫째, 조세채권의 확정일 전에 설정된 저당권에 의해 담보된 채권이 있는 경우의 순위는 다음과 같습니다.

① 제1순위 : 소액임차보증금(주택임대차보호법 제8조, 상가건물 임대차보호법 제14조), 최우선임금채권인 최종 3개월분 임금, 최종 3년간의 퇴직금, 재해보상금채권(근로기준법 제38조 제2항, 근로자퇴직급여 보장법 제11조 제2항).

② 제2순위 : 당해세. 당해세는 집행목적물에 대하여 부과된 국세, 지방세와 가산금(국세기본법 제35조 제1항 제3호, 지방세기본법 제99조 제1항 제3호)을 의미합니다.

③ 제3순위 : 조세채권확정일 전에 설정등기된 전세권, 질권, 저당권에 의하여 담보되는 채권(국세기본법 제35조 제1항 제3호, 지방세기본법 제99조 제1항 제3호). 확정일자 있는 임차보증금채권은 저당권으로

담보되는 채권과 같은 순위로 취급한다.

④ 제4순위 : 근로기준법 제38조 제2항의 임금 등을 제외한 임금, 근로자퇴직급여 보장법 제11조 제2항의 퇴직금을 제외한 퇴직금, 그 밖의 근로관계로 말미암은 채권*(근로기준법 제38조 제1항, 근로자퇴직급여 보장법 제11조 제1항)*

⑤ 제5순위 : 국세, 가산금 또는 체납처분비*(국세기본법 제35조 제1항)*, 지방세 등 지방자치단체의 징수금*(지방세기본법 제99조 제1항 제3호).*

⑥ 제6순위 : 국세, 지방세의 다음 순위로 징수되는 공과금*(고용보험 및 산업재해보상보험의 보험료징수 등에 관한 법률 제30조 보험료, 징수금, 국민건강보험법 제69조 보험료).*

⑦ 제7순위 : 일반채권자의 채권

둘째, 조세채권의 확정일 후 설정된 저당권에 의하여 담보되는 채권이 있는 경우의 순위는 다음과 같습니다.

㉠ 제1순위 : 소액임차보증금*(주택임대차보호법 제8조, 상가건물 임대차보호법 제14조)*, 최우선임금채권인 최종 3개월분 임금, 최종 3년간의 퇴직금, 재해보상금채권*(근로기준법 제38조 제2항, 근로자퇴직급여 보장법 제11조 제2항).*

㉡ 제2순위 : 조세 기타 이와 같은 순위의 징수금*(당해세 포함).*

㉢ 제3순위 : 저당권에 의하여 담보된 채권

㉣ 제4순위 : 임금 기타 근로관계로 인한 채권*(근로기준법 제38조 제1항, 근로자퇴직급여 보장법 제11조 제1항)*

㉤ 제5순위 : 조세 다음 순위의 공과금

㉥ 제6순위 : 일반채권

■ 배당요구하지 않은 임금채권자의 부당이득반환청구권

Q. 저는 甲이 운영하는 상시 고용근로자 수 60명인 개인회사에서 3년간 근무하고 그만두었으나 최종 3개월분의 임금 및 퇴직금을 받지 못하였습니다. 그런데 최근 甲소유의 유일한 재산인 부동산이 경매처분 되었으나 저는 배당요구시기를 놓쳤습니다. 이 경우 제가 임금 등 채권의 우선변제권을 주장하여 위 부동산의 매각대금에서 배당받아간 채권자들에게 부당이득반환청구를 할 수 있는지요?

A. 「근로기준법」 제38조 제2항 및 「근로자퇴직급여 보장법」제11조 제2항은 최종 3월분의 임금과 재해보상금 및 최종 3년간의 퇴직금은 질권 또는 저당권에 의하여 담보된 채권, 조세·공과금 및 다른 채권에 우선하여 변제되어야 한다고 규정하고 있고, 「민사집행법」 제268조에서 부동산을 목적으로 하는 담보권의 실행을 위한 경매절차에는 같은 법 제79조 내지 제162조의 규정을 준용한다고 규정하고 있으며, 「민사집행법」제88조 제1항은 "집행력 있는 정본을 가진 채권자, 경매개시결정이 등기된 뒤에 가압류를 한 채권자, 민법·상법 그 밖의 법률에 의하여 우선변제청구권이 있는 채권자는 배당요구를 할 수 있다."라고 규정하고 있습니다. 그리고 배당요구는 배당요구의 종기까지 하여야 합니다.

그러므로 귀하의 경우에도 위 부동산에 대한 경매절차의 배당요구의 종기까지 배당요구를 하여야 함에도 그 시기를 놓쳤으므로 전혀 배당받지 못한 것이라 하겠습니다.

판례도 "민사소송법 제728조*(현행 민사집행법 제268조)*에 의하여 담보권의 실행을 위한 경매절차에 준용되는 민사소송법 제605조*(현행 민사집행법 제88조)* 제1항에서 규정하는 배당요구채권자는 경락기일*(현행 민사집행법에 의하면 배당요구의 종기)*까지 배당요구를 한 경우에 한하여 비로소 배당을 받을 수 있고, 적법한 배당요구를 하지 아니한 경우에는 실체법상 우선변제청구권이 있는 채권자라 하더라도 배당을 받을 수 없으므로, 이러한 배당요구 채권자가 적법한 배당요구를 하지 아니하여 그를 배당에서 제외하는 것으로 배당표가 작성·확정되고 그 확정된 배당표에 따라 배당이 실시되었다면, 그가 적법한 배당요구를 한 경우에 배당받을 수 있었던 금액 상당의 금원이 후순위 채권자에게 배당되었다 하여 이를 법률상 원인이 없는 것이라고 볼 수 없다."라고 하였습니다*(대법원 1997. 2. 25. 선고 96다10263 판결, 1996. 12. 20. 선고 95다28304 판결).*

따라서 귀하는 위 부동산의 매각대금에서 배당 받아간 채권자들에 대하여 부당이득반환을 청구할 수는 없을 것입니다. 다만, 귀하는 임금채권의 소멸시효기간인 3년 이내에 甲의 집행 가능한 다른 재산을 파악하여 가압류 등의 보전조치를 취한 후 임금채권에 관한 승소판결을 받아 그 재산을 경매하고 그 경매절차에서 다른 채권자보다 우선변제를 받아야 할 것입니다.

■ 경매개시 전 가압류한 임금채권자의 배당기일에서의 우선배당권

Q. 甲 등 임금채권자 여러 명은 퇴직금을 지급받지 못하여 사용자였던 乙의 부동산에 가압류를 하였습니다. 그 뒤 위 부동산은 근저당권실행을 위한 경매절차가 진행되어 매각되었습니다. 그런데 甲 등은 배당기일까지 경매법원에 그들의 채권이 우선권 있는 임금채권임을 소명하는 자료를 제출하지 못하여 배당에서 제외되었기에 배당기일에 출석하여 배당표에 이의를 제기한 후 배당표의 경정을 구하는 배당이의의 소를 제기하였습니다. 이 경우 甲 등이 임금채권으로서 우선변제를 받을 수 있는지요?

A. 「민사집행법」 제148조는 배당받을 채권자의 범위에 관하여 ①배당요구의 종기까지 경매신청을 한 압류채권자, ②배당요구의 종기까지 배당요구를 한 채권자, ③첫 경매개시결정등기 전에 등기된 가압류채권자, ④저당권·전세권, 그 밖의 우선변제청구권으로

서 첫 경매개시결정등기 전에 등기되었고 매각으로 소멸하는 것을 가진 채권자로 한다고 규정하고 있습니다.

그러므로 첫 경매개시결정등기 전에 등기된 가압류채권자는 별도로 배당요구를 하지 않는다고 하여도 배당 받을 채권자에 해당되는데, 위 사안에서 甲 등은 첫 경매개시결정등기 전에 가압류등기가 되도록 하였지만, 그 가압류채권이 우선변제권 있는 임금채권임을 소명하지 않았으므로, 배당표 확정 전까지 가압류청구채권이 우선변제권 있는 임금채권임을 입증하면 우선배당을 받을 수 있는지 문제됩니다.

이에 관하여 판례는 "근로기준법에 의하여 우선변제청구권을 갖는 임금채권자라고 하더라도 임의경매절차에서 경락기일까지 *(현행 민사집행법에서는 배당요구의 종기를 첫 매각기일 이전으로 정하도록 규정하고 있음)* 배당요구를 하여야만 우선배당을 받을 수 있다는 것이 원칙이나, 경매절차개시 전의 부동산가압류권자는 배당요구를 하지 않았더라도 당연히 배당요구를 한 것과 동일하게 취급하여 설사 그가 별도로 채권계산서를 제출하지 아니하였다 하여도 배당에서 제외하여서는 아니 되는 것인바, 민사집행절차의 안정성을 보장하여야 하는 절차법적 요청과 근로자의 임금채권을 보호하여야 하는 실체법적 요청을 형량하여 보면 근로기준법상 우선변제청구권이 있는 임금채권자가 경매절차개시 전에 경매 목적 부동산을 가압류한 경우에는 경락시까지 우선권 있는 임금채권임을 소명하지 않았다고 하더라도 배당표가 확정되기 전까지 그 가압류의 청구채권이 우선권 있는 임금채권임을 입증하면 우선배당을 받을 수 있다고 해석하여야 한다."라고 하였습니다 *(대법원 2002. 5. 14. 선고 2002다4870 판결, 2004. 7. 22. 선고 2002다52312 판결).*

따라서 위 사안의 경우 甲 등도 위 가압류의 청구채권이 우선변제권 있는 임금채권임을 입증하면 우선배당을 받을 수 있다고 할 것입니다.

■ 선박우선특권과 임금우선특권 사이의 배당순위

Q. 저는 甲해운회사의 근로자로 임금을 지급받지 못하고 있는 상태였는데 甲회사 소유의 선박이 乙회사의 선박과 충돌하게 되었습니다. 그 사고로 인하여 甲회사에 대해 손해배상채권을 취득한 乙회사가 「상법」 제777조 제1항 제4호 소정의 선박우선특권에 기하여 위 선박에 대하여 임의경매 신청을 제기하였습니다. 그래서 저도 「근로기준법」 제38조 제2항 소정의 우선변제권에 기하여 배당요구 신청을 하였고, 법원은 임금채권을 우선순위로 하여 배당을 하였습니다. 이에 乙회사는 선박우선특권이 임금우선특권에 우선한다고 하며 배당이의를 제기한다고 하는데, 乙회사의 주장이 맞는지요?

A. 「근로기준법」 제38조는 "①임금, 재해보상금, 그 밖에 근로 관계로 인한 채권은 사용자의 총재산에 대하여 질권 또는 저당권에 따라 담보된 채권 외에는 조세·공과금 및 다른 채권에 우선하여 변제되어야 한다. 다만, 질권 또는 저당권에 우선하는 조세·공과금에 대하여는 그러하지 아니하다. ②제1항에도 불구하고 최종 3개월분의 임금, 재해보상금 채권은 사용자의 총재산에 대하여 질권 또는 저당권에 따라 담보된 채권, 조세·공과금 및 다른 채권에 우선하여 변제되어야 한다."라고 규정하고 있습니다.

또한, 「상법」 제777조 제1항 제4호는 "선박의 충돌로 인한 손해 기타의 항해사고로 인한 항해시설, 항만시설 및 항로에 대한 손해와 선원이나 여객의 생명, 신체에 대한 손해배상채권은 선박, 그 속구(屬具), 그 채권이 생긴 항해의 운임, 그 선박과 운임에 부수한 채권에 대하여 우선특권이 있다."라고 규정하고 있고, 같은 조 제2항은 "제1항의 우선특권을 가진 선박채권자는 이 법 기타의 법률의 규정에 따라 전항의 재산에 대하여 다른 채권자보다 자기채권의 우선변제를 받을 권리가 있다."라고 규정하고 있습니다.

한편, 선박우선특권과 임금우선특권의 우열에 대하여 판례는 "선박우선특권과 임금우선특권 상호간의 순위에 관한 규정은 없으므로, 이러한 경우 그 순위는 각 우선특권을 부여하게 된 공익상의 필요성을 비롯한 입법 취지 등을 감안하여 합리적으로 정할 수밖에 없다고 하면서 그 취지 등에 대하여 선박우선특권 제도는 원래 해상기업에 수반되는 위험성으로 인하여 해사채권자에게 확실한 담보를 제공할 필요성과 선박소유자에게 책임제한을 인정하는 대신 해사채권자를 두텁게 보호해야 한다는 형평상의 요구에 의하여 생긴 제도임에 비하여, 임금우선특권 제도는 근로자의 생활안정, 특히 사용자가 파산하거나 사용자의 재산이 다른 채권자에 의해 압류되었을 경우에 사회·경제적 약자인 근로자의 최저생활보장을 확보하기 위한 사회정책적 고려에서 일반 담보물권자 등의 희생 아래 인정되어진 제도로서 그 공익적 성격이 매우 강하므로, 양 우선특권제도의 입법 취지를 비교하면 임금우선특권을 더 강하게 보호할 수밖에 없고, 나아가 상법 제861조*(현행 상법 제777조)* 제2항에 의하면, 선박우선특권 있는 채권을 가진 자는 다른 채권자보다 우선변제를 받을 권리가 있되 이 경우에 그 성질에 반하지 아니하는 한 민법상의 저당권에 관한 규정을 준용하도록 되어 있는 점, 조세채권우선 원칙의 예외사유를 규정한 국세기본법 제35조 제1항 단서나 지방세법 제31조 제2항에서 임금우선특권은 그 예외사유로 규정되어 당해세보다도 우선하는 반면에 선박우선특권은 예외사유에서 빠져 있는 점, 구 근로기준법 제37조 제2항*(현행 근로기준법 제38조 제2항)*은 임금우선특권 있는 채권은 조세·공과금 채권에도 우선한다는 취지로 규정하고 있음에 반하여 상법에는 선박우선특권 있는 채권과 조세채권 상호간의 순위에 관하여 아무런 규정이 없을 뿐만 아니라, 오히려 상법 제861

조(현행 상법 제777조) 제1항은 '항해에 관하여 선박에 과한 제세금'을 제1호 소정의 채권에 포함시켜 선박우선특권 내부에서 가장 앞선 순위로 규정하고 있는 점 등을 감안하면, 임금우선특권을 선박우선특권보다 우선시키는 것이 합리적인 해석이라고 할 것이다."라고 하였습니다(대법원 2005. 10. 13. 선고 2004다26799판결).

따라서 위 판례에 비추어 볼 때 법원의 임금채권 우선배당은 타당한 것으로 보이므로 乙회사의 주장은 배척될 것으로 보입니다.

PART 8. 고용노동부 홈페이지에 수록된 임금에 대해 자주하는 질문들

■ 퇴직금 및 평균임금 산정공식

Q. 퇴직금 및 평균임금 산정공식

A. ① 근로자퇴직급여보장법 제8조 제1항의 규정에 의거 사용자는 계속근로기간 1년에 대하여 30일분 이상의 평균임금을 퇴직금으로 퇴직하는 근로자에게 지급할 수 있는 제도를 설정하여야 하며, 이때 계속근로년수라 함은 근로계약을 체결하여 고용된 날부터 퇴직할 때까지의 전체 기간을 말합니다.

② 퇴직금 산정의 기준이 되는 평균임금은 근로기준법 제2조의 규정에 따라 이를 산정하여야 할 사유가 발생한 날 이전 3개월 동안에 그 근로자에 대하여 지급된 임금총액을 그 기간의 총일수로 나눈 금액을 말하며, 이러한 방법으로 산출된 평균임금액이 그 근로자의 통상임금보다 적으면 그 통상임금액을 평균임금으로 하여야 합니다.

※ 평균임금 = [산정사유발생일 이전 3개월간의 임금총액] / [위 3개월간의 역일수(총 날짜수)]

※ 퇴직금 = 평균임금 × 30일분 × 계속근로일수 / 365]

■ 진정·고소 제기 이후에도 체불임금을 지급받지 못한 경우 권리구제 절차

Q. 진정·고소 제기 이후에도 체불임금을 지급받지 못한 경우 권리구제 절차

A. 근로자의 임금을 체불한 사업주가 근로기준법 위반으로 형사상 처벌을 받는다고 하더라도 민사소송 등을 통해 체불임금을 지급받을 수 있습니다. 그러나 근로기준법 제49조에 따라 임금채권의 소멸시효는 3년입니다.

임금을 지급받지 못한 근로자가 사업주를 상대로 민사소송 절차를 통해 임금채권을 확보할 수 있도록 대한법률구조공단에서는 무료법률구조지원사업을 실시하고 있으며, 이 경우 임금체불 신고사건을 담당한 근로감독관으로부터 체불 임금등·사업주 확인서를 발급받아 대한법률구조공단(지사)을 방문하시면 동 공단 변호사로부터 무료로 민사소송을 지원받을 수 있습니다.

* 상담전화 : 국번없이 132번

다만, 현행 기준상 지원대상은 최종 3개월 월평균임금이 400만원 미만인 근로자로 제한하고 있습니다.

간이대지급금(구, 소액체당금)을 지급받을 수 있는 사유는 법원의 확정판결을 받은 경우와 지방노동관서의 체불확인서 발급으로 미지급 임금 등이 확인된 경우입니다.

우선, 퇴직 근로자는 퇴직일까지 6개월 이상 가동한 사업장에서 임금 등을 지급받지 못하고 ①퇴직 다음날부터 2년 이내 소송을 제기하여 확정판결을 받거나, ②퇴직 다음날부터 1년 이내 진정 등을 제기하여 지방노동관서로부터 체불확인서를 발급받아 확정판결일로부터 1년 이내에(체불확인서의 경우 최초 발급일로부터 6개월 이내) 판결문(또는 체불확인서) 등을 첨부하여 근로복지공단에 간이대지급금 지급을 청구하면 최종 3개월분 임금(또는 휴업수당, 출산전후휴가기간 중 급여) 및 최종 3년간의 퇴직급여 중 체불액을 최대 1,000만원까지 지급받을 수 있습니다.

재직 근로자(소송, 진정 등 제기 당시 근로계약을 유지(일용근로자 제외), 3개월간 통상시급이 최저임금 110% 미만)의 경우에는 소송 또는 진정 등 제기일 이전 마지막 체불 발생일까지 6개월 이상 가동한 사업장에서 임금 등을 지급받지 못하고 ① 마지막 체불일의 다음 날부터 2년 이내 소송을 제기하여 확정판결을 받거나, ②마지막 체불일의 다음 날부터 1년 이내 진정 등을 제기하여 체불확인서를 발급받아 확정판결일로부터 1년 이내(체불확인서의 경우 최초 발급일부터 6개월 이내) 판결문(또는 체불확인서) 등을 첨부하여 근로복지공단에 간이대지급금 지급을 청구하면 최종 3개월분 임금(또는 휴업수당, 출산전후휴가기간 중 급여) 중 체불액을 최대 700만원까지 지급받을 수 있습니다.

■ 재직 근로자의 임금체불 구제절차

Q. 재직 근로자의 임금체불 구제절차

A. 근로기준법 제43조에 따라, 임금은 매월 1회 이상 일정한 날짜를 정하여 통화로 직접 근로자에게 그 전액을 지급하여야 합니다. 사용자가 재직 근로자에게 임금을 지급치 아니한 경우에는 사업장 관할 지방고용노동관서에 진정 등 신고를 통하여 권리구제를 받으시기 바랍니다.

또한, 임금을 지급받지 못한 근로자가 사업주를 상대로 민사소송 절차를 통해 임금채권을 확보할 수 있도록 대한법률구조공단에서는 무료법률구조지원사업을 실시하고 있으며, 이 경우 임금체불 신고사건을 담당한 근로감독관으로부터 체불임금등사업주확인서를 발급받아 대한법률구조공단(지사)을 방문하시면 동 공단 변호사로부터 무료로 민사소송을 지원받을 수 있습니다(상담전화 : 국번없이 132번)

다만, 현행 기준상 지원대상은 임금 및 퇴직금 체불 당시 최종 3월분의 월평균 임금이 400만원 미만인 자로 제한하고 있습니다.

참고로, 근로복지공단에서는 사업주의 임금체불로 인해 일시적인 생계곤란을 겪고 있는 가동 중인 임금체불사업장(휴업포함)의 재직 근로자에게 1,000만원 한도내에서 생계비를 융자하고 있으니, 궁금하신 사항은 1588-0075로 문의하시기 바랍니다.

■ 연차유급휴가근로수당의 평균임금 산정방법

Q. 연차유급휴가근로수당의 평균임금 산정방법

A. 퇴직 전전년도 출근율에 의하여 퇴직 전년도에 발생한 연차유급 휴가 중 미사용하고 근로한 일수에 대한 연차유급휴가미사용수당 액의 3/12을 퇴직금 산정을 위한 평균임금 산정 기준임금에 포함합니다.

■ 월급제인 경우 며칠간 근무해야 월급전액을 받을 수 있는지?

Q. 월급제인 경우 며칠간 근무해야 월급전액을 받을 수 있는지?

A. ① 근로기준법 제2조제5호의 규정에 의거 임금이라 함은 사용자가 「근로의 대상」으로 근로자에게 임금, 봉급, 기타 어떠한 명칭으로든지 지급하는 일체의 금품을 말합니다. 즉, 임금은 사용자로부터 노무제공에 따른 반대급부 형태로 지급받는 것입니다.

② 회사의 임금계산기간이 월 단위로 설정되어 있으면서 근로자의 임금이 시간급 또는 일급으로 책정된 경우에는 그 기간에 실제로 근무한 시간 또는 일수에 따라 즉, 실제 근로를 제공한 부분에 해당하는 임금을 계산하여 이를 매월 일정기일에 지급하여야 합니다.

③ 그러나 근로자의 임금이 월급금액으로 정하여진 경우로서 당해 월의 임금계산기간 모두를 근로하지 아니하고 중간에 퇴직한 때에는 그 임금지급방법에 관하여 노사관계자간에 취업규칙 등으로 정하여야 할 것입니다.

- 임금을 월급금액으로 정하면서 월의 임금계산일수를 별도로 정하고 있다면 즉, 월의 임금계산일수를 365일/12월 이하(예컨대 30일)로 정한 경우에는 동 일수를 기준으로 실제 근로한 일수에 비례하여 계산된 임금을 지급하여도 무방합니다.

- 노사당사자간 월의 임금계산일수를 따로 정한바가 없는 경우에는 해당 임금계산 월의 역일상 일수를 기준으로 실제 근로한 일수에 비례하여 계산된 임금을 지급하여야 합니다.
- 임금계산 월의 일정일수를 초과하여 근무하거나 또는 근무일수에 관계없이 해당 월의 임금을 전액 지급하기로 정하였다면 그에 따라야 할 것입니다.

■ 임금 및 퇴직금 소멸시효 기산일

Q. 임금 및 퇴직금 소멸시효 기산일

A. □ 임금

ㅇ 사용자는 근로자가 사망 또는 퇴직한 경우에는 「근로기준법」 제36조의 규정에 따라 그 지급사유가 발생한 때부터 14일 이내에 임금, 보상금, 그 밖에 일체의 금품을 지급하여야 하며, 특별한 사정이 있을 경우에는 당사자 사이의 합의에 의하여 기일을 연장할 수 있습니다.

- 임금채권의 소멸시효는 임금 정기지급일이 기산일이 되며, 같은 법 제49조에 의하여 3년간 행사하지 않으면 시효로 인하여 소멸합니다.

□ 퇴직금

ㅇ 사용자는 근로자가 퇴직한 경우에는 「근로자퇴직급여 보장법」 제9조의 규정에 따라 그 지급사유가 발생한 날부터 14일이내에 퇴직금을 지급하여야 하며, 특별한 사정이 있는 경우에는 당사자 간의 합의에 의하여 지급기일을 연장할 수 있습니다.

- 퇴직금채권의 소멸시효는 퇴직한 날의 다음날(퇴직의 효력이 발생한 날)부터 기산되며, 같은 법 제10조의 규정에 의하여 3년간 행사하지 아니하는 때에는 시효로 인하여 소멸합니다.

■ **식대, 교통비의 평균임금 포함여부**

Q. 식대, 교통비의 평균임금 포함여부

A. ① 퇴직금계산을 위한 평균임금 산정기초에 포함되는 근로기준법 제2조 제5호에 의하여 사용자가 근로의 대상으로 근로자에게 임금, 봉급, 기타 어떠한 명칭으로든지 지급하는 일체의 금품을 말하는 것인 바, 동 금품이 귀 사업장 단체협약, 취업규칙 등에 근로조건의 하나로 명시되어 있고, 출근일과 무관하게 전 근로자에게 일률적으로 지급되는 경우라면 평균임금 범위에 포함되는 것으로 보아야 할 것이나, 출근일에 따라 차등적으로 지급되는 경우라면 이는 생활보조적, 복리후생적 성격을 갖는 것으로 보아 평균임금 범위에 포함되지 않습니다.

② 아울러, 근로자에게 지급되는 "식대·교통비"가 생활보조적, 복리후생적 성격을 갖는다 하더라도 근로자에게 계속적·정기적으로 지급되고 그 지급에 관하여 단체협약, 취업규칙 등으로 사용자에게 지급의무가 지워져 있다면 그 명칭에 관계없이 임금에 포함된다고 할 것입니다.

■ **퇴직월의 임금에 대한 평균임금 산정방법**

Q. 퇴직월의 임금에 대한 평균임금 산정방법

A. ① 취업규칙 등에 "퇴직하는 달에 15일이상 근무하면 해당 월의 임금 전액을 지급한다"라는 규정에 의하여 퇴직하는 월에 15일 근무를 함으로써 해당 월의 임금전액을 지급받은 경우에도 퇴직금 산정을 위한 평균임금에는 실제 근로를 제공한 일수(15일)에 해당하는 임금만을 포함하여야 합니다.

② 그리고, 퇴직금 산정의 기초임금인 평균임금은 근로기준법 제2조 제6호의 규정에 의거 이를 산정하여야 할 사유가 발생한 날 이전 3월간에 그 근로자에 대하여 지급된 임금총액을 그

기간의 총일수로 나눈 금액을 말하며, 이와 같이 산출된 평균 임금이 당해 근로자의 통상임금보다 저액일 경우에는 그 통상 임금액을 평균임금으로 하도록 하고 있습니다.

③ 평균임금 산정의 기초가 되는 산정사유 발생일 이전 3월간의 임금총액에는 그 3개월 동안의 근로의 대가로 지급되었거나 또는 지급사유가 발생되어 지급받아야 될 임금이 포함되는 것 이며, 그 기간의 총일수는 평균임금 산정사유발생일 이전 3월 을 역으로 소급하여 계산한 기간의 일수를 말하는 것으로 월 의 대소에 따라 89~92일이 됩니다.

■ 인수인계를 하지 않고 월중 퇴직시 임금 받을수 있는지?

Q. 인수인계를 하지 않고 월중 퇴직시 임금 받을수 있는지

A. ① 임금이란 근로자가 사용자에 근로를 제공한 그 대가로 지급받 은 금품일체를 말합니다. 따라서 근로를 제공하고 지급받지 못한 임금이 있으시다면 업무인계와 무관하게 임금을 청구할 권리가 있다고 할 수 있습니다.

- 업무인수인계와 무관하게 임금의 청구권한이 있다고 하더라도 도의상 수행하였던 업무에 대하여는 인계인수를 함이 타당할 것으로 사료됩니다.

② 사용자는 근로기준법 제36조의 규정에 의거 근로자가 퇴직한 경우 임금, 보상금 등 기타 일체의 금품을 퇴직일로부터 14일 이내에 청산하여야 하나 특별한 사정이 있는 경우 당사자간 합의로 지급기일을 연장할 수 있습니다.

■ 상여금의 통상임금 포함여부

Q. 상여금의 통상임금 포함여부

A. ① 통상임금이라 함은 근로기준법시행령 제6조의 규정에 의거 근로자에게 정기적·일률적으로 소정근로 또는 총근로에 대하여

지급하기로 정하여진 시간급금액·일급금액·주급금액·월급금액 또
는 도급금액을 말하며, 이러한 통상임금의 범위에 포함되기 위해
서는 1) 근로에 대한 대가성, 2) 정기적·일률적·고정적으로 지급
을 모두 충족하여야 합니다.

② 정기상여금에 대한 통상임금 판단은 정기상여금이 매월 지급
되지 않고 1개월을 초과하는 기간(2개월, 3개월, 6개월, 1년
등)으로 지급되더라도 정기적으로 지급되면 정기성을 갖춘 것
이므로 통상임 금이 될 수 있다, 그러나, 근로자가 정해진 근
로를 제공했는지 여부와 무관하게 지급일 기타 특정 시점에
재직 중인 근로자에게만 지급하기로 정해져 있는 상여금은 소
정근로의 대가로 볼 수 없으며 초과근로를 하는 시점에서 보
았을 때 그 근로자가 특정 시점에 재직하고 있을지 여부는 불
확실하므로 고정성이 결여되어 통상임금으로 볼 수 없다.

③ 따라서 연간단위로 그 지급율이 설정되어 있는 상여금은 통상
임금의 범위에서 제외됩니다

■ 생리휴가 미사용시 수당지급여부

Q. 생리휴가 미사용시 수당지급여부

A. ① 근로기준법 제73조는 사용자는 여성근로자에 대해 월 1일의
생리휴가를 주어야 한다고 규정하고 있을 뿐, 생리휴가 미사용에
대한 보상으로서 수당 등을 지급하는 문제에 대해서는 별도의 규
정을 두고 있지 않습니다.

② 따라서, 사용자가 여성근로자의 생리휴가 청구를 거부하였거
나, 생리휴가 사용을 적극 권고하지 않아, 근로기준법 제73조
를 위반하였는지 여부는 별론으로 하고, 생리휴가를 사용하지
않은 근로자에 대해 수당을 지급하는 문제는 단체협약, 취업
규칙, 근로계약 등에 의해 당사자간이 약정한 바에 따라야 할
것입니다.

■ 성과급의 평균임금 포함여부

Q. 성과급의 평균임금 포함여부

A. ① 근로기준법 제2조 제5호의 규정에 의거 임금이라 함은 사용자가 「근로의 대상」으로 근로자에게 임금, 봉급, 기타 어떠한 명칭으로든지 지급하는 일체의 금품을 말합니다.

② 성과급이 기업의 이윤 또는 일정목표 달성여부 등과 연계되어 그 결과에 따라 일시적·불확정적으로 지급되는 경우라면 이를 근로의 대가인 임금으로 보지 않으므로 평균임금에 포함되지 않습니다.

■ 병가기간에도 임금을 받을 수 있는지?

Q. 병가기간에도 임금을 받을 수 있는지?

A. ① 근로기준법 제2조 제5호의 규정에 의거 임금이라 함은 사용자가 「근로의 대상」으로 근로자에게 임금, 봉급, 기타 어떠한 명칭으로든지 지급하는 일체의 금품을 말합니다. 즉, 임금은 사용자로부터 노무제공에 따른 반대급부로 지급 받는 것입니다

② 따라서 근로자의 개인적인 사유에 의하여 휴직한 기간(병가기간)에 대하여는 근로의 제공이 없었던 것이므로 사용자의 임금지급의무는 발생되지 아니합니다. 다만, 노사관계자간에 단체협약, 취업규칙 등으로 근로를 제공하지 아니한 병가기간에 대하여도 임금상당액의 금품을 지급하기로 정하였다면 그에 따라야 할 것입니다

■ 산전후 휴가기간중 급여

Q. 산전후 휴가기간중 급여

A. ① 근로기준법 제74조의 규정에 의하여 사업주는 임신중의 여성에 대하여 산전후를 통하여 90일간의 보호휴가를 주되, 이 경

우 반드시 산후에 45일 이상이 확보되도록 하여야 하며 산전후 휴가중 최초60일분에 대하여는 사업주가 당해근로자의 통상임금 전액을 지급하여야 합니다

- 이 규정은 사업주 또는 근로자의 동의하에 선택할 수 있는 사항이 아닌 강행규정이므로 사업주는 반드시 이를 이행하여야 하고, 만약 위반하였을 경우에는 근로기준법에 의하여 형사처벌을 받을 수 있습니다.

② 통상임금이라 함은, 근로기준법시행령 제6조에 의해 정기적 일률적으로 소정근로 또는 총근로에 대하여 지급하기로 정하여진 시간급금액, 일급금액, 월급금액 또는 도급금액을 의미합니다.

③ 산전후 휴가기간 중 최초 60일분에 대하여는 사업주가 지급하고, 60일을 초과하는 30일분에 대하여는 고용보험에서 지급합니다. 다만, 우선지원대상기업의 경우 산전후휴가기간 90일분을 고용보험에서 지급합니다. 이 때 사용자는 근로자의 통상임금과 고용보험 지원금 차액을 산전후 휴가 최초 60일간 지급해야 합니다.

■ 공무상 질병시 평균임금 산정방법

Q. 공무상 질병시 평균임금 산정방법

A. ① 업무상 재해가 발생되어 요양기간 종료 후 업무에 복귀함이 없이 바로 퇴직의 효력이 발생된 경우에는 근로기준법 시행령 제5조의 제1항 내지 제3항의 규정에 의거 업무상 부상을 당하거나 질병에 걸린 근로자의 평균임금을 조정하도록 하고 있으며, 같은 법 시행령 제5조제4항의 규정에 의거 퇴직금을 산정함에 있어서 적용할 평균임금은 위와 같이 조정된 평균임금으로 하여야 합니다. 또한, 이러한 평균임금과 퇴직시점의 통상임금을 비교하여 높은 금액을 평균임금으로 하여야 할 것으로 사료됩니다.

② 참고로 퇴직금 산정을 위한 평균임금은 같은 법 제2조 제6호의

규정에 의거 이를 산정하여야 할 사유가 발생한 날 이전 3개월 동안에 근로자에게 지급된 임금의 총액을 그 기간의 총일수로 나눈 금액을 말합니다.

- 재해보상의 경우, 평균임금산정 사유발생일은 사망 또는 부상의 원인이 되는 사고가 발생한 날 또는 진단에 따라 질병의 발생이 확정된 날이 되며,

- 같은 법 시행령 제2조제1항제4호의 규정에 의거 업무상 부상 또는 질병으로 요양하기 위하여 휴업한 기간에 대해서는 그 기간과 그 기간 중에 지불된 임금을 평균임금 산정기준이 되는 기간과 임금의 총액에서 각각 공제하여야 합니다.

■ 산전후 휴가기간에 대한 평균임금 산정방법

Q. 산전후 휴가기간에 대한 평균임금 산정방법

A. ① 퇴직금 산정의 기초가 되는 평균임금은 근로기준법 제2조제6호의 규정에 의거 이를 산정하여야 할 사유가 발생한 날 이전 3월간에 지급된 임금총액을 그 기간의 총일수로 나눈 금액을 말하며, 이러한 방법으로 산출된 평균임금액이 당해 근로자의 통상임금보다 저액일 경우에는 그 통상임금액을 평균임금으로 하여야 합니다.

② 또한 같은법시행령 제2조제1항의 각호에서는 평균임금의 계산에서 제외되는 기간 및 임금을 규정하고 있습니다. 즉, 같은 법 시행령 제2조 제1항 제3호의 규정에 의거 산전후 휴가기간과 그 기간중에 지급 받은 임금은 평균임금산정기준이 되는 기간과 임금의 총액에서 각각 공제하여야 합니다.

③ 따라서 평균임금산정기준이 되는 3월간의 기간중에 같은법 제74조의 규정에 의한 산전후 유급휴가기간이 포함되어 있는 경우에는 동기간에 대한 유급임금의 부담주체(사용자 또는 고용안정센타)에 불구하고 그 기간 모두와 그 기간중에 지급받은 임금을 각각 제외하고 나머지 기간(일수) 및 나머지 기간중에

지급된 임금총액을 대상으로 평균임금을 산정하여야 합니다.

- 만일 평균임금산정기준이 되는 퇴직일 이전 3월간의 기간 모두가 산전후 휴가기간에 해당되는 경우라면 이때 평균임금은 산전후 휴가를 실시 한 첫날을 평균임금 산정사유 발생일로 보고 이전 3월간에 지급된 임금총액을 그 기간의 총일수로 나누어 산정하여야 할 것입니다.

④ 이러한 방법으로 산정된 평균임금액과 당해 근로자의 통상임금을 비교하여 많은 금액을 평균임금으로 하고 퇴직금을 계산하여야 할 것으로 사료됩니다.

■ 자격수당의 통상임금 여부

Q. 자격수당의 통상임금 여부

A. 통상임금이라 함은 근로기준법시행령 제6조의 규정에 의거 근로자에게 정기적·일률적으로 소정근로 또는 총근로에 대하여 지급하기로 정하여진 시간급금액·일급금액·주급금액·월급금액 또는 도급금액을 말하며, 이러한 통상임금의 범위에 포함되기 위해서는 근로에 대한 대가성, 정기적·일률적·고정적으로 지급되는 판단기준*(통상임금 노사지도 지침 2014.1.23)*을 모두 충족하여야 합니다.

■ 포괄임금제 형태계약시 연장근무 수당은?

Q. 포괄임금제 형태계약시 연장근무 수당은?

A. ① 일반적으로 근로계약을 체결함에 있어서 사용자는 근로자에 대하여 기본임금을 결정하고 이를 기초로 연장·야간·휴일근로 등에 대한 임금 또는 가산수당을 합산하여 지급하는 것이 원칙입니다.

- 여기서 기본임금이라 함은 근로기준법 시행령 제6조에 의한 "통상임금"으로서 이는 근로자에게 정기적·일률적으로 소정근로 또는 총 근로에 대하여 지급하기로 정하여진 시간급금액·일급금

액·주급금액·월급금액 또는 도급금액을 말합니다.

② 그러나 근로의 형태, 업무의 성질 등을 참작하거나 계산의 편의와 직원의 근무의욕을 고취하는 뜻에서 기본임금에 연장근로수당 등 제수당이 포함되어 있다거나 매월 일정액을 제수당으로 지급하는 내용의 계약을 당사자간의 합의하에 체결하였다고 하더라도 근로자에게 불이익이 없고 제반사정에 비추어 정당하다고 인정될 때에는 이를 무효라고 할 수 없다는 것이 판례및 행정해석의 입장입니다(예컨대 포괄임금제).

- 다만, 이렇게 기본임금에 합산된 제수당의 금액보다 실제 연장근로 등에 따라 계산된 제수당의 금액이 많을 경우에는 그 차액을 추가적으로 지급하여야 할 것입니다.

■ 무단결근기간의 평균임금 산정방법

Q. 무단결근기간의 평균임금 산정방법

A. ① 평균임금은 근로기준법 제2조 제6호의 규정에 의거 이를 산정하여야 할 사유가 발생한 날 이전 3월간에 지급된 임금총액을 그 기간의 총일수로 나눈 금액을 말하며, 이러한 방법으로 산출된 평균임금액이 당해 근로자의 통상임금보다 저액일 경우에는 그 통상임금액을 평균임금으로 하여야 합니다.

② 또한 같은 법 시행령 제2조 제1항의 각호에서 평균임금산정시 제외되는 기간 및 그 기간중에 지불된 임금을 규정하고 있는 바, 근로자의 귀책사유로 무단 결근한 기간 및 그 기간중에 지급된 임금은 제외되는 기간에 포함되지 않습니다.

③ 따라서 평균임금을 산정하여야 할 사유가 발생한 날 이전 3월간중에 근로자 귀책사유에 의한 무단결근 기간이 포함되었더라도 동기간을 포함하여 평균임금을 산출하여야 하며, 이러한 방법으로 산출된 평균임금액이 당해 근로자의 통상임금보다 저액일 경우에는 그 통상임금액을 평균임금으로 하여야 합니다.

■ 월급제 형태 계약시 결근일의 임금공제여부

Q. 월급제 형태 계약시 결근일의 임금공제여부

A. 월급제 근로자가 자기사정으로 당해 월의 임금계산기간 중의 일정기간을 근로하지 아니하였을 경우, 그 임금지급방법에 관하여 취업규칙 등에 별도로 정하여진 바가 없다면 해당분의 임금을 지급하지 아니하여도 무방할 것입니다.

■ 휴직기간의 평균임금 산정방법

Q. 휴직기간의 평균임금 산정방법

A. ① 근로기준법 제2조제1항제5호에 규정에 의거 "임금"이라 함은 사용자가 근로의 대상으로 근로자에게 임금, 봉급, 기타 어떠한 명칭으로든지 지급하는 일체의 금품을 말하고, 같은 법 제2조제1항제6호의 규정에 의거 평균임금은 이를 산정하여야 할 사유가 발생한 날 이전 3월간에 그 근로자에 대하여 지급된 임금총액을 그 기간의 총일수로 나눈금액을 말합니다.

※ 평균임금(일급) = [산정사유발생일이전 3월간의 임금총액] / [위 3개월간의 역일수(총 날짜수)]
  - 이와 같이 산출된 평균임금이 당해 근로자의 통상임금보다 저액일 경우에는 그 통상임금액을 평균임금으로 하도록 하고 있습니다.
  ② 평균임금 산정기간중에 같은 법 시행령 제2조제1항 제1호 내지 제8호에 해당하는 기간이 있는 경우에는 그 기간과 그 기간중에 지불된 임금은 평균임금 산정기준이 되는 기간과 임금의 총액에서 각각 공제하도록 규정되어 있습니다.
  - 따라서 퇴직일 이전 3월간중에 사용자의 승인을 얻어 휴업한 기간이 포함되어 있는 경우라면 동 휴업기간 및 그 기간중 지급된 금품(휴업기간중 지급받은 금품은 근로의 대가성이 없으므로 임

금이 아님)을 제외한 나머지 기간과 그 나머지 기간중에 지급받은 임금총액을 대상으로 평균임금을 산정하여야 할 것입니다.

■ 상여금의 임금여부

Q. 상여금의 임금여부

A. ① 노동조합의 노동관계 조정법 제44조 제1항에 사용자는 쟁의행위에 참가하여 근로를 제공하지 아니한 근로자에 대하여는 그 기간 중에 임금을 지급할 의무가 없다고 규정되어 있으며, 근로기준법 제9조에 임금의 정의라 함은 사용자가 근로의 대상으로 근로자에게 임금, 봉급 기타 어떤 명칭으로든지 지급하는 일체의 금품을 말한다고 규정되어 있습니다.

② 따라서 상여금의 경우 단체협약, 취업규칙 등에 지급금액, 지급시기가 정해져 있거나 전 근로자에게 관례적으로 지급한 경우에는 근로의 대상인 임금으로 보아야 합니다.

■ 퇴직금 중간정산시 평균임금 산정기준일

Q. 퇴직금 중간정산시 평균임금 산정기준일

A. ① 2012.7.26.부터 퇴직금의 노후소득보장 기능을 강화하기 위해 아래 근로기준법시행령 제3조에 따른 중간정산 사유 외에는 퇴직금 중간정산을 받을 수 없습니다.

〈퇴직금 중간정산 사유(시행령 제3조)〉

1. 무주택자인 근로자가 본인 명의로 주택을 구입하는 경우
2. 무주택자인 근로자가 주거를 목적으로 「민법」 제303조에 따른 전세금 또는 「주택임대차보호법」 제3조의2에 따른 보증금을 부담하는 경우. 이 경우 근로자가 하나의 사업에 근로하는 동안 1회로 한정한다.
3. 6개월 이상 요양을 필요로 하는 다음 각 목의 어느 하나에 해당하는 사람의 질병이나 부상에 대한 요양 비용을 근로자가 부담하는 경우

가. 근로자 본인

나. 근로자의 배우자

다. 근로자 또는 그 배우자의 부양가족

4. 퇴직금 중간정산을 신청하는 날부터 역산하여 5년 이내에 근로자가 「채무자 회생 및 파산에 관한 법률」에 따라 파산선고를 받은 경우

5. 퇴직금 중간정산을 신청하는 날부터 역산하여 5년 이내에 근로자가 「채무자 회생 및 파산에 관한 법률」에 따라 개인회생절차개시 결정을 받은 경우

6. 사용자가 기존의 정년을 연장하거나 보장하는 조건으로 단체협약 및 취업규칙 등을 통하여 일정나이, 근속시점 또는 금액을 기준으로 임금을 줄이는 제도를 시행하는 경우

6의2. 사용자가 근로자와의 합의에 따라 소정근로시간을 1일 1시간 또는 1주 5시간 이상 변경하여 그 변경된 소정근로시간에 따라 근로자가 3개월 이상 계속 근로하기로 한 경우

7. 그 밖에 천재지변 등으로 피해를 입는 등 고용노동부장관이 정하여 고시하는 사유와 요건에 해당하는 경우

② 근로자가 특정시점을 기준으로 퇴직금 중간정산을 신청할 경우 이에 사용자가 승낙하여 퇴직금을 중간정산하여 지급할 수 있고, 사용자가 승낙하지 않아 지급하지 않을 수도 있습니다. 따라서 퇴직금 중간정산을 위한 산정기준은 노사가 합의한 시점을 기준으로 산정하여야 합니다.

■ 선거일에도 임금을 지급하는지?

Q. 선거일에도 임금을 지급하는지?

A. ① 근로기준법 제10조의 규정에 따라 사용자는 근로자가 근로시간중에 선거권 기타 공민권의 행사 또는 공의 직무를 집행하기 위하여 필요한 시간을 청구하는 경우에는 거부하지 못하며, 그 권리행사 또는 공의 직무를 집행함에 있어 지장이 없는 한 청구한 시각을 변경할 수 있고, [공직선거법] 제6조의 규정에 따라

다른 사람에게 고용된 자가 투표하기 위하여 필요한 시간은 보장되어야 하며, 이를 휴무 또는 휴업으로 보지 아니하도록 정하고 있습니다.

② 따라서 근로자가 노무제공 의무가 있는 근로시간중에 지방자치단체장 등의 선거일에 투표를 위하여 필요한 시간을 청구하는 경우 이를 보장하여야 하며, 동시간은 근로한 것으로 보아 임금을 지급하여야 합니다. 다만, 지방자치단체장 등의 선거일 전체를 단체협약, 취업규칙, 노사합의 등으로 휴일로 정한 경우에는 그 휴일(투표일)에 대한 임금지급여부도 노사당사자간에 따로 정하여야 합니다.

■ 해외근무수당의 평균임금 포함여부

Q. 해외근무수당의 평균임금 포함여부

A. ① 해외근무수당을 해외파견 근무기간동안에 한하여 추가로 지급하고 있다면, 이는 해외근무라는 특수한 근무 여건에 따라 실비변상비로서 평균임금산정 기초가 되는 임금총액에서 제외됩니다.

② 근로기준법 제2조제5호 규정에 의거 "임금"이라 함은 사용자가 근로의 대상으로 근로자에게 임금, 봉급, 기타 어떠한 명칭으로든지 지급하는 일체의 금품을 말하고, 같은 법 제2조제6호 규정에 의거 평균임금은 이를 산정하여야 할 사유가 발생한 날 이전 3월간에 그 근로자에 대하여 지급된 임금총액을 그 기간의 총일수로 나눈금액을 말합니다.

■ 퇴직일 이후 임금인상시 소급적용여부

Q. 퇴직일 이후 임금인상시 소급적용여부

A. ① 단체협약(임금협약) 또는 취업규칙은 당사자간 특약이 없는 한 체결(개정)당시 재직중인 근로자에게만 그 체결(개정)시점부터 효력이 발생되는 것이 원칙입니다.

② 즉, 보수규정 개정 등을 통해 임금인상율을 결정하면서 이를 임금인상 결정일 이전으로 소급하여 적용되는 경우라 하더라도 동 임금인상 결정일 이전에 퇴직한 근로자에게는 당사자간의 특약이 없는 한 인상된 임금이 적용될 수 없는 것입니다.

■ 영업수당의 평균임금 포함여부

Q. 영업수당의 평균임금 포함여부

A. ① 퇴직금 계산을 위한 평균임금 산정기초에 포함되는 임금은 근로기준법 제2조제5호(임금의 정의)에 의하여 사용자가 근로의 대상으로 근로자에게 임금, 봉급, 기타 어떠한 명칭으로든지 지급하는 일체의 금품을 말하는 것입니다.

② 동 영업수당의 지급조건이 미리 정하여져 있고, 정기적으로 개인별 업무성과에 따라 지급되는 것이라면 이는 근로의 대가로 지급되는 임금으로 보아 퇴직금 계산을 위한 평균임금 산정에 포함하여야 할 것이나,

③ 일부 직원에 한하여 실적에 따라 부정기적으로 지급되는 금원으로서, 포상을 목적으로 은혜적, 일시적(비계속적)으로 지급되는 성질의 것이라면 임금으로 보기 어려워 평균임금 산정에 포함되지 않습니다.

■ 임금 소급 인상시 기지급한 퇴직금 중간정산액 추가지급여부

Q. 임금 소급 인상시 기지급한 퇴직금 중간정산액 추가지급여부

A. ① 퇴직급여보장법 제8조제2항의 규정에 의거 사용자는 주택구입 등 대통령령으로 정하는 사유로 근로자가 요구하는 경우에는 근로자가 퇴직하기 전에 당해 근로자가 계속 근로한 기간에 대한 퇴직금을 미리 정산하여 지급할 수 있으며, 이 경우 미리 정산하여 지급한 후의 퇴직금 산정을 위한 계속근로년수는 정산시점부터 새로이 기산하여야 합니다.

- 이러한 퇴직금중간정산은 근로자의 요구에 의하여 사용자의 승낙이라는 명시적 의사표시가 있을 때 퇴직금중간정산의 합의가 성립되며, 그에 따라 사용자는 근로자에게 퇴직금(중간정산금)을 지급하였다면 이에 대한 법률효과는 성립되는 것으로 보아야 합니다.

② 따라서 임금인상율이 퇴직금중간정산일 이전으로 소급하여 적용되는 경우라 하더라도 임금인상 결정일 이전에 퇴직금중간정산을 시행한 경우라면 당사자간의 별도 특약(당사자간의 합의)이 없었다면 이미 법률효과가 완성된 퇴직금중간정산금액을 다시 산정하여 지급할 의무는 없는 것으로 보아야 할 것입니다.

■ 반납한 상여금을 다시 지급받을 수 있는지?

Q. 반납한 상여금을 다시 지급받을 수 있는지?

A. ① 상여금의 지급 등에 대하여는 노동관계법에 별도로 규정하고 있지 아니하나, 회사의 취업규칙 등에 지급조건, 금액, 지급시기가 정해져 있거나 전 근로자에게 관례적으로 지급하여 사회통념상 근로자가 당연히 지급받을 수 있다는 기대를 갖게 되는 경우에는 이를 근로의 대상으로 지급되는 임금으로 보아야 할 것입니다.

② 사용자에게 지급의무가 부과된 상여금의 반납은 개별근로자의 자유의사에 기초한 동의가 있어야만 가능한 것이며, 동의는 명시적이든 묵시적이든 상관없으나 반납의 의사가 사용자에게 수용된 뒤에는 철회하더라도 그 법적 효력이 인정되지 않는 것으로 보고 있습니다.

■ 병역특례자 군사교육기간의 임금지급여부

Q. 병역특례자 군사교육기간의 임금지급여부

A. ① "병역의무 특례규제에 관한 법률"에 의한 병역특례자의 군사교육기간 동안의 임금지급여부에 대해서는 동 법률 및 근로기준

법 등 관계법령에 특별히 규정되어 있지 아니하므로 사용자는 근로를 제공하지 아니 한 동 군사교육기간에 대하여 임금을 지급할 의무가 없습니다.

- 즉, "병역의무 특례규제에 관한 법률" 제17조의 규정에 의거 "특례업체의 장은 특례보충역에 대한 채용, 승진 및 급여 등 인사관리에 있어 특례보충역에 종사할 것, 하고 있는 것 또는 하였던 것을 이유로 불리한 처우를 하여서는 아니 된다"고 정하고 있으나, 동 규정을 근로제공이 없는 군사교육기간에 대해 임금을 지급해야 된다는 의미로까지 해석할 수는 없을 것입니다.

② 그러나 노사관계자간에 단체협약, 취업규칙 등으로 병역특례자의 군사교육기간에 대해서도 임금상당액을 지급하기로 정하였다면 그에 따라야 할 것입니다.

■ 반납한 상여금에 대한 평균임금 산정방법

Q. 반납한 상여금에 대한 평균임금 산정방법

A. 반납한 상여금이라도 법상 지급한 것으로 간주되는 것이므로 퇴직금 산정을 위한 평균임금계산에 포함되며, 퇴직금 계산에 필요한 평균임금 산정시에는 퇴직전 1년간 실제로 지급받기로 한 상여금액(반납전 상여금)의 12분의 3을 퇴직전 3개월 임금총액에 합산하여 그 기간의 월력일수로 나누어서 포함하여야 합니다.

제3편
임금에 대한 최근 대법원판례

■ 어떤 근로자에 대하여 누가 임금 지급의무를 부담하는 사용자인지 판단하는 기준

[판시사항]

어떤 근로자에 대하여 누가 임금 지급의무를 부담하는 사용자인지 판단하는 기준

[판결요지]

어떤 근로자에 대하여 누가 임금 지급의무를 부담하는 사용자인가를 판단할 때에는 계약의 형식이나 관련 법규의 내용에 관계없이 실질적인 근로관계를 기준으로 하여야 하고, 근로기준법상 근로자인지를 판단할 때에 고려하였던 여러 요소들을 종합적으로 고려하여야 한다(대법원 2023. 8. 18. 선고 2019다252004 판결).

■ 진폐로 사망한 근로자에 대한 유족급여 산정기준이 되는 평균임금 산정사유 발생일

[판시사항]

진폐로 사망한 근로자에 대한 유족급여 산정기준이 되는 평균임금 산정사유 발생일(=원칙적으로 최초 진폐 진단일) 및 이는 근로자가 최초 진단 시 요양급여를 받지 않고 장해급여를 받았거나 재요양을 받은 경우에도 마찬가지인지 여부(적극) / 예외적으로 재요양 상병 진단일을 평균임금 산정사유 발생일로 보아야 하는 경우

[판결요지]

구 산업재해보상보험법(2015. 1. 20. 법률 제13045호로 개정되기 전의 것) 제5조 제2호, 제62조 제1항, 제2항 [별표 3], 구 진폐의 예방과 진폐근로자의 보호 등에 관한 법률(2010. 5. 20. 법률 제10304호로 개정되기 전의 것) 제24조 제1항 제3호, 제4

항, 제25조 제3항, 근로기준법 제2조 제1항 제6호, 근로기준법 시행령 제52조에 따르면, 진폐로 사망한 근로자에 대한 유족급여의 산정기준이 되는 평균임금 산정사유 발생일은 특별한 사정이 없는 한 '진단에 따라 진폐가 발생되었다고 확정된 날', 즉 '최초 진폐 진단일'을 의미하고 이는 근로자가 최초 진단 시 요양급여를 받지 않고 장해급여를 받았거나 재요양을 받은 경우에도 마찬가지이다. 다만 최초 진단 이후의 사정이 사망의 직접적인 원인이 되었고 재요양의 대상이 된 상병(이하 '재요양 상병'이라 한다) 진단일의 평균임금이 근로자의 통상 생활임금을 사실대로 반영한다고 볼 수 있는 예외적인 경우에는 재요양 상병 진단일을 평균임금 산정사유 발생일로 보는 것이 타당하다. 이유는 다음과 같다.

① 근로자가 최초 진단을 받은 상병과 사망 사이에는 항상 상당인과관계가 있다. 반면 재요양 상병은 재요양 종료 후 상당한 기간이 지나 사망한 경우와 같이 사망과 무관한 경우가 있다.

② 휴업급여와 상병보상연금은 근로자가 요양으로 인하여 취업하지 못하는 기간의 일실이익을 보상하기 위한 보험급여로서 '요양 중일 것'을 지급요건으로 하고, 재요양 중에 지급되는 휴업급여와 상병보상연금의 평균임금 산정사유 발생일은 재요양 상병 진단일이 된다. 그러나 유족급여는 근로자가 업무상의 사유로 사망한 경우에 유족에게 지급되는 보험급여로서 '요양 중일 것'을 지급요건으로 하지 아니한다.

③ 진폐 등 직업병에 걸린 근로자 중에는 그 질병 또는 직업병의 원인이 된 유해요소에 지속적으로 노출됨에 따라 업무능력이나 신체기능이 저하되고 그 결과 재요양 당시 이미 임금수준이 낮아졌거나 직장에 복귀하지 못한 상태인 경우가 적지 않다. 따라서 재요양 상병 진단일을 기준으로 평균임금을 산정하게 되면 근로자 보호에 미흡한 결과가 발생할 가능성이 높다.

④ 다만 최초 진단 이후의 사정이 사망의 직접적인 원인이 되었고 최초 진단일보다 재요양 상병 진단일의 평균임금이 인상되는 등 근로자의 통상 생활임금을 사실대로 반영한다고 볼 수 있는 예외적인 경우에는, 재요양 상병 진단일을 평균임금 산정사유 발생일로 하여 유족급여를 산정하는 것이 진폐 등 직업병에 대한 적절하고 공정한 보상이라는 산재보험제도의 목적, 근로자의 생활임금을 사실대로 반영함으로써 통상적인 생활수준을 보장하기 위한 평균임금 제도의 취지에 부합하게 된다(대법원 2023. 7. 13. 선고 2021두35438 판결).

■ '성과상여금을 거짓이나 그 밖의 부정한 방법으로 지급받은 때'에 성과상여금 재배분행위가 포함되는지 여부

[판시사항]

구 공무원수당 등에 관한 규정 제7조의2 제10항에서 규정한 '성과상여금을 거짓이나 그 밖의 부정한 방법으로 지급받은 때'에 성과상여금 재배분행위가 포함되는지 여부(소극)

[판결요지]

사립학교법 제55조 제1항, 제61조 제1항 제1호, 제66조 제1항, 사립학교법 시행령 제25조의2 제1항, 사립학교 교원 징계규칙 제2조 제1항, 교육공무원 징계양정 등에 관한 규칙 [별표] 제1호 (파)목, 구 국가공무원법(2021. 6. 8. 법률 제18237호로 개정되기 전의 것) 제47조 제1항, 제3항, 제56조, 공무원보수규정 제31조 제2항, 구 공무원수당 등에 관한 규정(2023. 1. 6. 대통령령 제33215호로 개정되기 전의 것, 이하 '구 공무원수당규정'이라 한다) 제7조의2 제10항, 공무원수당 등에 관한 규정(이하 '공무원수당규정'이라 한다) 제7조의2 제10항의 문언, 체계 등을 종합하면, 구 공무원수당규정 제7조의2 제10항에서 규정한 '성과상여금을 거짓이나 그 밖의 부정한 방법으로 지급받은 때'에는 성과상여금 재배분행위가 포함되지 않는다고 해석하는 것이 타당하다. 구체적인 이유는 다음과 같다.

① 구 지방공무원법(2021. 6. 8. 법률 제18208호로 개정되기 전의 것) 제45조 제4항의 위임에 따라 제정된 지방공무원 수당 등에 관한 규정(이하 '지방공무원수당규정'이라 한다)은 제6조의2 제7 항에서 "지방공무원법 제45조 제3항에 따라 지방자치단체의 장이 나 지방의회의 의장은 소속 공무원이 성과상여금을 거짓이나 그 밖의 부정한 방법으로 지급(지급받은 성과상여금을 다시 배분하는 행위를 포함한다. 이하 이 항에서 같다)받은 경우에는 그 지급받은 성과상여금에 해당하는 금액을 징수하고, 1년의 범위에서 성과상여금을 지급하지 않는다."라고 규정하여 성과상여금 재배분행 위에 대한 제재조치를 명시적으로 규정하고 있다. 반면 구 공무원수당규정은 제7조의2 제10항에서 "국가공무원법 제47조 제3항에 따라 각급 행정기관의 장은 소속 공무원이 성과상여금을 거짓이나 그 밖의 부정한 방법으로 지급받은 때에는 그 지급받은 성과상여금에 해당하는 금액을 징수하고, 1년의 범위에서 성과상여금을 지급하지 아니한다."라고만 정하고 있을 뿐, 지방공무원수당규정과는 달리 성과상여금 재배분행위를 제재하는 명시적인 규정을 두고 있지 않다. 따라서 지방공무원수당규정 제6조의2 제7항을 들어 구 공무원수당규정 제7조의2 제10항에서도 교원의 성과상여금 재배분행위를 금지하고 있다고 해석하기는 어렵다.

② 구 공무원수당규정 제7조의2 제10항에서 말하는 '성과상여금을 거짓이나 그 밖의 부정한 방법으로 지급받은 때'는 그 문언에 비추어 '성과상여금을 지급받기 위하여 거짓이나 그 밖의 부정한 방법을 사용하고, 이것이 원인이 되어 성과상여금을 지급받는 때'로 해석하는 것이 문언의 통상적인 용법에 부합한다.

③ 성과상여금 재배분행위는 이미 지급받은 성과상여금을 재배분하는 것이므로, 그것이 '성과상여금을 거짓이나 그 밖의 부정한 방

법으로 지급받은 때'에 포함된다고 보는 것은 문언의 통상적인 의미를 벗어나는 것으로서 허용될 수 없다.

④ 현실적으로 지급되었거나 이미 구체적으로 그 지급청구권이 발생한 임금은 근로자의 사적 재산영역으로 옮겨져 근로자의 처분에 맡겨진 것이므로, 이미 지급이 완료되어 교원들의 사적 재산영역으로 옮겨진 성과상여금을 재배분하는 행위를 금지하기 위해서는 명확한 근거 규정이 있어야 한다. 그런데 구 공무원수당규정 제7조의2 제10항의 문언만으로는 성과상여금 재배분행위가 '성과상여금을 거짓이나 그 밖의 부정한 방법으로 지급받은 때'에 포함되는 것인지가 명확하지 않다.

⑤ 성과상여금의 부정 수령에 대한 제재조치는 침익적 행정처분이고, 침익적 행정처분의 근거가 되는 행정법규는 엄격하게 해석·적용하여야 하며, 그 의미가 불명확한 경우 행정처분의 상대방에게 불리한 방향으로 해석·적용하여서는 아니 된다. 따라서 위와 같이 구 공무원수당규정 제7조의2 제10항이 규정한 '성과상여금을 거짓이나 그 밖의 부정한 방법으로 지급받은 때'의 의미가 명확하지 않은 이상 여기에 성과상여금 재배분행위가 포함된다고 함부로 단정할 수 없다.

⑥ 성과상여금 재배분행위를 허용할 경우 교원들의 업무실적을 정기적으로 평가하여 그 결과에 따라 성과상여금을 차등 지급함으로써 교원들의 노력과 성과에 근거한 공정한 처우를 실현하려는 성과상여금제도의 취지가 훼손되는 문제가 생길 수 있다. 그러나 이는 입법적으로 해결할 문제이다. 공무원수당규정이 2023. 1. 6. 대통령령 제33215호로 개정되면서 제7조의2 제10항에 '지급받은 성과상여금을 다시 배분하는 행위가 포함된다.'는 문언이 비로소 추가되었는데 당시 정부에서 밝힌 개정이유는, 공직사회의 신뢰성을 높이기 위해 성과상여금의 부정 수령의 범위에 지급받은 성과상여금을 다시 배분하는 행위를 명시하여 현행 제도의 운

영상 나타난 일부 미비점을 개선·보완하려는 것이었다. 따라서 성과상여금제도의 도입 취지에만 치중하여 구 공무원수당규정 제7조의2 제10항에서 말하는 '성과상여금을 거짓이나 그 밖의 부정한 방법으로 지급받은 때'의 의미를 넓게 해석함으로써 여기에 '지급받은 성과상여금을 다시 배분하는 행위'가 포함된다고 새기는 것은 구 공무원수당규정 제7조의2 제10항의 해석론을 벗어나는 것이다(대법원 2023. 6. 29. 선고 2023두31782 판결).

■ 기간제 및 단시간근로자 보호 등에 관한 법률 제8조 제1항에서 정한 '차별적 처우'의 의미

[판시사항]

기간제 및 단시간근로자 보호 등에 관한 법률 제8조 제1항에서 정한 '차별적 처우'의 의미 / 불리한 처우가 '기간의 정함이 없는 근로계약을 체결한 근로자'와 비교하여 기간제근로자만이 가질 수 있는 속성을 원인으로 하는 경우, '기간제근로자임을 이유로 한 불리한 처우'에 해당하는지 여부(적극) 및 모든 기간제근로자가 아닌 일부 기간제근로자만이 불리한 처우를 받는 경우, 이를 달리 보아야 하는지 여부(소극)

[판결요지]

기간제 및 단시간근로자 보호 등에 관한 법률(이하 '기간제법'이라고 한다) 제8조 제1항은 "사용자는 기간제근로자임을 이유로 해당 사업 또는 사업장에서 동종 또는 유사한 업무에 종사하는 기간의 정함이 없는 근로계약을 체결한 근로자에 비하여 차별적 처우를 하여서는 아니 된다."라고 정하고 있다. 여기서 '차별적 처우'란 근로기준법 제2조 제1항 제5호에 따른 임금 등의 사항에서 합리적인 이유 없이 불리하게 처우하는 것을 말하는데(기간제법 제2조 제3호), 기간제근로자에 대한 불합리한 차별을 시정하고 기간제근로자의 근로조건 보

호를 강화하려는 기간제법의 입법 취지와 목적(기간제법 제1조) 등에 비추어 볼 때, 불리한 처우가 '기간의 정함이 없는 근로계약을 체결한 근로자'와 비교하여 기간제근로자만이 가질 수 있는 속성을 원인으로 하는 경우 '기간제근로자임을 이유로 한 불리한 처우'에 해당하고, 모든 기간제근로자가 아닌 일부 기간제근로자만이 불리한 처우를 받는다고 하더라도 달리 볼 수 없다(대법원 2023. 6. 29. 선고 2019두55262 판결).

■ **근로기준법 제11조 제1항에서 정한 '상시 5명 이상의 근로자를 사용하는 사업 또는 사업장'의 의미**

[판시사항]

근로기준법 제11조 제1항에서 정한 '상시 5명 이상의 근로자를 사용하는 사업 또는 사업장'의 의미 및 근로자의 수가 때때로 5인 미만이 되더라도 사회통념에 의하여 객관적으로 판단하여 상태적으로 5인 이상이 되는 경우가 이에 해당하는지 여부(적극) / 주휴일에 실제 근무하지 않은 근로자가 근로기준법 제11조 제3항의 '상시 사용하는 근로자 수'를 산정하는 기준이 되는 같은 법 시행령 제7조의2 제1항의 '산정기간 동안 사용한 근로자의 연인원' 및 같은 조 제2항 각호의 '일(일)별 근로자 수'에 포함되는지 여부(소극) 및 주휴일에 실제 출근하지 않은 근로자를 상시 사용 근로자 수에서 제외하는 취지

[판결요지]

근로기준법 제11조 제1항의 '상시 5명 이상의 근로자를 사용하는 사업 또는 사업장'이란 '상시 근무하는 근로자의 수가 5명 이상인 사업 또는 사업장'이 아니라 '사용하는 근로자의 수가 상시 5명 이상인 사업 또는 사업장'을 뜻하는 것이고, 이 경우 상시란 상태(상태)를 의미하므로 근로자의 수가 때때로 5인 미만이 되는

경우가 있어도 사회통념에 의하여 객관적으로 판단하여 상태적으로 5인 이상이 되는 경우에는 이에 해당한다.

이러한 취지에 비추어 보면, 주휴일은 근로기준법 제55조 제1항에 의하여 주 1회 이상 휴일로 보장되는 근로의무가 없는 날이므로, 주휴일에 실제 근무하지 않은 근로자는 근로기준법 제11조 제3항의 '상시 사용하는 근로자 수'를 산정하는 기준이 되는 같은 법 시행령 제7조의2 제1항의 '산정기간 동안 사용한 근로자의 연인원' 및 같은 조 제2항 각호의 '일(日)별 근로자 수'에 포함하여서는 아니 된다. 주휴일은 매주 일정하게 발생하는 휴일로서, 주휴일에 실제 출근하지 않은 근로자를 상시 사용 근로자 수에서 제외하여야 해당 사업장의 보통 때의 통상적인 사용 상태를 제대로 반영할 수 있고, 이를 제외하여도 사용자나 근로자가 근로기준법의 적용 여부를 사전에 파악하는 데에 어려움이 없어 법적 안정성과 예측가능성을 해하지 않기 때문이다(*대법원 2023. 6. 15. 선고 2020도 16228 판결*).

■ **임금(=사용사업주가 정년이 경과한 근로자를 채용하였더라면 지급하였을 적정한 임금) 및 이를 산정하는 방법**

[판시사항]

정년을 경과한 파견근로자에 대하여 사용사업주 소속 정년 미경과 근로자를 비교대상으로 하여 차별적 처우에 합리적 이유가 있는지를 판단하거나 차별적 처우로 인한 손해배상액을 산정하는 경우, 그 기준이 되는 임금(=사용사업주가 정년이 경과한 근로자를 채용하였더라면 지급하였을 적정한 임금) 및 이를 산정하는 방법

[판결요지]

정년을 경과한 파견근로자에 대하여 사용사업주 소속 정년 미경과 근로자를 비교대상으로 하여 차별적 처우에 합리적 이유가 있

는지를 판단하거나 차별적 처우로 인한 손해배상액을 산정하는 경우, 그 기준이 되는 임금, 즉 파견근로자가 차별적 처우가 없었더라면 받을 수 있었던 적정한 임금은, 사용사업주 소속 정년 미경과 근로자가 받은 임금이 아니라 사용사업주가 정년을 경과한 근로자를 채용하였더라면 지급하였을 적정한 임금을 의미한다. 이러한 임금은 정년이 경과한 파견근로자가 구체적으로 수행한 업무의 내용과 범위·권한·책임, 동종 사업장의 관행, 파견근로자와 같은 종류의 업무 또는 유사한 업무가 아니더라도 다른 종류의 업무 영역에서 사용사업주가 정년퇴직한 근로자를 일시적으로 고용한 적이 있다면 그 근로자에게 지급한 임금과 퇴직 전 지급한 임금의 차이와 비율 등을 종합적으로 고려하여 산정하여야 한다(대법원 2023. 4. 27. 선고 2021다229601 판결).

■ 임금 등 지급의무의 존부와 범위에 관하여 다툴 만한 근거가 있는지 판단하는 기준

[판시사항]

임금 등 지급의무의 존부와 범위에 관하여 다툴 만한 근거가 있는 경우, 사용자에게 구 근로기준법 제109조 제1항, 제36조, 제43조 제2항 위반의 고의를 인정할 수 있는지 여부(소극) / 임금 등 지급의무의 존부와 범위에 관하여 다툴 만한 근거가 있는지 판단하는 기준

[판결요지]

임금 등 지급의무의 존부와 범위에 관하여 다툴 만한 근거가 있다면 사용자가 그 임금 등을 지급하지 않은 데에 상당한 이유가 있다고 보아야 하므로, 사용자에게 구 근로기준법(2017. 11. 28. 법률 제15108호로 개정되기 전의 것) 제109조 제1항, 제36조, 제43조 제2항 위반의 고의가 있었다고 보기 어렵다. 임금 등 지급의무의 존부와 범위에 관하여 다툴 만한 근거가 있는지 여부는 사용자의 지급거절

이유와 그 지급의무의 근거, 사용자가 운영하는 회사의 조직과 규모, 사업 목적 등 여러 사항, 그 밖에 임금 등 지급의무의 존부와 범위에 관한 다툼 당시의 여러 사정에 비추어 판단하여야 한다*(대법원 2023. 4. 27. 선고 2020도16431 판결)*.

■ 차별적 처우로 인한 손해배상액을 산정하는 경우, 그 기준이 되는 임금 및 이를 산정하는 방법

[판시사항]

정년이 경과한 파견근로자에 대하여 사용사업주 소속 정년 미경과 근로자를 비교대상으로 하여 차별적 처우에 합리적 이유가 있는지를 판단하거나 차별적 처우로 인한 손해배상액을 산정하는 경우, 그 기준이 되는 임금(=사용사업주가 정년이 경과한 근로자를 채용하였더라면 지급하였을 적정한 임금) 및 이를 산정하는 방법

[판결요지]

사용사업주가 파견근로자와 비교대상 근로자가 같은 종류의 업무 또는 유사한 업무를 수행하고 있음을 알았거나 통상적인 사용사업주의 입장에서 합리적인 주의를 기울였으면 이를 알 수 있었는데도 파견근로자의 임금을 결정하는 데 관여하거나 영향력을 행사하는 등으로 파견근로자가 비교대상 근로자보다 적은 임금을 지급받도록 하고 이러한 차별에 합리적 이유가 없는 경우, 이는 개정 파견법 제21조 제1항을 위반하는 위법한 행위로서 민법 제750조의 불법행위를 구성한다. 이 경우 사용사업주는 합리적인 이유 없이 임금 차별을 받은 파견근로자에게 그러한 차별이 없었더라면 받을 수 있었던 적정한 임금과 실제 지급받은 임금의 차액에 상당하는 손해를 배상할 책임이 있다*(대법원 2020. 5. 14. 선고 2016다 239024, 239031, 239048, 239055, 239062 판결 참조)*. 구 파견법에 따라 고용간주된 파견근로자들의 경우에도 현실적으로 파견근로자의 지위에서

사용사업주를 위한 근로에 종사하는 한 개정 파견법 제21조의 차별적 처우 금지의 보호 대상이 된다고 보아야 하므로 위와 같은 법리가 적용된다.

이때 합리적인 이유가 없는 경우라 함은, 파견근로자를 달리 처우할 필요성이 인정되지 아니하거나 달리 처우할 필요성이 인정되더라도 그 방법·정도 등이 적정하지 아니한 경우를 의미한다. 그리고 합리적인 이유가 있는지 여부는 개별 사안에서 문제가 된 불리한 처우의 내용과 정도, 불리한 처우가 발생한 이유를 기준으로 파견근로자의 업무의 내용과 범위·권한·책임 등을 종합적으로 고려하여 판단하여야 한다(대법원 2023. 4. 27. 선고 2021다229588 판결).

■ 평균임금에 산입되는 임금의 총액에 평균임금을 산정하여야 할 사유가 발생한 때를 기준으로 사용자가 지급 의무를 부담하는 금액도 포함되는지 여부

[판시사항]

[1] 산업재해보상보험법에 의한 재해보상의 기준이 되는 평균임금의 의미 및 여기서 평균임금에 산입되는 임금의 총액에 평균임금을 산정하여야 할 사유가 발생한 때를 기준으로 사용자가 지급 의무를 부담하는 금액도 포함되는지 여부(적극)

[2] 갑이 회사에서 야간경비원으로 근무하다 사망하여, 배우자인 을이 근로복지공단에 유족급여 및 장의비 지급을 구하자 근로복지공단이 을에게 갑의 평균임금을 계산 후 유족급여 및 장의비를 지급하였으나, 을은 갑의 평균임금이 그보다 더 높다고 주장하며 근로복지공단에 갑의 평균임금을 정정하고 이에 따라 재산정한 유족급여 및 장의비와 기지급된 유족급여 및 장의비의 차액을 추가로 지급하여 달라고 청구하자, 근로복지공단이 갑의 평균임금을 정정하여 을의 청구금액 중 일부를 추가로 지급한 사안에서, 근로복지공단이 최종적으로 산정한

금액은 갑의 정확한 평균임금이 아닐 여지가 크므로, 근로복지공단이 추가로 지급한 유족급여 및 장의비 부분을 초과하는 나머지 차액 지급을 거부한 것이 적법하다고 본 원심판단에 법리오해의 잘못이 있다고 한 사례

[판결요지]

[1] 산업재해보상보험법에 의한 재해보상의 기준이 되는 평균임금이란, 이를 산정하여야 할 사유가 발생한 날 이전 3개월 동안에 그 근로자에게 지급된 임금의 총액을 그 기간의 총일수로 나눈 금액을 말한다(산업재해보상보험법 제5조 제2호 본문, 근로기준법 제2조 제1항 제6호 전문). 여기서 평균임금에 산입되는 임금의 총액에는, 근로자가 현실적으로 지급받은 금액뿐 아니라 평균임금을 산정하여야 할 사유가 발생한 때를 기준으로 사용자가 지급 의무를 부담하는 금액도 포함된다.

[2] 갑이 회사에서 야간경비원으로 근무하다 사망하여, 배우자인 을이 근로복지공단에 유족급여 및 장의비 지급을 구하자 근로복지공단이 을에게 갑의 평균임금을 계산 후 유족급여 및 장의비를 지급하였으나, 을은 갑의 평균임금이 그보다 더 높다고 주장하며 근로복지공단에 갑의 평균임금을 정정하고 이에 따라 재산정한 유족급여 및 장의비와 기지급된 유족급여 및 장의비의 차액을 추가로 지급하여 달라고 청구하자, 근로복지공단이 갑의 평균임금을 정정하여 을의 청구금액 중 일부를 추가로 지급한 사안에서, 갑이 사망함으로써 평균임금을 산정하여야 할 사유가 발생하였으므로, 그 이전 3개월 동안에 갑이 현실적으로 지급받은 임금의 액수는 물론 그 시점에 갑에게 현실적으로 지급되지는 않았지만 회사가 지급 의무를 부담하는 임금의 액수도 평균임금 계산에 포함하여야 하는 점, 근로복지공단이 고소 사건에서 을이 주장한 금액 및 을과 회사가 합의한 금액을 반영하여

갑의 평균임금을 계산한 것은 을과 회사의 사후적인 의사에 따라 계산한 액수일 뿐, 평균임금 산정 사유 발생 시점에 갑이 지급받아야 할 금액을 기초로 평균임금을 계산한 것이라고 보기 어려운 점, 갑의 근로계약서나 급여대장 등이 존재하며 거기에 근무시간, 임금의 항목과 액수 등이 기재되어 있어 갑의 사망 당시 갑이 지급받아야 할 임금의 액수를 계산하는 것이 충분히 가능한 점을 종합하면, 근로복지공단이 최종적으로 산정한 금액은 갑의 정확한 평균임금이 아닐 여지가 크므로, 근로복지공단이 추가로 지급한 유족급여 및 장의비 부분을 초과하는 나머지 차액 지급을 거부한 것이 적법하다고 본 원심판단에 법리오해의 잘못이 있다고 한 사례*(대법원 2023. 4. 13. 선고 2022두64518 판결)*.

■ **구 근로기준법 제44조, 제109조의 입법 취지는 근로자의 임금채권을 보호하기 위한 취지이다.**

[판시사항]

구 근로기준법 제44조, 제109조의 입법 취지 / 근로자가 상위 수급인의 처벌을 희망하지 아니하거나 처벌을 희망하는 의사를 철회하는 의사표시를 하는 경우, 하수급인 또는 그 직상 수급인의 처벌을 희망하지 아니하는 의사표시도 포함되어 있는지를 판단하기 위하여 고려해야 할 사항

[판결요지]

구 근로기준법*(2018. 3. 20. 법률 제15513호로 개정되기 전의 것, 이하 같다)* 제44조 제1항은 사업이 여러 차례의 도급에 따라 행하여지는 경우에 하수급인이 직상 수급인의 귀책사유로 근로자에게 임금을 지급하지 못한 경우에는 그 직상 수급인이 하수급인과 연대하여 하수급인이 사용한 근로자의 임금을 지급할 책임을 지도록 규정하면서, 직상 수급인의 귀책사유가 그 상위 수급인의 귀책사유에 의하여

발생한 경우에는 상위 수급인도 연대하여 책임을 지도록 하고 있다. 그 귀책사유의 범위에 관하여 구 근로기준법 제44조 제2항, 구 근로기준법 시행령(2014. 9. 24. 대통령령 제25631호로 개정되기 전의 것, 이하 같다) 제24조는 정당한 사유 없이 도급계약에서 정한 도급 금액 지급일에 도급 금액을 지급하지 아니한 경우(제1호), 정당한 사유 없이 도급계약에서 정한 원자재 공급을 늦게 하거나 공급을 하지 아니한 경우(제2호), 정당한 사유 없이 도급계약의 조건을 이행하지 아니하여 하수급인이 도급사업을 정상적으로 수행하지 못한 경우(제3호)로 정하고 있다. 구 근로기준법 제109조는 위 규정을 위반한 직상 수급인과 상위 수급인을 처벌하되, 근로자의 명시한 의사와 다르게 공소를 제기할 수 없도록 규정하고 있다. 이는 본래 임금지급채무는 근로계약의 당사자로서 근로자와 직접적인 근로계약 관계를 맺고 있는 사용자가 부담하는 것이 원칙이지만, 사업이 도급에 의하여 이루어지는 경우에 하수급인은 도급인에게 실질적으로 의존하거나 종속되어 있는 경우가 많으므로, 하수급인이 직상 수급인이나 그 상위 수급인의 귀책사유로 근로자에게 임금을 지급하지 못한 경우에는 직상 수급인과 그 상위 수급인에게 하수급인과 연대하여 임금을 지급할 책임을 부담하도록 함으로써, 그러한 사업에 종사하는 근로자의 임금채권을 보호하기 위한 취지이다.

구 근로기준법 제44조, 제109조의 입법 목적과 규정 취지에 비추어 보면, 임금 미지급에 귀책사유가 있는 상위 수급인은 하수급인의 근로자에 대한 관계에서 근로계약의 당사자는 아니지만 임금 미지급의 근본적인 원인을 제공하였다는 점에서 그 책임이 하수급인 또는 그 직상 수급인보다 가볍다고 볼 수 없다. 또한 상위 수급인이 하수급인의 근로자에게 임금지급의무를 이행하면 하수급인과 직상 수급인의 임금지급의무도 함께 소멸하게 된다. 그럼에도 하수급인의 근로자가 일반적으로 하수급인보다 자력이 더 나은 상위 수급인을 상대로 직접 임금을 청구하거나 형사고소 등의 법적 조치를 취할 여지가 많다 보니, 그 과정에서 상위 수급인이 근로자와 임금 지급에 관한 합의를 원만하게 이루고 근로자의 의사표시로 처벌을 면할 수 있는 경우에도 합의 과정에 참여하지 못한 하수급인이나 직상 수급인에 대하여는 처벌을 희망하지 아니하는 근로자의 의사표시가 명시적으로 이루어지지 않을 가능성도 적지 않다. 이러한 경우에도 귀책사유가 있는 상위 수급인으로부터 임금을 지급받는 등으로 그와 합의한 근로자가 하수급인이나 직상 수급인만 따로 처벌받기를 원하는 경우는 상당히 드물 것이다.

그렇다면 근로자가 상위 수급인의 처벌을 희망하지 아니하거나 처벌을 희망하는 의사를 철회하는 의사표시를 하는 경우에는, 근로자가 임금을 직접 청구하거나 형사고소 등의 법적 조치를 취한 대상이 누구인지, 상위 수급인과 합의에 이르게 된 과정 및 근로자가 처벌을 희망하지 아니하거나 처벌을 희망하는 의사를 철회하게 된 경위, 근로자가 그러한 의사표시에서 하수급인이나 직상 수급인을 명시적으로 제외하고 있는지, 상위 수급인의 변제 등을 통하여 근로자에 대한 임금지급채무가 어느 정도 이행되었는지 등의 여러 사정을 참작하여 여기에 하수급인 또는 그 직상 수급인의 처벌을 희망하지 아니하는 의사표시도 포함되어 있는지를 살펴보아야 하고, 하수급인과 직상 수급인을 배제한 채 오로지 상위 수급인에 대하여만 처벌을 희망하지 아니하는 의사표시를 하였다고 쉽게 단정하여서는 안 된다(대법원 2022. 12. 29. 선고 2018도2720 판결).

■ 임금의 일부를 공제할 수 있는 근거를 법령 또는 단체협약이 아닌 취업규칙이나 근로계약에 마련한 경우, 그 효력

[판시사항]

임금의 일부를 공제할 수 있는 근거를 법령 또는 단체협약이 아닌 취업규칙이나 근로계약에 마련한 경우, 그 효력(무효)

[판결요지]

근로기준법 제43조 제1항에 의하면 임금은 직접 근로자에게 그 전액을 지급하여야 하므로, 사용자가 임의로 근로자에게 지급하여야 할 임금 중 일부를 공제하지 못하는 것이 원칙이고, 이는 경제적·사회적으로 종속관계에 있는 근로자를 보호하기 위한 것이다. 다만 사용자는 같은 항 단서에 따라 법령 또는 단체협약에 특별한 규정이 있는 경우에는 예외적으로 임금의 일부를 공제하여 지급할 수 있지만, 그 예외의 경우를 넓게 인정하게 되면 임금을 생계수단으로 하는 근로자의 생활안정을 저해할 우려가 있으므로 그에 해당하는지는 엄격하게 판단하여야 한다. 위와 같은 근로기준법 제43조의 규정 형식이나 취지, 법적 성격 등에 비추어 보면, 취업규칙이나 근로계약에 임금의 일부를 공제할 수 있는 근거를 마련하였다고 하더라도 그 효력이 없다고 보아야 한다(대법원 2022. 12. 1. 선고 2022다219540, 219557 판결).

■ 파견근로자의 사용사업주에 대한 임금채권에 관하여 근로기준법 제38조 제2항이 정하는 최우선변제권이 인정되는지 여부

[판시사항]

[1] 파견근로자 보호 등에 관한 법률 제34조 제2항에 따라 사용사업주가 파견근로자에 대하여 임금지급의무를 부담하는 경우, 파견근로자의 사용사업주에 대한 임금채권에 관하여 근로기준법 제38조 제2항이 정하는 최우선변제권이 인정되는지 여부(적극)

[2] 사용사업주의 파견근로자에 대한 임금지급책임을 인정하는 파견근로자 보호 등에 관한 법률 제34조 제2항을 적용하기 위하여 당해 근로자파견이 같은 법 제5조의 파견사유가 있고 제7조의 허가를 받은 파견사업주가 행하는 '적법한 근로자파견'

에 해당하여야 하는지 여부(소극)

[3] 근로복지공단이 파산채무자인 사업주를 대신하여 미지급 임금을 지급하고 임금채권보장법 제8조 제2항에 따라 근로자의 권리를 대위하는 경우, 별제권 행사에 따른 경매절차에서 다른 담보물권자보다 우선하여 변제받을 수 있는지 여부(적극) 및 이때 근로복지공단이 배당금을 직접 받을 수 있는지 여부(소극)

[판결요지]

[1] 파견근로자 보호 등에 관한 법률(이하 '파견법'이라 한다) 제1조, 제34조 제2항, 같은 법 시행령 제5조, 근로기준법 제38조 제2항 제1호의 내용에 의하면, 사용사업주가 정당한 사유 없이 근로자파견의 대가를 지급하지 아니하고 그로 인하여 파견사업주가 근로자에게 임금을 지급하지 못한 경우 사용사업주는 근로자에 대하여 파견사업주와 연대하여 임금지급의무를 부담하게 된다. 이와 같이 사용사업주가 파견법 제34조 제2항에 따라 근로자에 대하여 임금지급의무를 부담하고 그에 따라 파견근로자가 사용사업주에 대하여 임금채권을 가지는 경우, 파견근로자의 복지증진에 관한 파견법의 입법 취지와 더불어 사용사업주가 파견사업주와 연대하여 임금지급의무를 부담하는 경우 임금 지급에 관하여 사용자로 본다는 파견법 제34조 제2항 후문 및 근로자의 최저생활을 보장하려는 근로기준법 제38조 제2항의 규정 취지를 고려하여 보면, 파견근로자의 사용사업주에 대한 임금채권에 관하여도 근로기준법 제38조 제2항이 정하는 최우선변제권이 인정된다고 봄이 타당하다.

[2] 사용사업주의 파견근로자에 대한 임금지급책임을 인정하는 파견근로자 보호 등에 관한 법률(이하 '파견법'이라 한다) 제34조 제2항을 적용하기 위하여 당해 근로자파견이 파견법 제5조의 파견사유가 있고 제7조의 허가를 받은 파견사업주가 행

하는 이른바 '적법한 근로자파견'에 해당하여야만 하는 것은 아니다. 구체적인 이유는 다음과 같다.

① 파견법은 '파견사업주가 근로자를 고용한 후 그 고용관계를 유지하면서 근로자파견계약의 내용에 따라 사용사업주의 지휘·명령을 받아 사용사업주를 위한 근로에 종사하게 하는 것'을 '근로자파견'으로 정의하고 있을 뿐(제2조 제1호), 제5조에 정한 근로자파견 대상 업무에 해당하는 등 파견사유가 있을 것 또는 제7조에 정한 근로자파견사업의 허가를 받은 파견사업주가 행하는 근로자파견에 해당할 것을 '근로자파견'의 요건으로 들고 있지 않다.

② 원칙적으로 파견사업주가 파견근로자에 대한 임금지급의무를 부담하지만, 파견사업주가 사용사업주의 귀책사유로 인하여 임금을 지급하지 못한 경우에는 사용사업주가 파견사업주와 연대하여 임금지급의무를 부담하도록 함으로써 파견근로자를 보호하고자 하는 것이 파견법 제34조 제2항의 취지이다.

③ 적법하지 않은 파견의 경우 파견법 제34조 제2항이 적용되지 않는다고 보면 파견법이 규정한 제한을 위반하여 근로자파견의 역무를 제공받은 사용사업주는 오히려 임금지급책임을 지지 않는 결과가 되어 법적 형평에 어긋나게 된다.

[3] 2014. 12. 30. 법률 제12892호로 개정되어 2015. 7. 1. 시행된 채무자 회생 및 파산에 관한 법률(이하 '채무자회생법'이라 한다)에서 신설된 제415조의2 본문은, 근로자에게 근로기준법 제38조 제2항에 따른 임금 등 채권과 근로자퇴직급여 보장법 제12조 제2항에 따른 최종 3년간의 퇴직급여 등 채권(이하 통칭하여 '최우선임금채권'이라 한다)에 관하여 별제권 행사에 따른 경매절차에서 다른 담보물권자보다 우선하여 배당금을 수령할 권리를 부여하였다. 이는 별제권 행사에 따른 경매절차에서 종래 조세채권 등과 마찬가지로 파산관재인이 배당금

을 교부받아 각 채권자에게 안분 변제하여 온 방식에서 벗어나 근로자가 직접 우선변제권 있는 채권액을 배당받을 수 있게 함으로써 최우선임금채권을 두텁게 보장하려는 것이다.

한편 채무자회생법 제415조의2 단서는 "다만 임금채권보장법 제8조에 따라 해당 채권을 대위하는 경우에는 그러하지 아니하다."라고 정하고 있다. 이는 파산채무자인 사업주를 대신하여 미지급 임금을 지급하고 임금채권보장법 제8조 제2항에 따라 근로자의 권리를 대위하는 근로복지공단은 별제권 행사에 따른 경매절차에서 근로자와는 달리 배당금을 직접 받을 수 없다는 뜻일 뿐, 근로복지공단이 다른 담보물권자보다 우선하여 변제받을 권리를 부정한 것이 아니다. 따라서 근로복지공단이 대지급금채권자로서 배당요구를 하면 조세채권자가 교부청구를 한 경우 등과 마찬가지로 그 배당금은 파산관재인에게 교부되고, 파산관재인을 통하여 변제받게 된다(대법원 2022. 12. 1. 선고 2018다300586 판결).

■ 월 정액급여에서 그 미달액을 공제하기로 단체협약에서 정할 수 있는지 여부

[판시사항]

[1] 구 여객자동차 운수사업법하에서 운송사업자가 운수종사자들로부터 근무 당일의 운송수입금 전액을 받은 후 실제 운송수입금 납부액이 기준 운송수입금액에 미치지 못하는 경우에는 월 정액급여에서 그 미달액을 공제하기로 단체협약에서 정할 수 있는지 여부(원칙적 적극) 및 그러한 공제 행위가 같은 법 제21조 제1항을 위반한 것인지 여부(소극)

[2] 단체협약에 임금의 일부를 공제하기로 하는 규정을 둔 경우, 지급된 임금이 최저임금에 미달하는지를 판단할 때 공제하기 전의 임금을 토대로 최저임금법령에 따라 최저임금에 산입되

는 임금을 계산하여야 하는지 여부(원칙적 적극)

[3] 구 여객자동차 운수사업법하에서 택시운송사업자가 운송수입금 전액관리제를 시행하면서 단체협약에서 실제 운송수입금 납부액이 기준 운송수입금액에 미치지 못하는 경우 택시운전 근로자의 월 정액급여에서 그 미달액을 공제하기로 정한 경우, 기준 운송수입금 미달액을 공제한 후의 급여를 토대로 최저임금법령에 따라 최저임금에 산입되는 임금을 계산하여 최저임금법 위반 여부를 판단하여야 하는지 여부(원칙적 적극)

[판결요지]

[1] 구 여객자동차 운수사업법(2016. 1. 19. 법률 제13800호로 개정되기 전의 것, 이하 '구 여객자동차법'이라 한다)은 제21조 제1항에서 "대통령령으로 정하는 운송사업자는 제24조에 따른 운전업무 종사자격을 갖추고 여객자동차운송사업의 운전업무에 종사하고 있는 자(이하 '운수종사자'라 한다)가 이용자에게서 받은 운임이나 요금(이하 '운송수입금'이라 한다)의 전액을 그 운수종사자에게서 받아야 한다."라고만 정하고, 수납한 운송수입금의 배분이나 개별 사업장의 임금 수준, 급여체계 등 근로조건에 관해서는 아무런 규정을 두고 있지 않았다. 따라서 구 여객자동차법하에서는 운송사업자가 운수종사자로부터 운송수입금의 전액을 받은 후 이를 배분하는 방식 등 근로조건을 노사 간의 자율적인 협의로 결정할 수 있으므로, 운송사업자가 운수종사자들로부터 근무 당일의 운송수입금 전액을 받는 이상 단체협약에서 실제 운송수입금 납부액이 기준 운송수입금액에 미치지 못하는 경우에는 월 정액급여에서 그 미달액을 공제하기로 정하는 것도 원칙적으로 가능하고, 그러한 공제 행위가 구 여객자동차법 제21조 제1항을 위반한 것이라고 볼 수도 없다.

[2] 최저임금법 제6조 제1항은 "사용자는 최저임금의 적용을 받는

근로자에게 최저임금액 이상의 임금을 지급하여야 한다.”라고 규정하며, 근로기준법 제43조 제1항은 “임금은 통화로 직접 근로자에게 그 전액을 지급하여야 한다. 다만 법령 또는 단체협약에 특별한 규정이 있는 경우에는 임금의 일부를 공제하거나 통화 이외의 것으로 지급할 수 있다.”라고 규정한다. 이러한 최저임금법 및 근로기준법 규정 내용을 종합하면, 단체협약에 임금의 일부를 공제하기로 하는 규정을 둔 사안에서 지급된 임금이 최저임금에 미달하는지를 판단할 때에는 특별한 사정이 없는 한 이를 공제하기 전의 임금을 토대로 최저임금 법령에 따라 최저임금에 산입되는 임금을 계산한 후 이를 최저임금액과 비교하는 것이 원칙이다.

[3] 구 여객자동차 운수사업법(2016. 1. 19. 법률 제13800호로 개정되기 전의 것. 이하 '구 여객자동차법'이라 한다)하에서 택시운송사업자가 운송수입금 전액관리제를 시행하면서, 단체협약에서 실제 운송수입금 납부액이 기준 운송수입금액에 미치지 못하는 경우 택시운전근로자의 월 정액급여에서 그 미달액을 공제하기로 정하는 것 자체는 허용된다. 그러나 이러한 공제가 이루어진 경우에는, 택시운전근로자가 운송수입금의 전부 또는 일부를 택시운송사업자에게 납부하지 않음으로써 공제액이 발생하게 되었거나 공제액이 증가하였다는 등의 특별한 사정이 없는 한, 기준 운송수입금 미달액을 공제한 후의 급여를 토대로 최저임금법령에 따라 최저임금에 산입되는 임금(이하 '비교대상 임금'이라 한다)을 계산하여 최저임금법 위반 여부를 판단하여야 한다. 그 이유는 다음과 같다.

① 최저임금법은 사용자로 하여금 국가가 정한 임금액의 최저한도 이상을 근로자에게 지급하도록 강제하고, 나아가 최저임금에 미달하는 임금 차액에 대한 근로자의 임금청구권을 직접 인정하고 있다. 한편 2008. 3. 21. 법률 제8964호로 개정(특별

*시, 광역시, 특별자치시가 아닌 시 지역에서는 2010. 7. 1.부터 시행*된 **최저임금법** 제6조 제5항은 일반택시운송사업에서 운전업무에 종사하는 근로자의 비교대상 임금의 범위에서 '생산고에 따른 임금'을 제외하도록 하였는데, 이는 택시운전근로자가 받는 임금 중 고정급의 비율을 높여 운송수입금이 적은 경우에도 최저임금액 이상의 임금을 받을 수 있도록 보장함으로써 보다 안정된 생활을 영위할 수 있도록 하려는 취지이다. 따라서 택시운전근로자가 운송수입금을 전액 납부한 이상, 단순히 생산고가 높지 않아 운송수입금이 적게 됨에 따라 기준 운송수입금 미달액이 월 정액급여에서 공제되는 경우에도 최저임금액 이상의 임금을 보장하는 것이 최저임금법의 취지에 부합한다.

② 운송수입금 전액관리제는 종래 일반택시운송사업의 일반적인 임금형태였던 사납금제가 안고 있는 여러 문제점을 개선하여, 일반택시운송사업자의 기업경영의 투명성을 제고함과 아울러 택시운전근로자의 생활안정을 꾀함으로써 택시의 무리한 운행 요인을 줄여 택시이용자에 대한 서비스의 질을 향상시키기 위한 목적으로 도입되었다. 또한 여객자동차 운수사업법은 운송수입금 전액관리제에 관한 규정을 두는 것 외에도 일반택시운송사업과 관련하여 국가에 의한 면허 제도를 운영하면서 상당한 규제와 지원을 함께 하고 있는데, 이는 일반택시운송사업이 가지는 공공성을 전제로 택시운송사업에 관한 질서를 확립하고 여객의 안전하고 원활한 운송을 도모하여 궁극적으로는 국민의 공공복리를 증진하고자 하는 것이다. 이러한 여객자동차 운수사업법의 관련 규정과 운송수입금 전액관리제의 취지 및 일반택시운송사업의 공공성 등을 고려하면, 운송수입금 전액관리제를 시행하는 사업장에서 운송수입금을 전액 납부하였음에도 납부액이 기준 운송수입금액에 미치지 못하여 그 미달액을 월 정액급여에서 공제함에 따라 택시운전근로자가 최저

임금 수준마저 보장받지 못하게 되는 것은 사회적 이익의 측면에서도 받아들이기 어렵다.

③ 노사 합의로 기준 운송수입금 미달액 공제가 이루어진 경우라 하더라도, 그러한 사정만으로 위에서 본 바와 같은 최저임금법 등의 취지를 무시하고 공제 전의 급여를 기준으로 최저임금법 위반 여부를 판단할 수는 없다. 오히려 이러한 공제가 이루어진 경우에도 기준 운송수입금 공제 전의 임금을 기준으로 최저임금법 위반 여부를 판단하게 되면, 기준 운송수입금이 해당 사업구역의 택시요금이나 택시 수요 등에 부합하지 않게 비현실적으로 높은 금액으로 정해지는 등으로 택시운전 근로자가 운송수입금을 전액 납부하였음에도 불구하고 본래 받아야 할 월 정액급여의 대부분이 공제되는 결과가 초래되는 경우에도 이를 유효하다고 판단할 수밖에 없는 불합리한 결과가 초래된다(대법원 2022. 9. 29. 선고 2017다242928 판결).

■ 임금피크제를 적용받으면서 정년을 1년 연장하여 만 59세까지 근무할 것인지 임금피크 기간 중의 급여 전액 등을 받고 특별퇴직을 할 것인지를 선택

[판시사항]

갑 은행이 노동조합의 동의를 받아 시행한 '임금피크제도 개선안'에서 만 56세가 도래하는 직원으로 하여금 임금피크제를 적용받으면서 정년을 1년 연장하여 만 59세까지 근무할 것인지 임금피크 기간 중의 급여 전액 등을 받고 특별퇴직을 할 것인지를 선택하도록 하면서, '특별퇴직자가 계약직 별정직원으로 재채용되면 최장 만 58세까지 계약 갱신하고 월 급여를 지급한다.'고 정하였고, 이에 만 56세가 도래한 을 등이 특별퇴직을 선택하여 퇴직하였는데, 갑 은행이 을 등을 계약직 별정직원으로 재채용하지 아니하자 을 등이 갑 은행을 상대로 재채용 의무 불이행으로 인한 손해배상을 구한 사안에서, 위 개선안의 재채용 부분은 취업규칙으로서 성질을 가지고, 재채용을 신청할 수 있는 기회만 부여한다는 취지가 아니라 갑 은행에 원칙적으로 특별퇴직자를 재채용할 의무를 부과하는 취지라고 봄이 타당하며, 또한 재채용 부분이 재채용 신청의 기회만 부여하는 내용으로 변경되었다거나 그와 같은 개별 합의의 존재 또는 효력을 인정할 수 없다고 한 사례

[판결요지]

갑 은행이 노동조합의 동의를 받아 시행한 '임금피크제도 개선안'에서 만 56세가 도래하는 직원으로 하여금 임금피크제를 적용받으면서 정년을 1년 연장하여 만 59세까지 근무할 것인지 임금피크 기간 중의 급여 전액 등을 받고 특별퇴직을 할 것인지를 선택하도록 하면서, '특별퇴직자가 계약직 별정직원으로 재채용되면 최장 만 58세까지 계약 갱신하고 월 급여를 지급한다.'고 정하였고, 이에 만 56세가 도래한 을 등이 특별퇴직을 선택하여 퇴직하였는데, 갑 은행이 을 등을 계약직 별정직원으로 재채용하지 아니하자 을 등이 갑 은행을 상대로 재채용 의무 불이행으로 인한 손해배상을 구한 사안에서, 위 개선안의 재채용 부분에 따른 갑 은행의 특별퇴직자들에 대한 재채용 행위 자체는 특별퇴직자와 갑 은행 사이의 종전 근로관계가 종료된 후에 이루어지는 것이기는 하나, 재채용 부분은 특별퇴직하는 근로자와 갑 은행 사이에 존속하는 근로관계와 직접 관련되는 것으로서 특별퇴직하는 근로자의 대우에 관한 조건을 정한 것이므로 취업규칙으로서 성질을 가진다고 봄이 타당하고, 갑 은행이 개선안을 설명하는 문서에서 별정직원 재채용 자체를 특별퇴직에 대한 혜택으로 명시하고 있는 점 등에 비추어 재채용 부분은 재채용을 신청할 수 있는 기회만 부여한다는 취지가 아니라 갑 은행에 원칙적으로 특별퇴직자를 재채용할 의무를 부과하는 취지라고 봄이 타당하며, 또한 위 재채용 부분을

재채용 신청의 기회만 부여하는 내용으로 변경하는 것은 특별퇴직 조건이 근로자에게 불리하게 변경되는 경우에 해당하는데도 갑 은행은 근로기준법 제94조 제1항 단서에 따른 근로자의 동의를 받지 아니하였고, 위와 같은 변경이 근로자집단의 동의를 받지 않아도 될 만한 사회통념상의 합리성이 있다고 단정하기도 어려우며, 나아가 을 등의 특별퇴직 신청에 관하여 을 등과 갑 은행 사이에 재채용 부분의 효력을 배제하고 재채용 신청의 기회 부여만을 특별퇴직조건으로 하는 것에 대하여 확정적인 의사의 합치가 있었다고 보기 어렵고, 그와 같은 개별합의가 성립되었더라도 이는 갑 은행의 재채용 의무를 규정하고 있는 위 재채용 부분에 반하여 을 등에게 불리한 내용의 합의로서 근로기준법 제97조에 따라 무효라고 한 사례*(대법원 2022. 9. 29. 선고 2018다301527 판결).*

■ **승진발령이 무효임에도 근로자가 승진발령이 유효함을 전제로 승진된 직급에 따라 계속 근무한 경우, 승진 전후 제공된 근로의 가치 사이에 실질적으로 차이가 있는지 판단하는 기준**

[판시사항]

승진발령이 무효임에도 근로자가 승진발령이 유효함을 전제로 승진된 직급에 따라 계속 근무한 경우, 승진 후 제공된 근로의 가치가 승진 전과 실질적 차이가 없음에도 단지 직급의 상승만을 이유로 임금이 상승한 부분이 있다면, 근로자가 이를 부당이득으로 사용자에게 반환하여야 하는지 여부(적극) 및 여기서 승진 전후 제공된 근로의 가치 사이에 실질적으로 차이가 있는지 판단하는 기준

[판결요지]

승진발령이 무효임에도 근로자가 승진발령이 유효함을 전제로 승진된 직급에 따라 계속 근무하여 온 경우, 승진 전후 각 직급에 따

라 수행하는 업무에 차이가 있어 승진된 직급에 따른 업무를 수행하고 그에 대한 대가로 임금이 지급되었다면, 근로자가 지급받은 임금은 제공된 근로의 대가이므로 근로자에게 실질적인 이득이 있다고 볼 수 없어 사용자가 이에 대해 부당이득으로 반환을 청구할 수 없다. 그러나 승진 전후 각 직급에 따라 수행하는 업무에 차이가 없어 승진 후 제공된 근로의 가치가 승진 전과 견주어 실질적 차이가 없음에도 단지 직급의 상승만을 이유로 임금이 상승한 부분이 있다면, 근로자는 임금 상승분 상당의 이익을 얻었다고 볼 수 있고, 승진이 무효인 이상 그 이득은 근로자에게 법률상 원인 없이 지급된 것으로서 부당이득으로 사용자에게 반환되어야 한다. 여기서 승진 전후 제공된 근로의 가치 사이에 실질적으로 차이가 있는지는 제공된 근로의 형태와 수행하는 업무의 내용, 보직의 차이 유무, 직급에 따른 권한과 책임의 정도 등 여러 사정을 종합적이고 객관적으로 평가하여 판단하여야 한다(대법원 2022. 8. 19. 선고 2017다292718 판결).

■ 근로자가 지급받을 수 있었던 해고기간의 임금액 중 근로기준법 제46조 제1항에서 정한 휴업수당 한도를 초과하는 금액만을 공제할 수 있는지 여부

[판시사항]

사용자의 귀책사유로 해고된 근로자가 해고기간에 다른 직장에 종사하여 이익을 얻은 경우, 해고기간 중의 임금을 지급할 때 이를 중간수입으로 공제할 수 있는지 여부(적극) 및 이때 근로자가 지급받을 수 있었던 해고기간의 임금액 중 근로기준법 제46조 제1항에서 정한 휴업수당 한도를 초과하는 금액만을 공제할 수 있는지 여부(적극)

[판결요지]

가. 사용자의 귀책사유로 해고된 근로자가 해고기간에 다른 직

장에 종사하여 이익을 얻은 경우 이는 민법 제538조 제2항에서 말하는 채무를 면함으로써 얻은 이익에 해당한다. 사용자가 해당 근로자에게 해고기간 중의 임금을 지급할 경우 그러한 이익을 중간수입으로 공제할 수 있다. 다만 근로자가 지급받을 수 있었던 해고기간의 임금액 중 근로기준법 제46조 제1항에서 정한 휴업수당 한도 내의 금액은 중간수입으로 공제할 수 없고, 그 한도를 초과하는 금액만을 중간수입으로 공제할 수 있다(대법원 1991. 6. 28. 선고 90다카25277 판결 등 참조).

나. 위 법리에 따르면, 원고가 지급받을 수 있었던 해고기간의 임금액 중 근로기준법 제46조 제1항에서 정한 휴업수당 한도 액수를 초과하는 금액은 원고가 해고기간 중에 ○○○○○에서 얻은 수입으로 공제할 수 있다.

그런데 원심은 원고가 해고기간 중에 ○○○○○에서 얻은 수입에서 원고가 지급받을 수 있었던 해고기간의 임금액 중 근로기준법 제46조 제1항에서 정한 휴업수당 한도 내의 금액을 차감한 액수를 산정한 다음, 그 차액만을 피고가 원고에게 지급할 임금액에서 공제하였다. 원심판결에는 휴업수당과 중간수입의 공제에 관한 법리를 오해하는 등 판결에 영향을 미친 잘못이 있다. 이를 지적하는 상고이유 주장은 정당하다(대법원 2022. 8. 19. 선고 2021다279903 판결).

■ 임금 등 지급의무의 존부와 범위에 관하여 다툴 만한 근거가 있는지를 판단하는 기준

[판시사항]

금품청산의무 불이행으로 인한 근로기준법 위반죄의 성립 시기 / 임금 등 지급의무의 존부와 범위에 관하여 다툴 만한 근거가 있는 경우, 사용자에게 근로기준법 제109조 제1항, 제36조 위반죄의 고의가 있는지 여부(소극) 및 임금 등 지급의무의 존부와 범위

에 관하여 다툴 만한 근거가 있는지를 판단하는 기준

[판결요지]

금품청산의무 불이행으로 인한 근로기준법 위반죄는 근로자의 사망 또는 퇴직으로 임금 등의 지급사유가 발생한 때부터 14일이 경과하는 때에 성립한다(대법원 2006. 5. 11. 선고 2005도8364 판결 참조). 임금 등 지급의무의 존부와 범위에 관하여 다툴 만한 근거가 있다면 사용자가 임금 등을 지급하지 않은 데에 상당한 이유가 있다고 보아야 하므로 사용자에게 근로기준법 제109조 제1항, 제36조 위반죄의 고의가 있었다고 보기 어렵다. 임금 등 지급의무의 존부와 범위에 관하여 다툴 만한 근거가 있는지는 사용자의 지급거절 이유와 지급의무의 근거, 사용자가 운영하는 회사의 조직과 규모, 사업 목적 등 여러 사항, 그 밖에 임금 등 지급의무의 존부와 범위에 관한 다툼 당시의 여러 사정에 비추어 판단하여야 한다(대법원 2007. 6. 28. 선고 2007도1539 판결, 대법원 2017. 7. 11. 선고 2017도4343 판결 등 참조).

기록에 비추어 살펴보면, 공소외인은 피고인의 교회에서 2018. 6. 27.까지 근무하다가 퇴직하였으므로 이 사건 근로기준법 위반죄는 그로부터 14일이 지난 2018. 7. 12. 성립하는데, 원심 판시 별지 범죄일람표 중 2013. 7.부터 2015. 6.까지의 '수당차액(미지급 임금)'란 기재 임금 부분과 2013. 10. 7.부터 2014. 10. 6.까지의 연차유급휴가 미사용 수당 416,800원 부분에 대하여는 근로기준법 제49조가 정한 3년의 소멸시효 기간이 이미 경과한 것으로 보인다.

그렇다면 피고인으로서는 위 임금 부분과 연차유급휴가 미사용 수당 부분의 지급의무 존부에 관하여 다툴 만한 근거가 있어 이를 지급하지 않은 데에 정당한 이유가 있다고 볼 수 있으므로, 피고인에게 이 부분 임금과 수당 미지급으로 인한 근로기준법 위반죄의 고의가 있었다고 단정하기 어렵다.

그럼에도 원심은 그 판시와 같은 이유로 공소사실 기재 미지급 임금 합계 76,863,670원 전액에 관하여 근로기준법 위반죄의 고의가 인정된다고 판단하였다. 이러한 원심판결에는 근로기준법 위반죄의 고의에 관한 법리를 오해한 나머지 임금지급의무의 존부와 범위에 관하여 필요한 심리를 다하지 않음으로써 판결에 영향을 미친 잘못이 있다(대법원 2022. 6. 30. 선고 2022도742 판결).

■ 정년을 그대로 유지하면서 임금을 정년 전까지 일정 기간 감액하는 형태의 '임금피크제'가 합리적인 이유가 없는 차별로 무효인지 판단하는 기준

[판시사항]

[1] 고용상 연령차별금지 및 고령자고용촉진에 관한 법률 제4조의4 제1항에서 말하는 '합리적인 이유가 없는' 경우의 의미 및 정년을 그대로 유지하면서 임금을 정년 전까지 일정 기간 감액하는 형태의 '임금피크제'가 합리적인 이유가 없는 차별로 무효인지 판단하는 기준

[2] 국민연금공단이 2013. 5. 22. 법률 제11791호로 개정된 고용상 연령차별금지 및 고령자고용촉진에 관한 법률에 따라 3급 이하 근로자의 정년을 58세에서 60세로 연장하면서 정년퇴직 2년 전부터 급여를 전년도의 70~75%로 감액하는 내용의 '임금피크제'를 시행하자, 이미 정년이 60세까지 보장되던 2급 이상 근로자인 갑 등이 위 임금피크제가 같은 법 제4조의4를 위반하여 무효라고 주장하며 국민연금공단을 상대로 감액된 임금 등의 지급을 구한 사안에서, '임금피크제' 시행에 따른 일부 근로자의 임금 감액은 정년연장에 따른 임금체계 개편의 일환인 점 등을 이유로, 갑 등이 불이익을 받았으나 거기에 합리적 이유가 있으므로 위 규정에 의해 금지되는 차

별을 당한 것이 아니라고 본 원심판단이 정당하다고 한 사례

[판결요지]

1. '임금피크제' 시행을 위한 취업규칙 변경이 절차적 요건을 갖추었는지

원심은, ① 피고가 2016. 1. 1.부터 시행한 '임금피크제'는 모든 근로자의 정년을 60세로 하는 대신 정년퇴직 2년 전부터 급여를 전년도의 70~75%로 감액하는 내용으로, ② 그에 따라 변경되는 취업규칙 내용은 전체 근로자에게 적용될 것이 예상되므로, 전체 근로자 과반수가 가입한 노동조합과의 합의로 집단적 동의를 받음으로써 유효하고, ③ 2급 이상 직원인 원고들은 이미 정년이 60세여서 '임금피크제' 시행에 따른 취업규칙 변경이 다른 근로자와 비교해 불리하나, 그렇다고 2급 이상 직원들의 집단적 동의를 따로 받거나 개별적으로 동의를 받을 필요는 없다고 판단하였다.

원심판결 이유를 관련 법리와 기록에 비추어 살펴보면 원심의 판단은 정당하다. 원심의 판단에는 논리와 경험의 법칙을 위반하여 자유심증주의의 한계를 벗어나거나, 불이익한 취업규칙 변경에 대한 동의의 주체와 절차적 한계에 관한 법리를 오해하는 등의 잘못이 없다.

2. 피고가 시행한 '임금피크제'가 합리적 이유 없는 차별로서 무효인지

가. 연령을 이유로 한 차별을 금지하는 「고용상 연령차별금지 및 고령자고용촉진에 관한 법률」(이하 '고령자고용법'이라고 한다) 제4조의4 제1항에서 말하는 '합리적인 이유가 없는' 경우란 연령에 따라 근로자를 다르게 처우할 필요성이 인정되지 않거나, 달리 처우하는 경우에도 그 방법·정도 등이 적정하지 않은 경우를 말한다. 정년을 그대로 유지하면서 임금을 정년 전까지 일정 기간 감액하는 형태의 '임금피크제'가 합리적인 이유

가 없는 차별로 무효인지는, 도입 목적의 타당성, 근로자가 입는 불이익의 정도, 임금 감액의 대상(대상) 조치가 있는지와 그 적정성, 제도 시행으로 생긴 재원이 도입 목적을 위하여 사용되었는지 등 여러 사정을 종합적으로 고려하여 판단하여야 한다(대법원 2022. 5. 26. 선고 2017다292343 판결 참조).

나. 원심은 아래와 같은 이유 등을 들어, ① 피고가 시행한 '임금피크제'로 원고들이 그 아래 직급 근로자와 비교해 더 큰 불이익을 받았으나, 거기에 합리적 이유가 있으므로 고령자고용법 제4조의4에 의해 금지되는 차별을 당한 것이 아니고, ② 차별에 합리적 이유가 있을뿐더러, 원고들이 비교대상자와 동일한 가치의 노동을 제공했는데도 임금에서 차별적 취급을 받았다는 주장이나 증명이 없으므로, 피고가 동일 가치 노동에 대하여 동일한 임금을 지급하여야 하는 의무(「남녀고용평등과 일·가정 양립 지원에 관한 법률」 제8조)를 위반한 것도 아니라고 판단하였다.

1) 2013. 5. 22. 법률 제11791호로 개정된 고령자고용법은 사업자로 하여금 근로자의 정년을 60세 이상으로 정하도록 하고(제19조 제1항), 그에 따라 정년을 연장하는 사업주와 근로자의 과반수로 조직된 노동조합에 그 사업장의 여건에 따라 임금체계 개편 등 필요한 조치를 할 의무(제19조의2 제1항)를 부과하였다. 피고는 위와 같은 고령자고용법의 개정에 따라 3급 이하 근로자의 정년을 58세에서 60세로 연장하면서 '임금피크제'를 도입하였다. '임금피크제' 시행에 따른 일부 근로자의 임금 감액은 정년연장에 따른 임금체계 개편의 일환이다.

2) 기획재정부도 피고를 비롯한 모든 공공기관에 고령 근로자에 대한 인건비 부담을 줄이고 청년들의 일자리를 창출하기 위해 '임금피크제' 도입을 권고하였다.

3) 실제 피고는 청년 일자리 창출이라는 '임금피크제'의 목적에 맞게 별도 정원으로 상당한 인원을 새로 채용했으므로, 연령차별 금지의

예외가 되는 '특정 연령집단의 고용유지·촉진을 위한 지원조치'(고령자고용법 제4조의5 제4호)에 해당할 수 있다(대법원 2022. 6. 30. 선고 2021다241359 판결).

■ 학교법인이 성과급적 연봉제를 실시하면서 신입생 모집실적만을 평가기준으로 하여 성과임금을 지급한 사안

[판시사항]

사립대학교를 운영하는 갑 학교법인이 성과급적 연봉제를 실시하면서 신입생 모집실적만을 평가기준으로 하여 성과임금을 지급한 사안에서, 제반 사정에 비추어 위 성과급적 연봉제의 지급기준이 교원의 인사·보수에 관한 법령 또는 근로기준법이 정한 강행규정을 위반하거나 객관성과 합리성을 잃고 교원의 보수 결정에 관한 사립학교의 권리를 남용한 것으로서 무효라고 보기 어렵다고 한 사례

[판결요지]

사립대학교를 운영하는 갑 학교법인이 성과급적 연봉제를 실시하면서 신입생 모집실적만을 평가기준으로 하여 성과임금을 지급한 사안에서, 구 고등교육법(2016. 12. 20. 법률 제14391호로 개정되기 전의 것) 제15조 제2항이 사립학교 교원의 보수지급에 관한 제한·금지를 설정한 강행규정이라고 보기 어렵고, 사립학교법 제53조의2 제3항은 사립학교 교원의 보수지급에 관하여 특별한 제한을 두고 있지 않은 점, 학교법인이 소속 교원에게 정관이나 교원보수규정, 임용계약을 통해 신입생 모집활동에 참여하도록 요구하거나 그 기여도에 따라 보수의 일부를 차등으로 지급하는 것은 허용되는 점, 신입생 충원은 대학의 유지·존립과 직결된 중요한 문제이므로, 교원이 신입생 모집 등 입학홍보 업무에 참여하는 것은 교원 본연의 임무와 직간접적으로 관련되어 있을 뿐만 아니라, 그러한 임무를

수행하는 데 수반되는 부수적인 업무에 포함될 수 있는 점, 갑 법인이 신입생 모집실적만을 기준으로 연봉대상금액을 비율적으로 감액하여 지급하였더라도, 신입생 모집실적에 따른 감액에 영향을 받지 않는 부분은 교원 본연의 임무인 학생 교육·지도와 학문 연구 등에 대한 대가로 지급되고 나머지 부분이 신입생 모집실적에 연동하여 지급된 성과임금에 해당한다고 볼 수 있는 점 등에 비추어, 위 성과급적 연봉제의 지급기준이 교원의 인사·보수에 관한 법령 또는 근로기준법이 정한 강행규정을 위반하거나 객관성과 합리성을 잃고 교원의 보수 결정에 관한 사립학교의 권리를 남용한 것으로서 무효라고 보기 어려운데도, 이와 달리 본 원심판결에 법리오해 등의 잘못이 있다고 한 사례*(대법원 2022. 6. 9. 선고 2018다262653 판결)*.

■ 의사가 의료기관에 대하여 갖는 급여, 수당, 퇴직금 등 채권이 상사 채권에 해당하는지 여부

[판시사항]

의사가 의료기관에 대하여 갖는 급여, 수당, 퇴직금 등 채권이 상사채권에 해당하는지 여부(소극)

[판결요지]

의사의 영리추구 활동을 제한하고 직무에 관하여 고도의 공공성과 윤리성을 강조하며 의료행위를 보호하는 의료법의 여러 규정에 비추어 보면, 개별 사안에 따라 전문적인 의료지식을 활용하여 진료 등을 행하는 의사의 활동은 간이·신속하고 외관을 중시하는 정형적인 영업활동, 자유로운 광고·선전을 통한 영업의 활성화 도모, 인적·물적 영업기반의 자유로운 확충을 통한 최대한의 효율적인 영리추구 허용 등을 특징으로 하는 상인의 영업활동과는 본질적으로 차이가 있다 할 것이다. 또한 의사의 의료행위와 관련하여 형

성된 법률관계에 대하여 상인의 영업활동 및 그로 인한 형성된 법률관계와 동일하게 상법을 적용하여야 할 특별한 사회경제적 필요 내지 요청이 있다고 볼 수도 없다.

따라서 의료법의 여러 규정과 제반 사정을 참작하면 의사나 의료기관을 상법 제4조 또는 제5조 제1항이 규정하는 상인이라고 볼 수는 없고, 의사가 의료기관에 대하여 갖는 급여, 수당, 퇴직금 등 채권은 상사채권에 해당한다고 할 수 없다(대법원 2022. 5. 26. 선고 2022다200249 판결).

■ '임금피크제'를 시행하는 경우, 연령을 이유로 한 차별에 합리적인 이유가 없어 그 조치가 무효인지 판단하는 기준

[판시사항]

[1] 연령을 이유로 한 차별을 금지하고 있는 구 고용상 연령차별금지 및 고령자고용촉진에 관한 법률 제4조의4 제1항이 강행규정인지 여부(적극)

[2] 구 고용상 연령차별금지 및 고령자고용촉진에 관한 법률 제4조의4 제1항에서 말하는 '합리적인 이유가 없는' 경우의 의미 / 사업주가 근로자의 정년을 그대로 유지하면서 임금을 정년 전까지 일정 기간 삭감하는 형태의 이른바 '임금피크제'를 시행하는 경우, 연령을 이유로 한 차별에 합리적인 이유가 없어 그 조치가 무효인지 판단하는 기준

[3] 갑 연구원이 노동조합과 신인사제도를 시행하기로 합의한 후 기존의 정년 61세를 그대로 유지하면서 55세 이상 정규직 직원들을 대상으로 임금을 삭감하는 내용의 성과연급제를 시행하였는데, 갑 연구원의 근로자였던 을이 위 성과연급제는 구 고용상 연령차별금지 및 고령자고용촉진에 관한 법률에 위반되어 무효라고 주장하면서 삭감된 임금 등의 지급을 구한 사안에서, 위 성과연급제는 연령을 이유로 임금 분야에서 을을

차별하는 것으로 차별에 합리적인 이유가 있다고 볼 수 없다고 한 사례

[판결요지]

[1] 구 고용상 연령차별금지 및 고령자고용촉진에 관한 법률(2020. 5. 26. 법률 제17326호로 개정되기 전의 것, 이하 '구 고령자고용법'이라 한다) 제4조의4, 제4조의6 제1항, 제4조의7 제1항, 제23조의3 제2항, 제24조 제1항의 내용과 고용의 영역에서 나이를 이유로 한 차별을 금지하여 헌법상 평등권을 실질적으로 구현하려는 구 고령자고용법상 차별 금지 조항의 입법 취지를 고려하면, 구 고령자고용법 제4조의4 제1항은 강행규정에 해당한다. 따라서 단체협약, 취업규칙 또는 근로계약에서 이에 반하는 내용을 정한 조항은 무효이다.

[2] 연령을 이유로 한 차별을 금지하고 있는 구 고용상 연령차별금지 및 고령자고용촉진에 관한 법률(2020. 5. 26. 법률 제17326호로 개정되기 전의 것) 제4조의4 제1항에서 말하는 '합리적인 이유가 없는' 경우란 연령에 따라 근로자를 다르게 처우할 필요성이 인정되지 아니하거나 달리 처우하는 경우에도 그 방법·정도 등이 적정하지 아니한 경우를 말한다. 사업주가 근로자의 정년을 그대로 유지하면서 임금을 정년 전까지 일정 기간 삭감하는 형태의 이른바 '임금피크제'를 시행하는 경우 연령을 이유로 한 차별에 합리적인 이유가 없어 그 조치가 무효인지는 임금피크제 도입 목적의 타당성, 대상 근로자들이 입는 불이익의 정도, 임금 삭감에 대한 대상 조치의 도입 여부 및 그 적정성, 임금피크제로 감액된 재원이 임금피크제 도입의 본래 목적을 위하여 사용되었는지 등 여러 사정을 종합적으로 고려하여 판단하여야 한다.

[3] 갑 연구원이 노동조합과 신인사제도를 시행하기로 합의한 후

기존의 정년 61세를 그대로 유지하면서 55세 이상 정규직 직원들을 대상으로 임금을 삭감하는 내용의 성과연급제를 시행하였는데, 갑 연구원의 근로자였던 을이 위 성과연급제는 구 고용상 연령차별금지 및 고령자고용촉진에 관한 법률(2020. 5. 26. 법률 제17326호로 개정되기 전의 것)에 위반되어 무효라고 주장하면서 삭감된 임금 등의 지급을 구한 사안에서, 위 성과연급제는 인건비 부담을 완화하고 실적 달성률을 높이기 위한 목적으로 도입되었으나 위와 같은 목적을 55세 이상 정규직 직원들만을 대상으로 한 임금 삭감 조치를 정당화할 만한 사유로 보기 어려운 점, 성과연급제로 인하여 을은 임금이 일시에 대폭 하락하는 불이익을 입었고, 그 불이익에 대한 대상조치가 강구되지 않은 점, 성과연급제를 전후하여 을에게 부여된 목표 수준이나 업무의 내용에 차이가 있었다고 보이지 않는 점 등을 종합하면, 위 성과연급제는 연령을 이유로 임금 분야에서 을을 차별하는 것으로 차별에 합리적인 이유가 있다고 볼 수 없다고 한 사례(대법원 2022. 5. 26. 선고 2017다292343 판결).

■ 임금 등 지급의무의 존부와 범위에 관하여 다툴 만한 근거가 있는지 판단하는 기준

[판시사항]

[1] 임금 등 지급의무의 존부와 범위에 관하여 다툴 만한 근거가 있는 경우, 사용자에게 근로기준법 제109조 제1항, 제36조 위반의 고의를 인정할 수 있는지 여부(소극) / 임금 등 지급의무의 존부와 범위에 관하여 다툴 만한 근거가 있는지 판단하는 기준

[2] 사용자가 근로자에 대하여 가지는 대출금이나 불법행위를 원인으로 한 채권으로써 근로자의 임금채권과 상계를 할 수 있는지 여부(소극)

[판결요지]

가. 임금 등 지급의무의 존부와 범위에 관하여 다툴 만한 근거가 있다면 사용자가 그 임금 등을 지급하지 않은 데에 상당한 이유가 있다고 보아야 하므로, 사용자에게 근로기준법 제109조 제1항, 제36조 위반의 고의가 있었다고 보기 어렵다. 임금 등 지급의무의 존부와 범위에 관하여 다툴 만한 근거가 있는지 여부는 사용자의 지급거절 이유와 그 지급의무의 근거, 사용자가 운영하는 회사의 조직과 규모, 사업 목적 등 여러 사항, 그 밖에 임금 등 지급의무의 존부와 범위에 관한 다툼 당시의 여러 사정에 비추어 판단하여야 한다(대법원 2007. 6. 28. 선고 2007도1539 판결, 대법원 2017. 7. 11. 선고 2017도4343 판결 등 참조).

나. 적법하게 채택된 증거에 의하여 인정되는 여러 사정을 위 법리에 비추어 살펴보면, 피고인이 공소외 1 등에 대한 2020. 5.분 임금 지급의무의 존부와 범위에 관하여 다툴 만한 근거가 없는 이상 이를 지급하지 않은 데에 정당한 이유가 있다고 보기 어려우므로, 피고인에게 근로기준법 위반의 고의가 있었다고 인정된다. 그 이유는 다음과 같다.

1) 피고인이 공소외 1 등과 작성한 계약서에는 공소외 1 등을 '근로자'라고 명시하였고, 근로시간, 퇴직 및 해고 등에 관한 규정을 두었다. 근로자 중 공소외 1이 수업 관리에 관하여 어느 정도의 권한을 가지고 있었으나, 그 최종적인 결정권은 피고인에게 있었고, 피고인은 공소외 1 등에게 학원생들의 학습 진도사항 등 학원생 관리에 관하여 구체적 지시를 하였다. 근로자 중 공소외 2와 공소외 3이 시험기간 동안 수업을 몰아서 하고 나머지 근로기간 중 각 4일과 3일을 출근하지 않자, 피고인은 이를 질책하면서 결근 일수에 하루 수당을 곱한 금액을 급여에서 공제할 것을 요구하였다. 이러한 사정에 비추어 보면, 피고인이

공소외 1 등을 근로기준법의 적용을 받는 근로자로 인식하지 않은 데에 정당한 이유가 있다고 보기 어렵다.

2) 피고인은 공소외 1 등과 체결한 계약에 따라 그들에게 2020. 5. 근무로 인한 급여를 지급할 의무를 부담하므로, 피고인이 공소외 1 등을 근로자로 인식하지 않았다는 사정이 2020. 5.분 임금을 지급하지 않아도 되는 정당한 근거가 될 수 없다.

3) 피고인은 '공소외 1 등이 일방적으로 계약을 파기하게 될 경우 피고인에게 1개월 급여에 해당하는 금액을 위약금으로 지불한다.'는 내용의 위약금 조항에 근거하여 공소외 1 등에 대한 2020. 5.분 임금 지급을 거절하였다. 그러나 근로기준법 제20조는 "사용자는 근로계약 불이행에 대한 위약금 또는 손해배상액을 예정하는 계약을 체결하지 못한다."라고 규정하고 있으므로, 이에 반하여 약정한 근무기간 이전에 퇴직할 경우 사용자에게 어떤 손해가 어느 정도 발생하였는지를 묻지 않고 곧바로 소정의 금액을 사용자에게 지급하기로 하는 약정의 효력을 인정할 수 없다. 그리고 근로자에 대한 임금은 직접 근로자에게 전액을 지급하여야 하므로 초과지급된 임금의 반환채권을 제외하고는 사용자가 근로자에 대하여 가지는 대출금이나 불법행위를 원인으로 한 채권으로써 근로자의 임금채권과 상계를 하지 못한다(대법원 1995. 12. 21. 선고 94다26721 전원합의체 판결, 대법원 2017. 7. 11. 선고 2017도4343 판결 등 참조). 따라서 피고인이 위 위약금 조항에 근거하여 2020. 5.분 임금을 지급하지 않은 데에 정당한 이유가 있다고 보기 어렵다.

다. 그런데도 원심은 판시와 같은 이유로 피고인에게 근로기준법 위반의 고의가 있었다고 단정하기 어렵다고 보아 이 사건 공소사실을 무죄로 판단하였다. 이러한 원심판결에는 임금 미지급으로 인한 근로기준법 위반죄의 고의에 관한 법리를 오해하여 판결에 영향을 미친 잘못이 있다. 이를 지적하는 상고이유 주장은 이유 있다(대법원 2022. 5. 26. 선고 2022도2188 판결).

■ 특정 시점 전에 퇴직하더라도 이미 근무한 기간에 비례하는 만큼 정기상여금을 지급해야 하는지 판단하는 기준

[판시사항]

[1] 단체협약이나 취업규칙 등에 정기적·계속적으로 일정 지급률에 따라 정기상여금을 지급하기로 하면서 특정 시점에 재직 중인 근로자에 한하여 지급한다는 규정을 둔 경우, 특정 시점 전에 퇴직하더라도 이미 근무한 기간에 비례하는 만큼 정기상여금을 지급해야 하는지 판단하는 기준 및 특정 시점 전에 퇴직한 근로자에게 근무일수에 비례하여 지급되는 정기상여금이 통상임금에 해당하는지 여부(적극)

[2] 갑 주식회사의 단체협약에서 '약정 통상급의 600% 지급률에 따라 상여금을 지급하되, 상여금 지급일 이전에 입사, 복직, 휴직하는 사람의 상여금은 일할 계산한다.'고 정하는 한편 취업규칙에는 '상여금은 지급일 현재 재직 중인 자에 한하여 지급한다.'고 정하고 있고, 이에 따라 갑 회사가 정기상여금을 매 2개월마다 약정 통상급의 100%씩 정기적·계속적으로 지급한 사안에서, 갑 회사는 지급일 이전에 퇴직한 근로자에게도 이미 근무한 기간에 비례하는 만큼 정기상여금을 지급하기로 하였다고 볼 수 있고, 이는 통상임금에 해당한다고 봄이 타당하다고 한 사례

[3] 노사가 정기상여금을 통상임금에서 제외하기로 합의하고 이를 기초로 임금수준을 정한 경우, 근로자가 노사합의의 무효를 주장하며 정기상여금을 통상임금에 포함하여 산정한 추가 법정수당을 청구하는 것이 신의성실의 원칙에 위배되는지 여부 및 통상임금 재산정에 따른 근로자의 추가 법정수당 청구가 기업에 중대한 경영상의 어려움을 초래하거나 기업 존립을 위태롭게 하는지 판단하는 기준

[1] 단체협약이나 취업규칙 등에 정기적·계속적으로 일정 지급률에
따라 정기상여금을 지급하기로 하되, 지급기일 전에 근로자가
퇴직한 경우에 관한 지급조건에 대해서는 특별히 정하지 않았
다면, 이미 근무한 기간에 비례하는 만큼의 정기상여금에 대
해서는 근로의 대가로서 청구할 수 있다.

단체협약 등에서 정기상여금을 특정 시점에 재직 중인 근로자
에 한하여 지급한다는 규정을 둔 경우에도, 그 규정만을 근거
로 이미 근로를 제공했더라도 특정 시점에 재직하지 않는 사
람에게는 정기상여금을 전혀 지급하지 않는 취지라고 단정할
것은 아니다. 특정 시점 전에 퇴직하더라도 이미 근무한 기간
에 비례하는 만큼 정기상여금을 지급해야 하는지는 단체협약
등에서 정기상여금을 근무기간에 비례하여 지급한다는 규정을
두고 있는지 여부뿐만 아니라, 정기상여금의 지급 실태나 관
행, 노사의 인식, 정기상여금 그 밖의 임금 지급에 관한 규정
등을 종합하여 구체적인 사안에서 개별적으로 판단해야 한다.
근로자가 특정 시점 전에 퇴직하더라도 근무일수에 비례하여
정기상여금이 지급되는 경우 정기상여금은 매 근무일마다 지
급되는 임금과 실질적인 차이가 없어 통상임금에 해당한다.

[2] 갑 주식회사의 단체협약에서 '약정 통상급의 600% 지급률에
따라 상여금을 지급하되, 상여금 지급일 이전에 입사, 복직,
휴직하는 사람의 상여금은 일할 계산한다.'고 정하는 한편 취
업규칙에는 '상여금은 지급일 현재 재직 중인 자에 한하여 지
급한다.'고 정하고 있고, 이에 따라 갑 회사가 정기상여금을
매 2개월마다 약정 통상급의 100%씩 정기적·계속적으로 지급
한 사안에서, 단체협약과 취업규칙에 근거하여 연 600%의 지
급률에 따라 정기적·계속적으로 지급되는 정기상여금은 근로

의 대가인 임금에 해당하며, 단체협약은 정기상여금이 임금에 해당한다는 노사의 공통된 인식으로 상여금 지급일 전에 입사, 복직, 휴직하는 사람에게도 근무한 기간에 비례하여 정기 상여금을 일할 지급한다는 취지를 정한 것으로 이해되고, 퇴직의 경우를 휴직 등과 달리 취급하여 배제하는 규정을 두고 있지 않을 뿐만 아니라, 취업규칙에서 퇴직자에 대한 임금은 일할 지급하는 것이 원칙임을 분명히 하고 있는 점, 취업규칙의 규정은 당기 정기상여금 '전액'은 지급일 현재 재직 중인 사람에게 지급한다는 의미에 지나지 않고, 이와 달리 지급일 전에 퇴직한 사람에게는 이미 근무한 기간에 해당하는 것도 지급하지 않는다는 의미라고 보기 어려운 점 등에 비추어, 갑회사는 지급일 이전에 퇴직한 근로자에게도 이미 근무한 기간에 비례하는 만큼 정기상여금을 지급하기로 하였다고 볼 수 있고, 이는 통상임금에 해당한다고 봄이 타당하다고 한 사례.

[3] 단체협약 등 노사합의의 내용이 근로기준법의 강행규정을 위반하여 무효인 경우에 그 무효를 주장하는 것이 신의칙에 위배되는 권리의 행사라는 이유로 이를 배척한다면, 강행규정으로 정한 입법 취지를 몰각시키는 결과가 되므로, 그러한 주장은 신의칙에 위배된다고 볼 수 없음이 원칙이다. 그러나 노사합의의 내용이 근로기준법의 강행규정을 위반한다는 이유로 노사합의의 무효 주장에 대하여 예외 없이 신의칙의 적용이 배제되는 것은 아니다. 신의칙을 적용하기 위한 일반적인 요건을 갖춤은 물론 근로기준법의 강행규정성에도 불구하고 신의칙을 우선하여 적용할 만한 특별한 사정이 있는 예외적인 경우에 한하여 그 노사합의의 무효를 주장하는 것이 신의칙에 위배되어 허용될 수 없다.

노사합의에서 정기상여금은 그 자체로 통상임금에 해당하지 않는다는 전제에서 정기상여금을 통상임금 산정 기준에서 제외하기로 합의하고 이를 기초로 임금수준을 정한 경우, 근로자 측이 정기상여금을 통상임금에 가산하고 이를 토대로 추가적인 법정수당의 지급을 구함으로써 사용자에게 예측하지 못한 새로운 재정적 부담을 지워 중대한 경영상의 어려움을 초래하거나 기업의 존립을 위태롭게 하는 것은 정의와 형평 관념에 비추어 신의에 현저히 반할 수 있다.

다만 근로관계를 규율하는 강행규정보다 신의칙을 우선하여 적용할 것인지를 판단할 때에는 근로조건의 최저기준을 정하여 근로자의 기본적 생활을 보장·향상시키고자 하는 근로기준법 등의 입법 취지를 충분히 고려할 필요가 있다. 기업을 경영하는 주체는 사용자이고 기업의 경영상황은 기업 내·외부의 여러 경제적·사회적 사정에 따라 수시로 변할 수 있다. 통상임금 재산정에 따른 근로자의 추가 법정수당 청구를 중대한 경영상의 어려움을 초래하거나 기업 존립을 위태롭게 한다는 이유로 배척한다면, 기업 경영에 따른 위험을 사실상 근로자에게 전가하는 결과가 초래될 수 있다. 따라서 근로자의 추가 법정수당 청구가 사용자에게 중대한 경영상의 어려움을 초래하거나 기업의 존립을 위태롭게 하여 신의칙에 위배되는지는 신중하고 엄격하게 판단해야 한다.

통상임금 재산정에 따른 근로자의 추가 법정수당 청구가 기업에 중대한 경영상의 어려움을 초래하거나 기업 존립을 위태롭게 하는지는 추가 법정수당의 규모, 추가 법정수당 지급으로 인한 실질임금 인상률, 통상임금 상승률, 기업의 당기순이익과 그 변동 추이, 동원 가능한 자금의 규모, 인건비 총액, 매출액, 기업의 계속성·수익성, 기업이 속한 산업계의 전체적인 동향 등 기업운영을 둘러싼 여러 사정을 종합적으로 고려해서 판단해야 한다. 기업이 일시적으로 경영상의 어려움에 처하더라도 사용자가 합리적이고 객관적으로 경영 예측을 하였다면 그러한 경영상태의 악화를 충분히 예견할 수 있었고 향후 경영상의 어려움을 극복할 가능성이 있는 경우에는 신의칙을 들어 근로자의 추가 법정수당 청구를 쉽게 배척해서는 안 된다 *(대법원 2022. 4. 28. 선고 2019다238053 판결).*

■ 우선변제청구권을 갖는 임금 및 퇴직금 채권자가 배당요구를 하는 경우, 배당요구서에 그 자격을 소명하는 서면을 붙여야 하는지 여부

[판시사항]

근로기준법 및 근로자퇴직급여 보장법에 의하여 우선변제청구권을 갖는 임금 및 퇴직금 채권자가 배당요구를 하는 경우, 배당요구서에 그 자격을 소명하는 서면을 붙여야 하는지 여부(적극) 및 우선변제청구권이 있는 임금 및 퇴직금 채권자가 배당요구 종기까지 소명자료를 제출하지 않았으나 배당표가 확정되기 전까지 이를 보완한 경우, 우선배당을 받을 수 있는지 여부(적극)

[판결요지]

집행력 있는 정본을 가진 채권자, 경매개시결정이 등기된 뒤에 가압류를 한 채권자, 민법·상법, 그 밖의 법률에 의하여 우선변제청구권이 있는 채권자는 배당요구를 할 수 있고*(민사집행법 제88조 제1항)*, 이에 따른 배당요구는 채권(이자, 비용, 그 밖의 부대채권을 포함한다)의 원인과 액수를 적은 서면으로 하여야 하며*(민사집행규칙 제48조 제1항)*, 배당요구서에는 집행력 있는 정본 또는 사본, 그 밖에 배당요구의 자격을 소명하는 서면을 붙여야 한다*(민사집행규칙 제48조 제2항)*. 이러한 민사집행법과 민사집행규칙의 규정에 의하면, 근로기준법 및 근로자퇴직급여 보장법에 의하여 우선변제청구권을 갖는 임금 및 퇴직금 채권자는 그 자격을 소명하는 서면을 붙인 배당요구서에 의하여 배당요구를 해야 한다. 다만 민사집행절차의 안정성을 보장하여야 하는 절차법적 요청과 근로자의 임금채권을 보호하여야 하는 실체법적 요청을 형량하여 보면 우선변제청구권이 있는 임금 및 퇴직금 채권자가 배당요구 종기까지 위와 같은 소명자료를 제출하지 않았다고 하더라도 배당표가 확정되기 전까지 이를 보완하였다면 우선배당을 받을 수 있다고 해석하여야 한다(대법원 2022. 4. 28. 선고 2020다299955 판결).

■ 임금과 퇴직금에 퇴직한 선원이 해당 가입기간 전에 제공한 근로의 대가에 해당하는 부분도 포함되는지 여부

[판시사항]

[1] 구 선원법 제56조에 따라 선박소유자가 가입한 보험 등에서 정한 가입기간 안에 선박소유자의 파산 등 대통령령으로 정하는 사유가 발생한 경우, 지급의 대상이 되는 임금과 퇴직금에 퇴직한 선원이 해당 가입기간 전에 제공한 근로의 대가에 해당하는 부분도 포함되는지 여부(적극)

[2] 선원법 제55조 제1항 단서에 따라 '퇴직금 제도를 갈음하는 제도'를 두거나 별도의 약정으로 '선원법 제55조 제1항 본문 또는 제5항에 따른 법정퇴직금'을 초과하는 액수를 지급하기로 한 경우, 법정퇴직금을 초과하는 부분도 구 선원법 제56조 제2항 제2호에 따라 지급이 보장되는 퇴직금에 포함되는지 여부(소극)

[판결요지]

[1] 구 선원법(2016. 12. 27. 법률 제14508호로 개정되기 전의 것) 제56조는 선박소유자의 파산 등 대통령령으로 정하는 사유가 발생한 경우에 퇴직한 선원이 받지 못할 임금 및 퇴직금의 지급을 보장하기 위하여 선박소유자로 하여금 보험 또는 공제에 가입하거나 기금을 조성하도록 강제하고 있다. 이는 선원의 기본적 생활을 보장하려는 규정으로서 그에 따라 선박소유자가 가입하거나 조성하여야 하는 보험, 공제 또는 기금은 적어도 선원법 제52조에 따른 임금의 최종 3개월분과 제55조에 따른 퇴직금의 최종

3년분 모두의 지급을 보장하여야 한다. 위 규정의 입법 취지와 보장 내용 등을 고려할 때, 선박소유자가 가입한 보험 등에서 정한 가입기간 안에 선박소유자의 파산 등 대통령령으로 정하는 사유가 발생하면 퇴직한 선원은 최소한 선원법 제52조에 따른 임금의 최종 3개월분과 제55조에 따른 퇴직금의 최종 3년분을 지급받을 수 있고, 여기서 지급의 대상이 되는 임금과 퇴직금에는 퇴직한 선원이 해당 가입기간 전에 제공한 근로의 대가에 해당하는 부분도 포함된다고 해석함이 타당하다.

[2] 구 선원법(2016. 12. 27. 법률 제14508호로 개정되기 전의 것. 이하 '구 선원법'이라고 한다) 제56조의 입법 취지, 선원법 제55조와 구 선원법 제56조의 문언 및 체계, 선원법 제55조가 제1항 본문 및 제5항에 따른 '퇴직금'과 제1항 단서에 따른 '퇴직금 제도를 갈음하는 제도'를 구분하고 후자에 대해서는 제1항 본문에 따른 퇴직금 제도와 같은 수준을 밑돌지 아니할 것을 요구하고 있는 점 등을 종합하면, 구 선원법 제56조 제2항 제2호에서 정한 '제55조에 따른 퇴직금'은 해당 퇴직 선원에 대한 '선원법 제55조 제1항 본문 또는 제5항에 따른 퇴직금'(이하 '법정퇴직금'이라고 한다)을 의미한다고 해석하여야 한다. 선원법 제55조 제1항 단서에 따라 '퇴직금 제도를 갈음하는 제도'를 두거나 별도의 약정으로 법정퇴직금을 초과하는 액수를 지급하기로 한 경우에 그중 법정퇴직금 액수를 초과하는 부분까지 여기에 포함되는 것은 아니다(대법원 2022. 4. 28. 선고 2020다262229 판결).

■ 임금을 목적으로 종속적인 관계에서 근로를 제공하였다고 보기 어려우므로 근로기준법의 적용을 받는 근로자에 해당하지 않는다고 본 원심판단을 수긍한 사례

[판시사항]

[1] 근로기준법상 근로자에 해당하는지 판단하는 기준

[2] 갑 주식회사와 사고출동서비스 대행계약을 체결하고 을 보험
회사의 고객들에게 교통사고가 발생한 경우 사고 초기에 현장
에 출동하여 사고조사 등의 업무를 수행한 병 등이 근로기준
법상 근로자에 해당하는지 문제 된 사안에서, 제반 사정에 비
추어 병 등은 갑 회사에 임금을 목적으로 종속적인 관계에서
근로를 제공하였다고 보기 어려우므로 근로기준법의 적용을
받는 근로자에 해당하지 않는다고 본 원심판단을 수긍한 사례

[판결요지]

[1] 근로기준법상 근로자에 해당하는지는 계약의 형식보다 근로제
공관계의 실질이 근로제공자가 사업 또는 사업장에 임금을 목
적으로 종속적인 관계에서 사용자에게 근로를 제공하였는지에
따라 판단해야 한다. 여기에서 종속적인 관계인지는 업무 내용
을 사용자가 정하고 취업규칙 또는 복무규정 등의 적용을 받
으며 업무수행과정에서 사용자가 지휘·감독을 하는지, 사용자
가 근무시간과 근무장소를 지정하고 근로제공자가 이에 구속을
받는지, 근로제공자가 스스로 비품·원자재나 작업도구 등을 소
유하거나 제3자를 고용하여 업무를 대행하게 하는 등 독립하
여 자신의 계산으로 사업을 영위할 수 있는지, 근로제공을 통
한 이윤의 창출과 손실의 초래 등 위험을 스스로 안고 있는지,
보수의 성격이 근로 자체의 대가적 성격인지, 기본급이나 고정
급이 정하여졌고 근로소득세를 원천징수하였는지, 그리고 근로
제공관계의 계속성과 사용자에 대한 전속성의 유무와 정도, 사
회보장제도에 관한 법령에서 근로자로서 지위를 인정받는지 등
의 경제적·사회적 여러 조건을 종합해서 판단해야 한다.

[2] 갑 주식회사와 사고출동서비스 대행계약을 체결하고 을 보험회
사의 고객들에게 교통사고가 발생한 경우 사고 초기에 현장에
출동하여 사고조사 등의 업무를 수행한 병 등이 근로기준법상

근로자에 해당하는지 문제 된 사안에서, 갑 회사가 제작·배포한 사고출동 가이드북을 통한 지침 등을 갑 회사의 취업규칙이나 복무규정으로 평가하거나 이를 통해 병 등의 업무수행 과정에서 갑 회사가 상당한 지휘·감독을 하였다고 보기 어려운 점, 병 등은 출동 가능 여부 등을 스스로 결정하는 등 갑 회사가 지정한 근무시간과 근무장소에 구속되었다고 평가하기 어려운 점, 병 등은 스스로 업무수행에 필요한 차량, 카메라, 휴대폰 등 비품·작업도구를 마련하고, 주유비, 주차비 등 업무수행 비용을 부담한 점, 병 등은 정해진 기본급이나 고정급 없이 매월 1회 일정한 날에 수수료를 지급받았는데, 사고출동건수에 따라 기본수수료, 등급수수료 등이 지급된 점, 겸업 사례가 있는 점 등을 이유로 병 등은 갑 회사에 임금을 목적으로 종속적인 관계에서 근로를 제공하였다고 보기 어려우므로 근로기준법의 적용을 받는 근로자에 해당하지 않는다고 본 원심판단을 수긍한 사례(*대법원 2022. 4. 14. 선고 2020다237117 판결*).

■ 명예퇴직수당이 후불임금이나 퇴직급여에 해당하지 않는 경우

[판시사항]

명예퇴직수당이 후불임금이나 퇴직급여에 해당하지 않는 경우, 그에 대한 지연손해금을 계산할 때 근로기준법 제37조 제1항과 근로기준법 시행령 제17조가 적용되는지 여부(소극)

[판결요지]

명예퇴직이란 근로자가 명예퇴직의 신청을 하면 사용자가 요건을 심사한 다음 이를 승인함으로써 당사자들의 합의로 근로관계를 종료시키는 것이다. 사용자가 법령에 근거를 둔 퇴직급여 제도 등과 별도로 명예퇴직수당 제도를 두고 그에 따라 지급하는 명예퇴직수당은 지급대상, 지급요건과 산정 방법 등이 다양하여 그 성격을 한 가지로 규정할 수 없다. 명예퇴직수당이 장기근속자의 정년 이전 조기 퇴직을 유도하기 위해 퇴직일부터 정년까지 기간이 길수록 많은 금액이 지급되는 내용인 경우, 이는 후불임금이라기 보다는 조기 퇴직에 대한 사례금 또는 장려금이라는 성격이 강하고 근로자퇴직급여 보장법이 정한 퇴직급여 제도와도 그 성질이 다르다. 이와 같이 명예퇴직수당이 후불임금이나 퇴직급여에 해당하지 않는 경우 그에 대한 지연손해금을 계산할 때에는 근로기준법 제37조 제1항과 근로기준법 시행령 제17조가 적용되지 않는다(*대법원 2022. 4. 14. 선고 2021다280781 판결*).

■ 시용기간 중의 임금 등을 정하지 않았다고 하여 시용 근로계약의 성립을 부정할 수 있는지 여부

[판시사항]

시용기간에 있는 근로자도 그 기간에 확정적 근로관계가 존재하는지 여부(적극) / 시용기간에 제공된 근로 내용이 정규 근로자의 근로 내용과 차이가 있으나 종속적 관계에서 사용자를 위해 근로가 제공된 경우, 시용 근로계약이 성립하는지 여부(적극) 및 제공된 근로 내용이 업무 수행에 필요한 교육·훈련의 성격을 겸하고 있는 경우에도 마찬가지인지 여부(적극) / 이때 시용기간 중의 임금 등을 정하지 않았다고 하여 시용 근로계약의 성립을 부정할 수 있는지 여부(소극)

[판결요지]

근로계약은 근로자가 사용자에게 종속적 관계에서 근로를 제공하고 사용자는 이에 대하여 임금을 지급하는 것을 목적으로 체결된 계약으로서, 제공하는 근로 내용에 특별한 제한이 없고 명시적 약정이 있어야만 성립하는 것은 아니며 묵시적 약정으로 성립할 수도 있다.

시용(試用)이란 근로계약을 체결하기 전에 해당 근로자의 직업적 능력, 자질, 인품, 성실성 등 업무적격성을 관찰·판단하고 평가하기 위해 일정 기간 시험적으로 고용하는 것을 말한다. 시용기간에 있는 근로자의 경우에도 사용자의 해약권이 유보되어 있다는 사정만 다를 뿐 그 기간에 확정적 근로관계는 존재한다.

업무적격성 평가와 해약권 유보라는 시용의 목적에 따라 시용기간에 제공된 근로 내용이 정규 근로자의 근로 내용과 차이가 있는 경우에도 종속적 관계에서 사용자를 위해 근로가 제공된 이상 시용 근로계약은 성립한다. 제공된 근로 내용이 업무 수행에 필요한 교육·훈련의 성격을 겸하고 있는 경우에도 마찬가지이다. 시용기간 중의 임금 등 근로조건은 경제적으로 우월한 지위에 있는 사용자가 자신의 의사대로 정할 여지가 있으므로 종속적 관계에서 사용자를 위해 근로가 제공된 이상, 시용기간 중의 임금 등을 정하지 않았다는 사정만으로 시용 근로계약의 성립을 쉽게 부정해서는 안 되고, 단순히 근로계약 체결 과정 중에 있다고 볼 수도 없다*(대법원 2022. 4. 14. 선고 2019두55859 판결).*

■ 어떤 근로자에게 누가 임금 등의 지급 의무를 부담하는 사용자인가 판단하는 기준과 방법

[판시사항]

근로기준법에 따른 근로자에 해당하는지 판단하는 기준 및 이때 종속적인 관계가 있는지 판단하는 방법 / 어떤 근로자에게 누가 임금 등의 지급 의무를 부담하는 사용자인가 판단하는 기준과 방법

[판결요지]

근로기준법에 따른 근로자에 해당하는지는 계약의 형식보다는 실질적으로 사용자에 대한 종속적 관계에서 임금을 목적으로 사용자에게 근로를 제공하였는지 여부에 따라 판단해야 한다. 여기에

서 종속적인 관계가 있는지는 업무 내용을 사용자가 정하고 취업규칙 또는 복무(인사)규정 등이 적용되며 업무 수행 과정에서 사용자가 지휘·감독을 하는지, 사용자가 근무 시간·장소를 지정하고 근로자가 이에 구속되는지, 노무제공자가 스스로 비품·원자재나 작업도구를 소유하거나 제3자를 고용하여 업무를 대행하도록 하는 등 독립하여 자신의 계산으로 사업을 영위할 수 있는지, 노무 제공을 통해 스스로 이윤을 창출하거나 손실 등 위험을 부담하는지, 보수의 성격이 근로 자체의 대가적 성격인지, 기본급이나 고정급이 정해져 있는지, 근로소득세를 원천징수하는지 등 보수에 관한 사항, 근로 제공 관계의 계속성과 사용자에 대한 전속성의 유무와 그 정도, 사회보장제도에 관한 법령에서 근로자로 인정되는지 등 경제적·사회적 여러 조건을 종합하여 판단해야 한다. 다만 사용자가 정한 취업규칙 또는 복무(인사)규정 등이 적용되는지, 기본급이나 고정급이 정해져 있는지, 근로소득세를 원천징수하는지, 사회보장제도에 관하여 근로자로 인정되는지 등의 사정은 사용자가 경제적으로 우월한 지위를 이용하여 임의로 정할 여지가 크기 때문에, 그러한 점들이 인정되지 않는다고 해서 그것만으로 근로자가 아니라고 쉽게 단정해서는 안 된다. 어떤 근로자에게 누가 임금 등의 지급 의무를 부담하는 사용자인가를 판단할 때에도 실질적인 근로관계를 기준으로 해야 하고, 이때 위와 같은 여러 요소들을 종합적으로 고려해야 한다(*대법원 2022. 3. 31. 선고 2019도10297 판결*).

■ 지급청구권이 발생한 임금인지 판단하는 기준

[판시사항]

[1] 이미 구체적으로 지급청구권이 발생한 임금에 대하여 근로자의 개별적인 동의나 수권 없이 노동조합이 사용자와 체결한 단체협약만으로 그 반환이나 포기 및 지급유예와 같은 처분행위를 할 수 있는지 여부(소극) 및 구체적으로 지급청구권이 발

생한 임금인지 판단하는 기준

[2] 사용자가 근로의 대상으로 근로자에게 지급하는 금전 중 1월
을 초과하는 기간에 의하여 산정되는 수당 등에 관하여 지급
하기로 정해진 기일이 있는 경우, 지급기일이 이미 도래하여
구체적으로 지급청구권이 발생한 수당 등에 대하여 근로자의
개별적인 동의나 수권 없이 노동조합이 사용자와 체결한 단체
협약만으로 그 반환이나 포기 및 지급유예와 같은 처분행위를
할 수 있는지 여부(소극)

[판결요지]

[1] 근로계약은 근로자가 사용자에게 근로를 제공할 것을 약정하
고 사용자는 이에 대하여 임금을 지급할 것을 약정하는 쌍무
계약으로(근로기준법 제2조 제1항 제4호), 임금은 매월 1회 이상 일정한
기일을 정하여 지급하여야 한다(근로기준법 제43조 제2항).
이미 구체적으로 지급청구권이 발생한 임금은 근로자의 사적
재산영역으로 옮겨져 근로자의 처분에 맡겨진 것이기 때문에
노동조합이 근로자들로부터 개별적인 동의나 수권을 받지 않
는 이상, 사용자와 사이의 단체협약만으로 이에 대한 반환이
나 포기 및 지급유예와 같은 처분행위를 할 수는 없다. 이때
구체적으로 지급청구권이 발생하여 단체협약만으로 포기 등을
할 수 없게 되는 임금인지는 근로계약, 취업규칙 등에서 정한
지급기일이 도래하였는지를 기준으로 판단하여야 한다.

[2] 사용자가 근로의 대상으로 근로자에게 지급하는 금전 중 1월
을 초과하는 기간에 의하여 산정되는 수당 등(근로기준법 제43조 제2
항 단서, 같은 법 시행령 제23조)에 관하여 지급하기로 정해진 기일이 있
는 경우, 지급기일이 이미 도래하여 구체적으로 지급청구권이
발생한 수당 등은 근로자의 사적 재산영역으로 옮겨져 근로자
의 처분에 맡겨진 것이다. 따라서 노동조합이 근로자들로부터

개별적인 동의나 수권을 받지 않는 이상 사용자와 사이의 단체협약만으로 이에 대한 반환, 포기, 지급유예와 같은 처분행위를 할 수 없다(*대법원 2022. 3. 31. 선고 2021다229861 판결*).

■ 사용자와 근로자 사이에 실질적인 퇴직금 분할 약정이 존재하는지 판단하는 기준

[판시사항]

[1] 사용자와 근로자 사이에 실질적인 퇴직금 분할 약정이 존재하는지 판단하는 기준

[2] 확정기여형 퇴직연금제도가 설정된 사업 또는 사업장에서 사용자가 확정기여형 퇴직연금의 부담금을 납입하면서 동액 상당을 근로자에게 지급하여야 할 임금에서 공제한 경우, 해당 확정기여형 퇴직연금제도의 설정이나 부담금 납입행위 자체가 무효인지 여부(원칙적 소극) 및 이때 근로자가 퇴직금제도에 따라 평균임금의 재산정을 통해 계산하는 방식으로 추가 퇴직금의 지급을 청구할 수 있는지 여부(소극)

[판결요지]

[1] 사용자와 근로자가 체결한 당해 약정이 그 실질은 임금을 정한 것에 불과함에도 불구하고 사용자가 퇴직금의 지급을 면탈하기 위하여 퇴직금 분할 약정의 형식만을 취한 것인 경우에는 실질적 퇴직금 분할 약정이 존재한다고 보기 어렵다.

사용자와 근로자 사이에 월급이나 일당 등에 퇴직금을 포함시키고 퇴직 시 별도의 퇴직금을 지급하지 않는다는 취지의 합의가 존재할 뿐만 아니라, 임금과 구별되는 퇴직금 명목 금원의 액수가 특정되고, 퇴직금 명목 금원을 제외한 임금의 액수 등을 고려할 때 퇴직금 분할 약정을 포함하는 근로계약의 내용이 종전의 근로계약이나 근로기준법 등에 비추어 근로자에

게 불이익하지 아니하는 등 사용자와 근로자가 임금과 구별하여 추가로 퇴직금 명목으로 일정한 금원을 실질적으로 지급할 것을 약정한 경우에 한하여 사용자와 근로자 사이에 실질적인 퇴직금 분할 약정이 존재한다고 볼 수 있다.

[2] 근로자퇴직급여 보장법(이하 '퇴직급여법'이라고 한다)의 입법 취지와 확정기여형 퇴직연금제도 관련 규정 내용, 확정기여형 퇴직연금제도와 퇴직금제도의 관계 등을 종합하면, 퇴직급여 제도 중 확정기여형 퇴직연금제도가 설정된 사업 또는 사업장에서 사용자가 퇴직한 가입자에 대하여 가입기간 동안 매년 납입한 부담금이 연간 임금총액의 12분의 1(부담금의 액수를 연간 임금총액의 12분의 1을 넘는 금액으로 정한 경우에는 그 금액)에 미치지 못하는 경우, 가입자인 근로자는 특별한 사정이 없는 한 퇴직일로부터 14일이 지난 후에는 사용자에게 직접 정당한 부담금액과 이미 납입된 부담금액의 차액 및 그에 대한 퇴직급여법에서 정한 지연이자를 지급할 것을 청구할 수 있을 뿐, 퇴직금제도에 따라 평균임금의 재산정을 통해 계산하는 방식으로 추가 퇴직금의 지급을 청구할 수는 없다고 보아야 한다.

한편 퇴직급여법에 따라 확정기여형 퇴직연금제도가 설정된 사업 또는 사업장에서 사용자가 확정기여형 퇴직연금의 부담금을 납입하면서 동액 상당을 근로자에게 지급하여야 할 임금에서 공제하였더라도 특별한 사정이 없는 한 해당 확정기여형 퇴직연금제도의 설정이나 사용자의 그러한 부담금 납입행위 자체가 무효로 된다고 볼 수는 없다. 이러한 경우 근로자는 사용자에게 퇴직연금의 부담금 명목으로 공제된 금액 상당의 미지급 임금과 그에 대한 지연손해금을 청구하고, 만일 정당한 부담금액과 이미 납입된 부담금액의 차이가 있다면 앞서 본 법리에 따라 그 차액 및 그에 대한 지연손해금을 지급할 것을 별도로 청구할 수 있을 뿐, 퇴직금제도에 따라 평균임금의 재산정을 통해 계산하는 방식으로 추가 퇴직금의 지급을 청구할 수는 없다(대법원 2022. 3. 17. 선고 2018다244877 판결).

■ 시용기간과 본 근로계약기간을 통산한 기간을 퇴직금 산정의 기초가 되는 계속근로기간으로 보아야 하는지 여부

[판시사항]

[1] 시용기간 만료 후 본 근로계약을 체결하여 공백 기간 없이 계속 근무한 경우, 시용기간과 본 근로계약기간을 통산한 기간을 퇴직금 산정의 기초가 되는 계속근로기간으로 보아야 하는지 여부(적극)

[2] 갑이 을 의료원의 수습사원 채용시험에 합격하여 1개월간 원무과에서 수습사원으로 근무하면서 사무보조 등 업무를 수행한 후 을 의료원으로부터 급여 명목으로 돈을 지급받았고, 수습기간 만료 이후 을 의료원의 인사위원회 심의를 거쳐 임시직 근로자로 채용된 사안에서, 갑의 수습사원 근무기간도 퇴직금 산정의 기초가 되는 계속근로기간에 포함된다고 봄이 타당하다고 한 사례

[판결요지]

[1] 시용이란 본 근로계약 체결 이전에 해당 근로자의 직업적 능력, 자질, 인품, 성실성 등 업무적격성을 관찰·판단하고 평가하기 위해 일정기간 시험적으로 고용하는 것을 말한다. 근속기간 중에 직종 등 근로제공의 형태가 변경된 경우와 마찬가지로, 시용기간 만료 후 본 근로계약을 체결하여 공백 기간 없이 계속 근무한 경우에도 시용기간과 본 근로계약기간을 통산한 기간을 퇴직금 산정의 기초가 되는 계속근로기간으로 보아야 한다.

[2] 갑이 을 의료원의 수습사원 채용시험에 합격하여 1개월간 원무과에서 수습사원으로 근무하면서 사무보조 등 업무를 수행한 후 을 의료원으로부터 급여 명목으로 돈을 지급받았고, 수습기간 만료 이후 을 의료원의 인사위원회 심의를 거쳐 임시직 근로자로 채용된 사안에서, 갑이 을 의료원의 수습사원으로 근무한 기간은 단순히 실무전형에 불과한 것이 아니라 현실적으로 근로를 제공한 시용기간에 해당하였던 것으로 보이므로, 갑이 수습기간 만료 후에도 계속 을 의료원의 근로자로서 근무한 이상 갑의 수습사원 근무기간도 퇴직금 산정의 기초가 되는 계속근로기간에 포함된다고 봄이 타당한데도, 이와 달리 본 원심판단에 법리오해의 잘못이 있다고 한 사례*(대법원 2022. 2. 17. 선고 2021다218083 판결).*

■ 통상임금에 해당하는 해고예고수당을 지급할 의무를 부담하고 이를 위반하면 형사처벌의 대상이 되는지 여부

[판시사항]

[1] 구 근로기준법 제35조 제3호에 대한 헌법재판소 위헌결정에 헌법재판소법 제47조 제3항에 따른 소급효가 인정되는지 여부(소극) / 구 근로기준법 제35조 제3호는 위헌결정일인 2015. 12. 23.부터 효력을 상실하여 사용자는 월급근로자의 근무기간에 관계없이 같은 법 제26조 본문에 따라 근로자에게 30일 전에 해고의 예고를 하거나 30일분의 통상임금에 해당하는 해고예고수당을 지급할 의무를 부담하고 이를 위반하면 같은 법 제110조 제1호에 따라 형사처벌의 대상이 되는지 여부(적극)

[2] 2019. 1. 15. 법률 제16270호로 개정된 근로기준법 제26조 제1호의 적용 범위가 위 조항의 시행일인 2019. 1. 15. 이후 근로계약을 체결한 근로자로 한정되는지 여부(적극)

[판결요지]

[1] 헌법재판소는 2015. 12. 23. 구 근로기준법(2019. 1. 15. 법률 제 16270호로 개정되기 전의 것, 이하 같다) 제35조 제3호가 근무기간이 6개월 미만인 월급근로자의 근로의 권리를 침해하고, 평등원칙에도 위배된다는 이유로 위 조항이 헌법에 위반된다는 결정을 하였다.

위헌결정이 선고된 구 근로기준법 제35조 제3호 그 자체는 형사처벌 조항에 해당하지 않지만, 위 조항을 위반할 것을 구성요건으로 규정하고 있는 같은 법 제110조 제1호와 결합하여 형벌에 관한 법률 조항을 이루게 된다. 그러나 위 조항은 같은 법 제26조 본문 및 제110조 제1호에 규정된 근로기준법 위반죄의 구성요건해당성 배제 사유를 규정한 것이기 때문에, 위 조항에 대한 위헌결정의 소급효를 인정할 경우 오히려 그 조항이 적용되어 형사처벌을 받지 않았던 사람들에게 형사상 불이익이 미치게 되므로 이와 같은 경우까지 헌법재판소법 제47조 제3항의 적용 범위에 포함시키는 것은 법적 안정성과 이미 불처벌 대상이었던 사용자의 신뢰보호의 이익까지 크게 해치게 되어 그 규정 취지에 반한다. 따라서 구 근로기준법 제35조 제3호에 대한 위헌결정에는 헌법재판소법 제47조 제3항에 따른 소급효가 인정되지 아니하고, 위 조항은 같은 법 제47조 제2항에 따라 위헌결정이 있는 날부터 효력을 상실한다고 보아야 한다.

위 법리에 따르면, 구 근로기준법 제35조 제3호는 위헌결정일인 2015. 12. 23.부터 효력을 상실하여 사용자는 월급근로자의 근무기간에 관계없이 구 근로기준법 제26조 본문에 따라 근로자에게 30일 전에 해고의 예고를 하거나 30일분의 통상임금에 해당하는 해고예고수당을 지급할 의무를 부담하고, 위 규정을 위반한 자는 같은 법 제110조 제1호에 따라 형사처벌의 대상이 된다*(대법원 2022. 2. 11. 선고 2020도68 판결)*.

■ 포괄임금제에 의한 임금 지급계약 또는 단체협약이 유효하기 위한 요건

[판시사항]

[1] 포괄임금제에 의한 임금 지급계약 또는 단체협약이 유효하기 위한 요건 및 포괄임금제에 관한 약정이 성립하였는지 판단하는 기준

[2] 버스운송사업을 영위하는 갑 주식회사가 노동조합과 체결한 임금협정에서 "임금내역은 운송업의 특수한 근무내용, 근무형태, 근무시간을 감안하여, 법정 제 수당을 포함한 포괄역산 방식의 체계를 유지한다. 노선수당은 근무실적에 따라 발생하는 연장근로수당, 야간근로수당과 휴일근로수당을 포괄한 수당이며, 노선수당을 지급함에 있어서 실제 근로시간과의 차이에 대하여는 노사 간 이의를 제기치 않기로 한다."라고 정하였는데, 갑 회사가 이에 따라 승무직 근로자별 월간 운행실적에 따라 산출된 노선수당을 협정노선수당의 연장근로시간과 야간근로시간 비율에 따라 나눈 다음, 해당 금액을 각 연장근로수당과 야간근로수당 명목으로 승무직 근로자에게 지급하는 한편 휴일근로수당은 노선수당과는 별도로 지급한 사안에서, 위 임금협정은 연장근로수당, 야간근로수당에 관한 포괄임금약정을 포함하고 있다고 볼 수 있으나, 휴일근로수당에 관하여는 포괄임금약정이 성립하였다고 보기 어렵다고 한 사례

[판결요지]

상고이유(상고이유서 제출기간이 지난 후에 제출된 상고이유보충서 등은 상고이유를 보충하는 범위 내에서)를 판단한다.

1. 원고들(상고하지 않은 원고 14는 제외)의 상고이유에 관하여

가. 상고이유 제1점

1) 관련 법리

사용자가 근로계약을 체결할 때에는 근로자에 대하여 기본임금을 결정하고 이를 기초로 각종 수당을 가산하여 합산 지급하는 것이 원칙이다. 그러나 사용자와 근로자가 기본임금을 미리 정하지 아니한 채 법정수당까지 포함된 금액을 월급여액이나 일당임금으로 정하거나 기본임금을 미리 정하면서도 법정 제 수당을 구분하지 아니한 채 일정액을 법정 제 수당으로 정하여 이를 근로시간 수에 관계없이 지급하기로 약정하는 내용의 이른바 포괄임금제에 의한 임금 지급계약 또는 단체협약을 한 경우 그것이 근로기준법이 정한 기준에 미치지 못하는 근로조건을 포함하는 등 근로자에게 불이익하지 않고 여러 사정에 비추어 정당하다고 인정될 때에는 유효하다. 포괄임금제에 관한 약정이 성립하였는지는 근로시간, 근로형태와 업무의 성질, 임금 산정의 단위, 단체협약과 취업규칙의 내용, 동종 사업장의 실태 등 여러 사정을 전체적·종합적으로 고려하여 구체적으로 판단하여야 한다. 비록 개별 사안에서 근로형태나 업무의 성격상 연장·야간·휴일근로가 당연히 예상된다고 하더라도 기본급과는 별도로 연장·야간·휴일근로수당 등을 세부항목으로 나누어 지급하도록 단체협약이나 취업규칙, 급여규정 등에 정하고 있는 경우에는 포괄임금제에 해당하지 아니한다. 그리고 단체협약 등에 일정 근로시간을 초과한 연장근로시간에 대한 합의가 있다거나 기본급에 수당을 포함한 금액을 기준으로 임금인상률을 정하였다는 사정 등을 들어 바로 위와 같은 포괄임금제에 관한 합의가 있다고 섣불리 단정할 수는 없다*[대법원 2020. 2. 6. 선고 2015다233579(본소), 2015다233586(반소) 판결 등 참조].*

2) 연장근로수당, 야간근로수당 부분

가) 위 법리에 비추어 연장근로수당, 야간근로수당 부분에 관하여 원

심판결 이유와 기록에 나타난 사정들을 살펴본다.

① 전국공공운수사회서비스노동조합 민주버스본부 ○○○○지회와 피고가 체결한 2011년도 임금협정에서는 "임금내역은 운송업의 특수한 근무내용, 근무형태, 근무시간을 감안하여, 법정 제 수당을 포함한 포괄역산 방식의 체계를 유지한다. 노선수당은 근무실적에 따라 발생하는 연장근로수당, 야간근로수당, 휴일근로수당을 포괄한 수당이며, 노선수당을 지급함에 있어서 실제 근로시간과의 차이에 대하여는 노사 간 이의를 제기치 않기로 한다."라고 규정하였다.

② 2011년도 임금협정은 승무직 근로자가 월 18일 만근하였을 경우 월 76시간의 연장근로, 월 40시간의 야간근로에 상응한 정액의 협정노선수당을 정하였고, 이와 별도로 실제 지급할 노선수당은 개별 노선별 협정편도수와 편도수당을 정한 다음 승무직 근로자의 실제 운행횟수에 따라 산출하도록 하였다. 위 임금협정은 승무직 근로자의 산출된 노선수당이 협정노선수당에 미달하는 경우에도 임금보전을 위해 협정노선수당을 최저지급액으로 하고, 반대로 산출된 노선수당이 협정노선수당을 초과하는 경우에는 초과분에 대하여 40%를 증액하여 지급하도록 하였다. 한편 위 임금협정에서는 대기수당, 입고수당, 임시차수당 및 특정 노선·시간대 운행의 경우 가산되는 노선수당을 정하는 등의 방법으로 초과근로가 예상되는 노선의 특성이나 시간대를 고려한 금액도 추가로 지급하도록 정하였다.

③ 피고는 2011년도 임금협정에서 정한 방법과 같이 원고 4, 원고 5, 원고 14, 원고 7을 포함한 승무직 근로자별 월간 운행실적에 따라 산출된 노선수당을 협정노선수당의 연장근로시간과 야간근로시간 비율에 따라 나눈 다음, 해당 금액을 각 연장근로수당, 야간근로수당 명목으로 승무직 근로자에게 지급하였다. 그리고 피고는 승무직 근로자에게 노선수당이 협정노선수당을 초과한 부분의 40%에 해당하는 금액을 초과노선수당 명목으로 별도로 지급하였다.

④ 이와 같이 2011년도 임금협정에 따라 피고가 연장근로수당, 야

간근로수당 명목으로 지급하는 돈은 실제 연장근로시간, 야간 근로시간의 수와 상관없이 운행실적에 따라 산출된 노선수당을 사전에 합의한 비율대로 나누어 역산하는 방식으로 결정될 뿐 이고, 여기에 피고가 운영하는 버스운송사업의 특수한 근무내 용, 근무형태, 근무시간 등을 함께 고려하면, 2011년도 임금협 정은 연장근로수당, 야간근로수당에 관한 포괄임금약정을 포함 하고 있다고 볼 수 있다.

나) 원심은 피고가 2011년도 임금협정에 따라 해당 노선별 편도수 당액에 실제 운행횟수를 곱하여 산정한 정액의 노선수당을 승 무직 근로자들에게 지급하였다는 등 그 판시와 같은 사정을 들 어 연장근로수당, 야간근로수당에 대하여 포괄임금약정이 성립 하였다고 판단한 다음, 재산정된 통상임금을 기준으로 추가 연 장근로수당, 야간근로수당의 지급을 구하는 원고 4, 원고 5, 원고 7의 청구를 배척하였다.

원심판결 이유를 관련 법리에 비추어 살펴보면, 위와 같은 원 심의 판단에 상고이유 주장과 같이 포괄임금약정에 관한 법리 를 오해한 잘못이 없다.

3) 휴일근로수당 부분

가) 앞서 본 법리에 비추어 휴일근로수당 부분에 관하여 원심판결 이 유와 기록에 나타난 사정들을 살펴본다.

① 2011년도 임금협정에서 "임금내역은 운송업의 특수한 근무내 용, 근무형태, 근무시간을 감안하여, 법정 제 수당을 포함한 포 괄역산 방식의 체계를 유지한다. 노선수당은 근무실적에 따라 발생하는 연장근로수당, 야간근로수당, 휴일근로수당을 포괄한 수당이며, 노선수당을 지급함에 있어서 실제 근로시간과의 차 이에 대하여는 노사 간 이의를 제기치 않기로 한다."라고 규정 하였음은 앞서 본 바와 같다.

② 그러나 위 규정과 달리 휴일근로수당은 2011년도 임금협정 및 피고의 임금 지급 실무상 앞서 본 것과 같은 노선수당에 기초 하여 산출된 것이 아니라 노선수당과는 별도로 지급되어 온 것 으로 보인다.

즉, 2011년도 임금협정은 기본급, 노선수당과 별도로 휴일근로수당을 구분하고 있다. 휴일근로수당은 위 임금협정에서 정한 소정 근로일수 18일을 초과한 날마다 1일당 8시간의 근로에 대해 기본시급에 150%의 가산율을 고려하여 산정되었는바, 위 임금협정은 시간급의 개념을 출발점으로 두고 휴일근로수당의 액수를 위 시간급을 기준으로 산정하고 있다. 실제로 피고는 원고 4 등 근로자들에게 위와 같은 방식으로 산정된 휴일근로수당을 기본급, 노선수당(연장근로수당, 야간근로수당 명목으로 나누어 지급되었음은 앞서 본 바와 같다) 등과는 별도의 내역으로 구분하여 지급하였다.

③ 이러한 사정을 고려하면, 위 ①에서 본 2011년도 임금협정의 규정에도 불구하고 휴일근로수당에 관하여는 포괄임금약정이 성립하였다고 보기 어렵다.

나) 그런데도 원심은 피고가 2011년도 임금협정에 따라 해당 노선별 편도수당액에 실제 운행횟수를 곱하여 산정한 정액의 노선수당을 승무직 근로자들에게 지급하였다는 등 그 판시와 같은 사정을 들어 휴일근로수당에 대하여도 포괄임금약정이 성립하였다고 판단한 다음, 재산정된 통상임금을 기준으로 추가 휴일근로수당의 지급을 구하는 원고 4, 원고 5, 원고 7의 청구를 배척하였다. 이러한 원심의 판단에는 포괄임금약정에 관한 법리를 오해하여 판결에 영향을 미친 잘못이 있다. 이 점을 지적하는 상고이유 주장은 위 인정 범위 내에서 이유 있다.

나. 상고이유 제2, 3점

원심은 2011년도 임금협정에서 상여금에 관하여 '지급월 현재 재직자에 한하여 지급한다.'고 명시하고 있다는 등 그 판시와 같은 사정을 들어 퇴직일 이전 근무기간에 상응하는 미지급 상여금의 지급을 구하는 원고들의 청구를 배척하였다.

원심판결 이유를 관련 법리에 비추어 살펴보면, 위와 같은 원심의 판단에 상고이유 주장과 같이 단체협약의 해석, 근로기준법 제43조가 정한 임금지급 원칙에 관한 법리를 오해한 잘못이 없다.

2. 피고의 상고이유에 관하여

가. 상고이유 제1점

원심은 피고가 단체협약 및 임금협정에 따라 원고들을 포함하여 1년 이상 계속 근무한 자에게 근무기간 1년당 10,000원씩을 가산하여 매월 지급하는 근속수당과 승무 1일당 9,000원으로 계산하여 매월 지급하는 식대수당이 일정한 조건에 달한 근로자에게 정기적, 일률적으로 지급되는 고정적인 임금이라는 등의 이유로 통상임금에 해당한다고 판단하였다.

원심판결 이유를 관련 법리에 비추어 살펴보면, 위와 같은 원심의 판단에 상고이유 주장과 같이 통상임금에 관한 법리를 오해한 잘못이 없다.

나. 상고이유 제2점

원심은 근속수당과 식대수당을 통상임금에 포함하여 재산정한 추가 법정수당을 청구하는 것이 신의칙에 위반된다는 피고의 주장을 배척하였다.

원심판결 이유를 관련 법리에 비추어 살펴보면, 위와 같은 원심의 판단에 상고이유 주장과 같이 신의칙에 관한 법리를 오해한 잘못이 없다.

3. 파기의 범위

원심판결의 원고 4, 원고 5, 원고 7 패소 부분 중 휴일근로수당 청구 부분에는 앞에서 본 파기사유가 있다. 한편 환송 후 원심에서 위와 같은 파기취지를 고려하여 휴일근로수당 청구의 인용 범위가 달라지는 경우 이를 평균임금으로 하는 원고 4, 원고 5, 원고 7의 퇴직금 청구의 인용 범위 역시 달라질 여지가 있으므로, 원고 4, 원고 5, 원고 7 패소 부분 중 퇴직금 청구 부분도 함께 심리·판단될 필요가 있어 파기되어야 한다.

■ 포괄임금제에 따라 임금을 지급하기로 하는 근로계약이나 단체협약이 유효하기 위한 요건

[판시사항]

[1] 포괄임금제에 따라 임금을 지급하기로 하는 근로계약이나 단체협약이 유효하기 위한 요건 및 포괄임금제에 관한 약정이 성립하였는지 판단하는 기준

[2] 버스운송사업을 영위하는 갑 주식회사가 노동조합과 체결한 임금협정에서 "임금내역은 운송업의 특수한 근무내용, 근무형태, 근무시간을 감안하여, 법정 제 수당을 포함한 포괄역산 방식의 체계를 유지한다. 노선수당은 근무실적에 따라 발생하는 연장근로수당, 야간근로수당과 휴일근로수당을 포괄한 수당이며, 노선수당을 지급함에 있어서 실제 근로시간과의 차이에 대하여는 노사 간 이의를 제기치 않기로 한다."라고 정하였는데, 갑 회사가 이에 따라 승무직 근로자별 월간 운행실적에 따라 산출된 노선수당을 협정노선수당의 연장근로시간과 야간근로시간 비율에 따라 나눈 다음, 해당 금액을 각 연장근로수당과 야간근로수당 명목으로 승무직 근로자에게 지급한 사안에서, 위 임금협정은 연장근로수당과 야간근로수당에 관한 포괄임금제 약정을 포함한 것으로 볼 수 있다고 한 사례

[판결요지]

[1] 사용자가 근로계약을 체결할 때에는 근로자에 대하여 기본임금을 결정하고 이를 기초로 각종 수당을 가산하여 합산 지급하는 것이 원칙이다. 그러나 포괄임금제(사용자와 근로자가 기본임금을 미리 정하지 않은 채 법정수당까지 포함된 금액을 월 급여액이나 일당임금으로 정하거나 기본임금을 미리 정하면서도 법정 제 수당을 구분하지 않은 채 일정액을 법정 제 수당으로 정하여

이를 근로시간 수와 관계없이 지급하는 것을 말한다)에 따라 임금을 지급하기로 하는 계약이나 단체협약을 한 경우 그것이 근로기준법이 정한 기준에 미치지 못하는 근로조건을 포함하는 등 근로자에게 불리하지 않고 여러 사정에 비추어 정당하다고 인정될 때에는 유효하다. 포괄임금제에 관한 약정이 성립하였는지는 근로시간, 근로형태와 업무의 성질, 임금 산정의 단위, 단체협약과 취업규칙의 내용, 동종 사업장의 실태 등 여러 사정을 전체적·종합적으로 고려해서 구체적으로 판단해야 한다.

[2] 버스운송사업을 영위하는 갑 주식회사가 노동조합과 체결한 임금협정에서 "임금내역은 운송업의 특수한 근무내용, 근무형태, 근무시간을 감안하여, 법정 제 수당을 포함한 포괄역산 방식의 체계를 유지한다. 노선수당은 근무실적에 따라 발생하는 연장근로수당, 야간근로수당과 휴일근로수당을 포괄한 수당이며, 노선수당을 지급함에 있어서 실제 근로시간과의 차이에 대하여는 노사 간 이의를 제기치 않기로 한다."라고 정하였는데, 갑 회사가 이에 따라 승무직 근로자별 월간 운행실적에 따라 산출된 노선수당을 협정노선수당의 연장근로시간과 야간근로시간 비율에 따라 나눈 다음, 해당 금액을 각 연장근로수당과 야간근로수당 명목으로 승무직 근로자에게 지급한 사안에서, 임금협정에 따라 갑 회사가 연장근로수당과 야간근로수당 명목으로 지급하는 돈은 실제 연장근로시간이나 야간근로시간의 수와 상관없이 운행실적에 따라 산출된 노선수당을 미리 합의한 비율대로 나누어 역산하는 방식으로 결정될 뿐이고, 여기에 갑 회사가 운영하는 버스운송사업의 특수한 근무내용, 근무형태, 근무시간 등을 함께 고려하면, 위 임금협정은 연장근로수당과 야간근로수당에 관한 포괄임금제 약정을 포함한 것으로 볼 수 있는데도, 이와 달리 본 원심판결에 법리오해 등 잘못이 있다고 한 사례(대법원 2022. 2. 10. 선고 2018다298904 판결).

■ 통상임금의 의의 및 통상임금의 개념적 징표로서 '고정성'의 의미

[판시사항]

[1] 통상임금의 의의 및 통상임금의 개념적 징표로서 '고정성'의 의미

[2] 갑 주식회사가 노동조합과 체결한 단체협약에서 매년 특정한 일자에 임금을 인상하되 임금교섭이 지연될 때에는 소급 적용하기로 정하였고, 이에 따라 위 소급기준일 이후 임금인상에 관한 합의가 이루어지면 근로자들에게 소급기준일부터 합의가 이루어진 때까지의 기간에 해당하는 임금인상 소급분을 지급한 사안에서, 임금인상 소급분이 근로기준법 시행령 제6조에서 정한 통상임금에 해당한다고 한 사례

[판결요지]

1. 원고들의 상고이유에 대하여

가. 근로기준법이 연장·야간·휴일 근로에 대한 가산임금 등의 산정 기준으로 규정하고 있는 통상임금은 근로자가 소정근로시간에 통상 제공하는 근로인 소정근로의 대가로 지급하기로 약정한 금품으로서 정기적·일률적·고정적으로 지급되는 임금을 말한다. 여기서 고정성이란 근로자가 임의의 날에 소정근로를 제공하면 그 업적, 성과 기타 추가 조건의 충족 여부와 관계없이 당연히 지급될 것이 예정되어 있는 성질을 의미한다*(대법원 2013. 12. 18. 선고 2012다 89399 전원합의체 판결 등 참조)*.

나. 기록에 의하면 다음 사실을 알 수 있다.

1) 피고와 전국금속노동조합 에스앤티씨지회(이하 '이 사건 노동조합'이라고 한다) 사이에 체결된 단체협약에서 매년 4월 1일 (이하 '소급기준일'이라고 한다)부로 임금을 인상하되 임금교섭이 지연될 때에는 소급 적용하기로 정하였다.

2) 소급기준일 이후 피고와 이 사건 노동조합 사이에 임금인상에 관한 합의가 이루어지면, 피고는 근로자들에게 소급기준일부터 합의가 이루어진 때까지의 기간에 해당하는 임금인상분(이하 소급 지급된 임금 중 기본급 및 상여금에 해당하는 부분을 '임금인상 소급분'이라고 한다)을 지급하였다.

다. 이 사건에서 임금인상 소급분은 근로기준법 시행령 제6조에서 정한 통상임금에 해당한다고 보아야 한다. 그 이유는 다음과 같다.

1) 통상임금은 소정근로의 대가로 근로자에게 지급되는 금품을 말하고, 여기서 소정근로는 근로자가 소정근로시간에 통상 제공하는 근로를 의미한다. 소정근로의 대가가 무엇인지는 근로자와 사용자가 소정근로시간에 통상 제공하기로 정한 근로자의 근로의 가치를 어떻게 평가하고 그에 대하여 얼마의 금품을 지급하기로 정하였는지를 기준으로 판단하여야 한다.

근로자가 소정근로시간을 초과하여 근로를 제공하거나 근로계약에서 제공하기로 정한 것 이상의 근로를 특별히 제공함으로써 사용자로부터 추가로 지급받는 임금이나 소정근로와는 관계없이 지급받는 임금은 소정근로의 대가라 할 수 없지만, 근로자와 사용자가 소정근로의 가치를 평가하여 그에 대한 대가로 정한 이상 그것이 단체협상의 지연이라는 우연한 사정으로 소급 적용되었다 하여 통상임금이 아니라고 할 수는 없다. 이 사건에서 임금인상 소급분은 소정근로시간을 초과한 근로 또는 통상 근로 이상의 근로에 대하여 지급되거나 소정근로와 무관하게 지급된 것이 아니라 소정근로의 가치를 평가하여 그 대가로 지급된 것으로 보인다.

2) 어떠한 임금이 통상임금에 속하는지 여부는 객관적인 성질에 따라 판단하여야 한다. 임금인상 소급분이라고 하더라도 단체협약 등에서 이를 기본급, 정기상여금과 같이 법정 통상임금에 해당하는 임금으로 정하였다면 그 성질은 원래의 임금과

동일하다.

소급기준일 이후 임금인상 합의 전까지 근로자들이 소정근로를 제공할 당시에는 임금의 인상 여부나 폭이 구체적으로 정해지지 않았더라도, 근로자들은 매년 반복된 합의에 따라 임금이 인상되면 소급기준일 이후의 임금인상 소급분을 지급받으리라고 기대할 수 있었고, 노사 간 소급 적용 합의의 효력에 의해 소급기준일 이후 소정근로에 대한 대가가 인상된 기본급을 기준으로 확정되었다고 볼 수 있다. 즉 위와 같은 노사합의로 소정근로에 대한 추가적인 가치 평가 시점만을 부득이 근로의 제공 이후로 미룬 것이고, 그에 따른 이 사건 임금인상 소급분은 근로자가 업적이나 성과의 달성 등 추가 조건을 충족해야만 지급받는 것이 아니라 소정근로의 제공에 대한 보상으로 당연히 지급받는 것이므로 고정성을 갖추고 있다고 보아야 한다.

3) 피고는 임금인상 합의가 이루어지기 전에 퇴직한 근로자들에게는 임금인상 소급분을 지급하지 않았다. 그러나 이는 임금 등 근로조건을 결정하는 기준을 소급적으로 변경하는 내용의 단체협약의 효력이 단체협약 체결 이전에 이미 퇴직한 근로자에게 미치지 않기 때문에 발생하는 결과에 불과하므로, 소정근로를 제공한 근로자들에게 그에 대한 보상으로 당연히 지급된 이 사건 임금인상 소급분의 성질을 달리 볼 사유가 될 수 없다.

라. 그럼에도 원심은 판시와 같은 사정만을 들어 임금인상 소급분이 통상임금에 해당하지 않는다고 판단하였다. 이러한 원심의 판단에는 통상임금에 관한 법리 등을 오해하여 판결 결과에 영향을 미친 잘못이 있다. 이를 지적하는 원고들의 상고이유는 이유 있다(대법원 2021. 12. 30. 선고 2016다4747 판결).

■ 특정 임금 항목이 소정근로 여부와 상관없이 특정 시점에 재직 중인 근로자에게만 지급하는 임금인지 판단하는 기준

[판시사항]

[1] 특정 임금 항목이 소정근로 여부와 상관없이 특정 시점에 재직 중인 근로자에게만 지급하는 임금인지 판단하는 기준 및 특정 시점이 되기 전에 퇴직한 근로자에게 특정 임금 항목을 지급하지 않는 관행이 있다는 이유만으로 해당 임금 항목의 통상임금성을 배척할 수 있는지 여부(소극)

[2] 갑 주식회사의 급여세칙에서 설날과 추석에 각각 50%의 명절 상여를 지급하되, 퇴직자에 대한 상여금은 적용대상 기간 동안 근무분에 대해서 일할 계산하여 지급한다고 정하고 있으나, 갑 회사가 퇴직한 근로자에게는 명절상여를 지급하지 않았는데, 명절상여가 통상임금에 해당하는지 문제 된 사안에서, 명절상여를 소정근로 여부와 상관없이 특정 시점에 재직 중인 근로자에게만 지급하는 임금이라고 볼 수 없는데도, 명절상여가 통상임금에 해당하지 않는다고 본 원심판결에 법리오해의 잘못이 있다고 한 사례

[3] 노사가 정기상여금을 통상임금에서 제외하기로 합의하고 이를 기초로 임금수준을 정한 경우, 근로자가 노사합의의 무효를 주장하며 정기상여금을 통상임금에 포함하여 산정한 추가 법정수당을 청구하는 것이 신의성실의 원칙에 위배되는지 여부 및 통상임금 재산정에 따른 근로자의 추가 법정수당 청구가 기업에 중대한 경영상의 어려움을 초래하거나 기업 존립을 위태롭게 하는지 판단하는 기준

[4] 갑 주식회사의 근로자인 을 등이 상여금을 통상임금에 포함하여 산정한 추가 법정수당의 지급을 구하는 것이 신의성실의

원칙에 위배되는지 문제 된 사안에서, 갑 회사의 경영상태의
악화는 예견할 수 있거나 부담해야 할 범위에 있고, 극복할
가능성이 있는 일시적 어려움이라고 볼 수 있는 등 추가 법정
수당의 지급으로 갑 회사에 중대한 경영상 위기가 초래된다거
나 기업의 존립 자체가 위태롭게 된다고 인정하기 어렵다고
한 사례

[판결요지]

[1] 특정 임금 항목이 근로자가 소정근로를 했는지 여부와 상관없
이 특정 시점에 재직 중인 근로자에게만 지급하는 임금인지를
판단할 때에는, 그에 관한 근로계약이나 단체협약 또는 취업
규칙 등 규정의 내용, 사업장 내 임금 지급 실태나 관행, 노
사의 인식 등을 종합적으로 고려해서 판단해야 한다. 그리고
특정 시점이 되기 전에 퇴직한 근로자에게 특정 임금 항목을
지급하지 않는 관행이 있더라도, 단체협약이나 취업규칙 등이
그러한 관행과 다른 내용을 명시적으로 정하고 있으면 그러한
관행을 이유로 해당 임금 항목의 통상임금성을 배척함에는 특
히 신중해야 한다.

[2] 갑 주식회사의 급여세칙에서 설날과 추석에 각각 50%의 명절
상여를 지급하되, 퇴직자에 대한 상여금은 적용대상 기간 동안
근무분에 대해서 일할 계산하여 지급한다고 정하고 있으나, 갑
회사가 퇴직한 근로자에게는 명절상여를 지급하지 않았는데,
명절상여가 통상임금에 해당하는지 문제 된 사안에서, 갑 회사
의 사업장에서 근로자 개인 또는 노동조합이 지급일 그 밖의
특정 시점 이전에 퇴사함으로써 명절상여를 받지 못한 근로자
에게도 근무일수에 상응하는 명절상여를 지급할 것을 요구하거
나 이의를 제기하지 않았다는 사정만으로 급여세칙 등 취업규
칙이 정한 명절상여의 퇴직자 일할 지급 규정이 효력을 상실

하였다거나 다른 내용으로 변경되었다고 단정할 수 없고, 갑 회사가 퇴직한 근로자에게 명절상여를 지급하지 않는다는 사정을 공지하거나 근로자가 이러한 사정을 분명하게 인식하고 있었다고 볼 자료도 없으며, 갑 회사의 사업장에서 퇴직자에게 명절상여를 지급하지 않는 관행이 있었다고 하더라도 그와 같은 일시적 관행이 있었다는 사정만으로 그것이 개별 근로자의 근로계약 내용이 되거나 근로관계를 규율하는 규범으로 확립되어 있었다고 보기 어려우므로, 명절상여를 소정근로 여부와 상관없이 특정 시점에 재직 중인 근로자에게만 지급하는 임금이라고 볼 수 없는데도, 명절상여가 통상임금에 해당하지 않는다고 본 원심판결에 법리오해의 잘못이 있다고 한 사례.

[3] 단체협약 등 노사합의의 내용이 근로기준법의 강행규정을 위반하여 무효인 경우에, 그 무효를 주장하는 것이 신의성실의 원칙(이하 '신의칙'이라 한다)에 위배되는 권리의 행사라는 이유로 이를 배척한다면, 강행규정으로 정한 입법 취지를 몰각시키는 결과가 되므로, 그러한 주장은 신의칙에 위배된다고 볼 수 없음이 원칙이다. 그러나 노사합의의 내용이 근로기준법의 강행규정을 위반한다는 이유로 노사합의의 무효 주장에 대하여 예외 없이 신의칙의 적용이 배제되는 것은 아니다. 신의칙을 적용하기 위한 일반적인 요건을 갖춤은 물론 근로기준법의 강행규정성에도 불구하고 신의칙을 우선하여 적용할 만한 특별한 사정이 있는 예외적인 경우에 한하여 그 노사합의의 무효를 주장하는 것이 신의칙에 위배되어 허용될 수 없다. 노사합의에서 정기상여금은 그 자체로 통상임금에 해당하지 않는다는 전제에서 정기상여금을 통상임금 산정 기준에서 제외하기로 합의하고 이를 기초로 임금수준을 정한 경우, 근로자 측이 정기상여금을 통상임금에 가산하고 이를 토대로 추가적인 법정수당의 지급을 구함으로써 사용자에게 예측하지 못

한 새로운 재정적 부담을 지워 중대한 경영상의 어려움을 초래하거나 기업의 존립을 위태롭게 하는 것은 정의와 형평 관념에 비추어 신의에 현저히 반할 수 있다.

다만 근로관계를 규율하는 강행규정보다 신의칙을 우선하여 적용할 것인지를 판단할 때에는 근로조건의 최저기준을 정하여 근로자의 기본적 생활을 보장·향상시키고자 하는 근로기준법 등의 입법 취지를 충분히 고려할 필요가 있다. 기업을 경영하는 주체는 사용자이고 기업의 경영상황은 기업 내·외부의 여러 경제적·사회적 사정에 따라 수시로 변할 수 있다. 통상임금 재산정에 따른 근로자의 추가 법정수당 청구를 중대한 경영상의 어려움을 초래하거나 기업 존립을 위태롭게 한다는 이유로 배척한다면, 기업 경영에 따른 위험을 사실상 근로자에게 전가하는 결과가 초래될 수 있다. 따라서 근로자의 추가 법정수당 청구가 사용자에게 중대한 경영상의 어려움을 초래하거나 기업의 존립을 위태롭게 하여 신의칙에 위배되는지는 신중하고 엄격하게 판단해야 한다.

통상임금 재산정에 따른 근로자의 추가 법정수당 청구가 기업에 중대한 경영상의 어려움을 초래하거나 기업 존립을 위태롭게 하는지는 추가 법정수당의 규모, 추가 법정수당 지급으로 인한 실질임금 인상률, 통상임금 상승률, 기업의 당기순이익과 그 변동 추이, 동원 가능한 자금의 규모, 인건비 총액, 매출액, 기업의 계속성·수익성, 기업이 속한 산업계의 전체적인 동향 등 기업운영을 둘러싼 여러 사정을 종합적으로 고려해서 판단해야 한다. 기업이 일시적으로 경영상의 어려움에 처하더라도 사용자가 합리적이고 객관적으로 경영 예측을 하였다면 그러한 경영상태의 악화를 충분히 예견할 수 있었고 향후 경영상의 어려움을 극복할 가능성이 있는 경우에는 신의칙을 들어 근로자의 추가 법정수당 청구를 쉽게 배척해서는 안 된다.

[4] 갑 주식회사의 근로자인 을 등이 상여금을 통상임금에 포함하여 산정한 추가 법정수당의 지급을 구하는 것이 신의성실의 원칙에 위배되는지 문제 된 사안에서, 갑 회사의 경영상태가 급격히 악화되었으나, 국내외 경제상황의 변동에 따른 위험과 불이익은 갑 회사와 같이 오랫동안 대규모 사업을 영위해 온 기업이 예견할 수 있거나 부담해야 할 범위에 있고, 갑 회사의 기업 규모 등에 비추어 극복할 가능성이 있는 일시적 어려움이라고 볼 수 있으며, 한편 사실심 변론종결 당시를 기준으로 보면 통상임금 재산정에 따른 추가 법정수당 지급으로 갑 회사에 경영상 어려움이 가중될 여지가 있으나, 갑 회사가 부담할 것으로 예상되는 추가 법정수당액이 갑 회사에 중대한 경영상의 어려움을 초래하는지는 사실심 변론종결 시라는 특정 시점에 국한한 갑 회사의 경영상태만을 기준으로 볼 것이 아니라 기업운영을 둘러싼 여러 사정을 종합적으로 고려해서 판단해야 하는데, 추가 법정수당의 규모, 추가 법정수당의 연도별 총인건비와 당기순이익 대비 비율, 갑 회사의 사업 규모와 그동안의 매출, 영업이익, 당기순이익 등 손익의 추이 또는 경영성과의 누적 상태 등에 비추어 보면, 추가 법정수당의 지급으로 갑 회사에 중대한 경영상 위기가 초래된다거나 기업의 존립 자체가 위태롭게 된다고 인정하기 어려운데도, 을 등의 청구가 신의성실의 원칙에 위배되어 허용될 수 없다고 본 원심판결에 법리오해 등의 잘못이 있다고 한 사례*(대법원 2021. 12. 16. 선고 2016다7975 판결)*.

■ **노사가 정기상여금을 통상임금에서 제외하기로 합의하고 이를 기초로 임금수준을 정한 경우**

[판시사항]

[1] 노사가 정기상여금을 통상임금에서 제외하기로 합의하고 이를

기초로 임금수준을 정한 경우, 근로자가 노사합의의 무효를 주장하며 정기상여금을 통상임금에 포함하여 산정한 추가 법정수당을 청구하는 것이 신의성실의 원칙에 위배되는지 여부 및 통상임금 재산정에 따른 근로자의 추가 법정수당 청구가 기업에 중대한 경영상의 어려움을 초래하거나 기업 존립을 위태롭게 하는지 판단하는 기준

[2] 갑 주식회사의 근로자인 을 등이 상여금을 통상임금에 포함하여 재산정한 미지급 법정수당 등의 지급을 구하는 것이 신의성실의 원칙에 위배되는지 문제 된 사안에서, 갑 회사의 경영상태의 악화는 예견할 수 있거나 부담해야 할 범위에 있고, 극복할 가능성이 있는 일시적 어려움이라고 볼 수 있는 등 추가 법정수당 등의 지급으로 갑 회사에 중대한 경영상 위기가 초래된다거나 기업의 존립 자체가 위태롭게 된다고 인정하기 어렵다고 한 사례

[판결요지]

상고이유(상고이유서 제출기간이 지난 다음 제출된 상고이유보충서 등은 이를 보충하는 범위에서)를 판단한다.

1. 격려금, 성과금, 상여O/T, 하기휴가비, 월차휴가수당 청구 부분을 제외한 원고들 패소 부분

가. 민법 제2조 제1항은 신의성실의 원칙(이하 '신의칙'이라 한다)에 관하여 "권리의 행사와 의무의 이행은 신의에 좇아 성실히 하여야 한다."라고 정하고 있다. 신의칙은 법률관계의 당사자가 상대방의 이익을 배려하여 형평에 어긋나거나 신의를 저버리는 내용 또는 방법으로 권리를 행사하거나 의무를 이행해서는 안 된다는 추상적 규범으로서 법질서 전체를 관통하는 일반 원칙으로 작용하고 있다. 신의칙에 반한다는 이유로 권리의 행사를 부정하기 위해서는 상대방에게 신뢰를 제공하였

다거나 객관적으로 보아 상대방이 신뢰를 하는 데 정당한 상태에 있어야 하고, 이러한 상대방의 신뢰에 반하여 권리를 행사하는 것이 정의관념에 비추어 용인될 수 없는 정도의 상태에 이르러야 한다*(대법원 2003.4. 22. 선고 2003다2390, 2406 판결, 대법원 2021.6.10.선고 2017다52712 판결 참조).*

단체협약 등 노사합의의 내용이 근로기준법의 강행규정을 위반하여 무효인 경우에, 그 무효를 주장하는 것이 신의칙에 위배되는 권리의 행사라는 이유로 이를 배척한다면, 강행규정으로 정한 입법 취지를 몰각시키는 결과가 되므로, 그러한 주장은 신의칙에 위배된다고 볼 수 없음이 원칙이다. 그러나 노사합의의 내용이 근로기준법의 강행규정을 위반한다는 이유로 노사합의의 무효 주장에 대하여 예외 없이 신의칙의 적용이 배제되는 것은 아니다. 위에서 본 신의칙을 적용하기 위한 일반적인 요건을 갖춤은 물론 근로기준법의 강행규정성에도 불구하고 신의칙을 우선하여 적용할 만한 특별한 사정이 있는 예외적인 경우에 한하여 그 노사합의의 무효를 주장하는 것이 신의칙에 위배되어 허용될 수 없다.

노사합의에서 정기상여금은 그 자체로 통상임금에 해당하지 않는다는 전제에서 정기상여금을 통상임금 산정 기준에서 제외하기로 합의하고 이를 기초로 임금수준을 정한 경우, 근로자 측이 정기상여금을 통상임금에 가산하고 이를 토대로 추가적인 법정수당의 지급을 구함으로써 사용자에게 예측하지 못한 새로운 재정적 부담을 지워 중대한 경영상의 어려움을 초래하거나 기업의 존립을 위태롭게 하는 것은 정의와 형평 관념에 비추어 신의에 현저히 반할 수 있다*(대법원 2013. 12. 18. 선고 2012다89399 전원합의체 판결 참조).*

다만 근로관계를 규율하는 강행규정보다 신의칙을 우선하여 적용할 것인지를 판단할 때에는 근로조건의 최저기준을 정하여 근로자의 기본적 생활을 보장·향상시키고자 하는 근로기준법 등의 입법 취지를 충분히 고려할 필요가 있다. 기업을 경영하는 주체는 사용자이고 기업의 경영상황은 기업 내·외부의 여러 경제적·사회적 사정에 따라 수시로 변할 수 있다. 통상임금 재산정에 따른 근로자의 추가 법정수당 청구를 중대한 경영상의 어려움을 초래하거나 기업 존립을 위태롭게 한다는 이유로 배척한다면, 기업 경영에 따른 위험을 사실상 근로자에게 전가하는 결과가 초래될 수 있다. 따라서 근로자의 추가 법정수당 청구가 사용자에게 중대한 경영상의 어려움을 초래하거나 기업의 존립을 위태롭게 하여 신의칙에 위배되는지는 신중하고 엄격하게 판단해야 한다(대법원 2019. 2. 14. 선고 2015다 217287 판결 참조).

통상임금 재산정에 따른 근로자의 추가 법정수당 청구가 기업에 중대한 경영상의 어려움을 초래하거나 기업 존립을 위태롭게 하는지는 추가 법정수당의 규모, 추가 법정수당 지급으로 인한 실질임금 인상률, 통상임금 상승률, 기업의 당기순이익과 그 변동 추이, 동원 가능한 자금의 규모, 인건비 총액, 매출액, 기업의 계속성·수익성, 기업이 속한 산업계의 전체적인 동향 등 기업운영을 둘러싼 여러 사정을 종합적으로 고려해서 판단해야 한다. 기업이 일시적으로 경영상의 어려움에 처하더라도 사용자가 합리적이고 객관적으로 경영 예측을 하였다면 그러한 경영상태의 악화를 충분히 예견할 수 있었고 향후 경영상의 어려움을 극복할 가능성이 있는 경우에는 신의칙을 들어 근로자의 추가 법정수당 청구를 쉽게 배척해서는 안 된다.

나. 원심판결 이유와 기록에서 알 수 있는 다음과 같은 사정을 위 법리에 비추어 살펴보면, 이 사건 상여금이 통상임금에 해당함을 전제로 재산정한 미지급 법정수당과 퇴직금 차액을 구하는 원고들의 청구가 신의칙에 위배된다고 볼 수 없다(대법원 2021. 12. 16. 선고 2016다10544 판결).

부록 : 관련법령

근로기준법
최저임금법
임금채권보장법

근로기준법

[시행 2021. 11. 19.] [법률 제18176호, 2021. 5. 18., 일부개정]

제1장 총칙

제1조(목적) 이 법은 헌법에 따라 근로조건의 기준을 정함으로써 근로자의 기본적 생활을 보장, 향상시키며 균형 있는 국민경제의 발전을 꾀하는 것을 목적으로 한다.

제2조(정의) ① 이 법에서 사용하는 용어의 뜻은 다음과 같다. 〈개정 2018. 3. 20., 2019. 1. 15., 2020. 5. 26.〉

1. "근로자"란 직업의 종류와 관계없이 임금을 목적으로 사업이나 사업장에 근로를 제공하는 사람을 말한다.
2. "사용자"란 사업주 또는 사업 경영 담당자, 그 밖에 근로자에 관한 사항에 대하여 사업주를 위하여 행위하는 자를 말한다.
3. "근로"란 정신노동과 육체노동을 말한다.
4. "근로계약"이란 근로자가 사용자에게 근로를 제공하고 사용자는 이에 대하여 임금을 지급하는 것을 목적으로 체결된 계약을 말한다.
5. "임금"이란 사용자가 근로의 대가로 근로자에게 임금, 봉급, 그 밖에 어떠한 명칭으로든지 지급하는 모든 금품을 말한다.
6. "평균임금"이란 이를 산정하여야 할 사유가 발생한 날 이전 3개월 동안에 그 근로자에게 지급된 임금의 총액을 그 기간의 총일수로 나눈 금액을 말한다. 근로자가 취업한 후 3개월 미만인 경우도 이에 준한다.
7. "1주"란 휴일을 포함한 7일을 말한다.
8. "소정(所定)근로시간"이란 제50조, 제69조 본문 또는 「산업안전보건법」 제139조제1항에 따른 근로시간의 범위에서 근로자와 사용자 사이에 정한 근로시간을 말한다.
9. "단시간근로자"란 1주 동안의 소정근로시간이 그 사업장에서 같은 종류의 업무에 종사하는 통상 근로자의 1주 동안의 소정근로시간에 비하여 짧은 근로자를 말한다.

② 제1항제6호에 따라 산출된 금액이 그 근로자의 통상임금보다 적으면 그 통상임금액을 평균임금으로 한다.

제3조(근로조건의 기준) 이 법에서 정하는 근로조건은 최저기준이므로 근로 관계 당사자는 이 기준을 이유로 근로조건을 낮출 수 없다.

제4조(근로조건의 결정) 근로조건은 근로자와 사용자가 동등한 지위에서 자유의사에 따라 결정하여야 한다.

제5조(근로조건의 준수) 근로자와 사용자는 각자가 단체협약, 취업규칙과 근로계약을 지키고 성실하게 이행할 의무가 있다.

제6조(균등한 처우) 사용자는 근로자에 대하여 남녀의 성(性)을 이유로 차별적 대우를 하지 못하고, 국적·신앙 또는 사회적 신분을 이유로 근로조건에 대한 차별적 처우를 하지 못한다.

제7조(강제 근로의 금지) 사용자는 폭행, 협박, 감금, 그 밖에 정신상 또는 신체상의 자유를 부당하게 구속하는 수단으로써 근로자의 자유의사에 어긋나는 근로를 강요하지 못한다.

제8조(폭행의 금지) 사용자는 사고의 발생이나 그 밖의 어떠한 이유로도 근로자에게 폭행을 하지 못한다.

제9조(중간착취의 배제) 누구든지 법률에 따르지 아니하고는 영리로 다른 사람의 취업에 개입하거나 중간인으로서 이익을 취득하지 못한다.

제10조(공민권 행사의 보장) 사용자는 근로자가 근로시간 중에 선거권, 그 밖의 공민권(公民權) 행사 또는 공(公)의 직무를 집행하기 위하여 필요한 시간을 청구하면 거부하지 못한다. 다만, 그 권리 행사나 공(公)의 직무를 수행하는 데에 지장이 없으면 청구한 시간을 변경할 수 있다.

제11조(적용 범위) ① 이 법은 상시 5명 이상의 근로자를 사용하는 모든 사업 또는 사업장에 적용한다. 다만, 동거하는 친족만을 사용하는 사업 또는 사업장과 가사(家事) 사용인에 대하여는 적용하지 아니한다.

② 상시 4명 이하의 근로자를 사용하는 사업 또는 사업장에 대하여는 대통령령으로 정하는 바에 따라 이 법의 일부 규정을 적용할 수 있다.

③ 이 법을 적용하는 경우에 상시 사용하는 근로자 수를 산정하는 방법은 대통령령으로 정한다.〈신설 2008. 3. 21.〉

제12조(적용 범위) 이 법과 이 법에 따른 대통령령은 국가, 특별시·광역시·도, 시·군·구, 읍·면·동, 그 밖에 이에 준하는 것에 대하여도 적용된다.

제13조(보고, 출석의 의무) 사용자 또는 근로자는 이 법의 시행에 관하여 고용노동부장관·「노동위원회법」에 따른 노동위원회(이하 "노동위원회"라 한다) 또는 근로감독관의 요구가 있으면 지체 없이 필요한 사항에 대하여 보고하거나 출석하여야 한다.〈개정 2010. 6. 4.〉

제14조(법령 주요 내용 등의 게시) ① 사용자는 이 법과 이 법에 따른 대통령령의 주요 내용과 취업규칙을 근로자가 자유롭게 열람할 수 있는 장소에 항상 게시하거나 갖추어 두어 근로자에게 널리 알려야 한다.〈개정 2021. 1. 5.〉

② 사용자는 제1항에 따른 대통령령 중 기숙사에 관한 규정과 제99조제1항에 따른 기숙사규칙을 기숙사에 게시하거나 갖추어 두어 기숙(寄宿)하는 근로자에게 널리 알려야 한다.

[제목개정 2021. 1. 5.]

제2장 근로계약

제15조(이 법을 위반한 근로계약) ① 이 법에서 정하는 기준에 미치지 못하는 근로조건을 정한 근로계약은 그 부분에 한정하여 무효로 한다. 〈개정 2020. 5. 26.〉
② 제1항에 따라 무효로 된 부분은 이 법에서 정한 기준에 따른다.

제16조(계약기간) 근로계약은 기간을 정하지 아니한 것과 일정한 사업의 완료에 필요한 기간을 정한 것 외에는 그 기간은 1년을 초과하지 못한다.
[법률 제8372호(2007. 4. 11.) 제16조의 개정규정은 같은 법 부칙 제3조의 규정에 의하여 2007년 6월 30일까지 유효함]

제17조(근로조건의 명시) ① 사용자는 근로계약을 체결할 때에 근로자에게 다음 각 호의 사항을 명시하여야 한다. 근로계약 체결 후 다음 각 호의 사항을 변경하는 경우에도 또한 같다. 〈개정 2010. 5. 25.〉
  1. 임금
  2. 소정근로시간
  3. 제55조에 따른 휴일
  4. 제60조에 따른 연차 유급휴가
  5. 그 밖에 대통령령으로 정하는 근로조건
② 사용자는 제1항제1호와 관련한 임금의 구성항목·계산방법·지급방법 및 제2호부터 제4호까지의 사항이 명시된 서면(「전자문서 및 전자거래 기본법」 제2조제1호에 따른 전자문서를 포함한다)을 근로자에게 교부하여야 한다. 다만, 본문에 따른 사항이 단체협약 또는 취업규칙의 변경 등 대통령령으로 정하는 사유로 인하여 변경되는 경우에는 근로자의 요구가 있으면 그 근로자에게 교부하여야 한다.〈신설 2010. 5. 25., 2021. 1. 5.〉

제18조(단시간근로자의 근로조건) ① 단시간근로자의 근로조건은 그 사업장의 같은 종류의 업무에 종사하는 통상 근로자의 근로시간을 기준으로 산정한 비율에 따라 결정되어야 한다.
② 제1항에 따라 근로조건을 결정할 때에 기준이 되는 사항이나 그 밖에 필요한 사항은 대통령령으로 정한다.
③ 4주 동안(4주 미만으로 근로하는 경우에는 그 기간)을 평균하여 1주 동안의 소정근로시간이 15시간 미만인 근로자에 대하여는 제55조와 제60조를 적용하지 아니한다.〈개정 2008. 3. 21.〉

제19조(근로조건의 위반) ① 제17조에 따라 명시된 근로조건이 사실과 다를 경우에 근로자는 근로조건 위반을 이유로 손해의 배상을 청구할 수 있으며 즉시 근로계약을 해제할 수 있다.
② 제1항에 따라 근로자가 손해배상을 청구할 경우에는 노동위원회에 신청할 수 있

으며, 근로계약이 해제되었을 경우에는 사용자는 취업을 목적으로 거주를 변경하는 근로자에게 귀향 여비를 지급하여야 한다.

제20조(위약 예정의 금지) 사용자는 근로계약 불이행에 대한 위약금 또는 손해배상액을 예정하는 계약을 체결하지 못한다.

제21조(전차금 상계의 금지) 사용자는 전차금(前借金)이나 그 밖에 근로할 것을 조건으로 하는 전대(前貸)채권과 임금을 상계하지 못한다.

제22조(강제 저금의 금지) ① 사용자는 근로계약에 덧붙여 강제 저축 또는 저축금의 관리를 규정하는 계약을 체결하지 못한다.
② 사용자가 근로자의 위탁으로 저축을 관리하는 경우에는 다음 각 호의 사항을 지켜야 한다.
　1. 저축의 종류·기간 및 금융기관을 근로자가 결정하고, 근로자 본인의 이름으로 저축할 것
　2. 근로자가 저축증서 등 관련 자료의 열람 또는 반환을 요구할 때에는 즉시 이에 따를 것

제23조(해고 등의 제한) ① 사용자는 근로자에게 정당한 이유 없이 해고, 휴직, 정직, 전직, 감봉, 그 밖의 징벌(懲罰)(이하 "부당해고등"이라 한다)을 하지 못한다.
② 사용자는 근로자가 업무상 부상 또는 질병의 요양을 위하여 휴업한 기간과 그 후 30일 동안 또는 산전(産前)·산후(産後)의 여성이 이 법에 따라 휴업한 기간과 그 후 30일 동안은 해고하지 못한다. 다만, 사용자가 제84조에 따라 일시보상을 하였을 경우 또는 사업을 계속할 수 없게 된 경우에는 그러하지 아니하다.

제24조(경영상 이유에 의한 해고의 제한) ① 사용자가 경영상 이유에 의하여 근로자를 해고하려면 긴박한 경영상의 필요가 있어야 한다. 이 경우 경영 악화를 방지하기 위한 사업의 양도·인수·합병은 긴박한 경영상의 필요가 있는 것으로 본다.
② 제1항의 경우에 사용자는 해고를 피하기 위한 노력을 다하여야 하며, 합리적이고 공정한 해고의 기준을 정하고 이에 따라 그 대상자를 선정하여야 한다. 이 경우 남녀의 성을 이유로 차별하여서는 아니 된다.
③ 사용자는 제2항에 따른 해고를 피하기 위한 방법과 해고의 기준 등에 관하여 그 사업 또는 사업장에 근로자의 과반수로 조직된 노동조합이 있는 경우에는 그 노동조합(근로자의 과반수로 조직된 노동조합이 없는 경우에는 근로자의 과반수를 대표하는 자를 말한다. 이하 "근로자대표"라 한다)에 해고를 하려는 날의 50일 전까지 통보하고 성실하게 협의하여야 한다.
④ 사용자는 제1항에 따라 대통령령으로 정하는 일정한 규모 이상의 인원을 해고하려면 대통령령으로 정하는 바에 따라 고용노동부장관에게 신고하여야 한다. 〈개정 2010. 6. 4.〉
⑤ 사용자가 제1항부터 제3항까지의 규정에 따른 요건을 갖추어 근로자를 해고한 경

우에는 제23조제1항에 따른 정당한 이유가 있는 해고를 한 것으로 본다.

제25조(우선 재고용 등) ① 제24조에 따라 근로자를 해고한 사용자는 근로자를 해고한 날부터 3년 이내에 해고된 근로자가 해고 당시 담당하였던 업무와 같은 업무를 할 근로자를 채용하려고 할 경우 제24조에 따라 해고된 근로자가 원하면 그 근로자를 우선적으로 고용하여야 한다.

② 정부는 제24조에 따라 해고된 근로자에 대하여 생계안정, 재취업, 직업훈련 등 필요한 조치를 우선적으로 취하여야 한다.

제26조(해고의 예고) 사용자는 근로자를 해고(경영상 이유에 의한 해고를 포함한다)하려면 적어도 30일 전에 예고를 하여야 하고, 30일 전에 예고를 하지 아니하였을 때에는 30일분 이상의 통상임금을 지급하여야 한다. 다만, 다음 각 호의 어느 하나에 해당하는 경우에는 그러하지 아니하다. 〈개정 2010. 6. 4., 2019. 1. 15.〉

1. 근로자가 계속 근로한 기간이 3개월 미만인 경우
2. 천재·사변, 그 밖의 부득이한 사유로 사업을 계속하는 것이 불가능한 경우
3. 근로자가 고의로 사업에 막대한 지장을 초래하거나 재산상 손해를 끼친 경우로서 고용노동부령으로 정하는 사유에 해당하는 경우

제27조(해고사유 등의 서면통지) ① 사용자는 근로자를 해고하려면 해고사유와 해고시기를 서면으로 통지하여야 한다.

② 근로자에 대한 해고는 제1항에 따라 서면으로 통지하여야 효력이 있다.

③ 사용자가 제26조에 따른 해고의 예고를 해고사유와 해고시기를 명시하여 서면으로 한 경우에는 제1항에 따른 통지를 한 것으로 본다.〈신설 2014. 3. 24.〉

제28조(부당해고등의 구제신청) ① 사용자가 근로자에게 부당해고등을 하면 근로자는 노동위원회에 구제를 신청할 수 있다.

② 제1항에 따른 구제신청은 부당해고등이 있었던 날부터 3개월 이내에 하여야 한다.

제29조(조사 등) ① 노동위원회는 제28조에 따른 구제신청을 받으면 지체 없이 필요한 조사를 하여야 하며 관계 당사자를 심문하여야 한다.

② 노동위원회는 제1항에 따라 심문을 할 때에는 관계 당사자의 신청이나 직권으로 증인을 출석하게 하여 필요한 사항을 질문할 수 있다.

③ 노동위원회는 제1항에 따라 심문을 할 때에는 관계 당사자에게 증거 제출과 증인에 대한 반대심문을 할 수 있는 충분한 기회를 주어야 한다.

④ 제1항에 따른 노동위원회의 조사와 심문에 관한 세부절차는 「노동위원회법」에 따른 중앙노동위원회(이하 "중앙노동위원회"라 한다)가 정하는 바에 따른다.

제30조(구제명령 등) ① 노동위원회는 제29조에 따른 심문을 끝내고 부당해고등이 성립한다고 판정하면 사용자에게 구제명령을 하여야 하며, 부당해고등이 성립하지 아니한다고 판정하면 구제신청을 기각하는 결정을 하여야 한다.

② 제1항에 따른 판정, 구제명령 및 기각결정은 사용자와 근로자에게 각각 서면으로

통지하여야 한다.
③ 노동위원회는 제1항에 따른 구제명령(해고에 대한 구제명령만을 말한다)을 할 때
  에 근로자가 원직복직(原職復職)을 원하지 아니하면 원직복직을 명하는 대신 근로
  자가 해고기간 동안 근로를 제공하였더라면 받을 수 있었던 임금 상당액 이상의
  금품을 근로자에게 지급하도록 명할 수 있다.
④ 노동위원회는 근로계약기간의 만료, 정년의 도래 등으로 근로자가 원직복직(해고
  이외의 경우는 원상회복을 말한다)이 불가능한 경우에도 제1항에 따른 구제명령
  이나 기각결정을 하여야 한다. 이 경우 노동위원회는 부당해고등이 성립한다고
  판정하면 근로자가 해고기간 동안 근로를 제공하였더라면 받을 수 있었던 임금
  상당액에 해당하는 금품(해고 이외의 경우에는 원상회복에 준하는 금품을 말한다)
  을 사업주가 근로자에게 지급하도록 명할 수 있다. 〈신설 2021. 5. 18.〉

제31조(구제명령 등의 확정) ① 「노동위원회법」에 따른 지방노동위원회의 구제명령이
나 기각결정에 불복하는 사용자나 근로자는 구제명령서나 기각결정서를 통지받은 날
부터 10일 이내에 중앙노동위원회에 재심을 신청할 수 있다.
② 제1항에 따른 중앙노동위원회의 재심판정에 대하여 사용자나 근로자는 재심판정
  서를 송달받은 날부터 15일 이내에 「행정소송법」의 규정에 따라 소(訴)를 제기할
  수 있다.
③ 제1항과 제2항에 따른 기간 이내에 재심을 신청하지 아니하거나 행정소송을 제기
  하지 아니하면 그 구제명령, 기각결정 또는 재심판정은 확정된다.

제32조(구제명령 등의 효력) 노동위원회의 구제명령, 기각결정 또는 재심판정은 제31
조에 따른 중앙노동위원회에 대한 재심 신청이나 행정소송 제기에 의하여 그 효력이
정지되지 아니한다.

제33조(이행강제금) ① 노동위원회는 구제명령(구제명령을 내용으로 하는 재심판정을
포함한다. 이하 이 조에서 같다)을 받은 후 이행기한까지 구제명령을 이행하지 아니
한 사용자에게 3천만원 이하의 이행강제금을 부과한다. 〈개정 2021. 5. 18.〉
② 노동위원회는 제1항에 따른 이행강제금을 부과하기 30일 전까지 이행강제금을 부
  과·징수한다는 뜻을 사용자에게 미리 문서로써 알려 주어야 한다.
③ 제1항에 따른 이행강제금을 부과할 때에는 이행강제금의 액수, 부과 사유, 납부기
  한, 수납기관, 이의제기방법 및 이의제기기관 등을 명시한 문서로써 하여야 한다.
④ 제1항에 따라 이행강제금을 부과하는 위반행위의 종류와 위반 정도에 따른 금액, 부
  과·징수된 이행강제금의 반환절차, 그 밖에 필요한 사항은 대통령령으로 정한다.
⑤ 노동위원회는 최초의 구제명령을 한 날을 기준으로 매년 2회의 범위에서 구제명
  령이 이행될 때까지 반복하여 제1항에 따른 이행강제금을 부과·징수할 수 있다.
  이 경우 이행강제금은 2년을 초과하여 부과·징수하지 못한다.
⑥ 노동위원회는 구제명령을 받은 자가 구제명령을 이행하면 새로운 이행강제금을
  부과하지 아니하되, 구제명령을 이행하기 전에 이미 부과된 이행강제금은 징수하

여야 한다.

⑦ 노동위원회는 이행강제금 납부의무자가 납부기한까지 이행강제금을 내지 아니하면 기간을 정하여 독촉을 하고 지정된 기간에 제1항에 따른 이행강제금을 내지 아니하면 국세 체납처분의 예에 따라 징수할 수 있다.

⑧ 근로자는 구제명령을 받은 사용자가 이행기한까지 구제명령을 이행하지 아니하면 이행기한이 지난 때부터 15일 이내에 그 사실을 노동위원회에 알려줄 수 있다.

제34조(퇴직급여 제도) 사용자가 퇴직하는 근로자에게 지급하는 퇴직급여 제도에 관하여는 「근로자퇴직급여 보장법」이 정하는 대로 따른다.

제35조 삭제 〈2019. 1. 15.〉

[2019. 1. 15. 법률 제16270호에 의하여 2015. 12. 23. 헌법재판소에서 위헌 결정된 이 조를 삭제함.]

제36조(금품 청산) 사용자는 근로자가 사망 또는 퇴직한 경우에는 그 지급 사유가 발생한 때부터 14일 이내에 임금, 보상금, 그 밖의 모든 금품을 지급하여야 한다. 다만, 특별한 사정이 있을 경우에는 당사자 사이의 합의에 의하여 기일을 연장할 수 있다. 〈개정 2020. 5. 26.〉

제37조(미지급 임금에 대한 지연이자) ① 사용자는 제36조에 따라 지급하여야 하는 임금 및 「근로자퇴직급여 보장법」 제2조제5호에 따른 급여(일시금만 해당된다)의 전부 또는 일부를 그 지급 사유가 발생한 날부터 14일 이내에 지급하지 아니한 경우 그 다음 날부터 지급하는 날까지의 지연 일수에 대하여 연 100분의 40 이내의 범위에서 「은행법」에 따른 은행이 적용하는 연체금리 등 경제 여건을 고려하여 대통령령으로 정하는 이율에 따른 지연이자를 지급하여야 한다. 〈개정 2010. 5. 17.〉

② 제1항은 사용자가 천재·사변, 그 밖에 대통령령으로 정하는 사유에 따라 임금 지급을 지연하는 경우 그 사유가 존속하는 기간에 대하여는 적용하지 아니한다.

제38조(임금채권의 우선변제) ① 임금, 재해보상금, 그 밖에 근로 관계로 인한 채권은 사용자의 총재산에 대하여 질권(質權)·저당권 또는 「동산·채권 등의 담보에 관한 법률」에 따른 담보권에 따라 담보된 채권 외에는 조세·공과금 및 다른 채권에 우선하여 변제되어야 한다. 다만, 질권·저당권 또는 「동산·채권 등의 담보에 관한 법률」에 따른 담보권에 우선하는 조세·공과금에 대하여는 그러하지 아니하다. 〈개정 2010. 6. 10.〉

② 제1항에도 불구하고 다음 각 호의 어느 하나에 해당하는 채권은 사용자의 총재산에 대하여 질권·저당권 또는 「동산·채권 등의 담보에 관한 법률」에 따른 담보권에 따라 담보된 채권, 조세·공과금 및 다른 채권에 우선하여 변제되어야 한다.〈개정 2010. 6. 10.〉

  1. 최종 3개월분의 임금

  2. 재해보상금

제39조(사용증명서) ① 사용자는 근로자가 퇴직한 후라도 사용 기간, 업무 종류, 지위

와 임금, 그 밖에 필요한 사항에 관한 증명서를 청구하면 사실대로 적은 증명서를 즉시 내주어야 한다.

② 제1항의 증명서에는 근로자가 요구한 사항만을 적어야 한다.

제40조(취업 방해의 금지) 누구든지 근로자의 취업을 방해할 목적으로 비밀 기호 또는 명부를 작성·사용하거나 통신을 하여서는 아니 된다.

제41조(근로자의 명부) ① 사용자는 각 사업장별로 근로자 명부를 작성하고 근로자의 성명, 생년월일, 이력, 그 밖에 대통령령으로 정하는 사항을 적어야 한다. 다만, 대통령령으로 정하는 일용근로자에 대해서는 근로자 명부를 작성하지 아니할 수 있다. 〈개정 2021. 1. 5.〉

② 제1항에 따라 근로자 명부에 적을 사항이 변경된 경우에는 지체 없이 정정하여야 한다.

제42조(계약 서류의 보존) 사용자는 근로자 명부와 대통령령으로 정하는 근로계약에 관한 중요한 서류를 3년간 보존하여야 한다.

제3장 임금

제43조(임금 지급) ① 임금은 통화(通貨)로 직접 근로자에게 그 전액을 지급하여야 한다. 다만, 법령 또는 단체협약에 특별한 규정이 있는 경우에는 임금의 일부를 공제하거나 통화 이외의 것으로 지급할 수 있다.

② 임금은 매월 1회 이상 일정한 날짜를 정하여 지급하여야 한다. 다만, 임시로 지급하는 임금, 수당, 그 밖에 이에 준하는 것 또는 대통령령으로 정하는 임금에 대하여는 그러하지 아니하다.

제43조의2(체불사업주 명단 공개) ① 고용노동부장관은 제36조, 제43조, 제51조의3, 제52조제2항제2호, 제56조에 따른 임금, 보상금, 수당, 그 밖의 모든 금품(이하 "임금등"이라 한다)을 지급하지 아니한 사업주(법인인 경우에는 그 대표자를 포함한다. 이하 "체불사업주"라 한다)가 명단 공개 기준일 이전 3년 이내 임금등을 체불하여 2회 이상 유죄가 확정된 자로서 명단 공개 기준일 이전 1년 이내 임금등의 체불총액이 3천만원 이상인 경우에는 그 인적사항 등을 공개할 수 있다. 다만, 체불사업주의 사망·폐업으로 명단 공개의 실효성이 없는 경우 등 대통령령으로 정하는 사유가 있는 경우에는 그러하지 아니하다. 〈개정 2020. 5. 26., 2021. 1. 5.〉

② 고용노동부장관은 제1항에 따라 명단 공개를 할 경우에 체불사업주에게 3개월 이상의 기간을 정하여 소명 기회를 주어야 한다.

③ 제1항에 따른 체불사업주의 인적사항 등에 대한 공개 여부를 심의하기 위하여 고용노동부에 임금체불정보심의위원회(이하 이 조에서 "위원회"라 한다)를 둔다. 이 경우 위원회의 구성·운영 등 필요한 사항은 고용노동부령으로 정한다.

④ 제1항에 따른 명단 공개의 구체적인 내용, 기간 및 방법 등 명단 공개에 필요한

사항은 대통령령으로 정한다.

[본조신설 2012. 2. 1.]

제43조의3(임금등 체불자료의 제공) ① 고용노동부장관은 「신용정보의 이용 및 보호에 관한 법률」 제25조제2항제1호에 따른 종합신용정보집중기관이 임금등 체불자료 제공일 이전 3년 이내 임금등을 체불하여 2회 이상 유죄가 확정된 자로서 임금등 체불자료 제공일 이전 1년 이내 임금등의 체불총액이 2천만원 이상인 체불사업주의 인적사항과 체불액 등에 관한 자료(이하 "임금등 체불자료"라 한다)를 요구할 때에는 임금등의 체불을 예방하기 위하여 필요하다고 인정하는 경우에 그 자료를 제공할 수 있다. 다만, 체불사업주의 사망·폐업으로 임금등 체불자료 제공의 실효성이 없는 경우 등 대통령령으로 정하는 사유가 있는 경우에는 그러하지 아니하다.

② 제1항에 따라 임금등 체불자료를 받은 자는 이를 체불사업주의 신용도·신용거래능력 판단과 관련한 업무 외의 목적으로 이용하거나 누설하여서는 아니 된다.

③ 제1항에 따른 임금등 체불자료의 제공 절차 및 방법 등 임금등 체불자료의 제공에 필요한 사항은 대통령령으로 정한다.

[본조신설 2012. 2. 1.]

제44조(도급 사업에 대한 임금 지급) ① 사업이 한 차례 이상의 도급에 따라 행하여지는 경우에 하수급인(下受給人)(도급이 한 차례에 걸쳐 행하여진 경우에는 수급인을 말한다)이 직상(直上) 수급인(도급이 한 차례에 걸쳐 행하여진 경우에는 도급인을 말한다)의 귀책사유로 근로자에게 임금을 지급하지 못한 경우에는 그 직상 수급인은 그 하수급인과 연대하여 책임을 진다. 다만, 직상 수급인의 귀책사유가 그 상위 수급인의 귀책사유에 의하여 발생한 경우에는 그 상위 수급인도 연대하여 책임을 진다. 〈개정 2012. 2. 1., 2020. 3. 31.〉

② 제1항의 귀책사유 범위는 대통령령으로 정한다.〈개정 2012. 2. 1.〉

제44조의2(건설업에서의 임금 지급 연대책임) ① 건설업에서 사업이 2차례 이상 「건설산업기본법」 제2조제11호에 따른 도급(이하 "공사도급"이라 한다)이 이루어진 경우에 같은 법 제2조제7호에 따른 건설사업자가 아닌 하수급인이 그가 사용한 근로자에게 임금(해당 건설공사에서 발생한 임금으로 한정한다)을 지급하지 못한 경우에는 그 직상 수급인은 하수급인과 연대하여 하수급인이 사용한 근로자의 임금을 지급할 책임을 진다. 〈개정 2011. 5. 24., 2019. 4. 30.〉

② 제1항의 직상 수급인이 「건설산업기본법」 제2조제7호에 따른 건설사업자가 아닌 때에는 그 상위 수급인 중에서 최하위의 같은 호에 따른 건설사업자를 직상 수급인으로 본다.〈개정 2011. 5. 24., 2019. 4. 30.〉

[본조신설 2007. 7. 27.]

제44조의3(건설업의 공사도급에 있어서의 임금에 관한 특례) ① 공사도급이 이루어진 경우로서 다음 각 호의 어느 하나에 해당하는 때에는 직상 수급인은 하수급인에게

지급하여야 하는 하도급 대금 채무의 부담 범위에서 그 하수급인이 사용한 근로자가 청구하면 하수급인이 지급하여야 하는 임금(해당 건설공사에서 발생한 임금으로 한정한다)에 해당하는 금액을 근로자에게 직접 지급하여야 한다.

1. 직상 수급인이 하수급인을 대신하여 하수급인이 사용한 근로자에게 지급하여야 하는 임금을 직접 지급할 수 있다는 뜻과 그 지급방법 및 절차에 관하여 직상 수급인과 하수급인이 합의한 경우
2. 「민사집행법」 제56조제3호에 따른 확정된 지급명령, 하수급인의 근로자에게 하수급인에 대하여 임금채권이 있음을 증명하는 같은 법 제56조제4호에 따른 집행증서, 「소액사건심판법」 제5조의7에 따라 확정된 이행권고결정, 그 밖에 이에 준하는 집행권원이 있는 경우
3. 하수급인이 그가 사용한 근로자에 대하여 지급하여야 할 임금채무가 있음을 직상 수급인에게 알려주고, 직상 수급인이 파산 등의 사유로 하수급인이 임금을 지급할 수 없는 명백한 사유가 있다고 인정하는 경우

② 「건설산업기본법」 제2조제10호에 따른 발주자의 수급인(이하 "원수급인"이라 한다)으로부터 공사도급이 2차례 이상 이루어진 경우로서 하수급인(도급받은 하수급인으로부터 재하도급 받은 하수급인을 포함한다. 이하 이 항에서 같다)이 사용한 근로자에게 그 하수급인에 대한 제1항제2호에 따른 집행권원이 있는 경우에는 근로자는 하수급인이 지급하여야 하는 임금(해당 건설공사에서 발생한 임금으로 한정한다)에 해당하는 금액을 원수급인에게 직접 지급할 것을 요구할 수 있다. 원수급인은 근로자가 자신에 대하여 「민법」 제404조에 따른 채권자대위권을 행사할 수 있는 금액의 범위에서 이에 따라야 한다. 〈개정 2011. 5. 24.〉

③ 직상 수급인 또는 원수급인이 제1항 및 제2항에 따라 하수급인이 사용한 근로자에게 임금에 해당하는 금액을 지급한 경우에는 하수급인에 대한 하도급 대금 채무는 그 범위에서 소멸한 것으로 본다.

[본조신설 2007. 7. 27.]

제45조(비상시 지급) 사용자는 근로자가 출산, 질병, 재해, 그 밖에 대통령령으로 정하는 비상(非常)한 경우의 비용에 충당하기 위하여 임금 지급을 청구하면 지급기일 전이라도 이미 제공한 근로에 대한 임금을 지급하여야 한다.

제46조(휴업수당) ① 사용자의 귀책사유로 휴업하는 경우에 사용자는 휴업기간 동안 그 근로자에게 평균임금의 100분의 70 이상의 수당을 지급하여야 한다. 다만, 평균임금의 100분의 70에 해당하는 금액이 통상임금을 초과하는 경우에는 통상임금을 휴업수당으로 지급할 수 있다.

② 제1항에도 불구하고 부득이한 사유로 사업을 계속하는 것이 불가능하여 노동위원회의 승인을 받은 경우에는 제1항의 기준에 못 미치는 휴업수당을 지급할 수 있다.

제47조(도급 근로자) 사용자는 도급이나 그 밖에 이에 준하는 제도로 사용하는 근로자에게 근로시간에 따라 일정액의 임금을 보장하여야 한다.

제48조(임금대장 및 임금명세서) ① 사용자는 각 사업장별로 임금대장을 작성하고 임금과 가족수당 계산의 기초가 되는 사항, 임금액, 그 밖에 대통령령으로 정하는 사항을 임금을 지급할 때마다 적어야 한다. 〈개정 2021. 5. 18.〉

② 사용자는 임금을 지급하는 때에는 근로자에게 임금의 구성항목·계산방법, 제43조제1항 단서에 따라 임금의 일부를 공제한 경우의 내역 등 대통령령으로 정하는 사항을 적은 임금명세서를 서면(「전자문서 및 전자거래 기본법」 제2조제1호에 따른 전자문서를 포함한다)으로 교부하여야 한다. 〈신설 2021. 5. 18.〉

[제목개정 2021. 5. 18.]

제49조(임금의 시효) 이 법에 따른 임금채권은 3년간 행사하지 아니하면 시효로 소멸한다.

제4장 근로시간과 휴식

제50조(근로시간) ① 1주 간의 근로시간은 휴게시간을 제외하고 40시간을 초과할 수 없다.

② 1일의 근로시간은 휴게시간을 제외하고 8시간을 초과할 수 없다.

③ 제1항 및 제2항에 따라 근로시간을 산정하는 경우 작업을 위하여 근로자가 사용자의 지휘·감독 아래에 있는 대기시간 등은 근로시간으로 본다. 〈신설 2012. 2. 1., 2020. 5. 26.〉

제51조(3개월 이내의 탄력적 근로시간제) ① 사용자는 취업규칙(취업규칙에 준하는 것을 포함한다)에서 정하는 바에 따라 2주 이내의 일정한 단위기간을 평균하여 1주 간의 근로시간이 제50조제1항의 근로시간을 초과하지 아니하는 범위에서 특정한 주에 제50조제1항의 근로시간을, 특정한 날에 제50조제2항의 근로시간을 초과하여 근로하게 할 수 있다. 다만, 특정한 주의 근로시간은 48시간을 초과할 수 없다.

② 사용자는 근로자대표와의 서면 합의에 따라 다음 각 호의 사항을 정하면 3개월 이내의 단위기간을 평균하여 1주 간의 근로시간이 제50조제1항의 근로시간을 초과하지 아니하는 범위에서 특정한 주에 제50조제1항의 근로시간을, 특정한 날에 제50조제2항의 근로시간을 초과하여 근로하게 할 수 있다. 다만, 특정한 주의 근로시간은 52시간을, 특정한 날의 근로시간은 12시간을 초과할 수 없다.

1. 대상 근로자의 범위
2. 단위기간(3개월 이내의 일정한 기간으로 정하여야 한다)
3. 단위기간의 근로일과 그 근로일별 근로시간
4. 그 밖에 대통령령으로 정하는 사항

③ 제1항과 제2항은 15세 이상 18세 미만의 근로자와 임신 중인 여성 근로자에 대하여는 적용하지 아니한다.

④ 사용자는 제1항 및 제2항에 따라 근로자를 근로시킬 경우에는 기존의 임금 수준이 낮아지지 아니하도록 임금보전방안(賃金補塡方案)을 강구하여야 한다.

[제목개정 2021. 1. 5.]

제51조의2(3개월을 초과하는 탄력적 근로시간제) ① 사용자는 근로자대표와의 서면 합의에 따라 다음 각 호의 사항을 정하면 3개월을 초과하고 6개월 이내의 단위기간을 평균하여 1주간의 근로시간이 제50조제1항의 근로시간을 초과하지 아니하는 범위에서 특정한 주에 제50조제1항의 근로시간을, 특정한 날에 제50조제2항의 근로시간을 초과하여 근로하게 할 수 있다. 다만, 특정한 주의 근로시간은 52시간을, 특정한 날의 근로시간은 12시간을 초과할 수 없다.
 1. 대상 근로자의 범위
 2. 단위기간(3개월을 초과하고 6개월 이내의 일정한 기간으로 정하여야 한다)
 3. 단위기간의 주별 근로시간
 4. 그 밖에 대통령령으로 정하는 사항
② 사용자는 제1항에 따라 근로자를 근로시킬 경우에는 근로일 종료 후 다음 근로일 개시 전까지 근로자에게 연속하여 11시간 이상의 휴식 시간을 주어야 한다. 다만, 천재지변 등 대통령령으로 정하는 불가피한 경우에는 근로자대표와의 서면 합의가 있으면 이에 따른다.
③ 사용자는 제1항제3호에 따른 각 주의 근로일이 시작되기 2주 전까지 근로자에게 해당 주의 근로일별 근로시간을 통보하여야 한다.
④ 사용자는 제1항에 따른 근로자대표와의 서면 합의 당시에는 예측하지 못한 천재지변, 기계 고장, 업무량 급증 등 불가피한 사유가 발생한 때에는 제1항제2호에 따른 단위기간 내에서 평균하여 1주간의 근로시간이 유지되는 범위에서 근로자대표와의 협의를 거쳐 제1항제3호의 사항을 변경할 수 있다. 이 경우 해당 근로자에게 변경된 근로일이 개시되기 전에 변경된 근로일별 근로시간을 통보하여야 한다.
⑤ 사용자는 제1항에 따라 근로자를 근로시킬 경우에는 기존의 임금 수준이 낮아지지 아니하도록 임금항목을 조정 또는 신설하거나 가산임금 지급 등의 임금보전방안(賃金補塡方案)을 마련하여 고용노동부장관에게 신고하여야 한다. 다만, 근로자대표와의 서면합의로 임금보전방안을 마련한 경우에는 그러하지 아니하다.
⑥ 제1항부터 제5항까지의 규정은 15세 이상 18세 미만의 근로자와 임신 중인 여성 근로자에 대해서는 적용하지 아니한다.
[본조신설 2021. 1. 5.]

제51조의3(근로한 기간이 단위기간보다 짧은 경우의 임금 정산) 사용자는 제51조 및 제51조의2에 따른 단위기간 중 근로자가 근로한 기간이 그 단위기간보다 짧은 경우에는 그 단위기간 중 해당 근로자가 근로한 기간을 평균하여 1주간에 40시간을 초과하여 근로한 시간 전부에 대하여 제56조제1항에 따른 가산임금을 지급하여야 한다.
[본조신설 2021. 1. 5.]

제52조(선택적 근로시간제) ① 사용자는 취업규칙(취업규칙에 준하는 것을 포함한다)에 따라 업무의 시작 및 종료 시각을 근로자의 결정에 맡기기로 한 근로자에 대하여 근로자대표와의 서면 합의에 따라 다음 각 호의 사항을 정하면 1개월(신상품 또는

신기술의 연구개발 업무의 경우에는 3개월로 한다) 이내의 정산기간을 평균하여 1주 간의 근로시간이 제50조제1항의 근로시간을 초과하지 아니하는 범위에서 1주 간에 제50조제1항의 근로시간을, 1일에 제50조제2항의 근로시간을 초과하여 근로하게 할 수 있다. 〈개정 2021. 1. 5.〉

1. 대상 근로자의 범위(15세 이상 18세 미만의 근로자는 제외한다)
2. 정산기간
3. 정산기간의 총 근로시간
4. 반드시 근로하여야 할 시간대를 정하는 경우에는 그 시작 및 종료 시각
5. 근로자가 그의 결정에 따라 근로할 수 있는 시간대를 정하는 경우에는 그 시작 및 종료 시각
6. 그 밖에 대통령령으로 정하는 사항

② 사용자는 제1항에 따라 1개월을 초과하는 정산기간을 정하는 경우에는 다음 각 호의 조치를 하여야 한다. 〈신설 2021. 1. 5.〉

1. 근로일 종료 후 다음 근로일 시작 전까지 근로자에게 연속하여 11시간 이상의 휴식 시간을 줄 것. 다만, 천재지변 등 대통령령으로 정하는 불가피한 경우에는 근로자대표와의 서면 합의가 있으면 이에 따른다.
2. 매 1개월마다 평균하여 1주간의 근로시간이 제50조제1항의 근로시간을 초과한 시간에 대해서는 통상임금의 100분의 50 이상을 가산하여 근로자에게 지급할 것. 이 경우 제56조제1항은 적용하지 아니한다.

제53조(연장 근로의 제한) ① 당사자 간에 합의하면 1주 간에 12시간을 한도로 제50조의 근로시간을 연장할 수 있다.

② 당사자 간에 합의하면 1주 간에 12시간을 한도로 제51조 및 제51조의2의 근로시간을 연장할 수 있고, 제52조제1항제2호의 정산기간을 평균하여 1주 간에 12시간을 초과하지 아니하는 범위에서 제52조제1항의 근로시간을 연장할 수 있다. 〈개정 2021. 1. 5.〉

③ 상시 30명 미만의 근로자를 사용하는 사용자는 다음 각 호에 대하여 근로자대표와 서면으로 합의한 경우 제1항 또는 제2항에 따라 연장된 근로시간에 더하여 1주 간에 8시간을 초과하지 아니하는 범위에서 근로시간을 연장할 수 있다. 〈신설 2018. 3. 20.〉

1. 제1항 또는 제2항에 따라 연장된 근로시간을 초과할 필요가 있는 사유 및 그 기간
2. 대상 근로자의 범위

④ 사용자는 특별한 사정이 있으면 고용노동부장관의 인가와 근로자의 동의를 받아 제1항과 제2항의 근로시간을 연장할 수 있다. 다만, 사태가 급박하여 고용노동부장관의 인가를 받을 시간이 없는 경우에는 사후에 지체 없이 승인을 받아야 한다. 〈개정 2010. 6. 4., 2018. 3. 20.〉

⑤ 고용노동부장관은 제4항에 따른 근로시간의 연장이 부적당하다고 인정하면 그 후 연장시간에 상당하는 휴게시간이나 휴일을 줄 것을 명할 수 있다.〈개정 2010. 6. 4., 2018. 3. 20.〉

⑥ 제3항은 15세 이상 18세 미만의 근로자에 대하여는 적용하지 아니한다.〈신설 2018. 3. 20.〉

⑦ 사용자는 제4항에 따라 연장 근로를 하는 근로자의 건강 보호를 위하여 건강검진 실시 또는 휴식시간 부여 등 고용노동부장관이 정하는 바에 따라 적절한 조치를 하여야 한다.〈신설 2021. 1. 5.〉

[법률 제15513호(2018. 3. 20.) 제53조제3항, 제53조제6항의 개정규정은 같은 법 부칙 제2조의 규정에 의하여 2022년 12월 31일까지 유효함]

제54조(휴게) ① 사용자는 근로시간이 4시간인 경우에는 30분 이상, 8시간인 경우에는 1시간 이상의 휴게시간을 근로시간 도중에 주어야 한다.

② 휴게시간은 근로자가 자유롭게 이용할 수 있다.

제55조(휴일) ① 사용자는 근로자에게 1주에 평균 1회 이상의 유급휴일을 보장하여야 한다.〈개정 2018. 3. 20.〉

② 사용자는 근로자에게 대통령령으로 정하는 휴일을 유급으로 보장하여야 한다. 다만, 근로자대표와 서면으로 합의한 경우 특정한 근로일로 대체할 수 있다.〈신설 2018. 3. 20.〉

[시행일] 제55조제2항의 개정규정은 다음 각 호의 구분에 따른 날부터 시행한다.

1. 상시 300명 이상의 근로자를 사용하는 사업 또는 사업장, 「공공기관의 운영에 관한 법률」 제4조에 따른 공공기관, 「지방공기업법」 제49조 및 같은 법 제76조에 따른 지방공사 및 지방공단, 국가·지방자치단체 또는 정부투자기관이 자본금의 2분의 1 이상을 출자하거나 기본재산의 2분의 1 이상을 출연한 기관·단체와 그 기관·단체가 자본금의 2분의 1 이상을 출자하거나 기본재산의 2분의 1 이상을 출연한 기관·단체, 국가 및 지방자치단체의 기관: 2020년 1월 1일
2. 상시 30명 이상 300명 미만의 근로자를 사용하는 사업 또는 사업장: 2021년 1월 1일
3. 상시 5인 이상 30명 미만의 근로자를 사용하는 사업 또는 사업장: 2022년 1월 1일

제56조(연장·야간 및 휴일 근로) ① 사용자는 연장근로(제53조·제59조 및 제69조 단서에 따라 연장된 시간의 근로를 말한다)에 대하여는 통상임금의 100분의 50 이상을 가산하여 근로자에게 지급하여야 한다.〈개정 2018. 3. 20.〉

② 제1항에도 불구하고 사용자는 휴일근로에 대하여는 다음 각 호의 기준에 따른 금액 이상을 가산하여 근로자에게 지급하여야 한다.〈신설 2018. 3. 20.〉

1. 8시간 이내의 휴일근로: 통상임금의 100분의 50
2. 8시간을 초과한 휴일근로: 통상임금의 100분의 100

③ 사용자는 야간근로(오후 10시부터 다음 날 오전 6시 사이의 근로를 말한다)에 대하여는 통상임금의 100분의 50 이상을 가산하여 근로자에게 지급하여야 한다. 〈신설 2018. 3. 20.〉

제57조(보상 휴가제) 사용자는 근로자대표와의 서면 합의에 따라 제51조의3, 제52조제2항제2호 및 제56조에 따른 연장근로·야간근로 및 휴일근로 등에 대하여 임금을 지급하는 것을 갈음하여 휴가를 줄 수 있다. 〈개정 2021. 1. 5.〉

제58조(근로시간 계산의 특례) ① 근로자가 출장이나 그 밖의 사유로 근로시간의 전부 또는 일부를 사업장 밖에서 근로하여 근로시간을 산정하기 어려운 경우에는 소정근로시간을 근로한 것으로 본다. 다만, 그 업무를 수행하기 위하여 통상적으로 소정근로시간을 초과하여 근로할 필요가 있는 경우에는 그 업무의 수행에 통상 필요한 시간을 근로한 것으로 본다.
② 제1항 단서에도 불구하고 그 업무에 관하여 근로자대표와의 서면 합의를 한 경우에는 그 합의에서 정하는 시간을 그 업무의 수행에 통상 필요한 시간으로 본다.
③ 업무의 성질에 비추어 업무 수행 방법을 근로자의 재량에 위임할 필요가 있는 업무로서 대통령령으로 정하는 업무는 사용자가 근로자대표와 서면 합의로 정한 시간을 근로한 것으로 본다. 이 경우 그 서면 합의에는 다음 각 호의 사항을 명시하여야 한다.
  1. 대상 업무
  2. 사용자가 업무의 수행 수단 및 시간 배분 등에 관하여 근로자에게 구체적인 지시를 하지 아니한다는 내용
  3. 근로시간의 산정은 그 서면 합의로 정하는 바에 따른다는 내용
④ 제1항과 제3항의 시행에 필요한 사항은 대통령령으로 정한다.

제59조(근로시간 및 휴게시간의 특례) ① 「통계법」 제22조제1항에 따라 통계청장이 고시하는 산업에 관한 표준의 중분류 또는 소분류 중 다음 각 호의 어느 하나에 해당하는 사업에 대하여 사용자가 근로자대표와 서면으로 합의한 경우에는 제53조제1항에 따른 주(週) 12시간을 초과하여 연장근로를 하게 하거나 제54조에 따른 휴게시간을 변경할 수 있다.
  1. 육상운송 및 파이프라인 운송업. 다만, 「여객자동차 운수사업법」 제3조제1항제1호에 따른 노선(路線) 여객자동차운송사업은 제외한다.
  2. 수상운송업
  3. 항공운송업
  4. 기타 운송관련 서비스업
  5. 보건업
② 제1항의 경우 사용자는 근로일 종료 후 다음 근로일 개시 전까지 근로자에게 연속하여 11시간 이상의 휴식 시간을 주어야 한다.

[전문개정 2018. 3. 20.]

제60조(연차 유급휴가) ① 사용자는 1년간 80퍼센트 이상 출근한 근로자에게 15일의 유급휴가를 주어야 한다. 〈개정 2012. 2. 1.〉

② 사용자는 계속하여 근로한 기간이 1년 미만인 근로자 또는 1년간 80퍼센트 미만 출근한 근로자에게 1개월 개근 시 1일의 유급휴가를 주어야 한다. 〈개정 2012. 2. 1.〉

③ 삭제〈2017. 11. 28.〉

④ 사용자는 3년 이상 계속하여 근로한 근로자에게는 제1항에 따른 휴가에 최초 1년을 초과하는 계속 근로 연수 매 2년에 대하여 1일을 가산한 유급휴가를 주어야 한다. 이 경우 가산휴가를 포함한 총 휴가 일수는 25일을 한도로 한다.

⑤ 사용자는 제1항부터 제4항까지의 규정에 따른 휴가를 근로자가 청구한 시기에 주어야 하고, 그 기간에 대하여는 취업규칙 등에서 정하는 통상임금 또는 평균임금을 지급하여야 한다. 다만, 근로자가 청구한 시기에 휴가를 주는 것이 사업 운영에 막대한 지장이 있는 경우에는 그 시기를 변경할 수 있다.

⑥ 제1항 및 제2항을 적용하는 경우 다음 각 호의 어느 하나에 해당하는 기간은 출근한 것으로 본다.〈개정 2012. 2. 1., 2017. 11. 28.〉

1. 근로자가 업무상의 부상 또는 질병으로 휴업한 기간
2. 임신 중의 여성이 제74조제1항부터 제3항까지의 규정에 따른 휴가로 휴업한 기간
3. 「남녀고용평등과 일·가정 양립 지원에 관한 법률」 제19조제1항에 따른 육아 휴직으로 휴업한 기간

⑦ 제1항·제2항 및 제4항에 따른 휴가는 1년간(계속하여 근로한 기간이 1년 미만인 근로자의 제2항에 따른 유급휴가는 최초 1년의 근로가 끝날 때까지의 기간을 말한다) 행사하지 아니하면 소멸된다. 다만, 사용자의 귀책사유로 사용하지 못한 경우에는 그러하지 아니하다.〈개정 2020. 3. 31.〉

제61조(연차 유급휴가의 사용 촉진) ① 사용자가 제60조제1항·제2항 및 제4항에 따른 유급휴가(계속하여 근로한 기간이 1년 미만인 근로자의 제60조제2항에 따른 유급휴가는 제외한다)의 사용을 촉진하기 위하여 다음 각 호의 조치를 하였음에도 불구하고 근로자가 휴가를 사용하지 아니하여 제60조제7항 본문에 따라 소멸된 경우에는 사용자는 그 사용하지 아니한 휴가에 대하여 보상할 의무가 없고, 제60조제7항 단서에 따른 사용자의 귀책사유에 해당하지 아니하는 것으로 본다. 〈개정 2012. 2. 1., 2017. 11. 28., 2020. 3. 31.〉

1. 제60조제7항 본문에 따른 기간이 끝나기 6개월 전을 기준으로 10일 이내에 사용자가 근로자별로 사용하지 아니한 휴가 일수를 알려주고, 근로자가 그 사용 시기를 정하여 사용자에게 통보하도록 서면으로 촉구할 것
2. 제1호에 따른 촉구에도 불구하고 근로자가 촉구를 받은 때부터 10일 이내에 사용하지 아니한 휴가의 전부 또는 일부의 사용 시기를 정하여 사용자에게 통보하지 아니하면 제60조제7항 본문에 따른 기간이 끝나기 2개월 전까지 사용자가

사용하지 아니한 휴가의 사용 시기를 정하여 근로자에게 서면으로 통보할 것

② 사용자가 계속하여 근로한 기간이 1년 미만인 근로자의 제60조제2항에 따른 유급휴가의 사용을 촉진하기 위하여 다음 각 호의 조치를 하였음에도 불구하고 근로자가 휴가를 사용하지 아니하여 제60조제7항 본문에 따라 소멸된 경우에는 사용자는 그 사용하지 아니한 휴가에 대하여 보상할 의무가 없고, 같은 항 단서에 따른 사용자의 귀책사유에 해당하지 아니하는 것으로 본다. 〈신설 2020. 3. 31.〉

1. 최초 1년의 근로기간이 끝나기 3개월 전을 기준으로 10일 이내에 사용자가 근로자별로 사용하지 아니한 휴가 일수를 알려주고, 근로자가 그 사용 시기를 정하여 사용자에게 통보하도록 서면으로 촉구할 것. 다만, 사용자가 서면 촉구한 후 발생한 휴가에 대해서는 최초 1년의 근로기간이 끝나기 1개월 전을 기준으로 5일 이내에 촉구하여야 한다.

2. 제1호에 따른 촉구에도 불구하고 근로자가 촉구를 받은 때부터 10일 이내에 사용하지 아니한 휴가의 전부 또는 일부의 사용 시기를 정하여 사용자에게 통보하지 아니하면 최초 1년의 근로기간이 끝나기 1개월 전까지 사용자가 사용하지 아니한 휴가의 사용 시기를 정하여 근로자에게 서면으로 통보할 것. 다만, 제1호 단서에 따라 촉구한 휴가에 대해서는 최초 1년의 근로기간이 끝나기 10일 전까지 서면으로 통보하여야 한다.

제62조(유급휴가의 대체) 사용자는 근로자대표와의 서면 합의에 따라 제60조에 따른 연차 유급휴가일을 갈음하여 특정한 근로일에 근로자를 휴무시킬 수 있다.

제63조(적용의 제외) 이 장과 제5장에서 정한 근로시간, 휴게와 휴일에 관한 규정은 다음 각 호의 어느 하나에 해당하는 근로자에 대하여는 적용하지 아니한다. 〈개정 2010. 6. 4., 2020. 5. 26., 2021. 1. 5.〉

1. 토지의 경작 · 개간, 식물의 식재(植栽) · 재배 · 채취 사업, 그 밖의 농림 사업
2. 동물의 사육, 수산 동식물의 채취 · 포획 · 양식 사업, 그 밖의 축산, 양잠, 수산 사업
3. 감시(監視) 또는 단속적(斷續的)으로 근로에 종사하는 사람으로서 사용자가 고용노동부장관의 승인을 받은 사람
4. 대통령령으로 정하는 업무에 종사하는 근로자

제5장 여성과 소년

제64조(최저 연령과 취직인허증) ① 15세 미만인 사람(「초 · 중등교육법」에 따른 중학교에 재학 중인 18세 미만인 사람을 포함한다)은 근로자로 사용하지 못한다. 다만, 대통령령으로 정하는 기준에 따라 고용노동부장관이 발급한 취직인허증(就職認許證)을 지닌 사람은 근로자로 사용할 수 있다. 〈개정 2010. 6. 4., 2020. 5. 26.〉

② 제1항의 취직인허증은 본인의 신청에 따라 의무교육에 지장이 없는 경우에는 직종(職種)을 지정하여서만 발행할 수 있다.

③ 고용노동부장관은 거짓이나 그 밖의 부정한 방법으로 제1항 단서의 취직인허증을 발급받은 사람에게는 그 인허를 취소하여야 한다.〈개정 2010. 6. 4., 2020. 5. 26.〉

제65조(사용 금지) ① 사용자는 임신 중이거나 산후 1년이 지나지 아니한 여성(이하 "임산부"라 한다)과 18세 미만자를 도덕상 또는 보건상 유해·위험한 사업에 사용하지 못한다.

② 사용자는 임산부가 아닌 18세 이상의 여성을 제1항에 따른 보건상 유해·위험한 사업 중 임신 또는 출산에 관한 기능에 유해·위험한 사업에 사용하지 못한다.

③ 제1항 및 제2항에 따른 금지 직종은 대통령령으로 정한다.

제66조(연소자 증명서) 사용자는 18세 미만인 사람에 대하여는 그 연령을 증명하는 가족관계기록사항에 관한 증명서와 친권자 또는 후견인의 동의서를 사업장에 갖추어 두어야 한다.〈개정 2007. 5. 17., 2020. 5. 26.〉

제67조(근로계약) ① 친권자나 후견인은 미성년자의 근로계약을 대리할 수 없다.

② 친권자, 후견인 또는 고용노동부장관은 근로계약이 미성년자에게 불리하다고 인정하는 경우에는 이를 해지할 수 있다.〈개정 2010. 6. 4.〉

③ 사용자는 18세 미만인 사람과 근로계약을 체결하는 경우에는 제17조에 따른 근로조건을 서면(「전자문서 및 전자거래 기본법」제2조제1호에 따른 전자문서를 포함한다)으로 명시하여 교부하여야 한다.〈신설 2007. 7. 27., 2020. 5. 26., 2021. 1. 5.〉

제68조(임금의 청구) 미성년자는 독자적으로 임금을 청구할 수 있다.

제69조(근로시간) 15세 이상 18세 미만인 사람의 근로시간은 1일에 7시간, 1주에 35시간을 초과하지 못한다. 다만, 당사자 사이의 합의에 따라 1일에 1시간, 1주에 5시간을 한도로 연장할 수 있다.〈개정 2018. 3. 20., 2020. 5. 26.〉

제70조(야간근로와 휴일근로의 제한) ① 사용자는 18세 이상의 여성을 오후 10시부터 오전 6시까지의 시간 및 휴일에 근로시키려면 그 근로자의 동의를 받아야 한다.

② 사용자는 임산부와 18세 미만자를 오후 10시부터 오전 6시까지의 시간 및 휴일에 근로시키지 못한다. 다만, 다음 각 호의 어느 하나에 해당하는 경우로서 고용노동부장관의 인가를 받으면 그러하지 아니하다.〈개정 2010. 6. 4.〉

1. 18세 미만자의 동의가 있는 경우
2. 산후 1년이 지나지 아니한 여성의 동의가 있는 경우
3. 임신 중의 여성이 명시적으로 청구하는 경우

③ 사용자는 제2항의 경우 고용노동부장관의 인가를 받기 전에 근로자의 건강 및 모성 보호를 위하여 그 시행 여부와 방법 등에 관하여 그 사업 또는 사업장의 근로자대표와 성실하게 협의하여야 한다.〈개정 2010. 6. 4.〉

제71조(시간외근로) 사용자는 산후 1년이 지나지 아니한 여성에 대하여는 단체협약이 있는 경우라도 1일에 2시간, 1주에 6시간, 1년에 150시간을 초과하는 시간외근로를

시키지 못한다. 〈개정 2018. 3. 20.〉

제72조(갱내근로의 금지) 사용자는 여성과 18세 미만인 사람을 갱내(坑內)에서 근로시키지 못한다. 다만, 보건·의료, 보도·취재 등 대통령령으로 정하는 업무를 수행하기 위하여 일시적으로 필요한 경우에는 그러하지 아니하다. 〈개정 2020. 5. 26.〉

제73조(생리휴가) 사용자는 여성 근로자가 청구하면 월 1일의 생리휴가를 주어야 한다.

제74조(임산부의 보호) ① 사용자는 임신 중의 여성에게 출산 전과 출산 후를 통하여 90일(한 번에 둘 이상 자녀를 임신한 경우에는 120일)의 출산전후휴가를 주어야 한다. 이 경우 휴가 기간의 배정은 출산 후에 45일(한 번에 둘 이상 자녀를 임신한 경우에는 60일) 이상이 되어야 한다. 〈개정 2012. 2. 1., 2014. 1. 21.〉

② 사용자는 임신 중인 여성 근로자가 유산의 경험 등 대통령령으로 정하는 사유로 제1항의 휴가를 청구하는 경우 출산 전 어느 때 라도 휴가를 나누어 사용할 수 있도록 하여야 한다. 이 경우 출산 후의 휴가 기간은 연속하여 45일(한 번에 둘 이상 자녀를 임신한 경우에는 60일) 이상이 되어야 한다.〈신설 2012. 2. 1., 2014. 1. 21.〉

③ 사용자는 임신 중인 여성이 유산 또는 사산한 경우로서 그 근로자가 청구하면 대통령령으로 정하는 바에 따라 유산·사산 휴가를 주어야 한다. 다만, 인공 임신중절 수술(「모자보건법」 제14조제1항에 따른 경우는 제외한다)에 따른 유산의 경우는 그러하지 아니하다. 〈개정 2012. 2. 1.〉

④ 제1항부터 제3항까지의 규정에 따른 휴가 중 최초 60일(한 번에 둘 이상 자녀를 임신한 경우에는 75일)은 유급으로 한다. 다만, 「남녀고용평등과 일·가정 양립 지원에 관한 법률」 제18조에 따라 출산전후휴가급여 등이 지급된 경우에는 그 금액의 한도에서 지급의 책임을 면한다.〈개정 2007. 12. 21., 2012. 2. 1., 2014. 1. 21.〉

⑤ 사용자는 임신 중의 여성 근로자에게 시간외근로를 하게 하여서는 아니 되며, 그 근로자의 요구가 있는 경우에는 쉬운 종류의 근로로 전환하여야 한다.〈개정 2012. 2. 1.〉

⑥ 사업주는 제1항에 따른 출산전후휴가 종료 후에는 휴가 전과 동일한 업무 또는 동등한 수준의 임금을 지급하는 직무에 복귀시켜야 한다.〈신설 2008. 3. 28., 2012. 2. 1.〉

⑦ 사용자는 임신 후 12주 이내 또는 36주 이후에 있는 여성 근로자가 1일 2시간의 근로시간 단축을 신청하는 경우 이를 허용하여야 한다. 다만, 1일 근로시간이 8시간 미만인 근로자에 대하여는 1일 근로시간이 6시간이 되도록 근로시간 단축을 허용할 수 있다.〈신설 2014. 3. 24.〉

⑧ 사용자는 제7항에 따른 근로시간 단축을 이유로 해당 근로자의 임금을 삭감하여서는 아니 된다.〈신설 2014. 3. 24.〉

⑨ 사용자는 임신 중인 여성 근로자가 1일 소정근로시간을 유지하면서 업무의 시작 및 종료 시각의 변경을 신청하는 경우 이를 허용하여야 한다. 다만, 정상적인 사업 운영에 중대한 지장을 초래하는 경우 등 대통령령으로 정하는 경우에는 그러하지 아니하다.〈신설 2021. 5. 18.〉

⑩ 제7항에 따른 근로시간 단축의 신청방법 및 절차, 제9항에 따른 업무의 시작 및

종료 시각 변경의 신청방법 및 절차 등에 관하여 필요한 사항은 대통령령으로 정한다. 〈신설 2014. 3. 24., 2021. 5. 18.〉

제74조의2(태아검진 시간의 허용 등) ① 사용자는 임신한 여성근로자가 「모자보건법」 제10조에 따른 임산부 정기건강진단을 받는데 필요한 시간을 청구하는 경우 이를 허용하여 주어야 한다.

② 사용자는 제1항에 따른 건강진단 시간을 이유로 그 근로자의 임금을 삭감하여서는 아니 된다.

[본조신설 2008. 3. 21.]

제75조(육아 시간) 생후 1년 미만의 유아(乳兒)를 가진 여성 근로자가 청구하면 1일 2회 각각 30분 이상의 유급 수유 시간을 주어야 한다.

제6장 안전과 보건

제76조(안전과 보건) 근로자의 안전과 보건에 관하여는 「산업안전보건법」에서 정하는 바에 따른다.

제6장의2 직장 내 괴롭힘의 금지 〈신설 2019. 1. 15.〉

제76조의2(직장 내 괴롭힘의 금지) 사용자 또는 근로자는 직장에서의 지위 또는 관계 등의 우위를 이용하여 업무상 적정범위를 넘어 다른 근로자에게 신체적·정신적 고통을 주거나 근무환경을 악화시키는 행위(이하 "직장 내 괴롭힘"이라 한다)를 하여서는 아니 된다.

[본조신설 2019. 1. 15.]

제76조의3(직장 내 괴롭힘 발생 시 조치) ① 누구든지 직장 내 괴롭힘 발생 사실을 알게 된 경우 그 사실을 사용자에게 신고할 수 있다.

② 사용자는 제1항에 따른 신고를 접수하거나 직장 내 괴롭힘 발생 사실을 인지한 경우에는 지체 없이 당사자 등을 대상으로 그 사실 확인을 위하여 객관적으로 조사를 실시하여야 한다. 〈개정 2021. 4. 13.〉

③ 사용자는 제2항에 따른 조사 기간 동안 직장 내 괴롭힘과 관련하여 피해를 입은 근로자 또는 피해를 입었다고 주장하는 근로자(이하 "피해근로자등"이라 한다)를 보호하기 위하여 필요한 경우 해당 피해근로자등에 대하여 근무장소의 변경, 유급휴가 명령 등 적절한 조치를 하여야 한다. 이 경우 사용자는 피해근로자등의 의사에 반하는 조치를 하여서는 아니 된다.

④ 사용자는 제2항에 따른 조사 결과 직장 내 괴롭힘 발생 사실이 확인된 때에는 피해근로자가 요청하면 근무장소의 변경, 배치전환, 유급휴가 명령 등 적절한 조치를 하여야 한다.

⑤ 사용자는 제2항에 따른 조사 결과 직장 내 괴롭힘 발생 사실이 확인된 때에는 지

체 없이 행위자에 대하여 징계, 근무장소의 변경 등 필요한 조치를 하여야 한다. 이 경우 사용자는 징계 등의 조치를 하기 전에 그 조치에 대하여 피해근로자의 의견을 들어야 한다.

⑥ 사용자는 직장 내 괴롭힘 발생 사실을 신고한 근로자 및 피해근로자등에게 해고 나 그 밖의 불리한 처우를 하여서는 아니 된다.

⑦ 제2항에 따라 직장 내 괴롭힘 발생 사실을 조사한 사람, 조사 내용을 보고받은 사람 및 그 밖에 조사 과정에 참여한 사람은 해당 조사 과정에서 알게 된 비밀을 피해근로자등의 의사에 반하여 다른 사람에게 누설하여서는 아니 된다. 다만, 조사와 관련된 내용을 사용자에게 보고하거나 관계 기관의 요청에 따라 필요한 정보를 제공하는 경우는 제외한다.〈신설 2021. 4. 13.〉

[본조신설 2019. 1. 15.]

제7장 기능 습득

제77조(기능 습득자의 보호) 사용자는 양성공, 수습, 그 밖의 명칭을 불문하고 기능의 습득을 목적으로 하는 근로자를 혹사하거나 가사, 그 밖의 기능 습득과 관계없는 업무에 종사시키지 못한다. 〈개정 2020. 5. 26.〉

제8장 재해보상

제78조(요양보상) ① 근로자가 업무상 부상 또는 질병에 걸리면 사용자는 그 비용으로 필요한 요양을 행하거나 필요한 요양비를 부담하여야 한다.

② 제1항에 따른 업무상 질병과 요양의 범위 및 요양보상의 시기는 대통령령으로 정한다.〈개정 2008. 3. 21.〉

제79조(휴업보상) ① 사용자는 제78조에 따라 요양 중에 있는 근로자에게 그 근로자의 요양 중 평균임금의 100분의 60의 휴업보상을 하여야 한다. 〈개정 2008. 3. 21.〉

② 제1항에 따른 휴업보상을 받을 기간에 그 보상을 받을 사람이 임금의 일부를 지급받은 경우에는 사용자는 평균임금에서 그 지급받은 금액을 뺀 금액의 100분의 60의 휴업보상을 하여야 한다.〈신설 2008. 3. 21., 2020. 5. 26.〉

③ 휴업보상의 시기는 대통령령으로 정한다.〈신설 2008. 3. 21.〉

제80조(장해보상) ① 근로자가 업무상 부상 또는 질병에 걸리고, 완치된 후 신체에 장해가 있으면 사용자는 그 장해 정도에 따라 평균임금에 별표에서 정한 일수를 곱한 금액의 장해보상을 하여야 한다. 〈개정 2008. 3. 21.〉

② 이미 신체에 장해가 있는 사람이 부상 또는 질병으로 인하여 같은 부위에 장해가 더 심해진 경우에 그 장해에 대한 장해보상 금액은 장해 정도가 더 심해진 장해 등급에 해당하는 장해보상의 일수에서 기존의 장해등급에 해당하는 장해보상의 일수를 뺀 일수에 보상청구사유 발생 당시의 평균임금을 곱하여 산정한 금액으로

한다.〈신설 2008. 3. 21., 2020. 5. 26.〉

③ 장해보상을 하여야 하는 신체장해 등급의 결정 기준과 장해보상의 시기는 대통령령으로 정한다.〈신설 2008. 3. 21.〉

제81조(휴업보상과 장해보상의 예외) 근로자가 중대한 과실로 업무상 부상 또는 질병에 걸리고 또한 사용자가 그 과실에 대하여 노동위원회의 인정을 받으면 휴업보상이나 장해보상을 하지 아니하여도 된다.

제82조(유족보상) ① 근로자가 업무상 사망한 경우에는 사용자는 근로자가 사망한 후 지체 없이 그 유족에게 평균임금 1,000일분의 유족보상을 하여야 한다.〈개정 2008. 3. 21.〉

② 제1항에서의 유족의 범위, 유족보상의 순위 및 보상을 받기로 확정된 사람이 사망한 경우의 유족보상의 순위는 대통령령으로 정한다.〈신설 2008. 3. 21., 2020. 5. 26.〉

제83조(장례비) 근로자가 업무상 사망한 경우에는 사용자는 근로자가 사망한 후 지체 없이 평균임금 90일분의 장례비를 지급하여야 한다.〈개정 2008. 3. 21., 2021. 1. 5.〉

[제목개정 2021. 1. 5.]

제84조(일시보상) 제78조에 따라 보상을 받는 근로자가 요양을 시작한 지 2년이 지나도 부상 또는 질병이 완치되지 아니하는 경우에는 사용자는 그 근로자에게 평균임금 1,340일분의 일시보상을 하여 그 후의 이 법에 따른 모든 보상책임을 면할 수 있다.

제85조(분할보상) 사용자는 지급 능력이 있는 것을 증명하고 보상을 받는 사람의 동의를 받으면 제80조, 제82조 또는 제84조에 따른 보상금을 1년에 걸쳐 분할보상을 할 수 있다.〈개정 2020. 5. 26.〉

제86조(보상 청구권) 보상을 받을 권리는 퇴직으로 인하여 변경되지 아니하고, 양도나 압류하지 못한다.

제87조(다른 손해배상과의 관계) 보상을 받게 될 사람이 동일한 사유에 대하여 「민법」이나 그 밖의 법령에 따라 이 법의 재해보상에 상당한 금품을 받으면 그 가액(價額)의 한도에서 사용자는 보상의 책임을 면한다.〈개정 2020. 5. 26.〉

제88조(고용노동부장관의 심사와 중재) ① 업무상의 부상, 질병 또는 사망의 인정, 요양의 방법, 보상금액의 결정, 그 밖에 보상의 실시에 관하여 이의가 있는 자는 고용노동부장관에게 심사나 사건의 중재를 청구할 수 있다.〈개정 2010. 6. 4.〉

② 제1항의 청구가 있으면 고용노동부장관은 1개월 이내에 심사나 중재를 하여야 한다.〈개정 2010. 6. 4.〉

③ 고용노동부장관은 필요에 따라 직권으로 심사나 사건의 중재를 할 수 있다.〈개정 2010. 6. 4.〉

④ 고용노동부장관은 심사나 중재를 위하여 필요하다고 인정하면 의사에게 진단이나 검안을 시킬 수 있다.〈개정 2010. 6. 4.〉

⑤ 제1항에 따른 심사나 중재의 청구와 제2항에 따른 심사나 중재의 시작은 시효의

중단에 관하여는 재판상의 청구로 본다.

[제목개정 2010. 6. 4.]

제89조(노동위원회의 심사와 중재) ① 고용노동부장관이 제88조제2항의 기간에 심사 또는 중재를 하지 아니하거나 심사와 중재의 결과에 불복하는 자는 노동위원회에 심사나 중재를 청구할 수 있다. 〈개정 2010. 6. 4.〉

② 제1항의 청구가 있으면 노동위원회는 1개월 이내에 심사나 중재를 하여야 한다.

제90조(도급 사업에 대한 예외) ① 사업이 여러 차례의 도급에 따라 행하여지는 경우의 재해보상에 대하여는 원수급인(元受給人)을 사용자로 본다.

② 제1항의 경우에 원수급인이 서면상 계약으로 하수급인에게 보상을 담당하게 하는 경우에는 그 수급인도 사용자로 본다. 다만, 2명 이상의 하수급인에게 똑같은 사업에 대하여 중복하여 보상을 담당하게 하지 못한다.

③ 제2항의 경우에 원수급인이 보상의 청구를 받으면 보상을 담당한 하수급인에게 우선 최고(催告)할 것을 청구할 수 있다. 다만, 그 하수급인이 파산의 선고를 받거나 행방이 알려지지 아니하는 경우에는 그러하지 아니하다.

제91조(서류의 보존) 사용자는 재해보상에 관한 중요한 서류를 재해보상이 끝나지 아니하거나 제92조에 따라 재해보상 청구권이 시효로 소멸되기 전에 폐기하여서는 아니 된다. 〈개정 2008. 3. 21.〉

제92조(시효) 이 법의 규정에 따른 재해보상 청구권은 3년간 행사하지 아니하면 시효로 소멸한다.

제9장 취업규칙

제93조(취업규칙의 작성·신고) 상시 10명 이상의 근로자를 사용하는 사용자는 다음 각 호의 사항에 관한 취업규칙을 작성하여 고용노동부장관에게 신고하여야 한다. 이를 변경하는 경우에도 또한 같다. 〈개정 2008. 3. 28., 2010. 6. 4., 2012. 2. 1., 2019. 1. 15.〉

 1. 업무의 시작과 종료 시각, 휴게시간, 휴일, 휴가 및 교대 근로에 관한 사항
 2. 임금의 결정·계산·지급 방법, 임금의 산정기간·지급시기 및 승급(昇給)에 관한 사항
 3. 가족수당의 계산·지급 방법에 관한 사항
 4. 퇴직에 관한 사항
 5. 「근로자퇴직급여 보장법」 제4조에 따라 설정된 퇴직급여, 상여 및 최저임금에 관한 사항
 6. 근로자의 식비, 작업 용품 등의 부담에 관한 사항
 7. 근로자를 위한 교육시설에 관한 사항
 8. 출산전후휴가·육아휴직 등 근로자의 모성 보호 및 일·가정 양립 지원에 관한 사항

9. 안전과 보건에 관한 사항

9의2. 근로자의 성별·연령 또는 신체적 조건 등의 특성에 따른 사업장 환경의 개선에 관한 사항

10. 업무상과 업무 외의 재해부조(災害扶助)에 관한 사항

11. 직장 내 괴롭힘의 예방 및 발생 시 조치 등에 관한 사항

12. 표창과 제재에 관한 사항

13. 그 밖에 해당 사업 또는 사업장의 근로자 전체에 적용될 사항

제94조(규칙의 작성, 변경 절차) ① 사용자는 취업규칙의 작성 또는 변경에 관하여 해당 사업 또는 사업장에 근로자의 과반수로 조직된 노동조합이 있는 경우에는 그 노동조합, 근로자의 과반수로 조직된 노동조합이 없는 경우에는 근로자의 과반수의 의견을 들어야 한다. 다만, 취업규칙을 근로자에게 불리하게 변경하는 경우에는 그 동의를 받아야 한다.

② 사용자는 제93조에 따라 취업규칙을 신고할 때에는 제1항의 의견을 적은 서면을 첨부하여야 한다.

제95조(제재 규정의 제한) 취업규칙에서 근로자에 대하여 감급(減給)의 제재를 정할 경우에 그 감액은 1회의 금액이 평균임금의 1일분의 2분의 1을, 총액이 1임금지급기의 임금 총액의 10분의 1을 초과하지 못한다.

제96조(단체협약의 준수) ① 취업규칙은 법령이나 해당 사업 또는 사업장에 대하여 적용되는 단체협약과 어긋나서는 아니 된다.

② 고용노동부장관은 법령이나 단체협약에 어긋나는 취업규칙의 변경을 명할 수 있다. 〈개정 2010. 6. 4.〉

제97조(위반의 효력) 취업규칙에서 정한 기준에 미달하는 근로조건을 정한 근로계약은 그 부분에 관하여는 무효로 한다. 이 경우 무효로 된 부분은 취업규칙에 정한 기준에 따른다.

제10장 기숙사

제98조(기숙사 생활의 보장) ① 사용자는 사업 또는 사업장의 부속 기숙사에 기숙하는 근로자의 사생활의 자유를 침해하지 못한다.

② 사용자는 기숙사 생활의 자치에 필요한 임원 선거에 간섭하지 못한다.

제99조(규칙의 작성과 변경) ① 부속 기숙사에 근로자를 기숙시키는 사용자는 다음 각 호의 사항에 관하여 기숙사규칙을 작성하여야 한다.

1. 기상(起床), 취침, 외출과 외박에 관한 사항

2. 행사에 관한 사항

3. 식사에 관한 사항

4. 안전과 보건에 관한 사항

5. 건설물과 설비의 관리에 관한 사항

6. 그 밖에 기숙사에 기숙하는 근로자 전체에 적용될 사항

② 사용자는 제1항에 따른 규칙의 작성 또는 변경에 관하여 기숙사에 기숙하는 근로자의 과반수를 대표하는 자의 동의를 받아야 한다.

③ 사용자와 기숙사에 기숙하는 근로자는 기숙사규칙을 지켜야 한다.

제100조(부속 기숙사의 설치·운영 기준) 사용자는 부속 기숙사를 설치·운영할 때 다음 각 호의 사항에 관하여 대통령령으로 정하는 기준을 충족하도록 하여야 한다.

1. 기숙사의 구조와 설비

2. 기숙사의 설치 장소

3. 기숙사의 주거 환경 조성

4. 기숙사의 면적

5. 그 밖에 근로자의 안전하고 쾌적한 주거를 위하여 필요한 사항

[전문개정 2019. 1. 15.]

제100조의2(부속 기숙사의 유지관리 의무) 사용자는 제100조에 따라 설치한 부속 기숙사에 대하여 근로자의 건강 유지, 사생활 보호 등을 위한 조치를 하여야 한다.

[본조신설 2019. 1. 15.]

제11장 근로감독관 등

제101조(감독 기관) ① 근로조건의 기준을 확보하기 위하여 고용노동부와 그 소속 기관에 근로감독관을 둔다. *〈개정 2010. 6. 4.〉*

② 근로감독관의 자격, 임면(任免), 직무 배치에 관한 사항은 대통령령으로 정한다.

제102조(근로감독관의 권한) ① 근로감독관은 사업장, 기숙사, 그 밖의 부속 건물을 현장조사하고 장부와 서류의 제출을 요구할 수 있으며 사용자와 근로자에 대하여 심문(尋問)할 수 있다. *〈개정 2017. 11. 28.〉*

② 의사인 근로감독관이나 근로감독관의 위촉을 받은 의사는 취업을 금지하여야 할 질병에 걸릴 의심이 있는 근로자에 대하여 검진할 수 있다.

③ 제1항 및 제2항의 경우에 근로감독관이나 그 위촉을 받은 의사는 그 신분증명서와 고용노동부장관의 현장조사 또는 검진지령서(檢診指令書)를 제시하여야 한다. *〈개정 2010. 6. 4., 2017. 11. 28.〉*

④ 제3항의 현장조사 또는 검진지령서에는 그 일시, 장소 및 범위를 분명하게 적어야 한다.*〈개정 2017. 11. 28.〉*

⑤ 근로감독관은 이 법이나 그 밖의 노동 관계 법령 위반의 죄에 관하여 「사법경찰관리의 직무를 행할 자와 그 직무범위에 관한 법률」에서 정하는 바에 따라 사법경찰관의 직무를 수행한다.

제103조(근로감독관의 의무) 근로감독관은 직무상 알게 된 비밀을 엄수하여야 한다.

근로감독관을 그만 둔 경우에도 또한 같다.

제104조(감독 기관에 대한 신고) ① 사업 또는 사업장에서 이 법 또는 이 법에 따른 대통령령을 위반한 사실이 있으면 근로자는 그 사실을 고용노동부장관이나 근로감독관에게 통보할 수 있다. 〈개정 2010. 6. 4.〉

② 사용자는 제1항의 통보를 이유로 근로자에게 해고나 그 밖에 불리한 처우를 하지 못한다.

제105조(사법경찰권 행사자의 제한) 이 법이나 그 밖의 노동 관계 법령에 따른 현장 조사, 서류의 제출, 심문 등의 수사는 검사와 근로감독관이 전담하여 수행한다. 다만, 근로감독관의 직무에 관한 범죄의 수사는 그러하지 아니하다. 〈개정 2017. 11. 28.〉

제106조(권한의 위임) 이 법에 따른 고용노동부장관의 권한은 대통령령으로 정하는 바에 따라 그 일부를 지방고용노동관서의 장에게 위임할 수 있다. 〈개정 2010. 6. 4.〉

제12장 벌칙

제107조(벌칙) 제7조, 제8조, 제9조, 제23조제2항 또는 제40조를 위반한 자는 5년 이하의 징역 또는 5천만원 이하의 벌금에 처한다. 〈개정 2017. 11. 28.〉

제108조(벌칙) 근로감독관이 이 법을 위반한 사실을 고의로 묵과하면 3년 이하의 징역 또는 5년 이하의 자격정지에 처한다.

제109조(벌칙) ① 제36조, 제43조, 제44조, 제44조의2, 제46조, 제51조의3, 제52조제2항제2호, 제56조, 제65조, 제72조 또는 제76조의3제6항을 위반한 자는 3년 이하의 징역 또는 3천만원 이하의 벌금에 처한다. 〈개정 2007. 7. 27., 2017. 11. 28., 2019. 1. 15., 2021. 1. 5.〉

② 제36조, 제43조, 제44조, 제44조의2, 제46조, 제51조의3, 제52조제2항제2호 또는 제56조를 위반한 자에 대하여는 피해자의 명시적인 의사와 다르게 공소를 제기할 수 없다.〈개정 2007. 7. 27., 2021. 1. 5.〉

제110조(벌칙) 다음 각 호의 어느 하나에 해당하는 자는 2년 이하의 징역 또는 2천만원 이하의 벌금에 처한다. 〈개정 2009. 5. 21., 2012. 2. 1., 2017. 11. 28., 2018. 3. 20., 2021. 1. 5.〉

  1. 제10조, 제22조제1항, 제26조, 제50조, 제51조의2제2항, 제52조제2항제1호, 제53조제1항·제2항, 같은 조 제4항 본문·제7항, 제54조, 제55조, 제59조제2항, 제60조제1항·제2항·제4항 및 제5항, 제64조제1항, 제69조, 제70조제1항·제2항, 제71조, 제74조제1항부터 제5항까지, 제75조, 제78조부터 제80조까지, 제82조, 제83조 및 제104조제2항을 위반한 자

  2. 제53조제5항에 따른 명령을 위반한 자

제111조(벌칙) 제31조제3항에 따라 확정되거나 행정소송을 제기하여 확정된 구제명

령 또는 구제명령을 내용으로 하는 재심판정을 이행하지 아니한 자는 1년 이하의 징역 또는 1천만원 이하의 벌금에 처한다.

제112조(고발) ① 제111조의 죄는 노동위원회의 고발이 있어야 공소를 제기할 수 있다.
② 검사는 제1항에 따른 죄에 해당하는 위반행위가 있음을 노동위원회에 통보하여 고발을 요청할 수 있다.

제113조(벌칙) 제45조를 위반한 자는 1천만원 이하의 벌금에 처한다.

제114조(벌칙) 다음 각 호의 어느 하나에 해당하는 자는 500만원 이하의 벌금에 처한다. 〈개정 2007. 7. 27., 2008. 3. 28., 2009. 5. 21., 2012. 2. 1., 2018. 3. 20.〉
 1. 제6조, 제16조, 제17조, 제20조, 제21조, 제22조제2항, 제47조, 제53조제4항 단서, 제67조제1항·제3항, 제70조제3항, 제73조, 제74조제6항, 제77조, 제94조, 제95조, 제100조 및 제103조를 위반한 자
 2. 제96조제2항에 따른 명령을 위반한 자

제115조(양벌규정) 사업주의 대리인, 사용인, 그 밖의 종업원이 해당 사업의 근로자에 관한 사항에 대하여 제107조, 제109조부터 제111조까지, 제113조 또는 제114조의 위반행위를 하면 그 행위자를 벌하는 외에 그 사업주에게도 해당 조문의 벌금형을 과(科)한다. 다만, 사업주가 그 위반행위를 방지하기 위하여 해당 업무에 관하여 상당한 주의와 감독을 게을리하지 아니한 경우에는 그러하지 아니하다.
[전문개정 2009. 5. 21.]

제116조(과태료) ① 사용자(사용자의 「민법」 제767조에 따른 친족 중 대통령령으로 정하는 사람이 해당 사업 또는 사업장의 근로자인 경우를 포함한다)가 제76조의2를 위반하여 직장 내 괴롭힘을 한 경우에는 1천만원 이하의 과태료를 부과한다. 〈신설 2021. 4. 13.〉
② 다음 각 호의 어느 하나에 해당하는 자에게는 500만원 이하의 과태료를 부과한다.〈개정 2009. 5. 21., 2010. 6. 4., 2014. 3. 24., 2017. 11. 28., 2021. 1. 5., 2021. 4. 13., 2021. 5. 18.〉
 1. 제13조에 따른 고용노동부장관, 노동위원회 또는 근로감독관의 요구가 있는 경우에 보고 또는 출석을 하지 아니하거나 거짓된 보고를 한 자
 2. 제14조, 제39조, 제41조, 제42조, 제48조, 제66조, 제74조제7항·제9항, 제76조의3제2항·제4항·제5항·제7항, 제91조, 제93조, 제98조제2항 및 제99조를 위반한 자
 3. 제51조의2제5항에 따른 임금보전방안을 신고하지 아니한 자
 4. 제102조에 따른 근로감독관 또는 그 위촉을 받은 의사의 현장조사나 검진을 거절, 방해 또는 기피하고 그 심문에 대하여 진술을 하지 아니하거나 거짓된 진술을 하며 장부·서류를 제출하지 아니하거나 거짓 장부·서류를 제출한 자
③ 제1항 및 제2항에 따른 과태료는 대통령령으로 정하는 바에 따라 고용노동부장관

이 부과·징수한다. 〈개정 2010. 6. 4., 2021. 4. 13.〉

④ 삭제〈2009. 5. 21.〉

⑤ 삭제〈2009. 5. 21.〉

부칙

〈제18176호,2021. 5. 18.〉

제1조(시행일) 이 법은 공포 후 6개월이 경과한 날부터 시행한다.

제2조(근로계약기간의 만료 등에 따른 구제명령 등에 관한 적용례) 제30조제4항의 개정규정은 이 법 시행 후 노동위원회가 같은 조 제1항에 따라 구제명령이나 기각결정을 하는 경우부터 적용한다.

제3조(이행강제금에 관한 적용례) 제33조제1항의 개정규정은 이 법 시행 후 발생한 부당해고등부터 적용한다.

최저임금법

[시행 2020. 5. 26.] [법률 제17326호, 2020. 5. 26., 타법개정]

제1장 총칙 〈개정 2008. 3. 21.〉

제1조(목적) 이 법은 근로자에 대하여 임금의 최저수준을 보장하여 근로자의 생활안정과 노동력의 질적 향상을 꾀함으로써 국민경제의 건전한 발전에 이바지하는 것을 목적으로 한다.

[전문개정 2008. 3. 21.]

제2조(정의) 이 법에서 "근로자", "사용자" 및 "임금"이란 「근로기준법」 제2조에 따른 근로자, 사용자 및 임금을 말한다.

[전문개정 2008. 3. 21.]

제3조(적용 범위) ① 이 법은 근로자를 사용하는 모든 사업 또는 사업장(이하 "사업"이라 한다)에 적용한다. 다만, 동거하는 친족만을 사용하는 사업과 가사(家事) 사용인에게는 적용하지 아니한다.

② 이 법은 「선원법」의 적용을 받는 선원과 선원을 사용하는 선박의 소유자에게는 적용하지 아니한다.

[전문개정 2008. 3. 21.]

제2장 최저임금 〈개정 2008. 3. 21.〉

제4조(최저임금의 결정기준과 구분) ① 최저임금은 근로자의 생계비, 유사 근로자의 임금, 노동생산성 및 소득분배율 등을 고려하여 정한다. 이 경우 사업의 종류별로 구분하여 정할 수 있다.

② 제1항에 따른 사업의 종류별 구분은 제12조에 따른 최저임금위원회의 심의를 거쳐 고용노동부장관이 정한다.〈개정 2010. 6. 4.〉

[전문개정 2008. 3. 21.]

제5조(최저임금액) ① 최저임금액(최저임금으로 정한 금액을 말한다. 이하 같다)은 시간·일(日)·주(週) 또는 월(月)을 단위로 하여 정한다. 이 경우 일·주 또는 월을 단위로 하여 최저임금액을 정할 때에는 시간급(時間給)으로도 표시하여야 한다.

② 1년 이상의 기간을 정하여 근로계약을 체결하고 수습 중에 있는 근로자로서 수습을 시작한 날부터 3개월 이내인 사람에 대하여는 대통령령으로 정하는 바에 따라 제1항에 따른 최저임금액과 다른 금액으로 최저임금액을 정할 수 있다. 다만, 단순노무업무로 고용노동부장관이 정하여 고시한 직종에 종사하는 근로자는 제외한다.〈개정 2017. 9. 19., 2020. 5. 26.〉

③ 임금이 통상적으로 도급제나 그 밖에 이와 비슷한 형태로 정하여져 있는 경우로

서 제1항에 따라 최저임금액을 정하는 것이 적당하지 아니하다고 인정되면 대통령령으로 정하는 바에 따라 최저임금액을 따로 정할 수 있다.

[전문개정 2008. 3. 21.]

제5조의2(최저임금의 적용을 위한 임금의 환산) 최저임금의 적용 대상이 되는 근로자의 임금을 정하는 단위기간이 제5조제1항에 따른 최저임금의 단위기간과 다른 경우에 해당 근로자의 임금을 최저임금의 단위기간에 맞추어 환산하는 방법은 대통령령으로 정한다.

[전문개정 2008. 3. 21.]

제6조(최저임금의 효력) ① 사용자는 최저임금의 적용을 받는 근로자에게 최저임금액 이상의 임금을 지급하여야 한다.

② 사용자는 이 법에 따른 최저임금을 이유로 종전의 임금수준을 낮추어서는 아니 된다.

③ 최저임금의 적용을 받는 근로자와 사용자 사이의 근로계약 중 최저임금액에 미치지 못하는 금액을 임금으로 정한 부분은 무효로 하며, 이 경우 무효로 된 부분은 이 법으로 정한 최저임금액과 동일한 임금을 지급하기로 한 것으로 본다.

④ 제1항과 제3항에 따른 임금에는 매월 1회 이상 정기적으로 지급하는 임금을 산입(算入)한다. 다만, 다음 각 호의 어느 하나에 해당하는 임금은 산입하지 아니한다. 〈개정 2018. 6. 12.〉

  1. 「근로기준법」 제2조제1항제8호에 따른 소정(所定)근로시간(이하 "소정근로시간"이라 한다) 또는 소정의 근로일에 대하여 지급하는 임금 외의 임금으로서 고용노동부령으로 정하는 임금

  2. 상여금, 그 밖에 이에 준하는 것으로서 고용노동부령으로 정하는 임금의 월 지급액 중 해당 연도 시간급 최저임금액을 기준으로 산정된 월 환산액의 100분의 25에 해당하는 부분

  3. 식비, 숙박비, 교통비 등 근로자의 생활 보조 또는 복리후생을 위한 성질의 임금으로서 다음 각 목의 어느 하나에 해당하는 것

    가. 통화 이외의 것으로 지급하는 임금

    나. 통화로 지급하는 임금의 월 지급액 중 해당 연도 시간급 최저임금액을 기준으로 산정된 월 환산액의 100분의 7에 해당하는 부분

⑤ 제4항에도 불구하고 「여객자동차 운수사업법」 제3조 및 같은 법 시행령 제3조제2호다목에 따른 일반택시운송사업에서 운전업무에 종사하는 근로자의 최저임금에 산입되는 임금의 범위는 생산고에 따른 임금을 제외한 대통령령으로 정하는 임금으로 한다.

⑥ 제1항과 제3항은 다음 각 호의 어느 하나에 해당하는 사유로 근로하지 아니한 시간 또는 일에 대하여 사용자가 임금을 지급할 것을 강제하는 것은 아니다.

  1. 근로자가 자기의 사정으로 소정근로시간 또는 소정의 근로일의 근로를 하지 아니한 경우

2. 사용자가 정당한 이유로 근로자에게 소정근로시간 또는 소정의 근로일의 근로를 시키지 아니한 경우

⑦ 도급으로 사업을 행하는 경우 도급인이 책임져야 할 사유로 수급인이 근로자에게 최저임금액에 미치지 못하는 임금을 지급한 경우 도급인은 해당 수급인과 연대(連帶)하여 책임을 진다.

⑧ 제7항에 따른 도급인이 책임져야 할 사유의 범위는 다음 각 호와 같다.

1. 도급인이 도급계약 체결 당시 인건비 단가를 최저임금액에 미치지 못하는 금액으로 결정하는 행위

2. 도급인이 도급계약 기간 중 인건비 단가를 최저임금액에 미치지 못하는 금액으로 낮춘 행위

⑨ 두 차례 이상의 도급으로 사업을 행하는 경우에는 제7항의 "수급인"은 "하수급인(下受給人)"으로 보고, 제7항과 제8항의 "도급인"은 "직상(直上) 수급인(하수급인에게 직접 하도급을 준 수급인)"으로 본다.

[전문개정 2008. 3. 21.]

제6조의2(최저임금 산입을 위한 취업규칙 변경절차의 특례) 사용자가 제6조제4항에 따라 산입되는 임금에 포함시키기 위하여 1개월을 초과하는 주기로 지급하는 임금을 총액의 변동 없이 매월 지급하는 것으로 취업규칙을 변경하려는 경우에는 「근로기준법」 제94조제1항에도 불구하고 해당 사업 또는 사업장에 근로자의 과반수로 조직된 노동조합이 있는 경우에는 그 노동조합, 근로자의 과반수로 조직된 노동조합이 없는 경우에는 근로자의 과반수의 의견을 들어야 한다.

[본조신설 2018. 6. 12.]

제7조(최저임금의 적용 제외) 다음 각 호의 어느 하나에 해당하는 사람으로서 사용자가 대통령령으로 정하는 바에 따라 고용노동부장관의 인가를 받은 사람에 대하여는 제6조를 적용하지 아니한다. 〈개정 2010. 6. 4., 2020. 5. 26.〉

1. 정신장애나 신체장애로 근로능력이 현저히 낮은 사람

2. 그 밖에 최저임금을 적용하는 것이 적당하지 아니하다고 인정되는 사람

[전문개정 2008. 3. 21.]

제3장 최저임금의 결정 〈개정 2008. 3. 21.〉

제8조(최저임금의 결정) ① 고용노동부장관은 매년 8월 5일까지 최저임금을 결정하여야 한다. 이 경우 고용노동부장관은 대통령령으로 정하는 바에 따라 제12조에 따른 최저임금위원회(이하 "위원회"라 한다)에 심의를 요청하고, 위원회가 심의하여 의결한 최저임금안에 따라 최저임금을 결정하여야 한다. 〈개정 2010. 6. 4.〉

② 위원회는 제1항 후단에 따라 고용노동부장관으로부터 최저임금에 관한 심의 요청을 받은 경우 이를 심의하여 최저임금안을 의결하고 심의 요청을 받은 날부터 90일 이내에 고용노동부장관에게 제출하여야 한다. 〈개정 2010. 6. 4.〉

③ 고용노동부장관은 제2항에 따라 위원회가 심의하여 제출한 최저임금안에 따라 최저임금을 결정하기가 어렵다고 인정되면 20일 이내에 그 이유를 밝혀 위원회에 10일 이상의 기간을 정하여 재심의를 요청할 수 있다.⟨개정 2010. 6. 4.⟩

④ 위원회는 제3항에 따라 재심의 요청을 받은 때에는 그 기간 내에 재심의하여 그 결과를 고용노동부장관에게 제출하여야 한다.⟨개정 2010. 6. 4.⟩

⑤ 고용노동부장관은 위원회가 제4항에 따른 재심의에서 재적위원 과반수의 출석과 출석위원 3분의 2 이상의 찬성으로 제2항에 따른 당초의 최저임금안을 재의결한 경우에는 그에 따라 최저임금을 결정하여야 한다.⟨개정 2010. 6. 4.⟩

[전문개정 2008. 3. 21.]

제9조(최저임금안에 대한 이의 제기) ① 고용노동부장관은 제8조제2항에 따라 위원회로부터 최저임금안을 제출받은 때에는 대통령령으로 정하는 바에 따라 최저임금안을 고시하여야 한다. ⟨개정 2010. 6. 4.⟩

② 근로자를 대표하는 자나 사용자를 대표하는 자는 제1항에 따라 고시된 최저임금안에 대하여 이의가 있으면 고시된 날부터 10일 이내에 대통령령으로 정하는 바에 따라 고용노동부장관에게 이의를 제기할 수 있다. 이 경우 근로자를 대표하는 자나 사용자를 대표하는 자의 범위는 대통령령으로 정한다.⟨개정 2010. 6. 4.⟩

③ 고용노동부장관은 제2항에 따른 이의가 이유 있다고 인정되면 그 내용을 밝혀 제8조제3항에 따라 위원회에 최저임금안의 재심의를 요청하여야 한다.⟨개정 2010. 6. 4.⟩

④ 고용노동부장관은 제3항에 따라 재심의를 요청한 최저임금안에 대하여 제8조제4항에 따라 위원회가 재심의하여 의결한 최저임금안이 제출될 때까지는 최저임금을 결정하여서는 아니 된다.⟨개정 2010. 6. 4.⟩

[전문개정 2008. 3. 21.]

제10조(최저임금의 고시와 효력발생) ① 고용노동부장관은 최저임금을 결정한 때에는 지체 없이 그 내용을 고시하여야 한다. ⟨개정 2010. 6. 4.⟩

② 제1항에 따라 고시된 최저임금은 다음 연도 1월 1일부터 효력이 발생한다. 다만, 고용노동부장관은 사업의 종류별로 임금교섭시기 등을 고려하여 필요하다고 인정하면 효력발생 시기를 따로 정할 수 있다.⟨개정 2010. 6. 4.⟩

[전문개정 2008. 3. 21.]

제11조(주지 의무) 최저임금의 적용을 받는 사용자는 대통령령으로 정하는 바에 따라 해당 최저임금을 그 사업의 근로자가 쉽게 볼 수 있는 장소에 게시하거나 그 외의 적당한 방법으로 근로자에게 널리 알려야 한다.

[전문개정 2008. 3. 21.]

제4장 최저임금위원회 ⟨개정 2008. 3. 21.⟩

제12조(최저임금위원회의 설치) 최저임금에 관한 심의와 그 밖에 최저임금에 관한 중

요 사항을 심의하기 위하여 고용노동부에 최저임금위원회를 둔다. 〈개정 2010. 6. 4.〉
[전문개정 2008. 3. 21.]

제13조(위원회의 기능) 위원회는 다음 각 호의 기능을 수행한다. 〈개정 2010. 6. 4.〉
  1. 최저임금에 관한 심의 및 재심의
  2. 최저임금 적용 사업의 종류별 구분에 관한 심의
  3. 최저임금제도의 발전을 위한 연구 및 건의
  4. 그 밖에 최저임금에 관한 중요 사항으로서 고용노동부장관이 회의에 부치는 사
     항의 심의
[전문개정 2008. 3. 21.]

제14조(위원회의 구성 등) ① 위원회는 다음 각 호의 위원으로 구성한다.
  1. 근로자를 대표하는 위원(이하 "근로자위원"이라 한다) 9명
  2. 사용자를 대표하는 위원(이하 "사용자위원"이라 한다) 9명
  3. 공익을 대표하는 위원(이하 "공익위원"이라 한다) 9명
② 위원회에 2명의 상임위원을 두며, 상임위원은 공익위원이 된다.
③ 위원의 임기는 3년으로 하되, 연임할 수 있다.
④ 위원이 궐위(闕位)되면 그 보궐위원의 임기는 전임자(前任者) 임기의 남은 기간으
   로 한다.
⑤ 위원은 임기가 끝났더라도 후임자가 임명되거나 위촉될 때까지 계속하여 직무를
   수행한다.
⑥ 위원의 자격과 임명·위촉 등에 관하여 필요한 사항은 대통령령으로 정한다.
[전문개정 2008. 3. 21.]

제15조(위원장과 부위원장) ① 위원회에 위원장과 부위원장 각 1명을 둔다.
② 위원장과 부위원장은 공익위원 중에서 위원회가 선출한다.
③ 위원장은 위원회의 사무를 총괄하며 위원회를 대표한다.
④ 위원장이 불가피한 사유로 직무를 수행할 수 없을 때에는 부위원장이 직무를 대
   행한다.
[전문개정 2008. 3. 21.]

제16조(특별위원) ① 위원회에는 관계 행정기관의 공무원 중에서 3명 이내의 특별위
원을 둘 수 있다.
② 특별위원은 위원회의 회의에 출석하여 발언할 수 있다.
③ 특별위원의 자격 및 위촉 등에 관하여 필요한 사항은 대통령령으로 정한다.
[전문개정 2008. 3. 21.]

제17조(회의) ① 위원회의 회의는 다음 각 호의 경우에 위원장이 소집한다. 〈개정 2010. 6. 4.〉
  1. 고용노동부장관이 소집을 요구하는 경우
  2. 재적위원 3분의 1 이상이 소집을 요구하는 경우

3. 위원장이 필요하다고 인정하는 경우
② 위원장은 위원회 회의의 의장이 된다.
③ 위원회의 회의는 이 법으로 따로 정하는 경우 외에는 재적위원 과반수의 출석과 출석위원 과반수의 찬성으로 의결한다.
④ 위원회가 제3항에 따른 의결을 할 때에는 근로자위원과 사용자위원 각 3분의 1 이상의 출석이 있어야 한다. 다만, 근로자위원이나 사용자위원이 2회 이상 출석요구를 받고도 정당한 이유 없이 출석하지 아니하는 경우에는 그러하지 아니하다.

[전문개정 2008. 3. 21.]

제18조(의견 청취) 위원회는 그 업무를 수행할 때에 필요하다고 인정하면 관계 근로자와 사용자, 그 밖의 관계인의 의견을 들을 수 있다.

[전문개정 2008. 3. 21.]

제19조(전문위원회) ① 위원회는 필요하다고 인정하면 사업의 종류별 또는 특정 사항별로 전문위원회를 둘 수 있다.
② 전문위원회는 위원회 권한의 일부를 위임받아 제13조 각 호의 위원회 기능을 수행한다.
③ 전문위원회는 근로자위원, 사용자위원 및 공익위원 각 5명 이내의 같은 수로 구성한다.
④ 전문위원회에 관하여는 위원회의 운영 등에 관한 제14조제3항부터 제6항까지, 제15조, 제17조 및 제18조를 준용한다. 이 경우 "위원회"를 "전문위원회"로 본다.

[전문개정 2008. 3. 21.]

제20조(사무국) ① 위원회에 그 사무를 처리하게 하기 위하여 사무국을 둔다.
② 사무국에는 최저임금의 심의 등에 필요한 전문적인 사항을 조사·연구하게 하기 위하여 3명 이내의 연구위원을 둘 수 있다.
③ 연구위원의 자격·위촉 및 수당과 사무국의 조직·운영 등에 필요한 사항은 대통령령으로 정한다.

[전문개정 2008. 3. 21.]

제21조(위원의 수당 등) 위원회 및 전문위원회의 위원에게는 대통령령으로 정하는 바에 따라 수당과 여비를 지급할 수 있다.

[전문개정 2008. 3. 21.]

제22조(운영규칙) 위원회는 이 법에 어긋나지 아니하는 범위에서 위원회 및 전문위원회의 운영에 관한 규칙을 제정할 수 있다.

[전문개정 2008. 3. 21.]

제5장 보칙 〈개정 2008. 3. 21.〉

제23조(생계비 및 임금실태 등의 조사) 고용노동부장관은 근로자의 생계비와 임금실태

등을 매년 조사하여야 한다. 〈개정 2010. 6. 4.〉

[전문개정 2008. 3. 21.]

제24조(정부의 지원) 정부는 근로자와 사용자에게 최저임금제도를 원활하게 실시하는 데에 필요한 자료를 제공하거나 그 밖에 필요한 지원을 하도록 최대한 노력하여야 한다.

[전문개정 2008. 3. 21.]

제25조(보고) 고용노동부장관은 이 법의 시행에 필요한 범위에서 근로자나 사용자에게 임금에 관한 사항을 보고하게 할 수 있다. 〈개정 2010. 6. 4.〉

[전문개정 2008. 3. 21.]

제26조(근로감독관의 권한) ① 고용노동부장관은 「근로기준법」 제101조에 따른 근로감독관에게 대통령령으로 정하는 바에 따라 이 법의 시행에 관한 사무를 관장하도록 한다. 〈개정 2010. 6. 4.〉

② 근로감독관은 제1항에 따른 권한을 행사하기 위하여 사업장에 출입하여 장부와 서류의 제출을 요구할 수 있으며 그 밖의 물건을 검사하거나 관계인에게 질문할 수 있다.

③ 제2항에 따라 출입·검사를 하는 근로감독관은 그 신분을 표시하는 증표를 지니고 이를 관계인에게 내보여야 한다.

④ 근로감독관은 이 법 위반의 죄에 관하여 「사법경찰관리의 직무를 행할 자와 그 직무범위에 관한 법률」로 정하는 바에 따라 사법경찰관의 직무를 행한다.

[전문개정 2008. 3. 21.]

제26조의2(권한의 위임) 이 법에 따른 고용노동부장관의 권한은 대통령령으로 정하는 바에 따라 그 일부를 지방고용노동관서의 장에게 위임할 수 있다. 〈개정 2010. 6. 4.〉

[전문개정 2008. 3. 21.]

제27조 삭제 〈2008. 3. 21.〉

제6장 벌칙 〈개정 2008. 3. 21.〉

제28조(벌칙) ①제6조제1항 또는 제2항을 위반하여 최저임금액보다 적은 임금을 지급하거나 최저임금을 이유로 종전의 임금을 낮춘 자는 3년 이하의 징역 또는 2천만원 이하의 벌금에 처한다. 이 경우 징역과 벌금은 병과(倂科)할 수 있다. 〈개정 2012. 2. 1.〉

② 도급인에게 제6조제7항에 따라 연대책임이 발생하여 근로감독관이 그 연대책임을 이행하도록 시정지시하였음에도 불구하고 도급인이 시정기한 내에 이를 이행하지 아니한 경우 2년 이하의 징역 또는 1천만원 이하의 벌금에 처한다.〈신설 2012. 2. 1.〉

③ 제6조의2를 위반하여 의견을 듣지 아니한 자는 500만원 이하의 벌금에 처한다. 〈신설 2018. 6. 12.〉

[전문개정 2008. 3. 21.]

제29조 삭제 〈1999. 2. 8.〉

제30조(양벌규정) ① 법인의 대표자, 대리인, 사용인, 그 밖의 종업원이 그 법인의 업무에 관하여 제28조의 위반행위를 하면 그 행위자를 벌할 뿐만 아니라 그 법인에도 해당 조문의 벌금형을 과(科)한다.

② 개인의 대리인, 사용인, 그 밖의 종업원이 그 개인의 업무에 관하여 제28조의 위반행위를 하면 그 행위자를 벌할 뿐만 아니라 그 개인에게도 해당 조문의 벌금형을 과한다.

[전문개정 2008. 3. 21.]

제31조(과태료) ① 다음 각 호의 어느 하나에 해당하는 자에게는 100만원 이하의 과태료를 부과한다.

1. 제11조를 위반하여 근로자에게 해당 최저임금을 같은 조에서 규정한 방법으로 널리 알리지 아니한 자
2. 제25조에 따른 임금에 관한 사항의 보고를 하지 아니하거나 거짓 보고를 한 자
3. 제26조제2항에 따른 근로감독관의 요구 또는 검사를 거부·방해 또는 기피하거나 질문에 대하여 거짓 진술을 한 자

② 제1항에 따른 과태료는 대통령령으로 정하는 바에 따라 고용노동부장관이 부과·징수한다. 〈개정 2010. 6. 4.〉

③ 제2항에 따른 과태료 처분에 불복하는 자는 그 처분을 고지받은 날부터 30일 이내에 고용노동부장관에게 이의를 제기할 수 있다. 〈개정 2010. 6. 4.〉

④ 제2항에 따른 과태료 처분을 받은 자가 제3항에 따라 이의를 제기하면 고용노동부장관은 지체 없이 관할 법원에 그 사실을 통보하여야 하며, 그 통보를 받은 관할 법원은 「비송사건절차법」에 따른 과태료 재판을 한다. 〈개정 2010. 6. 4.〉

⑤ 제3항에 따른 기간에 이의를 제기하지 아니하고 과태료를 내지 아니하면 국세 체납처분의 예에 따라 징수한다.

[전문개정 2008. 3. 21.]

부칙

〈제17326호,2020. 5. 26.〉
(법률용어 정비를 위한 환경노동위원회 소관 65개 법률 일부개정을 위한 법률)

이 법은 공포한 날부터 시행한다. 〈단서 생략〉

임금채권보장법

[시행 2021. 10. 14.] [법률 제18042호, 2021. 4. 13., 일부개정]

제1장 총칙 〈개정 2007. 12. 27.〉

제1조(목적) 이 법은 경기 변동과 산업구조 변화 등으로 사업을 계속하는 것이 불가능하거나 기업의 경영이 불안정하여, 임금등을 지급받지 못하고 퇴직한 근로자 등에게 그 지급을 보장하는 조치를 마련함으로써 근로자의 생활안정에 이바지하는 것을 목적으로 한다. 〈개정 2015. 1. 20.〉
[전문개정 2007. 12. 27.]

제2조(정의) 이 법에서 사용하는 용어의 뜻은 다음과 같다. 〈개정 2010. 1. 27., 2020. 12. 8.〉

1. "근로자"란 「근로기준법」 제2조에 따른 근로자를 말한다.
2. "사업주"란 근로자를 사용하여 사업을 하는 자를 말한다.
3. "임금등"이란 「근로기준법」 제2조·제34조·제46조 및 제74조제4항에 따른 임금·퇴직금·휴업수당 및 출산전후휴가기간 중 급여를 말한다.
4. "보수"란 「고용보험 및 산업재해보상보험의 보험료징수 등에 관한 법률」 제2조제3호에 따른 보수를 말한다.

[전문개정 2007. 12. 27.]

제3조(적용 범위) 이 법은 「산업재해보상보험법」 제6조에 따른 사업 또는 사업장(이하 "사업"이라 한다)에 적용한다. 다만, 국가와 지방자치단체가 직접 수행하는 사업은 그러하지 아니하다.
[전문개정 2007. 12. 27.]

제3조의2 *[종전 제3조의2는 제4조로 이동 〈2007. 12. 27.〉]*

제4조(준용) 임금채권보장관계에는 「고용보험 및 산업재해보상보험의 보험료징수 등에 관한 법률」(이하 "고용산재보험료징수법"이라 한다) 제3조, 제5조제4항·제5항, 제6조제2항부터 제4항까지 및 제8조를 준용한다. 〈개정 2021. 4. 13.〉
[전문개정 2007. 12. 27.]
[제3조의2에서 이동, 종전 제4조는 제5조로 이동 〈2007. 12. 27.〉]

제5조(국고의 부담) 국가는 매 회계연도 예산의 범위에서 이 법에 따른 임금채권보장을 위한 사무집행에 드는 비용의 일부를 일반회계에서 부담하여야 한다.
[전문개정 2007. 12. 27.]
[제4조에서 이동, 종전 제5조는 제6조로 이동 〈2007. 12. 27.〉]

제6조(임금채권보장기금심의위원회) ① 제17조에 따른 임금채권보장기금의 관리·운용에 관한 중요사항을 심의하기 위하여 고용노동부에 임금채권보장기금심의위원회(이하

"위원회"라 한다)를 둔다. 〈개정 2010. 6. 4.〉

② 위원회는 근로자를 대표하는 사람, 사업주를 대표하는 사람 및 공익을 대표하는 사람으로 구성하되, 각각 같은 수로 한다.〈개정 2020. 5. 26.〉

③ 위원회의 조직과 운영에 필요한 사항은 대통령령으로 정한다.

[전문개정 2007. 12. 27.]

[제5조에서 이동, 종전 제6조는 제7조로 이동 〈2007. 12. 27.〉]

제2장 임금채권의 지급보장 〈개정 2007. 12. 27.〉

제7조(퇴직한 근로자에 대한 대지급금의 지급) ① 고용노동부장관은 사업주가 다음 각 호의 어느 하나에 해당하는 경우에 퇴직한 근로자가 지급받지 못한 임금등의 지급을 청구하면 제3자의 변제에 관한 「민법」 제469조에도 불구하고 그 근로자의 미지급 임금등을 사업주를 대신하여 지급한다. 〈개정 2010. 6. 4., 2014. 3. 24., 2015. 1. 20., 2021. 4. 13.〉

1. 「채무자 회생 및 파산에 관한 법률」에 따른 회생절차개시의 결정이 있는 경우
2. 「채무자 회생 및 파산에 관한 법률」에 따른 파산선고의 결정이 있는 경우
3. 고용노동부장관이 대통령령으로 정한 요건과 절차에 따라 미지급 임금등을 지급할 능력이 없다고 인정하는 경우
4. 사업주가 근로자에게 미지급 임금등을 지급하라는 다음 각 목의 어느 하나에 해당하는 판결, 명령, 조정 또는 결정 등이 있는 경우
   가. 「민사집행법」 제24조에 따른 확정된 종국판결
   나. 「민사집행법」 제56조제3호에 따른 확정된 지급명령
   다. 「민사집행법」 제56조제5호에 따른 소송상 화해, 청구의 인낙(認諾) 등 확정판결과 같은 효력을 가지는 것
   라. 「민사조정법」 제28조에 따라 성립된 조정
   마. 「민사조정법」 제30조에 따른 확정된 조정을 갈음하는 결정
   바. 「소액사건심판법」 제5조의7제1항에 따른 확정된 이행권고결정
5. 고용노동부장관이 근로자에게 제12조에 따라 체불임금등과 체불사업주 등을 증명하는 서류(이하 "체불 임금등·사업주 확인서"라 한다)를 발급하여 사업주의 미지급임금등이 확인된 경우

② 제1항에 따라 고용노동부장관이 사업주를 대신하여 지급하는 체불 임금등 대지급금(이하 "대지급금"이라 한다)의 범위는 다음 각 호와 같다. 다만, 대통령령으로 정하는 바에 따라 제1항제1호부터 제3호까지의 규정에 따른 대지급금의 상한액과 같은 항 제4호 및 제5호에 따른 대지급금의 상한액은 근로자의 퇴직 당시의 연령 등을 고려하여 따로 정할 수 있으며 대지급금이 적은 경우에는 지급하지 아니할 수 있다. 〈개정 2010. 6. 4., 2011. 7. 25., 2015. 1. 20., 2020. 12. 8., 2021. 4. 13.〉

1. 「근로기준법」 제38조제2항제1호에 따른 임금 및 「근로자퇴직급여 보장법」 제12조제2항에 따른 최종 3년간의 퇴직급여등

2. 「근로기준법」 제46조에 따른 휴업수당(최종 3개월분으로 한정한다)
3. 「근로기준법」 제74조제4항에 따른 출산전후휴가기간 중 급여(최종 3개월분으로 한정한다)
③ 제2항 각 호에 따른 근무기간, 휴업기간 또는 출산전후휴가기간에 대한 대지급금의 지급은 다음 각 호의 구분에 따른다. 〈개정 2021. 4. 13.〉
1. 제1항제1호부터 제3호까지에 해당하여 지급하는 대지급금의 경우에는 중복하여 지급하지 아니할 것
2. 제1항제4호 및 제5호에 해당하여 지급하는 대지급금의 경우에는 중복하여 지급하지 아니할 것
3. 제1항제1호부터 제3호까지 중 어느 하나에 해당하여 대지급금을 지급한 경우에는 그에 해당하는 금액을 공제하고, 같은 항 제4호 또는 제5호에 해당하는 대지급금을 지급할 것
4. 제1항제4호 또는 제5호에 해당하여 대지급금을 지급한 경우에는 그에 해당하는 금액을 공제하고, 같은 항 제1호부터 제3호까지 중 어느 하나에 해당하는 대지급금을 지급할 것
④ 대지급금의 지급대상이 되는 퇴직한 근로자와 사업주의 기준은 대통령령으로 정한다. 〈개정 2015. 1. 20., 2021. 4. 13.〉
⑤ 사업장 규모 등 고용노동부령으로 정하는 기준에 해당하는 퇴직한 근로자가 제1항에 따라 대지급금을 청구하는 경우 고용노동부령으로 정하는 공인노무사로부터 대지급금 청구서 작성, 사실확인 등에 관한 지원을 받을 수 있다. 〈신설 2010. 5. 25., 2010. 6. 4., 2015. 1. 20., 2021. 4. 13.〉
⑥ 고용노동부장관은 퇴직한 근로자가 제5항에 따라 공인노무사로부터 지원을 받은 경우 그에 드는 비용의 전부 또는 일부를 지원할 수 있으며, 지원금액 및 구체적인 지급방법 등에 관한 사항은 고용노동부령으로 정한다. 〈신설 2010. 5. 25., 2010. 6. 4., 2015. 1. 20., 2021. 4. 13.〉
⑦ 고용노동부장관은 제1항에 따른 대지급금의 지급 여부에 관하여 고용노동부령으로 정하는 바에 따라 해당 사업주(대지급금을 지급하기로 한 경우로 한정한다) 및 근로자에게 통지하여야 한다. 〈신설 2021. 4. 13.〉
⑧ 그 밖에 퇴직한 근로자에 대한 대지급금의 지급 등에 필요한 사항은 대통령령으로 정한다. 〈개정 2010. 5. 25., 2015. 1. 20., 2021. 4. 13.〉

[전문개정 2007. 12. 27.]
[제목개정 2021. 4. 13.]
[제6조에서 이동, 종전 제7조는 제8조로 이동 〈2007. 12. 27.〉]
[시행일 : 2021. 6. 9.] 제7조제3항(제7조제1항제5호의 개정규정과 관련된 부분은 제외한다)

제7조의2(재직 근로자에 대한 대지급금의 지급) ① 고용노동부장관은 사업주가 제7조제1항제4호 또는 제5호에 해당하는 경우 해당 사업주와 근로계약이 종료되지 아니한

근로자(이하 "재직 근로자"라 한다)가 지급받지 못한 임금등의 지급을 청구하면 제3자의 변제에 관한 「민법」 제469조에도 불구하고 대지급금을 지급한다.

② 제1항에 따라 고용노동부장관이 지급하는 대지급금의 범위는 다음 각 호와 같다.
　1. 재직 근로자가 체불 임금에 대하여 제7조제1항제4호에 따른 판결, 명령, 조정 또는 결정 등을 위한 소송 등을 제기하거나 해당 사업주에 대하여 진정·청원·탄원·고소 또는 고발 등을 제기한 날을 기준으로 맨 나중의 임금 체불이 발생한 날부터 소급하여 3개월 동안에 지급되어야 할 임금 중 지급받지 못한 임금
　2. 제1호와 같은 기간 동안에 지급되어야 할 휴업수당 중 지급받지 못한 휴업수당
　3. 제1호와 같은 기간 동안에 지급되어야 할 출산전후휴가기간 중 급여에서 지급받지 못한 급여

③ 대지급금의 지급대상이 되는 재직 근로자와 사업주의 기준 및 대지급금의 상한액은 해당 근로자의 임금이나 소득 수준 및 그 밖의 생활 여건 등을 고려하여 대통령령으로 정한다.

④ 재직 근로자에 대한 대지급금은 해당 근로자가 하나의 사업에 근로하는 동안 1회만 지급한다.

⑤ 제1항에 따라 대지급금을 지급받은 근로자가 퇴직 후 같은 근무기간, 같은 휴업기간 또는 같은 출산전후휴가기간에 대하여 제7조에 따른 대지급금의 지급을 청구한 경우 그 지급에 관하여는 다음 각 호의 구분에 따른다.
　1. 제7조제1항제1호부터 제3호까지의 규정 중 어느 하나에 해당하여 대지급금의 지급을 청구한 경우에는 제1항 및 제2항에 따라 지급받은 대지급금에 해당하는 금액을 공제하고 지급할 것
　2. 제7조제1항제4호 또는 제5호에 해당하여 대지급금의 지급을 청구한 경우에는 지급하지 아니할 것

⑥ 고용노동부장관은 제1항에 따른 대지급금의 지급 여부에 관하여 고용노동부령으로 정하는 바에 따라 해당 사업주(대지급금을 지급하기로 한 경우로 한정한다) 및 근로자에게 통지하여야 한다.

⑦ 그 밖에 재직 근로자에 대한 대지급금의 지급 등에 필요한 사항은 대통령령으로 정한다.

[본조신설 2021. 4. 13.]

[종전 제7조의2는 제7조의3으로 이동 〈2021. 4. 13.〉]

제7조의3(체불 임금등 및 생계비 융자) ① 고용노동부장관은 사업주가 일시적인 경영상 어려움 등 고용노동부령으로 정하는 사유로 근로자에게 임금등을 지급하지 못한 경우에 사업주의 신청에 따라 체불 임금등을 지급하는 데 필요한 비용을 융자할 수 있다. 〈개정 2015. 1. 20.〉

② 고용노동부장관은 사업주로부터 임금등을 지급받지 못한 근로자(퇴직한 근로자를 포함한다)의 생활안정을 위하여 근로자의 신청에 따라 생계비에 필요한 비용을

융자할 수 있다.〈신설 2020. 12. 8.〉

③ 제1항 및 제2항에 따른 융자금액은 고용노동부장관이 해당 근로자에게 직접 지급하여야 한다.〈개정 2020. 12. 8.〉

④ 제1항 및 제2항에 따른 체불 임금등 및 생계비 비용 융자의 구체적인 기준, 금액, 기간 및 절차 등은 고용노동부령으로 정한다.〈개정 2020. 12. 8.〉

[본조신설 2012. 2. 1.]

[제목개정 2020. 12. 8.]

[제7조의2에서 이동 〈2021. 4. 13.〉]

제7조의3(체불 임금등 및 생계비 융자) ① 고용노동부장관은 사업주가 근로자에게 임금등을 지급하지 못한 경우에 사업주의 신청에 따라 체불 임금등을 지급하는 데 필요한 비용을 융자할 수 있다.〈개정 2015. 1. 20., 2024. 2. 6.〉

② 고용노동부장관은 사업주로부터 임금등을 지급받지 못한 근로자(퇴직한 근로자를 포함한다)의 생활안정을 위하여 근로자의 신청에 따라 생계비에 필요한 비용을 융자할 수 있다.〈신설 2020. 12. 8.〉

③ 제1항 및 제2항에 따른 융자금액은 고용노동부장관이 해당 근로자에게 직접 지급하여야 한다.〈개정 2020. 12. 8.〉

④ 제1항 및 제2항에 따른 체불 임금등 및 생계비 비용 융자의 구체적인 기준, 금액, 기간 및 절차 등은 고용노동부령으로 정한다.〈개정 2020. 12. 8.〉

[본조신설 2012. 2. 1.]

[제목개정 2020. 12. 8.]

[제7조의2에서 이동 〈2021. 4. 13.〉]

[시행일: 2024. 8. 7.] 제7조의3

제8조(미지급 임금등의 청구권의 대위) ① 고용노동부장관은 제7조 또는 제7조의2에 따라 해당 근로자에게 대지급금을 지급하였을 때에는 그 지급한 금액의 한도에서 그 근로자가 해당 사업주에 대하여 미지급 임금등을 청구할 수 있는 권리를 대위(代位)한다.〈개정 2010. 6. 4., 2021. 4. 13.〉

② 「근로기준법」 제38조에 따른 임금채권 우선변제권 및 「근로자퇴직급여 보장법」 제12조제2항에 따른 퇴직급여등 채권 우선변제권은 제1항에 따라 대위되는 권리에 존속한다.〈개정 2011. 7. 25., 2021. 4. 13.〉

[전문개정 2007. 12. 27.]

[제7조에서 이동, 종전 제8조는 제9조로 이동 〈2007. 12. 27.〉]

제9조(사업주의 부담금) ① 고용노동부장관은 제7조 또는 제7조의2에 따라 대지급금을 지급하는 데 드는 비용에 충당하기 위하여 사업주로부터 부담금을 징수한다.〈개정 2010. 6. 4., 2021. 4. 13.〉

② 제1항에 따라 사업주가 부담하여야 하는 부담금은 그 사업에 종사하는 근로자의 보수총액에 1천분의 2의 범위에서 위원회의 심의를 거쳐 고용노동부장관이 정하

는 부담금비율을 곱하여 산정한 금액으로 한다. 〈개정 2010. 1. 27., 2010. 6. 4.〉

③ 보수총액을 결정하기 곤란한 경우에는 고용산재보험료징수법 제13조제6항에 따라 고시하는 노무비율(勞務比率)에 따라 보수총액을 결정한다. 〈개정 2010. 1. 27., 2021. 4. 13.〉

④ 도급사업의 일괄적용에 관한 고용산재보험료징수법 제9조는 제1항의 부담금 징수에 관하여 준용한다. 이 경우 같은 법 제9조제1항 단서 중 "공단"을 "고용노동부장관"으로 본다. 〈개정 2010. 6. 4., 2021. 4. 13.〉

⑤ 이 법은 사업주의 부담금에 관하여 다른 법률에 우선하여 적용한다. 〈신설 2018. 10. 16.〉

[전문개정 2007. 12. 27.]

[제8조에서 이동, 종전 제9조는 제10조로 이동 〈2007. 12. 27.〉]

제9조(사업주의 부담금) ① 고용노동부장관은 제7조 또는 제7조의2에 따른 대지급금의 지급이나 제7조의3에 따른 체불 임금등 및 생계비의 융자 등 임금채권보장사업에 드는 비용에 충당하기 위하여 사업주로부터 부담금을 징수한다. 〈개정 2010. 6. 4., 2021. 4. 13., 2024. 2. 6.〉

② 제1항에 따라 사업주가 부담하여야 하는 부담금은 그 사업에 종사하는 근로자의 보수총액에 1천분의 2의 범위에서 위원회의 심의를 거쳐 고용노동부장관이 정하는 부담금비율을 곱하여 산정한 금액으로 한다. 〈개정 2010. 1. 27., 2010. 6. 4.〉

③ 보수총액을 결정하기 곤란한 경우에는 고용산재보험료징수법 제13조제6항에 따라 고시하는 노무비율(勞務比率)에 따라 보수총액을 결정한다. 〈개정 2010. 1. 27., 2021. 4. 13.〉

④ 도급사업의 일괄적용에 관한 고용산재보험료징수법 제9조는 제1항의 부담금 징수에 관하여 준용한다. 이 경우 같은 법 제9조제1항 단서 중 "공단"을 "고용노동부장관"으로 본다. 〈개정 2010. 6. 4., 2021. 4. 13.〉

⑤ 이 법은 사업주의 부담금에 관하여 다른 법률에 우선하여 적용한다. 〈신설 2018. 10. 16.〉

[전문개정 2007. 12. 27.]

[제8조에서 이동, 종전 제9조는 제10조로 이동 〈2007. 12. 27.〉]

[시행일: 2024. 8. 7.] 제9조

제10조(부담금의 경감) 고용노동부장관은 다음 각 호의 어느 하나에 해당하는 사업주에 대하여는 제9조에 따른 부담금을 경감할 수 있다. 이 경우 그 경감기준은 고용노동부장관이 위원회의 심의를 거쳐 정한다. 〈개정 2010. 6. 4., 2011. 7. 25.〉

1. 삭제〈2014. 3. 24.〉
2. 「근로기준법」 또는 「근로자퇴직급여 보장법」에 따라 퇴직금을 미리 정산하여 지급한 사업주
3. 법률 제7379호 근로자퇴직급여보장법 부칙 제2조제1항에 따른 퇴직보험등에

가입한 사업주, 「근로자퇴직급여 보장법」 제3장에 따른 확정급여형퇴직연금제도, 같은 법 제4장에 따른 확정기여형퇴직연금제도 또는 같은 법 제25조에 따른 개인형퇴직연금제도를 설정한 사업주

4. 「외국인근로자의 고용 등에 관한 법률」 제13조에 따라 외국인근로자 출국만기보험·신탁에 가입한 사업주

[전문개정 2007. 12. 27.]

[제9조에서 이동, 종전 제10조는 제11조로 이동 〈2007. 12. 27.〉]

제10조(부담금의 경감) 고용노동부장관은 다음 각 호의 어느 하나에 해당하는 사업주에 대하여는 제9조에 따른 부담금을 경감할 수 있다. 이 경우 그 경감기준은 고용노동부장관이 위원회의 심의를 거쳐 정한다. 〈개정 2010. 6. 4., 2011. 7. 25., 2024. 2. 6.〉

1. 삭제〈2014. 3. 24.〉
2. 「근로기준법」 또는 「근로자퇴직급여 보장법」에 따라 퇴직금을 미리 정산하여 지급한 사업주
3. 법률 제7379호 근로자퇴직급여보장법 부칙 제2조제1항에 따른 퇴직보험등에 가입한 사업주, 「근로자퇴직급여 보장법」 제3장에 따른 확정급여형퇴직연금제도, 같은 법 제4장에 따른 확정기여형퇴직연금제도, 같은 법 제4장의2에 따른 중소기업퇴직연금기금제도 또는 같은 법 제25조에 따른 개인형퇴직연금제도를 설정한 사업주
4. 「외국인근로자의 고용 등에 관한 법률」 제13조에 따라 외국인근로자 출국만기보험·신탁에 가입한 사업주

[전문개정 2007. 12. 27.]

[제9조에서 이동, 종전 제10조는 제11조로 이동 〈2007. 12. 27.〉]

[시행일: 2024. 8. 7.] 제10조

제11조(대지급금수급계좌) ① 고용노동부장관은 근로자의 신청이 있는 경우에는 제7조 또는 제7조의2에 따른 대지급금을 해당 근로자 명의의 지정된 계좌(이하 "대지급금수급계좌"라 한다)로 입금하여야 한다. 다만, 정보통신장애나 그 밖에 대통령령으로 정하는 불가피한 사유로 대지급금을 대지급금수급계좌로 이체할 수 없을 때에는 현금 지급 등 대통령령으로 정하는 바에 따라 대지급금을 지급할 수 있다. 〈개정 2021. 4. 13.〉

② 대지급금수급계좌의 해당 금융기관은 이 법에 따른 대지급금만이 대지급금수급계좌에 입금되도록 관리하여야 한다.〈개정 2021. 4. 13.〉

③ 제1항에 따른 신청 방법 및 절차와 제2항에 따른 대지급금수급계좌의 관리에 필요한 사항은 대통령령으로 정한다.〈개정 2021. 4. 13.〉

[본조신설 2020. 12. 8.]

[제목개정 2021. 4. 13.]

[종전 제11조는 제11조의2로 이동 〈2020. 12. 8.〉]

제11조의2(수급권의 보호) ① 제7조 또는 제7조의2에 따른 대지급금을 지급받을 권리는 양도 또는 압류하거나 담보로 제공할 수 없다. 〈개정 2015. 1. 20., 2021. 4. 13.〉

② 대지급금의 수령은 대통령령으로 정하는 바에 따라 위임할 수 있다.〈개정 2021. 4. 13.〉

③ 미성년자인 근로자는 독자적으로 대지급금의 지급을 청구할 수 있다.〈개정 2021. 4. 13.〉

④ 대지급금수급계좌의 예금에 관한 채권은 압류할 수 없다.〈신설 2020. 12. 8., 2021. 4. 13.〉

[전문개정 2007. 12. 27.]

[제11조에서 이동 〈2020. 12. 8.〉]

제12조(체불 임금등의 확인) ① 임금등을 지급받지 못한 근로자는 다음 각 호의 어느 하나에 해당하는 경우 고용노동부장관에게 체불 임금등·사업주 확인서의 발급을 신청할 수 있다. 〈개정 2021. 4. 13.〉

  1. 제7조제1항제4호·제5호 또는 제7조의2제1항에 따른 대지급금의 지급 청구 절차를 진행하기 위하여 필요한 경우

  2. 「법률구조법」 제22조에 따른 법률구조의 절차 등에 따라 소송 제기를 위하여 필요한 경우

② 제1항에 따른 신청이 있을 경우 고용노동부장관은 근로감독사무 처리과정에서 확인된 체불 임금등·사업주 확인서를 제1항의 근로자, 「산업재해보상보험법」 제10조에 따른 근로복지공단 또는 「법률구조법」 제8조에 따른 대한법률구조공단에 발급할 수 있다.〈개정 2021. 4. 13.〉

③ 제2항에 따른 서류의 발급절차 및 발급방법 등에 관하여 필요한 사항은 고용노동부령으로 정한다.

[전문개정 2015. 1. 20.]

제13조(재산목록의 제출명령) ① 고용노동부장관은 제7조 또는 제7조의2에 따라 근로자에게 대지급금을 지급하려는 경우에는 대통령령으로 정하는 바에 따라 해당 사업주에게 재산 관계를 구체적으로 밝힌 재산목록의 제출을 명할 수 있다. 〈개정 2010. 6. 4., 2021. 4. 13.〉

② 제1항에 따른 재산목록 제출명령을 받은 사업주는 특별한 사유가 없으면 7일 이내에 고용노동부장관에게 재산 관계를 구체적으로 밝힌 재산목록을 제출하여야 한다.〈개정 2010. 6. 4.〉

[전문개정 2007. 12. 27.]

[제12조에서 이동, 종전 제13조는 제14조로 이동 〈2007. 12. 27.〉]

제13조의2 *[종전 제13조의2는 제15조로 이동 〈2007. 12. 27.〉]*

제14조(부당이득의 환수) ① 고용노동부장관은 거짓이나 그 밖의 부정한 방법으로 제

7조, 제7조의2 및 제7조의3에 따라 대지급금 또는 융자금을 받으려 한 자에게는 대통령령으로 정하는 바에 따라 신청한 대지급금 또는 융자금의 전부 또는 일부를 지급 또는 융자하지 아니할 수 있다. 〈개정 2010. 6. 4., 2012. 2. 1., 2014. 3. 24., 2020. 12. 8., 2021. 4. 13.〉

② 고용노동부장관은 제7조, 제7조의2 및 제7조의3에 따라 대지급금 또는 융자금을 이미 받은 자가 다음 각 호의 어느 하나에 해당하는 경우 대통령령으로 정하는 방법에 따라 그 대지급금 또는 융자금의 전부 또는 일부를 환수하여야 한다. 〈신설 2014. 3. 24., 2020. 12. 8., 2021. 4. 13.〉

　1. 거짓이나 그 밖의 부정한 방법으로 대지급금 또는 융자금을 받은 경우

　2. 그 밖에 잘못 지급된 대지급금 또는 융자금이 있는 경우

③ 제2항에 따라 대지급금을 환수하는 경우 고용노동부령으로 정하는 기준에 따라 거짓이나 그 밖의 부정한 방법으로 지급받은 대지급금의 5배 이하의 금액을 추가하여 징수할 수 있다. 〈개정 2010. 6. 4., 2014. 3. 24., 2021. 4. 13.〉

④ 제2항과 제3항의 경우에 대지급금의 지급 또는 융자가 거짓의 보고·진술·증명·서류제출 등 위계(僞計)의 방법에 의한 것이면 그 행위를 한 자는 대지급금 또는 는 융자금을 받은 자와 연대하여 책임을 진다. 〈개정 2012. 2. 1., 2014. 3. 24., 2015. 1. 20., 2021. 4. 13.〉

[전문개정 2007. 12. 27.]

[제목개정 2014. 3. 24.]

[제13조에서 이동, 종전 제14조는 제16조로 이동 〈2007. 12. 27.〉]

제15조(포상금의 지급) 거짓이나 그 밖의 부정한 방법으로 제7조 또는 제7조의2에 따른 대지급금이 지급된 사실을 지방고용노동관서 또는 수사기관에 신고하거나 고발한 자에게는 대통령령으로 정하는 기준에 따라 포상금을 지급할 수 있다. 〈개정 2010. 6. 4., 2021. 4. 13.〉

[전문개정 2007. 12. 27.]

[제13조의2에서 이동, 종전 제15조는 제17조로 이동 〈2007. 12. 27.〉]

제16조(준용) 이 법에 따른 부담금이나 그 밖의 징수금의 납부 및 징수(제14조제2항부터 제4항까지에 따른 대지급금의 환수 및 추가 징수를 포함한다)에 관하여는 고용산재보험료징수법 제16조의2부터 제16조의11까지, 제17조부터 제19조까지, 제19조의2, 제20조, 제22조의2, 제22조의3, 제23조, 제23조의2, 제24조, 제25조, 제26조의2, 제27조, 제27조의2, 제27조의3, 제28조, 제28조의2부터 제28조의7까지, 제29조, 제29조의2, 제29조의3, 제30조, 제32조부터 제37조까지, 제39조 및 제50조를 준용한다. 이 경우 "보험가입자"는 "사업주"로, "보험료"는 "부담금"으로, "보험"은 "임금채권보장"으로, "보험사무"는 "임금채권보장사무"로, "공단" 또는 "건강보험공단"은 "고용노동부장관(이 법 제27조에 따라 그 권한을 위탁받은 경우에는 그 위탁받은 자를 말한다)"으로, "개산보험료(槪算保險料)"는 "개산부담금"으로, "보험연도"는 "회계

연도"로, "보험관계"는 "임금채권보장관계"로, "보험료율"은 "부담금비율"로, "확정보험료"는 "확정부담금"으로, 「고용정책 기본법」 제10조에 따른 고용정책심의회 또는 「산업재해보상보험법」 제8조에 따른 산업재해보상보험및예방심의위원회"는 "위원회"로 본다. 〈개정 2009. 10. 9., 2010. 1. 27., 2010. 6. 4., 2021. 4. 13.〉

[전문개정 2007. 12. 27.]

[제14조에서 이동, 종전 제16조는 제18조로 이동 〈2007. 12. 27.〉]

제16조의2 [종전 제16조의2는 제19조로 이동 〈2007. 12. 27.〉]

제3장 임금채권보장기금 〈개정 2007. 12. 27.〉

제17조(기금의 설치) 고용노동부장관은 제7조 또는 제7조의2에 따른 대지급금의 지급에 충당하기 위하여 임금채권보장기금(이하 "기금"이라 한다)을 설치한다. 〈개정 2010. 6. 4., 2021. 4. 13.〉

[전문개정 2007. 12. 27.]

[제15조에서 이동, 종전 제17조는 제20조로 이동 〈2007. 12. 27.〉]

제17조(기금의 설치) 고용노동부장관은 제7조 또는 제7조의2에 따른 대지급금의 지급이나 제7조의3에 따른 체불 임금등 및 생계비의 융자 등 임금채권보장사업에 충당하기 위하여 임금채권보장기금(이하 "기금"이라 한다)을 설치한다. 〈개정 2010. 6. 4., 2021. 4. 13., 2024. 2. 6.〉

[전문개정 2007. 12. 27.]

[제15조에서 이동, 종전 제17조는 제20조로 이동 〈2007. 12. 27.〉]

[시행일: 2024. 8. 7.] 제17조

제18조(기금의 조성) ① 기금은 다음 각 호의 재원으로 조성한다.
 1. 제8조에 따른 사업주의 변제금(辨濟金)
 2. 제9조에 따른 사업주의 부담금
 3. 제2항에 따른 차입금
 4. 기금의 운용으로 생기는 수익금
 5. 그 밖의 수입금
② 고용노동부장관은 기금을 운용하는 데에 필요하면 기금의 부담으로 금융기관이나 다른 기금 등으로부터 차입할 수 있다.〈개정 2010. 6. 4.〉

[전문개정 2007. 12. 27.]

[제16조에서 이동, 종전 제18조는 제21조로 이동 〈2007. 12. 27.〉]

제19조(기금의 용도) 기금은 다음 각 호의 용도에 사용한다. 〈개정 2015. 1. 20., 2020. 12. 8., 2021. 4. 13.〉
 1. 제7조 또는 제7조의2에 따른 대지급금의 지급과 잘못 납부한 금액 등의 반환
 2. 제7조제6항에 따른 공인노무사 지원 비용의 지급

3. 제7조의3에 따른 체불 임금등 및 생계비 지급을 위한 사업주 및 근로자 융자
4. 제27조에 따라 업무를 위탁받은 자에 대한 출연
5. 차입금 및 그 이자의 상환
6. 임금등 체불 예방과 청산 지원 등 임금채권보장제도 관련 연구
7. 「법률구조법」에 따른 대한법률구조공단에 대한 출연. 다만, 임금등이 체불된 근로자에 대한 법률구조사업 지원에 한정한다.
8. 그 밖에 임금채권보장사업과 기금의 관리·운용

[전문개정 2012. 2. 1.]

제19조의2 *[종전 제19조의2는 제23조로 이동 〈2007. 12. 27.〉]*

제20조(기금의 관리·운용) ① 기금은 고용노동부장관이 관리·운용한다. 〈개정 2010. 6. 4.〉

② 기금의 관리·운용 등에 관하여는 「산업재해보상보험법」 제97조제2항부터 제4항까지, 제98조부터 제100조까지 및 제102조를 준용한다. 이 경우 같은 법 중 "보험급여"는 "대지급금"으로, "보험료수입"은 "부담금수입"으로 본다. 〈개정 2021. 4. 13.〉

[전문개정 2007. 12. 27.]

[제17조에서 이동, 종전 제20조는 제24조로 이동 〈2007. 12. 27.〉]

제21조(회계연도) 기금의 회계연도는 정부의 회계연도에 따른다.

[전문개정 2007. 12. 27.]

[제18조에서 이동, 종전 제21조는 제25조로 이동 〈2007. 12. 27.〉]

제4장 보칙 〈개정 2007. 12. 27.〉

제22조(보고 등) 고용노동부장관은 대통령령으로 정하는 바에 따라 이 법을 적용받는 사업의 사업주나 그 사업에 종사하는 근로자 등 관계 당사자에게 다음 각 호의 사항을 위하여 필요한 보고나 관계 서류의 제출을 요구할 수 있다. 〈개정 2010. 6. 4., 2021. 4. 13.〉

1. 기금의 관리·운용
2. 제7조 또는 제7조의2에 따른 대지급금의 지급

[전문개정 2007. 12. 27.]

[제19조에서 이동, 종전 제22조는 제26조로 이동 〈2007. 12. 27.〉]

제23조(관계 기관 등에 대한 협조요청) ① 고용노동부장관은 제7조 또는 제7조의2에 따른 대지급금의 지급, 제7조의3에 따른 체불 임금등 및 생계비 융자, 제8조에 따른 미지급 임금등의 청구권의 대위, 제14조에 따른 부당이득의 환수 등 이 법에 따른 업무를 수행하기 위하여 다음 각 호의 어느 하나에 해당하는 자료의 제공 또는 관계 전산망의 이용(이하 "자료제공등"이라 한다)을 해당 각 호의 자에게 각각 요청할 수 있다. 이 경우 자료제공등을 요청받은 자는 정당한 사유가 없으면 그 요청에 따라야

한다. 〈개정 2010. 6. 4., 2016. 1. 27., 2017. 7. 26., 2018. 10. 16., 2020. 5. 26., 2020. 12. 8., 2021. 4. 13.〉

1. 법원행정처장에게 체불사업주, 부당이득자 및 연대책임자(이하 "체불사업주등"이라 한다)의 재산에 대한 건물등기사항증명서, 토지등기사항증명서, 법인등기사항증명서 및 「공탁법」 제4조에 따라 납입된 공탁물에 관한 자료

2. 행정안전부장관에게 체불사업주등의 주민등록 등본·초본

3. 국토교통부장관에게 체불사업주등 명의의 부동산 및 자동차·건설기계·항공기·요트 등 재산 자료(등록원부를 포함한다)

3의2. 해양수산부장관에게 체불사업주등 명의의 선박 자료(등록원부를 포함한다)

3의3. 관계 중앙행정기관의 장 또는 피감독기관인 공제조합의 장에게 해당 체불사업주등 명의의 출자증권 자료

4. 국세청장에게 체불사업주등 명의의 골프(콘도) 회원권, 무체재산권(특허권, 저작권 등), 서화, 골동품, 영업권 및 사업자등록(「부가가치세법」 제8조, 「소득세법」 제168조 및 「법인세법」 제111조에 따른 사업자등록을 말한다)에 관한 자료

5. 지방자치단체의 장에게 체불사업주등의 가족관계등록부(가족관계증명서, 혼인관계증명서, 기본증명서), 재산에 대한 지방세 과세증명원, 일반(집합) 건축물대장, 토지(임야)대장, 체불사업주등 명의의 임차권·전세권·가압류 등 권리등기 및 등록에 따른 등록면허세 과세자료

6. 「법률구조법」 제8조에 따른 대한법률구조공단의 이사장에게 근로자와 체불사업주등 사이의 체불 임금등에 관한 소송, 보전처분, 강제집행 등 민사상 재판절차에 관계된 서류(소장, 신청서, 판결문, 결정문 등의 서류를 포함한다)

7. 「국민건강보험법」 제13조에 따른 국민건강보험공단의 이사장에게 체불사업주등에 대한 건강보험·국민연금·산업재해보상보험·고용보험의 보험료 납부 자료(체납 자료를 포함한다) 및 「국민건강보험법」 제47조에 따라 체불사업주등인 요양기관이 청구한 요양급여비용

7의2. 「산업재해보상보험법」 제10조에 따른 근로복지공단에 체불사업주등에 대한 다음 각 목에 해당하는 자료

　　가. 「고용보험법」 제13조에 따른 피보험자격 취득 자료
　　나. 「고용보험법」 제15조에 따른 피보험자격 신고 자료
　　다. 고용산재보험료징수법 제7조 및 제10조에 따른 고용보험 및 산업재해보상보험 관계의 성립 및 소멸에 관한 자료(체불사업주등의 주소 및 전화번호를 포함한다)
　　라. 고용산재보험료징수법 제16조의3에 따른 근로자 개인별 월별보험료의 산정에 관한 자료
　　마. 고용산재보험료징수법 제16조의10제3항 및 제4항에 따른 근로자의 고용 및 고용관계 종료의 신고에 관한 자료
　　바. 고용산재보험료징수법 제23조에 따른 보험료등 과납액의 충당 및 반환에 관한 자료

8. 「근로자퇴직급여 보장법」 제26조에 따른 퇴직연금사업자에게 대지급금 청구 근로자의 퇴직연금 가입 여부, 가입기간, 적립금액 또는 부담금액, 지급금액 등

퇴직연금에 관한 정보 자료(대지급금 지급 대상 기간에 한정한다)

9. 「보험업법」에 따른 보험회사에게 대지급금 청구 외국인 근로자의 출국만기보험·신탁 및 보증보험 가입 및 납입자료(대지급금 지급대상기간의 정보에 한정한다)

10. 「신용보증기금법」제4조에 따른 신용보증기금의 이사장 및 「기술보증기금법」제12조에 따른 기술보증기금의 이사장에게 체불사업주등 명의의 질권 및 근저당권 설정 자료

11. 「보험업법」제4조제1항제2호라목에 따라 보증보험 허가를 받은 자에게 체불사업주등 명의의 질권 및 근저당권 설정 자료

12. 조달청장에게 「전자조달의 이용 및 촉진에 관한 법률」제16조제1항에 따라 관리되는 체불사업주등의 계약 관련 정보

② 제1항에 따른 자료제공등을 요청할 때에는 다음 각 호의 사항을 적은 문서 또는 정보통신망(「정보통신망 이용촉진 및 정보보호 등에 관한 법률」제2조제1항제1호에 따른 정보통신망을 말한다)으로 요청하여야 한다. 〈개정 2016. 1. 27., 2021. 4. 13.〉

1. 체불사업주, 대지급금 청구 근로자, 부당이득자(연대책임자를 포함한다)의 인적 사항

2. 사용목적

3. 제공요청 자료의 목록

③ 제1항에 따라 제공되는 자료에 대해서는 수수료 및 사용료 등을 면제한다. 〈신설 2016. 1. 27.〉

[전문개정 2007. 12. 27.]

[제19조의2에서 이동, 종전 제23조는 제27조로 이동 〈2007. 12. 27.〉]

제23조(관계 기관 등에 대한 협조요청) ① 고용노동부장관은 제7조 또는 제7조의2에 따른 대지급금의 지급, 제7조의3에 따른 체불 임금등 및 생계비의 융자, 제8조에 따른 미지급 임금등의 청구권의 대위, 제12조에 따른 체불 임금등의 확인, 제14조에 따른 부당이득의 환수 등 이 법에 따른 업무를 수행하기 위하여 다음 각 호의 어느 하나에 해당하는 자료의 제공 또는 관계 전산망의 이용(이하 "자료제공등"이라 한다)을 해당 각 호의 자에게 각각 요청할 수 있다. 이 경우 자료제공등을 요청받은 자는 정당한 사유가 없으면 그 요청에 따라야 한다. 〈개정 2010. 6. 4., 2016. 1. 27., 2017. 7. 26., 2018. 10. 16., 2020. 5. 26., 2020. 12. 8., 2021. 4. 13., 2024. 2. 6.〉

1. 법원행정처장에게 체불사업주, 부당이득자 및 연대책임자(이하 "체불사업주등"이라 한다)의 재산에 대한 건물등기사항증명서, 토지등기사항증명서, 법인등기사항증명서 및 「공탁법」제4조에 따라 납입된 공탁물에 관한 자료

2. 행정안전부장관에게 체불사업주등의 주민등록 등본·초본

3. 국토교통부장관에게 체불사업주등 명의의 부동산 및 자동차·건설기계·항공기·요트 등 재산 자료(등록원부를 포함한다)

3의2. 해양수산부장관에게 체불사업주등 명의의 선박 자료(등록원부를 포함한다)
3의3. 관계 중앙행정기관의 장 또는 피감독기관인 공제조합의 장에게 해당 체불
　　　사업주등 명의의 출자증권 자료
4. 국세청장에게 체불사업주등 명의의 골프(콘도) 회원권, 무체재산권(특허권, 저작
　　권 등), 서화, 골동품, 영업권 및 사업자등록(「부가가치세법」 제8조, 「소득세법」
　　제168조 및 「법인세법」 제111조에 따른 사업자등록을 말한다)에 관한 자료
5. 지방자치단체의 장에게 체불사업주등의 가족관계등록부(가족관계증명서, 혼인
　　관계증명서, 기본증명서), 재산에 대한 지방세 과세증명원, 일반(집합) 건축물
　　대장, 토지(임야)대장, 체불사업주등 명의의 임차권 · 전세권 · 가압류 등 권리등
　　기 및 등록에 따른 등록면허세 과세자료
6. 「법률구조법」 제8조에 따른 대한법률구조공단의 이사장에게 근로자와 체불사
　　업주등 사이의 체불 임금등에 관한 소송, 보전처분, 강제집행 등 민사상 재판
　　절차에 관계된 서류(소장, 신청서, 판결문, 결정문 등의 서류를 포함한다)
7. 「국민건강보험법」 제13조에 따른 국민건강보험공단의 이사장에게 체불사업주
　　등에 대한 건강보험 · 국민연금 · 산업재해보상보험 · 고용보험의 보험료 납부 자
　　료(체납 자료를 포함한다) 및 「국민건강보험법」 제47조에 따라 체불사업주등인
　　요양기관이 청구한 요양급여비용
7의2. 「산업재해보상보험법」 제10조에 따른 근로복지공단에 체불사업주등 및 대
　　지급금 청구 근로자에 대한 다음 각 목에 해당하는 자료
　　가. 「고용보험법」 제13조에 따른 피보험자격 취득 자료
　　나. 「고용보험법」 제15조에 따른 피보험자격 신고 자료
　　다. 고용산재보험료징수법 제7조 및 제10조에 따른 고용보험 및 산업재해보상
　　　　보험 관계의 성립 및 소멸에 관한 자료(체불사업주등의 주소 및 전화번호를
　　　　포함한다)
　　라. 고용산재보험료징수법 제16조의3에 따른 근로자 개인별 월별보험료의 산정
　　　　에 관한 자료
　　마. 고용산재보험료징수법 제16조의10제3항 및 제4항에 따른 근로자의 고용
　　　　및 고용관계 종료의 신고에 관한 자료
　　바. 고용산재보험료징수법 제23조에 따른 보험료등 과납액의 충당 및 반환에
　　　　관한 자료
　　사. 「산업재해보상보험법」 제45조에 따라 청구된 진료비에 관한 자료(체불사업
　　　　주등이 「산업재해보상보험법」 제43조에 따른 산재보험 의료기관인 경우로
　　　　한정한다)
　　아. 「근로자퇴직급여 보장법」 제2조제14호에 따른 중소기업퇴직연금기금제도
　　　　가입 여부, 가입기간, 적립금액 또는 부담금액, 지급금액 등 중소기업퇴직연
　　　　금기금제도에 관한 자료(대지급금 지급 대상 기간으로 한정한다)
7의3. 「고용정책 기본법」 제18조에 따른 한국고용정보원에 체불사업주등 및 대지

급금 청구 근로자에 대한 다음 각 목에 해당하는 자료

　　가. 「고용보험법」 제20조부터 제23조까지에 따른 지원에 관한 자료

　　나. 「고용보험법」 제42조 및 제44조에 따른 실업 신고 및 실업 인정에 관한 자료

　　다. 「고용보험법」 제75조에 따른 출산전후휴가 급여 등에 관한 자료

　8. 「근로자퇴직급여 보장법」 제26조에 따른 퇴직연금사업자에게 대지급금 청구 근로자의 퇴직연금 가입 여부, 가입기간, 적립금액 또는 부담금액, 지급금액 등 퇴직연금에 관한 정보 자료(대지급금 지급 대상 기간에 한정한다)

　9. 「보험업법」에 따른 보험회사에게 대지급금 청구 외국인 근로자의 출국만기보험·신탁 및 보증보험 가입 및 납입자료(대지급금 지급대상기간의 정보에 한정한다)

　10. 「신용보증기금법」 제4조에 따른 신용보증기금의 이사장 및 「기술보증기금법」 제12조에 따른 기술보증기금의 이사장에게 체불사업주등 명의의 질권 및 근저당권 설정 자료

　11. 「보험업법」 제4조제1항제2호라목에 따라 보증보험 허가를 받은 자에게 체불사업주등 명의의 질권 및 근저당권 설정 자료

　12. 조달청장에게 「전자조달의 이용 및 촉진에 관한 법률」 제16조제1항에 따라 관리되는 체불사업주등의 계약 관련 정보

② 제1항에 따른 자료제공등을 요청할 때에는 다음 각 호의 사항을 적은 문서 또는 정보통신망(「정보통신망 이용촉진 및 정보보호 등에 관한 법률」 제2조제1항제1호에 따른 정보통신망을 말한다)으로 요청하여야 한다. 〈개정 2016. 1. 27., 2021. 4. 13.〉

　1. 체불사업주, 대지급금 청구 근로자, 부당이득자(연대책임자를 포함한다)의 인적사항

　2. 사용목적

　3. 제공요청 자료의 목록

③ 제1항에 따라 제공되는 자료에 대해서는 수수료 및 사용료 등을 면제한다. 〈신설 2016. 1. 27.〉

[전문개정 2007. 12. 27.]

[제19조의2에서 이동, 종전 제23조는 제27조로 이동 〈2007. 12. 27.〉]

[시행일: 2024. 8. 7.] 제23조

제23조의2(개인정보의 보호) ① 고용노동부장관은 제23조제1항 각 호의 자료의 제공을 요청할 때에는 업무에 필요한 최소한의 정보만 요청하여야 한다. 〈개정 2020. 5. 26.〉

② 고용노동부장관은 제23조제1항 각 호의 자료를 이용할 때에는 보안교육 등 사업주 또는 근로자 등의 개인정보에 대한 보호대책을 마련하여야 한다. 〈개정 2020. 5. 26.〉

③ 고용노동부장관은 제23조제1항제8호 및 제9호에 따른 자료의 제공을 요청할 경우에는 사전에 정보주체의 동의를 받아야 한다.

④ 고용노동부장관은 제23조제1항 각 호의 자료를 이용할 때에는 체불 임금등의 지

급, 미지급 임금등의 청구권의 대위 등 목적을 달성한 경우 지체 없이 파기하여야 한다. 〈개정 2020. 5. 26.〉

⑤ 제23조제1항 각 호의 개인정보는 고용노동부 또는 고용노동부장관으로부터 권한을 위임받은 기관에서 같은 항 각 호 외의 부분 본문에 따른 업무를 담당하는 자 중 해당 기관의 장으로부터 개인정보 취급승인을 받은 자만 취급할 수 있다.

⑥ 임금채권보장 업무에 종사하거나 종사하였던 자는 누구든지 업무 수행과 관련하여 알게 된 사업주 또는 근로자 등의 정보를 누설하거나 다른 용도로 사용하여서는 아니 된다.

⑦ 제2항에 따른 보안교육 등 개인정보 보호대책 마련, 제3항에 따른 정보주체에 대한 사전 동의 방법, 제4항에 따른 목적을 달성한 정보의 파기 시기 및 방법, 제5항에 따른 개인정보 취급승인의 절차 등에 필요한 세부적인 사항은 고용노동부장관이 정한다.

[본조신설 2016. 1. 27.]

제23조의3(미회수된 대지급금 자료의 제공) ① 고용노동부장관은 「신용정보의 이용 및 보호에 관한 법률」 제25조제2항제1호에 따른 종합신용정보집중기관(이하 이 조에서 "종합신용정보집중기관"이라 한다)이 제7조 또는 제7조의2에 따라 지급된 대지급금 중 다음 각 호의 요건을 모두 충족하는 미회수금과 해당 사업주의 인적사항 등에 관한 자료(이하 "미회수자료"라 한다)를 요구할 때에는 대지급금의 회수를 위하여 필요하다고 인정하는 경우 그 자료를 제공할 수 있다. 다만, 해당 사업주의 사망·폐업으로 미회수자료 제공의 실효성이 없는 경우 등 대통령령으로 정하는 사유가 있는 경우에는 그러하지 아니하다.

1. 미회수된 대지급금의 합계가 500만원 이상으로서 대통령령으로 정하는 금액 이상일 것

2. 미회수된 대지급금 지급일의 다음 날부터 1년 이상의 기간으로서 대통령령으로 정하는 기간이 지났을 것

② 고용노동부장관은 제1항에 따라 미회수자료를 종합신용정보집중기관에 제공하기 전에 고용노동부령으로 정하는 바에 따라 해당 사업주에게 그 사실을 미리 알려야 하며, 미회수자료를 제공한 경우 해당 사업주에게 그 제공 사실을 지체 없이 알려야 한다.

③ 제1항에 따라 미회수자료를 제공받은 자는 이를 신용도·신용거래능력 판단과 관련한 업무 외의 목적으로 이용·제공 또는 누설하여서는 아니 된다.

④ 제1항부터 제3항까지에서 규정한 사항 외에 미회수자료의 제공 절차 및 방법 등에 관하여 필요한 사항은 고용노동부령으로 정한다.

[본조신설 2024. 2. 6.]

[시행일: 2024. 8. 7.] 제23조의3

제24조(검사) ① 고용노동부장관은 이 법을 시행하기 위하여 필요하다고 인정하면 관

계 공무원 또는 제27조에 따라 권한을 위탁받은 기관에 소속된 직원(위탁받은 업무 처리에 필요한 사항으로 한정한다)으로 하여금 이 법을 적용받는 사업장에 출입하여 관계 서류를 검사하거나 관계인에게 질문하게 할 수 있다. 〈개정 2010. 6. 4., 2021. 4. 13.〉

② 제1항에 따라 출입·검사를 하는 공무원 또는 제27조에 따라 권한을 위탁받은 기관에 소속된 직원은 그 권한을 표시하는 증표를 지니고 이를 관계인에게 내보여야 한다.〈개정 2021. 4. 13.〉

[전문개정 2007. 12. 27.]

[제20조에서 이동, 종전 제24조는 제28조로 이동 〈2007. 12. 27.〉]

제25조(신고) 사업주가 이 법 또는 이 법에 따른 명령을 위반하는 사실이 있으면 근로자는 그 사실을 근로감독관에게 신고하여 시정을 위한 조치를 요구할 수 있다.

[전문개정 2007. 12. 27.]

[제21조에서 이동, 종전 제25조는 제29조로 이동 〈2007. 12. 27.〉]

제26조(소멸시효) ① 부담금이나 그 밖에 이 법에 따른 징수금을 징수하거나 대지급금·부담금을 반환받을 권리는 3년간 행사하지 아니하면 시효로 소멸한다. 〈개정 2021. 4. 13.〉

② 제1항에 따른 소멸시효에 관하여는 이 법에 규정된 것 외에는 「민법」에 따른다.

③ 소멸시효의 중단 등에 관하여는 고용산재보험료징수법 제42조 및 제43조를 준용한다.〈개정 2021. 4. 13.〉

[전문개정 2007. 12. 27.]

[제22조에서 이동, 종전 제26조는 제30조로 이동 〈2007. 12. 27.〉]

제27조(권한의 위임·위탁) 이 법에 따른 고용노동부장관의 권한은 대통령령으로 정하는 바에 따라 그 일부를 지방고용노동관서의 장에게 위임하거나 「산업재해보상보험법」에 따른 근로복지공단과 「국민건강보험법」에 따른 국민건강보험공단에 위탁할 수 있다. 〈개정 2010. 1. 27., 2010. 6. 4.〉

[전문개정 2007. 12. 27.]

[제23조에서 이동 〈2007. 12. 27.〉]

제27조(권한의 위임·위탁) 이 법에 따른 고용노동부장관의 권한은 대통령령으로 정하는 바에 따라 그 일부를 지방고용노동관서의 장에게 위임하거나 「산업재해보상보험법」에 따른 근로복지공단, 「국민건강보험법」에 따른 국민건강보험공단 및 「한국자산관리공사 설립 등에 관한 법률」에 따른 한국자산관리공사에 위탁할 수 있다. 〈개정 2010. 1. 27., 2010. 6. 4., 2024. 2. 6.〉

[전문개정 2007. 12. 27.]

[제23조에서 이동 〈2007. 12. 27.〉]

[시행일: 2024. 8. 7.] 제27조

제27조의2(벌칙) 제23조의2제6항을 위반한 자는 10년 이하의 징역 또는 1억원 이하의 벌금에 처한다.

[본조신설 2016. 1. 27.]

제27조의2(벌칙) 다음 각 호의 어느 하나에 해당하는 자는 10년 이하의 징역 또는 1억원 이하의 벌금에 처한다. 〈개정 2024. 2. 6.〉
    1. 제23조의2제6항을 위반하여 정보를 누설하거나 다른 용도로 사용한 자
    2. 제23조의3제3항을 위반하여 미회수자료를 이용·제공하거나 누설한 자
[본조신설 2016. 1. 27.]
[시행일: 2024. 8. 7.] 제27조의2

제28조(벌칙) ①다음 각 호의 어느 하나에 해당하는 자는 3년 이하의 징역 또는 3천만원 이하의 벌금에 처한다. 〈개정 2012. 2. 1., 2014. 3. 24., 2021. 4. 13.〉
    1. 거짓이나 그 밖의 부정한 방법으로 제7조·제7조의2에 따른 대지급금 또는 제7조의3에 따른 융자를 받은 자
    2. 거짓이나 그 밖의 부정한 방법으로 다른 사람으로 하여금 제7조·제7조의2에 따른 대지급금 또는 제7조의3에 따른 융자를 받게 한 자
    3. 삭제〈2021. 4. 13.〉
② 다음 각 호의 어느 하나에 해당하는 자는 2년 이하의 징역 또는 2천만원 이하의 벌금에 처한다.〈신설 2014. 3. 24., 2021. 4. 13.〉
    1. 부당하게 제7조·제7조의2에 따른 대지급금 또는 제7조의3에 따른 융자를 받기 위하여 거짓의 보고·증명 또는 서류제출을 한 자
    2. 다른 사람으로 하여금 부당하게 제7조·제7조의2에 따른 대지급금 또는 제7조의3에 따른 융자를 받게 하기 위하여 거짓의 보고·증명 또는 서류제출을 한 자

[전문개정 2007. 12. 27.]
[제24조에서 이동 〈2007. 12. 27.〉]

제29조(양벌규정) 법인의 대표자나 법인 또는 개인의 대리인, 사용인, 그 밖의 종업원이 그 법인 또는 개인의 업무에 관하여 제28조의 위반행위를 하면 그 행위자를 벌하는 외에 그 법인 또는 개인에게도 해당 조문의 벌금형을 과(科)한다. 다만, 법인 또는 개인이 그 위반행위를 방지하기 위하여 해당 업무에 관하여 상당한 주의와 감독을 게을리하지 아니한 경우에는 그러하지 아니하다.

[전문개정 2009. 1. 7.]

제30조(과태료) ① 다음 각 호의 어느 하나에 해당하는 자에게는 1천만원 이하의 과태료를 부과한다. 〈개정 2021. 4. 13.〉
    1. 삭제〈2015. 1. 20.〉

1의2. 정당한 사유 없이 제13조에 따른 재산목록의 제출을 거부하거나 거짓의 재산목록을 제출한 자
2. 정당한 사유 없이 제22조에 따른 보고나 관계 서류의 제출요구에 따르지 아니한 자 또는 거짓 보고를 하거나 거짓 서류를 제출한 자
3. 정당한 사유 없이 제24조제1항에 따른 관계 공무원 또는 제27조에 따라 권한을 위탁받은 기관에 소속된 직원의 질문에 답변을 거부하거나 검사를 거부·방해 또는 기피한 자

② 제1항에 따른 과태료는 대통령령으로 정하는 바에 따라 고용노동부장관이 부과·징수한다.〈개정 2010. 6. 4.〉
③ 삭제〈2012. 2. 1.〉
④ 삭제〈2012. 2. 1.〉
⑤ 삭제〈2012. 2. 1.〉
[전문개정 2007. 12. 27.]
[제26조에서 이동〈2007. 12. 27.〉]

부칙

〈제18042호,2021. 4. 13.〉

제1조(시행일) 이 법은 공포 후 6개월이 경과한 날부터 시행한다. 다만, 법률 제17604호 임금채권보장법 일부개정법률 제7조제3항의 개정규정(제7조제1항제5호의 개정규정과 관련된 부분은 제외한다)은 2021년 6월 9일부터 시행한다.

제2조(대지급금의 지급에 관한 적용례) ① 제7조제1항제5호 및 제7조의2제1항(제7조제1항제4호와 관련된 부분은 제외한다)의 개정규정은 이 법 시행 이후 해당 근로자가 체불 임금등·사업주 확인서를 발급받아 제출하는 경우(이 법 시행 전에 발급되었던 체불 임금등·사업주 확인서를 재발급받아 제출하는 경우는 제외한다)부터 적용한다.
② 제7조의2제1항의 개정규정은 이 법 시행 전에 제7조제1항제4호 각 목의 어느 하나에 해당하는 판결, 명령, 조정 또는 결정 등이 있은 경우에 대해서도 적용한다.

제3조(같은 근무기간, 휴업기간 또는 출산전후휴가기간에 대한 대지급금 지급의 적용례) 법률 제17604호 임금채권보장법 일부개정법률 제7조제3항의 개정규정은 같은 개정규정 시행 이후 해당 근로자가 제7조제1항에 따른 대지급금을 청구하는 경우부터 적용한다.

제4조(대지급금에 관한 경과조치) 법률 제17604호 임금채권보장법 일부개정법률 제7조제3항의 개정규정 중 "대지급금"은 부칙 제1조 본문에 따른 이 법 시행일 전까지는 "체당금"으로 본다.

제5조(부정수급한 대지급금의 추가 징수에 관한 경과조치) 이 법 시행 전에 제14조제2항제1호에 따라 거짓이나 그 밖의 부정한 방법으로 지급받은 대지급금을 환수하는

때에 추가하여 징수하는 금액에 관하여는 제14조제3항의 개정규정에도 불구하고 종전의 규정에 따른다.

제6조(벌칙의 과태료 전환에 관한 경과조치) 이 법 시행 전의 위반행위에 관하여는 제28조제1항제3호의 개정규정에도 불구하고 종전의 규정에 따른다.

◙ 편 저 대한법률콘텐츠연구회 ◙

(연구회 발행도서)

· 지급명령 이의신청서 답변서 작성방법
· 새로운 고소장 작성방법 고소하는 방법
· 민사소송 준비서면 작성방법
· 형사사건 탄원서 작성 방법
· 형사사건 양형자료 반성문 작성방법
· 공소장 공소사실 의견서 작성방법
· 불기소처분 고등법원 재정신청서 작성방법
· 불 송치 결정 이의신청서 재수사요청

임금(賃金)에 대해 궁금한 점!
시원하게 풀어 줍니다!

2024년 05월 25일 인쇄
2024년 05월 30일 발행

편 저 대한법률콘텐츠연구회
발행인 김현호
발행처 법문북스
공급처 법률미디어

주소 서울 구로구 경인로 54길4(구로동 636-62)
전화 02)2636-2911~2, 팩스 02)2636-3012
홈페이지 www.lawb.co.kr

등록일자 1979년 8월 27일
등록번호 제5-22호

ISBN 979-11-93350-51-5(13360)

정가 24,000원